August Forel

Der Hypnotismus und die suggestive Psychotherapie

Sarastro Verlag

August Forel

Der Hypnotismus und die suggestive Psychotherapie

1. Auflage 2012 | ISBN: 978-3-86471-112-1

Erscheinungsort: Paderborn, Deutschland

Sarastro GmbH, Paderborn. Alle Rechte beim Verlag.

Reprint des Originals von 1902.

August Forel

Der Hypnotismus und die suggestive Psychotherapie

Sarastro Verlag

DER

HYPNOTISMUS

UND

DIE SUGGESTIVE PSYCHOTHERAPIE

VON

Dr. med., phil. et jur. AUGUST FOREL

IN CHIGNY (SCHWEIZ).

Gewesener o. Professor der Psychiatrie und Direktor der kantonalen Irrenanstalt
in Zürich.

VIERTE UMGEARBEITETE AUFLAGE.

STUTTGART.

VERLAG VON FERDINAND ENKE.

1902.

Druck der Union Deutsche Verlagsgesellschaft in Stuttgart.

Vorwort zur ersten Auflage.

Der Haupttheil der vorliegenden kleinen Schrift erschien als Aufsatz in der Zeitschrift für die gesammte Strafrechtswissenschaft unter dem Titel: „Der Hypnotismus und seine strafrechtliche Bedeutung“.

Der von verschiedenen Seiten mir gegenüber geäusserte Wunsch, diesen Aufsatz als kurze übersichtliche Darstellung der wichtigsten Thatsachen des Hypnotismus und seiner gegenwärtigen Theorie einem weiteren ärztlichen Publikum zugänglich zu machen, veranlasst mich, dieselbe mit einer Anzahl Ergänzungen für sich erscheinen zu lassen. Es war mir schwer, mitten in vielen Arbeiten etwas Zeit dazu zu finden. Möge dieses die Unvollständigkeit der vorliegenden Skizze entschuldigen.

Wer sich eingehender mit der Materie befassen will, muss unbedingt das klassische Werk Bernheim's: „Die Suggestion und ihre Heilwirkung, deutsch von Sigm. Freud“, lesen.

Wie Alles, was dem Publikum neu zum Bewusstsein kommt, wird auch der Hypnotismus zum Theil stark angefeindet, zum Theil mit Hohn und Unglauben begrüsst, zum Theil mit übertriebenem Sanguinismus beurtheilt oder mit allerlei sonstigen Uebertreibungen geschmückt.

Während die Einen ihn für Humbug und alle Hypnotisirten für Simulanten halten (eine Ansicht, die, nebenbei gesagt, allein durch die Legion jener angeblichen Simulanten bereits für jeden Vorurtheilslosen ad absurdum geführt worden ist), glauben bereits Andere, die Welt gehe aus den Fugen, die Justiz sei gefährdet und die Polizei müsse her, um den Hypnotismus wie die Pest auszutreiben.

Es wird uns freuen, wenn wir hier etwas dazu beitragen

können, diese verschiedenartigen Auswüchse unbesonnener menschlicher Gemüthsaufregungen auszumerzen und die Thatsachen auf ihr
wirkliches Mass und ihre wirkliche Bedeutung zu reduciren, was
wir nach einer zweijährigen, ziemlich reichlichen Erfahrung im
Stande zu sein glauben.

Den Spöttern und Ungläubigen rufen wir einfach zu: „Prüfe
nach, bevor du urtheilst!"

Um über Hypnotismus urtheilen zu können, muss man selbst
eine Zeit lang hypnotisirt haben.

Zürich 1889.

Dr. Aug. Forel.

Vorwort zur vierten Auflage.

Die dritte Auflage des unterdessen angeschwollenen Buches ist 1895 erschienen. Seitdem sind manche neue Thatsachen und Anschauungen zu Tage getreten, die mich zu einer nicht unbedeutenden Umarbeitung des Werkes gezwungen haben. Die weitaus wichtigsten Arbeiten über den Gegenstand sind seither in der Zeitschrift für Hypnotismus von Dr. Oscar Vogt (Leipzig bei Ambrosius Barth) erschienen. Ausserhalb Deutschlands ist in den letzten Jahren so gut wie nichts zur Weiterförderung der Suggestionslehre geschehen.

Das Capitel I und der § 16 des Capitels IV sind theoretischer Natur. Sie erfordern mehr Mühe und psychologische Ueberlegung als das Uebrige. Sie sind zwar nicht absolut unentbehrlich. Derjenige Leser jedoch, der sich es nicht verdriessen lassen wird, dieselben aufmerksam zu lesen und zu verstehen, wird auch den Hypnotismus nicht nur halb oder scheinbar, sondern wirklich begreifen.

Von der dritten Auflage ist das Capitel VI (Bewusstsein und Suggestion) weggefallen, da es mit Capitel I zusammenfällt. Hinzugetreten sind dagegen drei neue kurze Capitel: VII. Hypnotismus und Psychotherapie, IX. Ein Fall von hysterischer Amnesie (der die Verhältnisse des sogen. doppelten Bewusstseins besser als alles Andere illustrirt) und XII. Der Hypnotismus in der Hochschule.

Am wenigsten verändert sind geblieben Capitel III, X, XIII und XIV, sowie die §§ 1—15 von Capitel IV. Alles Andere musste stark umgearbeitet werden.

Chigny bei Morges, 1. Februar 1902.

Dr. Aug. Forel.

Inhaltsverzeichniss.

I. Das Bewusstsein und die Identitätshypothese (Monismus).

Um den Hypnotismus zu verstehen, muss man sich über den Begriff des Bewusstseins Klarheit verschaffen. Die Erscheinungen des Hypnotismus bedeuten geradezu ein Spiel zwischen dem „Bewussten" und dem scheinbar „Unbewussten" in unserer Seele. Nichts ist aber geeigneter, als gerade dieses Spiel, um den Beweis zu liefern, dass der Ausdruck „Unbewusst" incorrect ist und der Realität nicht entspricht.

Es handelt sich also darum, sich über den auf den Inhalt des Bewusstseinsfeldes sich beziehenden vieldeutigen Begriff „psychisch" zu verständigen, um Wortstreiten zu entgehen und nicht Theologie im Sinn des Goethe'schen Mephistopheles zu treiben. Zwei Begriffe werden im Wort „psychisch" kritiklos vermengt: 1. Der abstracte Begriff der „Introspection" oder des Subjectivismus, d. h. der Beobachtung von innen, die jeder Mensch nur in und von sich selbst kennt und kennen kann. Für diesen Begriff wollen wir das Wort „Bewusstsein" reserviren. 2. Das „Thätige" in der Seele, d. h. dasjenige, was den Inhalt des Bewusstseinsfeldes bedingt. Das hat man schlechtweg zum Bewusstsein im weiteren Sinne gerechnet und daraus ist die Confusion entstanden, die das Bewusstsein als Seeleneigenschaft betrachtet. Ich habe die moleculare Thätigkeitswelle der Nervenelemente „Neurokym" genannt.

Wir können gar nicht vom Bewusstsein anderer Menschen sprechen, ohne einen Analogieschluss zu machen; ebenso wenig sollten wir vom Bewusstsein vergessener Dinge reden. Das Feld unseres Bewusstseins wechselt aber beständig. Dinge erscheinen in demselben und verschwinden aus demselben. Mittelst des Gedächtnisses können viele Dinge leichter oder schwerer, mehr indirekt, in das Bewusstsein durch Association zurückgerufen werden,

die momentan nicht bewusst zu sein scheinen. Schon die Erfahrung
der Selbstbeobachtung lässt uns experimentell erkennen, dass viele
Dinge, die uns unbewusst zu sein scheinen, doch bewusst sind oder
waren. Ja, gewisse Sinneseindrücke bleiben im Moment ihres Geschehens unserem gewöhnlichen Bewusstsein oder Oberbewusstsein
unbewusst, können aber nachträglich in dasselbe gerufen werden.
Ganze Ketten von Hirnthätigkeiten (die Träume, der Somnambulismus oder zweites Bewusstsein) sind für gewöhnlich aus dem
Oberbewusstsein scheinbar ausgeschaltet, können aber durch Suggestion oder sonst nachträglich mit dem erinnerlichen Inhalt desselben associirt werden. In allen diesen Fällen erweist sich somit
das scheinbar Unbewusste als dennoch bewusst. Genannte Erscheinungen haben vielfach zu mystischen Auslegungen geführt.
Eine sehr einfache Annahme lässt sie jedoch erklären. Nehmen
wir an — und dies entspricht der Beobachtung —, dass die Felder
der introspicirten Gehirnthätigkeiten durch sogen. Associations- oder
Dissociationsprocesse begrenzt sind, d. h. dass wir sie nicht alle
zugleich mit einander activ verknüpfen können, und dass somit
alles dasjenige, was uns unbewusst erscheint, in Wirklichkeit auch
ein Bewusstsein, d. h. einen subjectiven Reflex hat, so ergibt sich
Folgendes: Unser gewöhnliches Bewusstsein im Wachzustand oder
Oberbewusstsein ist nur der innere subjective Reflex der mit
einander enger verknüpften Thätigkeiten der Aufmerksamkeit, d. h.
der intensiver concentrirten Maxima gewisser Grosshirnthätigkeiten,
während wir wach sind. Es gibt aber andere, theils vergessene,
theils nur lose oder indirect mit dem Inhalt des Oberbewusstseins
verknüpfte Bewusstseine, die man „Unterbewusstseine" im Gegen-
satze zu diesem Oberbewusstsein nennen kann. Dieselben entsprechen anderen, weniger concentrirten oder anders associirten
Grosshirnthätigkeiten. Wir müssen ferner für subcorticale (nied-
rigere) Hirncentren weitere, noch viel entfernter verknüpfte Unterbewusstseine vermuthen u. s. f.

Es ist leicht festzustellen, dass unser psychisches Thätigkeits-
maximum, die Aufmerksamkeit, jeden Augenblick von einer Wahrnehmung oder einem Gedanken zum anderen wandert. Jene Objecte
der Aufmerksamkeit, als Gesichts- oder Gehörbilder, Willensimpulse,
Gefühle oder abstracte Gedanken, spielen sich — dies steht ausser
Zweifel — in verschiedenen Gehirntheilen oder Neuronencomplexen
ab. Man kann somit die Aufmerksamkeit mit einer functionellen,
im Gehirn wandernden Macula lutea, mit einem wandernden Maxi-

mum der intensivsten Neurokymthätigkeit vergleichen. Ebenso fest steht es aber, dass auch andere, ausserhalb der Aufmerksamkeit stehende psychische Erscheinungen, wenn auch schwächer, so doch bewusst werden. Endlich rechnet man bekanntlich alles einmal Bewusstgewesene, wenn auch bald mehr, bald weniger Vergessene, zum „Psychischen", d. h. zum Bewusstseinsinhalt. Theoretisch scheint dies bei oberflächlicher Betrachtung zu klappen. Aber in That und Wahrheit gibt es eine Unzahl Vorgänge, die nur kaum wahrnehmbar einen Augenblick schwach bewusst sind, um wieder für immer aus dem Bewusstsein zu verschwinden. Hier und nicht bei den stark und wiederholt bewussten „Psychomen" — man verzeihe dieses Wort, mit welchem ich einfach alle und jede psychische Einheit der Kürze halber bezeichnen möchte — muss man den Uebergang des Bewussten zum scheinbar Unbewussten suchen. Die Schwäche des Bewusstseins ist aber da auch nur scheinbar, indem der innere Reflex jener Vorgänge im Inhalt einer stark abgelenkten Aufmerksamkeit nur schwach wiederklingen kann. Dieses beweist aber keineswegs, dass solch halbbewusste Vorgänge an und für sich so schwach bewusst sind. Ein Blitz der Aufmerksamkeit genügt übrigens, um sie nachträglich klar bewusst zu gestalten. Sie verlieren nur in Folge Ablenkung immer mehr den Zusammenhang mit der Kette der Intensitätsmaxima, die für gewöhnlich den erinnerlichen Inhalt unseres Oberbewusstseins bilden. Je schwächer aber mit dem letzteren verknüpft, desto schwerer werden solch halbbewusste Vorgänge später wieder durch Erinnerung mit der Hauptkette neu associirt. So alle Träume, alle Nebenumstände unseres Lebens, alle automatisirten Gewohnheiten, alle Instincte. Gibt es aber zwischen dem scharf Bewussten und dem „Unbewussten" ein halbbewusstes Hirnleben, dessen Bewusstsein nur in Folge Ablenkung unserer gewöhnlichen Erinnerungskette uns so schwach erscheint, so ist dies ein unzweideutiger Fingerzeig dafür, dass ein Schritt weiter den Rest des Zusammenhangs völlig zerreissen muss, ohne dass wir desshalb das Recht haben, diesen im Nebel für unser Oberbewusstsein verschwindenden Gehirnthätigkeiten das Bewusstsein an und für sich abzusprechen. Diesen, d. h. den sogen. unbewussten Hirnvorgängen, wollen wir somit der Kürze und Einfachheit halber „Unterbewusstseine" zusprechen.

Ist diese Annahme richtig, wofür alles spricht, so hat das Bewusstsein den Physiologen und den vergleichenden Psychologen gar nicht weiter zu beschäftigen. Es existirt gar nicht an und für sich, sondern nur durch die Gehirnthätigkeit, dessen innerer Reflex es ist. Schwindet diese, so schwindet es mit ihr[1]). Ist sie complicirt, so ist es auch complicirt. Ist sie einfach, so ist es entsprechend einfach. Ist sie dissociirt, so ist das Bewusstsein ebenfalls dissociirt. Das Bewusstsein ist nur ein abstracter Begriff, dem bei Wegfall der „bewussten" Hirnthätigkeit jede Wesenheit abgeht. Die im Spiegel des Bewusstseins erscheinende Gehirnthätigkeit erscheint darin, also subjectiv, als summarische Synthese, und zwar wächst die synthetische Summirung mit den durch Gewohnheit und Uebung gewonnenen höheren Complicationen und Abstractionen, so dass früher bewusste Details (z. B. beim Lesen) später unterbewusst werden und das Ganze als psychische Einheit erscheint.

Die Psychologie kann sich demnach nicht darauf beschränken, mittelst der Introspection die Erscheinungen unseres Oberbewusstseins allein zu studiren, denn sie wäre dann nicht möglich. Jeder Mensch hätte nur die Psychologie seines Subjectivismus, nach Art der alten scholastischen Spiritualisten, und müsste nachgerade die Existenz der Aussenwelt sammt seiner Mitmenschen in Zweifel ziehen. Die Analogieschlüsse, die naturwissenschaftliche Induction, die Vergleichung der Erfahrungen unserer fünf Sinne beweisen uns aber die Existenz der Aussenwelt, unserer Mitmenschen und der Psychologie der letzteren. Ebenso beweisen sie uns, dass es eine vergleichende Psychologie, eine Psychologie der Thiere gibt. Endlich ist unsere eigene Psychologie, ohne Rücksichtnahme auf unsere Gehirnthätigkeit, ein unverständliches, von Widersprüchen wimmelndes Stückwerk, das vor allem dem Gesetz der Erhaltung der Energie zu widersprechen scheint.

Aus diesen doch recht einfachen Ueberlegungen geht weiter hervor, dass eine Psychologie, welche die Gehirnthätigkeit ignoriren will, ein Unding ist. Der Inhalt unseres Oberbewusstseins ist beständig von unterbewussten Hirnthätigkeiten beeinflusst und bedingt. Ohne dieselben kann es gar nicht verstanden werden. Andererseits begreifen wir erst dann den ganzen Werth und den Grund der complicirten Organisation unseres Gehirns, wenn wir dieselbe durch die innere Beleuchtung unseres Bewusstseins betrachten, und wenn wir diese Beobachtung durch die Vergleichung der Bewusst-

---

[1]) Es gibt kein unthätiges, inhaltloses Bewusstsein. Da bleibt nur der abstracte Begriff übrig.

seinsinhalte unserer Mitmenschen bereichern, wie uns diese durch
die Laut- und Schriftsprache mittelst sehr ins Detail gehender
Analogieschlüsse ermöglicht wird. Die Seele muss daher zugleich
von innen und von aussen studirt werden. Ausser uns selbst kann
ersteres zwar nur durch Analogieschluss geschehen, aber dieses
einzige Mittel, das wir haben, müssen wir benützen.

Es hat Jemand gesagt, die Sprache sei dem Menschen nicht
etwa zum Aeussern, sondern zum Verbergen seiner Gedanken gegeben worden. Ausserdem legen die verschiedenen Menschen
bekanntlich in aller Ehrlichkeit den Wörtern sehr verschiedene
Bedeutung bei. Ein Gelehrter, ein Künstler, ein Bauer, ein Weib,
ein Kind, ein wilder Wedda aus Ceylon deuten gleiche Worte der
gleichen Sprache ganz verschieden. Aber auch der gleiche Mensch
deutet dieselben, je nach seiner Stimmung und je nach Zusammenhang, verschieden. Daraus ergibt sich für den Psychologen und
besonders für den Psychiater — ich spreche hier als solcher —,
dass die Mimik, die Blicke, die Handlungen eines Menschen sein
wahres Innere vielfach besser verrathen, als das, was er sagt.
Somit bedeuten auch die Geberden und Handlungen der Thiere
für uns eine „Sprache", deren psychologischer Werth nicht unterschätzt werden darf. Ferner haben uns die Anatomie, die Physiologie und die Pathologie des menschlichen und des thierischen
Gehirnes den unwiderleglichen Beweis geliefert, dass unsere Seelen-
eigenschaften von der Qualität, der Quantität und der Integrität
des lebenden Gehirnes abhängen und mit demselben eins sind. Es
gibt so wenig ein lebendes Gehirn ohne Seele, als eine Seele ohne
Gehirn und jeder normalen oder pathologischen Aenderung der
Seelenthätigkeit entspricht eine normale oder pathologische Aenderung der Neurokymthätigkeit des Gehirnes, d. h. seiner Nervenelemente. Was wir introspectiv im Bewusstsein wahrnehmen, ist
somit Hirnthätigkeit.

Wir nehmen daher bezüglich des Verhältnisses der reinen
Psychologie (Introspection) zur Physiologie des Gehirns (Beobachtung der Gehirnthätigkeit von aussen) die Theorie der Identität
als gegeben an, solange die Thatsachen damit übereinstimmen.
Mit dem Wort Identität oder Monismus sagen wir also, dass jede
psychologische Erscheinung mit der ihr zu Grunde liegenden Mole-
kular- oder Neurokymthätigkeit der Hirnrinde ein gleiches reelles
Ding bildet, das nur auf zweierlei Weise betrachtet wird. Dualistisch ist nur die Erscheinung, monistisch dagegen das Ding.

Wäre dem anders, so gäbe es, durch das Hinzutreten des rein Psychischen zum Körperlichen oder Cerebralen, ein Plus an Energie, das dem Gesetz der Erhaltung der Energie widersprechen müsste. Letzteres ist jedoch niemals erwiesen worden und würde allen Erfahrungen der Wissenschaft Hohn sprechen. In den Erscheinungen unseres Hirnlebens, so wunderbar sie auch sind, liegt absolut nichts, das den Naturgesetzen widerspricht und die Herbeirufung einer mystischen, übernatürlichen „Psyche" berechtigt.

Aus diesem Grunde spreche ich von monistischer Identität und nicht von psycho-physiologischem Parallelismus. Ein Ding kann nicht mit sich selbst parallel sein. Freilich wollen die Psychologen moderner Schule damit nur einen angeblichen Parallelismus der Erscheinungen bezeichnen und Monismus oder Dualismus unpräjudicirt lassen. Da jedoch viele centrale Nervenvorgänge weder der physiologischen noch der psychologischen Beobachtung zugänglich sind, sind die uns zugänglichen Erscheinungen der beiden Forschungsmethoden gar nicht parallel, sondern sehr ungleich von einander durch Zwischenprocesse entfernt. Der Parallelismus ist somit nur eine theoretische Annahme. Indem ferner die dualistische Hypothese naturwissenschaftlich unhaltbar ist, ist es durchaus geboten, von der Identitätshypothese auszugehen.

Es ist doch sonnenklar, dass das gleiche Geschehen am Nervensystem eines Thieres, meinetwegen an meinem Nervensystem, von mir selbst, aber erstens mittelst physiologischer Methoden von aussen beobachtet, und zweitens sich selbst in meinem Bewusstsein reflectirend mir total anders erscheinen muss, und es wäre ein vergebliches Bemühen die physiologische Qualität in die psychische, oder umgekehrt, überführen zu wollen. Wir können ja nicht einmal eine psychische Qualität in die andere mit Bezug auf die von beiden versinnbildlichte Realität überführen, wie z. B. den Ton, die Gesichts- und die Tastempfindung, welche eine gleiche tiefe Stimmgabelschwingung auf unsere drei entsprechenden Sinne macht. Dennoch dürfen wir inductiv schliessen, dass es die gleiche Wirklichkeit, die gleiche Schwingung ist, die uns auf diese drei qualitativ total verschiedenen Arten versinnbildlicht wird, d. h. uns diese drei verschiedenen, in einander nicht überführbaren psychischen Eindrücke verursacht. Letztere spielen sich immerhin in verschiedenen Hirntheilen ab und sind natürlich als Eindrücke im Gehirn reell von einander verschieden.

Von psycho-physiologischer Identität sprechen wir nur mit

Bezug auf die, die uns bekannten Bewusstseinserscheinungen direct
bedingenden cortialen Neurokyme einerseits und die betreffenden
Bewusstseinserscheinungen anderseits.

In der That kann eine dualistisch gedachte Seele nur energielos oder energiehaltig sein. Ist sie energielos gedacht, d. h.
vom Energiegesetz unabhängig, so sind wir bereits beim Wunder-
glauben angelangt, der die Naturgesetze nach Belieben aufheben
und stören lässt. Ist sie energiehaltig gedacht, so treibt man damit nur Wortspiel, denn eine dem Energiegesetz gehorchende Seele
ist nur ein willkürlich aus dem Zusammenhang gerissener Theil
der Gehirnthätigkeit, dem man nur „seelisches Wesen" verleiht,
um es ihm gleich wieder wegzudecretiren. Energie kann nur
qualitativ, nicht quantitativ umgewandelt werden. Eine dualistisch
gedachte Seele müsste somit, wenn sie dem Energiegesetz gehorchen würde, vollständig in eine andere Energieform übergehen
können. Dann ist sie aber nicht mehr dualistisch, d. h. nicht mehr
von den Hirnthätigkeiten wesentlich verschieden.

Unter den Jüngern des alten metaphysischen M o n i s m u s
Bruno's und S p i n o z a's möchte ich den grossen zu sehr vergessenen Hirnanatomen C a r l   F r i e d r i c h   B u r d a c h (Vom Baue
und Leben des Gehirnes III. Band, Leipzig 1826, S. 141 u. ff.)
erwähnen, den ich 1892 (Suggestionslehre und Wissenschaft) in
der Zeitschrift für Hypnotismus citirt habe. Man wolle gefälligst
nachlesen. Als Gehirnforscher hat B u r d a c h die Einheit von Gehirn und Seele mit aller wissenschaftlichen und philosophisch-
logischen Klarheit dargethan. Auf seine Gedanken basirt sich
M e y n e r t's Lehre. Ihm fehlten nur die Ergebnisse der modernen
normalen und pathologischen Anatomie und Histologie des Gehirnes,
sowie der neueren Thierexperimente, welche ihn in den Hauptzügen
vollauf bestätigt haben.

Unter Monismus, im Gegensatz zu Dualismus, verstehen wir
also die Hypothese der Einheit von „Gehirn und Seele" im Sinn
der psycho-physiologischen Identität. Sobald sicher nachgewiesen
werden könnte, dass etwas „Seelisches", d. h. „Immaterielles" ohne
materielles Substrat vorhanden wäre, so wäre der Dualismus erwiesen.

Unter Materialismus versteht man dagegen eine Weltanschau-
ung, welche die Materie als Weltpotenz, sozusagen als Gott betrachtet, ohne sich Rechenschaft davon zu geben, dass wir von
der Materie nur Erscheinungen kennen und von ihrem Wesen

rein nichts wissen, so dass sie somit auch nur ein abstracter Begriff ist.

Von Seelen kennen wir direct jeder nur die seinige. Weitere menschliche, allenfalls noch thierische Seelen vermuthen wir mittelst der Sprache, Mimik etc. durch Analogieschlüsse, mit an naturwissenschaftliche Gewissheit grenzender Wahrscheinlichkeit. Da man in neuerer Zeit eine starke Neigung zeigt Monismus und Materialismus zu identificiren und dadurch eine gewaltige Confusion zu stiften, müssen wir uns auseinandersetzen.

Die Frage nach Monismus und Dualismus ist keine religiöse Frage und präjudicirt keine religiöse Metaphysik. Je nach ihrer Entscheidung mag sie freilich als Unterlage zu solchen benützt werden. An und für sich jedoch ist sie eine andere Frage.

Die Religion frägt nach der ersten Ursache und den letzten Zwecken des Weltalls. Sie will die Natur und die Absichten der Weltallmacht, d. h. Gottes durch Offenbarung oder aus Intuition wissen. Sie will ferner ihr Verhältniss speciell zum Menschen feststellen.

Von all' diesen metaphysischen, d. h. dem Erkenntnissvermögen des Menschen unzugänglichen Dingen liegt in der Frage nach Monismus oder Dualismus zunächst nichts.

Die materielle oder sogen. objective Seite der Erscheinungen und die psychische oder subjective Seite derselben sind dagegen Thatsachen unserer täglichen Beobachtung, ja einer jeden Secunde unseres Lebens.

Der Dualismus sagt: Es gibt zwei Dinge: 1. körperliche oder materielle, die den Naturgesetzen gehorchen und 2. seelische oder geistige, die zwar in einem gewissen Verhältniss zur Materie treten, aber dennoch eine eigene, von der Materie unabhängige Existenz besitzen. Daher spricht der Dualismus von Einflüssen des Körpers auf die Seele und der Seele auf den Körper, von immateriellen Seelen und Geistern und von seelenloser Materie.

Der Monismus sagt dagegen: Streng genommen kennen wir nur eine Seele, die unsrige. Die anderen erschliessen wir nur aus Analogie. Seele und Körper sind jedoch nicht zwei verschiedene Dinge. Sie sind nur zwei Seiten in unserer Erkenntniss, zwei Erscheinungsweisen derselben Dinge. Fechner hat es folgendermassen ausgedrückt: es ist wie ein mathematisch gedachter Kreis; von aussen besehen ist er convex, von innen concav, und doch ist er nur ein und dasselbe. Der Monismus kann daher nicht einer materialistischen Metaphysik das Wort reden, so wenig wie einer spiritualistischen, weil er sich sonst verleugnen würde. Für ihn sind die Begriffe „Materie" und „Seele" werthlose, missverstandene Worte, sobald sie als gegensätzliche Dinge aufgefasst werden. Es sind abstracte Scheinbegriffe, die der Mensch willkürlich aus der Einheit der Weltdinge herausgekünstelt hat, die aber für sich genommen jede thatsächliche Grundlage entbehren. Ganz gleichgültig ob „physiologisch" oder „psychologisch" enthält für uns jede Erscheinung eine psychologische und eine physiologische Seite. Von einem Tisch, von einem Reflex oder von einer negativen Stromschwankung und dergl. kenne ich trotz aller Wissenschaft nur meine subjectiven Wahrnehmungen und meine auf Combination solcher beruhende Anschauung, die mich auf die Annahme der Existenz der Aussenwelt geführt hat. Das Gleiche gilt aber von meinem Denken, Fühlen und Wollen, von einem Schmerz, einem Entschluss, dem Begriff „Liebe" u. s. f. Das „Psychologische" ist aber in beiden Fällen unmittelbare Erscheinung, das „Physiologische" oder „Objective", dagegen nur mittelbare, durch andere Sinne und Ueberlegungen controllirte und daher erschlossene Anschauungskette. Nachdem jedoch das Gehirnstudium und die Psychophysiologie uns den Nachweis geliefert haben, dass es keine unmittelbare Bewusstseinserscheinung ohne Gehirnthätigkeit gibt und wir eigentlich selbst beim Fühlen, Denken und Wollen die Anstrengung und Thätigkeit unseres Gehirnes ganz gut merken, ist es ebenso klar, dass jede rein innerliche psychologische Erscheinung ihre physiologische Seite, die Bewegung einer materiellen Grundlage im Gehirn hat. Mit einem Wort, es gibt nichts „Psychisches" ohne „Physisches" und wenn wir das „Nicht ich" introspiciren könnten, fänden wir höchst wahrscheinlich, dass es ebensowenig ein „Physisches" ohne „Psychisches" gibt. Der metaphysische Monismus sagt aber weiter: Wie es keine Materie ohne Energie und keine Energie ohne Materie gibt, so gibt es gewiss nichts „Unbeseeltes" [1]) in der Welt.

---

[1]) Sobald das Wort „Seele" für unbelebte Gegenstände gebraucht wird, erhebt sich ein Sturm des Widerspruches. „Träumereien! Unsinn! Faseln von Weltenseelen!" und dergl. mehr. Das kommt daher, dass die Leute immerwährend im Anthropomorphismus gefangen bleiben und nicht fassen, nicht begreifen können, dass das Element des inneren (psychischen) Reflexes im Verhältniss zu einer Menschenseele ebenso einfach sein muss wie ein Atom im Verhältniss zum lebenden Menschenhirn.

Die Erscheinung der Introspection ist nur das innere Reflex alles Geschehens, dessen Aussenseite uns als die bewegte Materie mit ihren Energien erscheint. Jene innere Seite von der äusseren zu trennen oder umgekehrt ist noch keinem Menschen anders als durch leere Worte gelungen, und wird auch nie gelingen, aber die Innenseite kennt jeder einzig nur bei sich selbst. —

Der rein wissenschaftliche Monismus (Identitätshypothese) darf freilich nicht so weit generalisiren wie oben. Er begnügt sich damit, die Wesensidentität jeder der directen psychologischen Beobachtung zugänglichen psychischen Erscheinung mit ihrem sogen. gehirnphysiologischen Correlat anzunehmen, und muss die Hypothese der Weltbeseelung, so nahe sie ihm liegt, der metaphysischen Speculation überlassen.

Es ist unschwer zu begreifen, dass diese Streitfrage mit den oben bezeichneten Fragen der religiösen Metaphysik direct nichts zu thun hat. Erste Ursache und letzter Zweck, freie Evolution oder Fatalismus bleiben davon so unberührt, wie die Frage nach der Wesenheit Gottes. Ein persönliches Verhältniss der Gottheit, sowohl zu uns als zu der übrigen uns erscheinenden Natur ist allerdings mit der monistischen Auffassung nicht besonders leicht zu verbinden. Aber auch von anderem Standpunkte aus lässt sich die Vermenschlichung der Gottesidee kaum mit der Vorstellung der Allmacht vereinbaren.

Die monistische Anschauung kommt übrigens einer Reihe Dogmen der Religionen in der gleichen Weise in die Quere, wie seinerzeit die Kopernik'schen Lehren des Sonnensystems. Jene Dogmen haben wissenschaftliche, dem menschlichen Erkenntnissvermögen zugängliche Fragen in Beschlag genommen und für ihre religiösen Systeme verwerthet. Ihre Vertreter können es nicht verwinden, dass ihnen nun dieselben heute von Seiten der wissenschaftlichen Erkenntniss streitig gemacht werden. Darin liegt des Pudels Kern.

Was jedoch die Frage „Monismus" oder „Dualismus" um einen Riesenschritt der wissenschaftlichen Erkenntniss näher gebracht hat, ist ganz einfach die Erforschung des menschlichen und des thierischen Centralnervensystemes und seiner normalen und pathologischen Functionen.

Was früheren nebelhaften Anschauungen als immaterielle Menschenseele (etwa wie den Wilden der Blitz als Deus ex machina) imponirte, erweist sich nun immer unabweisbarer, von A

bis Z als die Innenseite des Gehirnlebens. Alle Versuche, einen
Theil der Seele als Seelenkern an und für sich vom Gehirnleben,
als unabhängig von der lebenden Hirnsubstanz, zu retten, scheitern
kläglich an den täglich genaueren und massenhafteren Beobachtungen über die absolute Gebundenheit aller normalen wie pathologischen Seelenerscheinungen an die Integrität ihres Organes.

Eine Hauptschwierigkeit schien jedoch noch in dem dunklen
Gebiet des sogen. unbewussten Hirnlebens zu liegen. Das
Fechner-Weber'sche Gesetz will nicht stimmen. Es gibt Incon-
gruenzen zwischen den Bewusstseinserscheinungen und den beobachteten und gemessenen physiologischen Resultaten.

Dies kommt einfach daher, dass mächtige Apparate (Hirncentren) zwischen den physiologischen Messungsresultaten und denjenigen Grosshirntheilen liegen, wo sich unser oberbewusstes (psychisches) Leben abspielt. Die unterbewusste (für unser Oberbewusstsein
unbewusste) Thätigkeit jener Apparate kann hemmen und bahnen,
stören oder fördern, und fälscht dadurch nothwendig die Resultate
der psycho-physiologischen Messungen, die auf dem Fechner'schen
Gesetz beruhen. Vor allem muss man sich hüten zu bestimmte
Schlüsse daraus zu ziehen. Es zeigt sich u. A.: 1. dass die stärkere
Concentration der Grosshirnthätigkeit, die dem Vorgang der Aufmerksamkeit zweifellos entspricht, vom klarsten intensivsten Bewusstsein begleitet ist; 2. dass offenbar auch die Intensität und
3. die Dauer der Gehirnthätigkeiten zum Zustandekommen unseres
subjectiv von uns erkannten Bewusstseins beitragen. Letzteres geht
schon mit grosser Wahrscheinlichkeit daraus hervor, dass bekanntlich psychische Zeitmessungen nachgewiesen haben, wie viel rascher
scheinbar unbewusste Reactionen vor sich gehen als bewusste.
4. Alles Ungewohnte, alles, was die Gehirnthätigkeit unvorbereitet
findet, alles, wozu sie noch nicht oder noch nicht fest angepasst
ist, bewirkt solche Reactionen derselben, welche von stärkerem Oberbewusstsein begleitet sind. Man könnte sagen, dass Schock, Reibung, Antagonismus, plastische Umbildung in der Hirndynamik die
Oberbewusstseinserscheinung hervorruft oder verschärft. Es scheint
somit, dass die mehr erschütterungsartigen Nerventhätigkeiten von
stärkeren Oberbewusstseinsspiegelungen begleitet sind. 5. Im Spiegel
des Bewusstseins, d. h. subjectiv, erscheint jede Gehirnthätigkeit als
eine Einheit, als das, was Philosophen Bewusstseinszustand genannt
haben, obwohl ein tieferes Studium der Psychologie und besonders
der Psychophysiologie uns bald den Beweis liefert, dass die schein-

baren Einheiten ungemein complicirt sind, d. h. aus ungeheuer
weit combinirten zeitlichen und räumlichen Componenten bestehen.
Man denke nur an das, was wir eine Wahrnehmung nennen (z. B.
diejenige einer Uhr), gleichwohl ob sie hallucinirt oder durch das
Sehen einer wirklichen Uhr bedingt ist. Das Beispiel einer Gesichtswahrnehmung ist besonders beweisend, weil man an Blind-
gebornen, die erst im späteren Leben durch Staaroperation den
Gesichtssinn erlangten, nachgewiesen hat, dass sie zunächst keine
Gesichtswahrnehmung, sondern nur ein Chaos von Farbenempfin-
dungen haben, lange Zeit brauchen, um sehen (d. h. wahrnehmen)
zu lernen, und es nie so vollständig erlernen wie das Wahrnehmen
und Sichvorstellen mit Hülfe der anderen Sinnesorgane, so dass sie
sich immer noch hauptsächlich mit dem Gefühl und dem Gehör
orientiren. Sogar die für uns einfachste Empfindung beruht zweifellos auf einem grossen physiologischen Complex (Höffding). Um
wirklich primitive, einfache Empfindungen zu entdecken, müssten
wir bis zum neugebornen Kind zurückgehen (abgesehen vom an
congenitalem Staar Operirten), und das können wir nicht.

    Folglich bedeutet unser menschliches Oberbewusstsein nur eine
summarische, synthetische, unvollständige, subjective Beleuchtung
des stärkeren Theiles unserer Grosshirnthätigkeit.

    6. Eine sehr wichtige Erscheinung des Bewusstseins findet
ferner bei der Wiederbelebung früherer Thätigkeitscomplexe des
Gehirnes, d. h. beim Spiel der Gedächtnissbilder oder Vorstellungen
statt. Es handelt sich hier um die zeitliche Verkettung der Gehirnthätigkeit, d. h. um die relative Beleuchtung derselben durch das
Oberbewusstsein. Besonders auf dieses Gebiet wirft der Hypnotismus ein bedeutendes Licht. Der ganze Vorgang des Gedächtnisses
ist an sich vom Bewusstsein völlig unabhängig und zeigt sehr interessante Gesetze [1]). Die Gesetze des Gedächtnisses erkennen wir zwar
grösstentheils psychologisch bei uns selbst. Aber es ist nicht richtig,
ein bewusstes Gedächtniss dem organischen oder „unbewussten"
Gedächtniss gegenüberzustellen. Es gibt nur ein Gedächtniss,
das a) in der Erhaltung molecularer Spuren einer jeden Hirn-

---

[1]) In einem gedruckten Vortrage (Das Gedächtniss und seine Abnormitäten; Zürich, Orell Füssli 1885) habe ich grösstentheils nach Ribot diese
Frage näher erörtert, dabei aber den Fehler begangen, das Bewusstsein als
eine Thätigkeit zu bezeichnen. Ohne Thätigkeit des Gehirnes gibt es freilich
kein Bewusstsein, aber desshalb darf man nicht diese Thätigkeit mit dem Wort
Bewusstsein bezeichnen.

thätigkeit (Nerventhätigkeit überhaupt), b) in der Wiederbelebungs-
oder besser Wiederverstärkungsfähigkeit derselben und c) manchmal
in dem Wiedererkennen, d. h. in der Identification der wiederver-
stärkten Thätigkeit mit der ersten (Localisation in der Zeit) besteht.

Ob Bewusstsein bei dem einen oder dem anderen dieser Vorgänge subjectiv nachweisbar oder nicht nachweisbar ist, hat mit
der Sache selbst nichts zu thun, so sehr auch wir vom Gegentheil
subjectiv überzeugt sein mögen.

Die subjective Spiegelung des Bewusstseins kann nicht nur
ad libitum aus wirklichen Gedächtnissbildern durch Suggestion ausgeschaltet und wiedereingeschaltet werden (suggerirte Amnesien etc.),
sondern es kann durch Suggestion das Wiedererkennen vorgetäuscht
werden, d. h. ein ganz neuer Seelenvorgang kann durch Suggestion
das irrige Bewusstsein einer Erinnerung an bereits ein Mal Erlebtes
(Erinnerungsfälschung) erzeugen.

Es kommt z. B. für das spätere Bewusstsein des Individuums
ganz auf dasselbe heraus, ob ich durch Suggestion einen für gewöhnlich schmerzhaften Nervenreiz (z. B. Zahnextraction) im Moment,
wo er stattfindet, durch Suggestion schmerzlos mache, oder ob ich,
nachdem der Schmerz mit Bewusstsein wirklich empfunden wurde,
durch Suggestion die Erinnerung an den empfundenen Schmerz
vollständig und definitiv ausschalte. In beiden Fällen wird der Betreffende, wie ich es experimentell nachgewiesen habe, die gleich
feste bewusste Ueberzeugung behalten, der Zahn sei schmerzlos ausgezogen worden.

Ribot (Das Gedächtniss und seine Abnormitäten) glaubt, dass
das Wiedererkennen, als Bewusstwerden des Gedächtnisses, nur dem
Bewusstsein zukommt. Das ist aber nach dem, was wir sahen,
ausgeschlossen, denn es gibt nichts Unbewusstes in der Hirnthätigkeit. Man kann sogar das Wiedererkennen bei Insecten
(Bienen und Ameisen) sicher nachweisen.

Man ersieht daraus, welch' hervorragende Rolle die Amnesie
bei den Vorgängen spielt, die wir bewusst oder unbewusst nennen.
Das, was wir bei uns für unbewusst halten, hat offenbar nur durch
sogen. functionelle Amnesie den subjectiven Connex mit unserer
oberbewussten Hirnthätigkeit verloren.

Es ist aber wohl anzunehmen, dass, wenn durch Suggestion
oder auch spontan eine stärkere und noch nicht alte Hirnthätigkeit
für das Bewusstsein in Vergessenheit geräth, dies bedeutet, dass eine
Hemmungsvorrichtung in Wirkung getreten ist, welche eine stärkere

Wiederbelebung dieser Thätigkeit verhindert. *Ausschaltung der Ober-bewusstseinsspiegelung bedeutet somit offenbar meistens eine Hemmung, während umgekehrt reizverstärkende Vorgänge (Bahnungen) im Gehirn solche Spiegelungen hervorrufen, resp. intensiver gestalten.* Somit kommen wir also wiederum zu der Ansicht, dass lebende Nervensubstanz, Nerventhätigkeit und Bewusstsein nur drei von uns durch Analyse abstrahirte Erscheinungsformen des gleichen Dinges in Beziehung zu uns und nichts an sich von einander Verschiedenes sind. Subjectivismus, Energie und Stoff sind, ihrem Wesen nach, das Gleiche und erscheinen auf der Erde als Grosshirn und Seele des Menschen in ihrer complicirtesten, vollständigsten Form.

Alles, was wir bisher gesagt haben, bezog sich aber nur auf unser gewöhnliches Wachbewusstsein, dessen subjectiver Inhalt somit vom monistischen Standpunkt aus nichts Anderes sein kann als ein synthetisches Symbol des Complexes der durch Association verbundenen und vermittelst des Gedächtnisses jederzeit mehr oder weniger vorstellbaren, d. h. wieder verstärkungsfähigen Grosshirnthätigkeiten, im Moment ihres den subjectiven Reflex entsprechend erhöhenden Geschehens.

Wir besitzen allerdings Alle ein zweites Bewusstsein, das Traum- oder Schlafbewusstsein, das sich qualitativ nicht unwesentlich vom Wachbewusstsein unterscheidet. Das Studium seines Inhaltes gibt aber gerade die schönste Bestätigung unserer Anschauung (siehe Cap. IV, §§. 16).

Einen partiellen, unvollständigen Einblick gewinnt unsere wachbewusste Erkenntniss in dasselbe durch die Traumerinnerungen. Wir werden noch darauf zurückkommen müssen. Aber hier schon müssen wir betonen, dass zweifellos die subjectiv andere Qualität des Traumbewusstseins einer objectiv anderen Qualität der Gehirnthätigkeit im Schlaf entsprechen muss. Wäre immerhin der Unterschied ein absoluter, so hätte wahrscheinlich unser Wachbewusstsein gar keine Kenntniss von unserem Traumbewusstsein. Dem ist aber nicht so. Es gibt oft allmälige Uebergänge, welche die Vermittelung bewirken und gewisse schwächere Erinnerungen mit Association der subjectiven Spiegelung von der Schlafthätigkeit in die Wachthätigkeit des Gehirns und umgekehrt übertragen.

In gewissen eigenthümlichen Fällen von Somnambulismus hat man zwei oder mehrere von einander scharf getrennte Bewusstseine (man wolle diesen Plural entschuldigen!) beobachtet und daraus diverse Theorien construirt. Nicht nur können solche Bewusstseine

einander zeitlich folgen (mit einander abwechseln), sondern sie
können gleichzeitig im gleichen Gehirn coexistiren (das Doppel-Ich
und das automatische Schreiben von Max Dessoir)[1]. Diese
wunderbaren Dinge erscheinen im Lichte des Monismus und des
Hypnotismus nicht mehr so unerklärlich, wenn wir uns unser Wachbewusstsein einfach als die Introspection einer associirten Kette
von (allerdings wichtigsten, hauptsächlichsten und concentrirtesten)
Grosshirnthätigkeiten vorstellen. Nichts verhindert, dass im gleichen
Gehirn andere Thätigkeitsketten coexistiren, die ebenfalls ihre Verkettung von Introspectionen besitzen, aber durch Hemmungsvorrich-
tungen an einer Verkettung mit der ersten verhindert sind. Scheinbar unbewusste, d. h. bezüglich der Erinnerung an die subjective
Beleuchtung allein unterbrochene Verbindungen zwischen beiden
Ketten können und müssen nichtsdestoweniger vorhanden sein, denn
die Beeinflussung einer Kette durch die andere ist nachweisbar.

Einmal fuhr ich in einem Wagen, in Gedanken versunken.
Als der Wagen an einer Stelle vorbeifuhr, wo ich aus der electrischen Trambahn auszusteigen pflegte, um einen steilen Fussweg zu
nehmen, fühlte oder glaubte ich mich abgestiegen und im Begriff
die Steigung zu beginnen. Das Bewusstsein, im Wagen zu sitzen
und zu fahren, war augenblicklich aus meiner Oberbewusstseinskette
geschwunden und durch eine Art Traumhallucination ersetzt worden,
obwohl mein abstracter Gedankengang dadurch keineswegs gestört
worden war. Plötzlich wurde ich dann meiner Täuschung gewahr.

Es können mit anderen Worten im gleichen Gehirn gleichzeitige oder einander folgende verschiedenartige Thätigkeiten gemeinsame elementare, sie coordinirende Verbindungen besitzen, und
doch in ihren von der bewussten Erinnerung einzig beleuchteten
Wellen höherer Intensität oder Concentration uns subjectiv vollständig oder fast vollständig von einander getrennt erscheinen (Beispiel: Traum und Wachen).

Man braucht aber bekanntlich nicht zum Traumbewusstsein zu
greifen, um Unterbrechungen in den Verkettungen unseres denken-

---

[1] Max Dessoir, Das Doppel-Ich, 1889 bei Karl Sigismund, Berlin W.
Vorsichtig und mit Recht sagt Dessoir am Schluss dieser sehr interessanten
und lesenswerthen Studie: Die menschliche Persönlichkeit besteht aus mindestens
zwei schematisch trennbaren Sphären. Das Wachbewusstsein nennt Dessoir
„Oberbewusstsein", das andere, unserem Wachbewusstsein weniger bekannte,
Bewusstsein (Traumbewusstsein, zweites Bewusstsein etc.) nennt er „Unterbewusstsein".

den Subjectes zu finden. Bei jeder stärkeren Concentration des Denkens (beim unrichtig „zerstreut" genannten Gelehrten z. B.) kann man sehen, wie eine Reihe gewohnter Hirnthätigkeiten vor sich zu gehen fortfahren und dabei jede subjective Verbindung mit dem auf Abstractionen concentrirten Inhalt des Hauptbewusstseins (d. h. mit der Hauptgrosshirnthätigkeit) verloren haben. Ich habe z. B. bei concentrirten Arbeiten die Gewohnheit „unbewusst" diverse Melodien in einem fort leise vor mich hin zu summen. Neulich habe ich nun angefangen mich selbst gelegentlich darauf zu erwischen und jedesmal die bezügliche Melodie (meistens Gassenhauer) aufzuschreiben. Ich habe mich nun bereits auf 24 verschiedenen Melodien auf diese Weise ertappt, zum Theil alte Gassenhauer aus meiner Kindheit, an welche ich nie bewusst denke, aber auch später gelernte Lieder. Man hat diese Thätigkeit oft „unbewusst" genannt. Dessoir schreibt derselben sein Unterbewusstsein zu. Es gibt aber in Wirklichkeit zahllose Uebergänge, Unterbrechungen, Wiederanknüpfungen etc. Es gibt Menschen, bei welchen die Bewusstseinsketten sehr rasch den Zusammenhang verlieren, während sie bei anderen (Menschen mit sogen. sehr gutem Gedächtniss, sowie Leute, die „alles merken") sehr ausgedehnte und cohäsive Verknüpfungen besitzen. Bei letzteren sind gewöhnlich die Eigenschaften der Concentration (Aufmerksamkeit) und der Phantasie schwächer entwickelt. Die Bewusstseinsspiegelung kann uns sehr klar, weniger klar, nebelhaft erscheinen. Ihr Feld kann räumlich wie zeitlich ausgedehnter oder weniger ausgedehnt sich zeigen. Ein wichtiges Verhältniss besteht auch zweifellos zwischen der Intensität und der Dauer (Grashey'sche Aphasie) einer Gehirnthätigkeit einerseits und ihrer bewussten Erinnerungsfähigkeit andererseits.

In andere Bewusstseine als in unser Oberbewusstsein oder höchstens in unsere Grosshirnunterbewusstseine können wir keinen directen subjectiven Einblick gewinnen, ganz gleichgültig, ob dieselben anderen Nervencentren unseres eigenen Nervensystems oder anderen Menschen oder Thieren gehören. Was wir von anderen Menschen wissen, beruht auf Analogieschluss mittelst der Sprache. Und auch den Einblick, den wir in das Traumbewusstsein oder in ein eventuelles zweites oder drittes Bewusstsein (Fälle von Mac-Nish, Azam etc.) gewinnen, ist meistens kärglich genug. Hätten die Telepathen recht, so wäre es freilich anders.

Dennoch können wir und müssen wir sogar theoretisch per Analogie annehmen, dass die Thätigkeiten anderer Nervencentren:

Kleinhirn, Mittelhirn, Zwischenhirn, Rückenmark, Ganglien, ebenfalls eine analoge subjective Spiegelung besitzen. Nur bleibt z. B. dieses Rückenmarksubject, um eines zu wählen, vollständig ohne subjective (bewusst verkettete) Association mit unserem Ichbewusstsein, d. h. mit unserem Grosshirnoberbewusstsein. Die Thätigkeit der subcerebralen Centren wird uns erst bewusst, wenn sie sich in eine Thätigkeit des Grosshirnes durch wellenartige Fortpflanzung in dasselbe umgesetzt hat. Nach Ruptur unseres Cervicalmarkes z. B. befindet sich unser Oberbewusstsein voll und ganz unversehrt gehirnwärts von der Ruptur. Die unzähligen bezüglichen Thatsachen der Gehirnphysiologie, Anatomie und Pathologie erklären sich nur unter dieser Annahme.

Das dunkelste Capitel der Physiologie des Centralnervensystemes ist die Function der sogen. Basalganglien des Gehirnes, des Mittelhirnes und des Kleinhirnes. Es ist aber sicher nicht nur die wenig zugängliche Lage dieser Organe daran schuld, sondern auch die Thatsache, dass unser subjectives Ich, d. h. unser Grosshirnoberbewusstsein mit ihrem supponirten Bewusstsein in keinem subjectiven Connex steht, obwohl ihre Thätigkeit mit der Grosshirnthätigkeit, d. h. objectiv, nachgewiesenermassen, in harmonischem Zusammenhang arbeitet. Kurzweg nennen wir nun alle diese dunklen Vorgänge bald unbewusste Gehirnthätigkeit, bald Gehirnreflexe, bald Gehirnautomatismen und dergl. mehr. Doch liegt in dem Ausdruck „unbewusst" die Gefahr, diese Vorgänge in einen Gegensatz zum Inhalt unseres Oberbewusstseins zu bringen, während ein solcher sicher nicht vorhanden ist.

Dass ein Thier ohne Grosshirn auf Reizung des Trigeminus hin auch schreit, scheint zu zeigen, dass eine Schmerzerzeugung in einem Centrum des Nachhirns oder des Mittelhirnes stattfindet, und, dass folglich dieses Centrum auch sein schmerzempfindendes Bewusstsein hat. Im Grosshirnbewusstsein des Thieres erscheint aber der Schmerz, d. h. die subjective Empfindung erst, wenn er aus jenem Centrum in das Grosshirn projicirt worden ist, und so ist es zweifellos auch für uns der Fall. Ein armer junger Mann mit querdurchrissenem Cervicalrückenmark lachte verwundert, als er seinen Fuss nach Berührung der Fusssohle mit Glüheisen sich zurückziehen sah. Er fühlte absolut nichts. „Ja, aber Ihrem Rückenmark thut es weh," sagte ich ihm, „nur wissen Sie (Ihr Gehirn) es nicht."

Durch weitere Analogieschlüsse müssen wir den verschiedenen Nervencentren der Thierwelt verschiedene, der Complicirtheit ihrer Structur und ihrer Grösse adäquate Bewusstseine zusprechen, und stets bei dem grössten, complicirtesten Centrum das Hauptbewusstsein, d. h. das Bewusstsein der leitenden vernünftigsten Hauptthätigkeit oder Gehirnthätigkeit vermuthen. Die Experimente Isidor Steiner's scheinen zu beweisen, dass diese Hauptthätigkeit bei den Fischen im Mittelhirn stattfindet (Isid. Steiner, Ueber das Grosshirn der Knochenfische, 1886, Januar, Sitzungsber. der Berl. Akad. phys.-math. Classe). Der gleiche Autor (ibidem, 16. Januar 1890; Die Function des Centralnervensystems der wirbellosen Thiere) glaubt das Gehirn als „das allgemeine Bewegungscentrum, in Verbindung mit den Leistungen wenigstens eines der höheren Sinnesnerven" definiren zu können. Diese Definition hat manches für sich, ist aber wohl zu absolut und zu beschränkt. Das Gehirn ist einfach das grösste und complicirteste Nervencentrum. Dadurch hat es die stärkste und die vernünftigste, d. h. die am complicirtesten der Aussenwelt und den Gehirnen anderer Wesen anpassbare Thätigkeit. In Folge dessen nimmt auch diese Thätigkeit in der Wechselwirkung der motorischen Centren die allgemein leitende Rolle ein.

Bei den Ameisen glaubte ich das Gehirn in Folge von diversen Experimenten und vergleichenden biologischen und anatomischen Studien in die Corpora pedunculata des oberen Schlundganglions mit noch mehr Recht als bisher verlegen zu dürfen (Fourmis de la Suisse, 1874). Neuerdings habe ich mich über die Frage der vergleichenden Psychologie genauer geäussert, und ich verweise hier auf meine diesbezügliche Arbeit. (Die psychischen Fähigkeiten der Ameisen und einiger anderen Insecten mit einem Anhang über die Eigenthümlichkeiten des Geruchsinns bei jenen Thieren. München 1901, Verlag von Ernst Reinhardt, Maximiliansplatz 3.)

Der Begriff des Bewusstseins, wie wir ihn definiren, ist ein Grundbegriff, den man nicht weiter zerlegen kann. Zerlegen kann man nur die von ihm gespiegelte Gehirnthätigkeit. Desshalb glauben wir dem Begriff Bewusstsein Allgemeinheit zuschreiben zu können, wie dem Begriff der Energie, obwohl, seines subjectiven Wesens wegen, sein directer Nachweis ausserhalb des Subjectes nur selten möglich ist! So leicht es eben desshalb scheint, unsere diesbezügliche Ansicht mit Syllogismen zu widerlegen, so zwingend drängt sich doch dieselbe dem inductiv denkenden Forscher auf. Wie kann denn ein unanalysirbarer Subjectivismus, der sich mit absolut keiner Naturerscheinung vergleichen, sich aus keiner derselben ableiten lassen kann — er ist es ja, dem die Natur erscheint! — plötzlich — (aus was!?) — entstehen — mit dem ersten Neuron? — mit der ersten lebenden Zelle?

Man braucht sich nur in diese Erwägungen gründlich zu vertiefen um — will man nicht immer wieder in den Circulus vitiosus, in die leeren Worte irgend eines sterilen Dualismus zurückfallen — einzusehen, dass man das Substrat des potentiellen abstracten Begriffs des in unserem Sinn verstandenen Bewusstseins von dem Substrat des Begriffes der Energie nicht trennen kann. — Sobald man eine solche Trennung vornehmen will, verfällt man entweder in den Geisterspuk aller Spiritismen und Spiritualismen, die dem „selbstständigen Geiste" oder den „selbstständigen Geistern" alle möglichen Eigenschaften und persönliche Herrschaft über die von ihnen ebenso individualisirte „Materie" etc. (warum schliesslich nicht auch Arme und Beine!?) verleihen — oder in den platten, philosophisch unhaltbaren „Materialismus", der den „Geist", resp. das Bewusstsein aus den ihrem Wesen nach ebenso unbekannten abstracten Begriffen „Atom" und „Energie" construiren oder ableiten will und dadurch nur ein albernes Wortspiel begeht. Der Mensch analysirt die Erscheinungen bis zu den für ihn als Grundbegriffe erscheinenden Abstractionen Energie, Bewusstsein, qualitativer Unterschied (eventuell Zeit und Raum), letztere als Relation zwischen den Erscheinungen, nicht als Erscheinung selbst. Hinter denselben steht aber der monistische metaphysische Begriff, den wir aus den Erscheinungen der für uns transcendenten wahren Dinge der Welt nur erschliessen können, und der alle unsere scheinbaren Grundbegriffe in sich schliessen muss, als Wesen des Weltalls, als wirklicher, aber unerforschlicher, völlig ausserhalb unseres Erkenntnissvermögens stehender Gottesbegriff (wohl verstanden nicht „persönlich" zu nehmen!). Die Thatsache, dass wir das monistische Wesen der Dinge nicht ausforschen können, hindert uns gar nicht daran, inductiv auf sein Vorhandensein zu schliessen, wenn wir sehen, dass alle unserem Erkenntnissvermögen zugänglichen Erscheinungen damit stimmen.

Ich verweise hier übrigens auf meinen Vortrag über „Gehirn und Seele" an der Wiener Naturforscherversammlung (Verlag von Emil Strauss in Bonn, 6. Aufl., 1899).

Aus unserer Definition des Bewusstseins als die subjective Seite der concentrirten Grosshirnthätigkeiten ergibt sich, dass es Letztere

sind, welche vernünftig sind, doch nicht im Sinne des hellsehenden
Unbewussten Hartmann's, den dieser Philosoph im Instinct entdecken zu können glaubte. Der Instinct ist ein secundäres, automatisches Product, eine krystallisirte, fixirte Intelligenz, wie sich
Darwin, Delboeuf und Andere ausdrückten. Zuerst kommt die
plastische Vernunft mit ihrer Concentration und ihrer mühseligen
combinatorischen Anpassungs- und Neuerungsarbeit. Diese ist es,
die sich als plastische Reactionsfähigkeit des Nervensystemes, adäquat und immer complicirter (vernünftig) der Welt und den Nervenfunctionen anderer Wesen anschmiegt. Der Instinct ist eine phylogenetisch zu einem bestimmten Complex von Energien automatisch,
starr angepasste, fixirte, als Ganzes nicht mehr anpassbare krystallisirte Vernunft; die Gewohnheit ist der Mechanismus des individuellen Centralnervensystems, durch welchen, mittelst der Erinnerung
resp. Wiederholung ähnlicher Reactionen der plastischen Gehirnthätigkeit eine Automatisirung und Organisirung derselben unter
immer grösserer Einbusse an Plasticität stattfindet. Die Instincte sind
(wahrscheinlich durch Auslese von zweckmässigen, im Lauf der Gene-
rationen allmälig weiter entwickelten Potenzen) weiter ausgebildete
und durch das Gesetz der Vererbung allmälig fixirte Automatismen.
Wenn der Mensch bei seiner Geburt fast keine fertige Instincte,
sondern nur unabwendbare (gehen, sprechen) oder abwendbare
erbliche Anlagen besitzt, so kommt dies einfach daher, dass bei
seiner Geburt das Gehirn noch sehr embryonal, zum Theil ohne
Markscheiden der Nervenfasern ist. Diejenigen erblichen Anlagen,
die sich später unabwendbar bei jedem normalen Individuum verwirklichen, sind den Instincten gleichzustellen. Genau so wie ein
vernünftiger, bewusster Mensch nebenbei seine Gewohnheiten und
Instincte besitzt, hat ein Insect mit erstaunlich fixirten und complicirten Instincten daneben auch seine kleine, schwache, plastische
Vernunft, die sich stets dann in ihrer ganzen Miserabilität zeigt,
wenn man experimentell den Handlungsketten des Instinctes unvor-
hergesehene, in der Natur sonst nicht vorkommende Hindernisse in
den Weg legt. Ich habe darüber (1. c.) eine Reihe Experimente
angestellt. Fabre (Souvenirs entomologiques), durch die grosse
Kluft zwischen der Scheinintelligenz des Instinctes und der ungeheuren Schwäche der plastischen Vernunftreaction der Insecten
geblendet, hat den Fehler begangen, die letztere zu läugnen, obwohl ein aufmerksamer Leser sie aus den prachtvollen Beobachtungen des Autors selbst herausdiagnosticiren kann. In seinen

letzten Studien gibt er jedoch nach und schreibt den Insecten „Discernement" zu. Das Gedächtniss, die Wahrnehmung, die Association der Erinnerungen und daraus entstehende einfache Schlüsse sind von mir (l. c.), von Wasmann und von Buttel Reepen unzweifelhaft nachgewiesen worden.

Alle die logischen Schlüsse, welche unsere Gehirnthätigkeit unterhalb der Schwelle unserer Hauptbewusstseinsspiegelung bildet, sind dasjenige, was wir Intuition, instinctives Raisonnement und dergl. nennen. Diese Schlüsse sind rascher und sicherer als die uns bewussten, können aber auch fehl gehen und irren, besonders wenn sie mit einer terra incognita in Berührung kommen. Als derartige Schlüsse oder Associationen intuitiver Natur müssen wir rein centrale (Abstractionen, Gemüth) coordinirte Gehirnthätigkeiten sowohl als solche mit centripetalen (Wahrnehmungen etc.) und solche mit centrifugalen (Impulsen, Trieben) Tendenzen bezeichnen. Wir machen z. B. viel mehr Abstractionen unterhalb der Schwelle unseres Hauptbewusstseins, als wir uns einbilden. Man darf somit eigentlich nicht unbewusste und bewusste Thätigkeiten in Gegensatz zu einander bringen, sondern nur, und zwar auch nur relativ, d. h. graduell, die actuelle plastische Vernunftsthätigkeit oder Anpassungsfähigkeit (meist oberbewusst) zu der mehr oder weniger fixirten, automatisirten, crystallisirten Intelligenz, die man Instinct nennt, und die meist nur unterbewusst ist.

Ein psychologisch interessanter Fall der Bewusstseinserscheinung ist die bewusste und die unbewusste Täuschung. Nehmen wir den Fall eines Hans Meyer A., der sich, um eine Geldsumme zu erschwindeln, für den Grafen X. ausgibt, und eines Hans Meyer B., der sich aus Wahnsinn für den Grafen X. hält. Was ist bei A. bewusst und bei B. unbewusst? Einfach das Unterschiedsverhältniss zwischen zwei Associationsketten; diejenige der wirklich erlebten eigenen Persönlichkeit, und diejenige der Vorstellungen über den Grafen X. Je schärfer dieses Unterschiedsverhältniss der beiden Associationsketten von Gehirndynamismen ausgeprägt ist, desto schärfer wird in der Regel seine Bewusstseinsbeleuchtung werden, desto weniger Verwechslung wird es zwischen Wirklichkeit und Vorstellung geben.

Es ist aber klar, dass der Versuch des Hans Meyer A., bei anderen Menschen die Identification der beiden Vorstellungsketten

irrthümlich hervorzurufen, in seinem eigenen Gehirn eine intensive
associative Arbeit beider Vorstellungsketten hervorruft, welche nach
einer relativen Identificirung derselben trachtet. Besitzt Hans Meyer
A. eine starke plastische Phantasie, so wird ihm diese Identificirung
leichter und es wird dadurch der Dynamismus der Unterschiedsverhältnisse abgeschwächt, indem starke Sinnesbilder und Gefühlsbetonungen die Aehnlichkeiten fördern und die Unterschiede löschen
werden; die Täuschung wird dadurch zugleich natürlich besser und
unbewusst, dafür aber vielleicht durch Unvorsichtigkeiten misslingen. Wenn er einen scharf kritischen, objectiven, grübelnden
Geist besitzt, werden umgekehrt die Unterschiedsverhältnisse beider
Ketten ängstlich scharf betont, dadurch die Identification derselben
sehr erschwert und die Täuschung unnatürlicher, schlechter, bewusster, dafür aber durch grosse Vorsorge besser gedeckt. Es
können aber andere Combinationen zu einem ähnlichen Resultat
führen. Phantasie und Kritik können z. B. gleichzeitig bestehen
und letztere die Täuschungen corrigiren. Es kann umgekehrt der
Mangel an ethischen Vorstellungen und Trieben die Angewöhnung
an die Lüge fördern, was die besagten Unterschiedsverhältnisse allmälig abschwächt. Oder es kann eine hochgradige Oberflächlichkeit
und Kritiklosigkeit zum gleichen Resultat führen, ohne Hülfe einer
besonders starken Phantasie. Es gibt Menschen, in deren Gehirn
überhaupt zwischen Vorgestelltem und Erlebtem nur ganz nebel-
hafte und schwache Unterschiedsverhältnisse vorhanden sind, ohne
dass man dies auf den Mangel oder den Ueberfluss an einer bestimmten Eigenschaft allein zurückführen kann. Da, wo das Unterschiedsverhältniss scheinbar fehlt, oder wenigstens nicht bewusst
wird, kann dies aber auch auf einem Fehlen der Association beider
Thätigkeitsketten, resp. der Bewusstseinsbeleuchtungen derselben
beruhen. Die eine wird nur vom Oberbewusstsein, die andere vom
Unterbewusstsein beleuchtet. Dieses beobachten wir besonders im
Traum und bei Hypnotisirten. Man sieht somit, wie der Phantasie-
lügner und der pathologische Schwindler sich auf einer Zwischen-
stufe zwischen dem kritischen bewussteren Betrüger und dem Wahn-
sinnigen (oder dem Träumenden oder dem vollständig Hypnotisirten)
befinden, und warum sie ihre Rolle viel besser spielen als der
bewusste Betrüger. Das nennen die Franzosen „jouer au naturel"
(Tartarin). Wenn aber die Tendenz zu einer bald unvollständigeren,
bald vollständigeren Identification von Vorstellungsketten mit Wirk-
lichkeitsketten als ererbte Anlage zur Lüge und zum Schwindel

oder auch noch zur Uebertreibung häufig vorkommt, so darf man andererseits nicht vergessen, dass durch Angewöhnung resp. Uebung diese Anlage (die in schwachem Masse auch beim besten Menschen existirt) verstärkt oder durch umgekehrte Uebung bekämpft werden kann. Ich wollte vor allem darauf hinweisen, dass der wesentliche Unterschied in dem Grad der Antithese, resp. der mehr oder minder scharfen qualitativen und quantitativen Differencirung beider Thätigkeitsketten im Gehirn liegt, nicht aber darin, ob die Identification oder Nichtidentification subjectiv mehr oder weniger bewusst oder unbewusst ist. Die stärkere oder schwächere Bewusstseinsbeleuchtung des Unterschiedes ist vielmehr nur eine Folge des Intensitätsgrades der Unterschiedsverhältnisse selbst. Ich möchte übrigens Jedem empfehlen, der sich für diese hochwichtige und interessante Frage interessirt, die vortreffliche Arbeit Delbrück's: „Die pathologische Lüge und die psychisch abnormen Schwindler, 1891" zu studiren.

Apperception. Die Apperception oder Aufmerksamkeit entspricht, wie wir sahen, einer Art in den Grosshirnneuronen wandernden Macula lutea des Intensitätsmaximums der Denkthätigkeit, welche immerwährend die alten, schlummernden, associirten Gedächtnissbilder neu belebt, wieder verstärkt und zu neuen Combinationen verarbeitet oder centrifugal zu Handlungen entladet, während sie andererseits durch die Sinnesthätigkeit beständig von der Aussenwelt angeregt wird und mit derselben in adäquater Wechselbeziehung arbeitet. Bei dieser Thätigkeit, welche derjenigen des eigentlichen Denkens entspricht, wechseln beständig die Intensität und die Extensität der Aufmerksamkeit und ihres Feldes.

Im Traum und in der Hypnose ist ihre Thätigkeit verändert, offenbar gehemmt, verlangsamt, aber desshalb durchaus nicht nothwendig abgeschwächt. Es ist eine räthselhafte, aber zweifellose Erscheinung, dass Träume und Suggestionen einerseits hochgradig dissociirt sind, andererseits äusserst fein appercipirt werden. Es können sogar bei der Hypnose in bestimmter Richtung äusserst scharfe Apperceptionen sehr rasch einander folgen. Ich will mich darüber hier nicht weiter ausbreiten.

Es ist bekannt, dass die Bewusstseinsbeleuchtung mit der Intensität der Apperception uns subjectiv zuzunehmen scheint. Wer aber daraus schliesst, dass der Subjectivismus, d. h. das Bewusstsein, die Empfindung, den nicht oder separat concentrirten, ausserhalb des Apperceptionsfeldes liegenden Grosshirnthätigkeiten ganz oder theilweise abgeht, begeht einen Fehlschluss, wie wir schon gesehen haben. In That und Wahrheit werden bei sehr intensiver, eingeengter Apperception die übrigen Denkthätigkeiten nur scheinbar mehr oder weniger unbewusst. Ihr Zusammenhang mit der Hauptapperceptionsthätigkeit und daher mit der Oberbewusstseinsspiegelung wird gelockert; desshalb erscheinen sie im Licht des letzteren blässer, bis ganz verschwindend. Dissociation und Amnesie gehen gewöhnlich Hand in Hand. Und die (functionelle) Amnesie bedeutet nur den gänzlichen oder partiellen Unterbruch zwischen der Bewusstseinsspiegelung verschiedener Thätigkeitsketten.

II. Verhältniss der Nerventhätigkeit zur Nervensubstanz und zu den Bewusstseinszuständen.

Dass die Nerventhätigkeit sich durch vermehrten Stoffwechsel und Temperatursteigerung kundgibt, ist nicht mehr zu demonstriren nöthig. Es sind sichtbare Veränderungen in den Nervenzellen nach intensiver Reizung nachgewiesen worden. Ob der bei der Nerventhätigkeit stattfindende chemische Process als solcher die nervösen Reizübertragungen (Neurokyme) darstellt, oder mehr physicalische moleculare Wellenbewegungen erzeugt, dürfte eine kaum gelöste Frage sein. Vielleicht dürften auch in den Geheimnissen der Molecularprocesse des organischen Lebens das Chemische und das Physicalische nicht immer gar so scharf zu unterscheiden sein.

Wohl mit Recht werden die Process, die wir Hemmung und umgekehrt Reizverstärkung und „Bahnung" (Exner) nennen, im Leib der Ganglienzellen oder in den Endbäumchen oder Endkörbchen der Neuronen, resp. an der Contactgrenze beider verlegt.

Wichtig kommen mir gewisse anatomische Thatsachen vor. Die Erscheinungen des Gedächtnisses scheinen die Möglichkeit einer Zerstörung der Gehirnelemente und eines Ersatzes derselben durch neue Elemente im Lauf des postembryonalen Lebens auszuschliessen. Diese Frage veranlasste mich, durch Herrn Dr. Schiller, damals Assistenzarzt im Burghölzli, jetzt Director in Wyl, wenigstens untersuchen zu lassen, ob die Zahl der Elemente des Centralnervensystems nach der Geburt zunimmt oder nicht. Nach seinem Ergebniss scheinen sie in der That beim Nervus oculomotorius der

Katze (Comptes rendus de l'Acad. des Sciences 30. Sept. 1889) an Zahl nicht, sondern nur an Caliber [1]) zuzunehmen. Es ist daher äusserst wahrscheinlich, dass die gleichen Nervenelemente während des ganzen postembryonalen Lebens bestehen bleiben. Birge hatte bereits gezeigt, dass beim Frosch die Zahl der Ganglienzellen in den Kernen der motorischen Nerven, der Zahl der Fasern entspricht. Sowohl die pathologischen Herde des Gehirns, als die Resultate der Gudden'schen Hirnoperationen an Thieren beweisen, dass Gehirnelemente, wenn einmal zerstört, sich nicht mehr neu zu bilden im Stande sind. Nur die Achsencylinder peripherer Nerven können durch Knospung (Ranvier) wieder wachsen, falls die zugehörige Ganglienzelle noch intact ist.

Im Jahre 1886—87 haben unabhängig von einander His und ich die Einheit der Nervenelemente an Hand gewichtiger Thatsachen darzuthun gesucht (His: Zur Geschichte des menschlichen Rückenmarkes und der Nervenwurzeln; Forel: Hirnanatomische Betrachtungen und Ergebnisse, Arch. f. Psychiatrie). Auf Grund des embryonalen Wachsthums der Fasern aus den Zellen (His) und der Abhängigkeit der Faser von der Zelle und der Zelle von der Faser bei der Pathologie und den Experimenten (Forel) haben wir die Anastomosen geläugnet und die Zugehörigkeit aller Fasern zu bestimmten Zellen als Fortsätze angenommen. Unsere Anschauung wurde später von Ramon y Cajal und Kölliker histologisch bestätigt. Waldeyer gab dem Nervenelement (Zelle mit zugehörigen verzweigten Fasern) den Namen „Neuron", und das Ganze wurde als Neuronentheorie bezeichnet. Dieselbe stimmt mit Schiller's Ergebniss recht gut überein.

Alsdann hat Nissl durch Färbungsmethoden die Textur der Ganglienzelle näher studirt und Apathy speciell die Fibrillen sowohl in den marklosen Nervenfasern der Wirbellosen, als in der Ganglienzelle selbst mittelst vorzüglicher Färbungen dargestellt. Letzterer hat zweifellos Fibrillenanastomosen im Protoplasma der Ganglienzelle des Blutegels nachgewiesen. Nun glaubt aber Apathy die Neuronentheorie umwerfen zu können, indem er die Theorie aufstellt, die Ganglienzellen seien keine Nervenzellen und werden nur von Fibrillen durchzogen. Die Fibrillen wären das Product anderer Zellen, die er Nervenzellen nennt, und die überall,

---

[1]) Das Caliber der Faser der erwachsenen Katze ist sechs bis acht Mal stärker als das der Faser der neugeborenen.

auch in der weissen Substanz, zerstreut seien. Er kommt zum Gerlach'schen Fasernetz zurück. Nach ihm ist die Fibrille das Nervenelement und anatomisch überall in der grauen Substanz. Sie sei auch im Stande, sich neu zu bilden.

Dass eine Neubildung von peripheren Nervenelementen und von Nervenelementen niederer Thiere stattfindet, daran ist nicht zu zweifeln und ist nie gezweifelt worden, sonst könnte sich schon ein abgeschnittener Eidechsenschwanz nicht regeneriren. Dagegen stimmt Apathy's Theorie mit einer Reihe gewichtigster Thatsachen nicht überein, und die physiologischen Experimente Bethe's, auf welche sich Apathy stützt, verdienen wenig Beachtung, nachdem Bethe seine bedenkliche Unzuverlässigkeit auf anderen Gebieten dargethan hat. Dennoch sind Apathy's Ergebnisse und Anschauungen höchst willkommen, weil sie zu einer tieferen Prüfung der Frage Veranlassung geben werden. Die scheinbaren Widersprüche können nur in der Unvollkommenheit unserer Methoden liegen.

Matthias Duval hat die Neuronentheorie umgekehrt auf die Spitze getrieben, indem er die Endbäumchen der Faserverästelungen eines Neurons sich amöbenartig bewegen lässt. Er will dadurch sowohl den Schlaf (durch Zurückziehung der Pseudopodien und Aufhebung des Contactes), als die Hemmungen und Reizübertragungen erklären. Wiedersheim soll bei durchsichtigen Thieren etwas Aehnliches beobachtet haben. Immerhin scheint mir die ganze Sache dem Gebiet hypothetischer Speculationen anzugehören.

Für mich liegt immer noch der gewichtigste Beweis der Neuronentheorie nicht in den histologischen Bildern, sondern in den Thatsachen der Embryologie des Nervensystemes, sowie in den Erscheinungen der secundären Degenerationen, die sich stets auf das Gebiet des Neurones beschränken, gleichgültig ob man die Zelle oder die zugehörige Faser angreift. Wozu wären ferner die Ganglienzellen da, wenn sie nicht nervös sind? Zum „Ernähren" der Fibrillen sind sie höchst ungeschickt gelegen. Warum sollten die Fibrillen nicht wie alle anderen Körperelemente durch direct umliegende Blut- und Lymphgefässe ernährt werden? Wenn aber umgekehrt die Ganglienzelle bei der centralen Nerventhätigkeit eine Hauptrolle spielt (wie aus ihrer Erschöpfung in Folge derselben nach Hodge etc. hervorgeht), so begreift man sehr gut, warum ihre Umgebung (graue Substanz) so gefässreich ist, während die Fasern, die nur zu leiten haben, gefässärmer sind.

Die Neuronentheorie geht somit dahin, dass das Centralnervensystem aus einer Anzahl grösserer Zellenfasersysteme besteht, innerhalb welcher jedes Zellenfaserelement seinen Nachbarn relativ gleichwerthig ist, mit denselben durch Seitenzweige der Axencylinderfortsätze in Contiguitäts- (nicht Continuitäts-)Connex steht, und sich mit entfernteren Theilen der grauen Substanz durch die von einander relativ isolirten Fibrillenbündel der Nervenfortsätze, die wir Markfasern nennen, derart verbindet, dass das Ende der Markfaser baumartig verzweigt auf der Oberfläche der dortigen Nervenzellen endigt. Ausserdem gibt es Nervenzellen zweiter Categorie von G o l g i, deren Nervenfortsatz sich gleich in der Nähe (in der gleichen grauen Substanz wie die Zelle selbst) durch Verzweigungen erschöpft, ohne eine oder mehrere Markfasern zu bilden.

Nach der Neuronentheorie würde die Thätigkeit des Nervensystems darin bestehen, dass gewisse Reize einer Gruppe seiner Elemente durch die Ganglienzelle hindurch von den langen polypenartigen Fortsätzen zu anderen Gruppen solcher Elemente vermittelst einfacher Contiguität[1]), wie durch eine Art Klavierspiel der molecularen Reizwellen, des Neurokyms, der einen Elementengruppe auf die andere übertragen werden, wenn man sich so roh ausdrücken darf. Wir wissen, dass innerhalb des Centralnervensystems gewaltige Reizverstärkungen (Dynamogenie) und ebenso gewaltige Reizhemmungen stattfinden. Welche Elemente oder Elemententheile hemmend oder reizverstärkend wirken, wissen wir aber nicht sicher. Unter Umständen brauchen es nicht verschiedene Elemente oder Elemententheile zu sein, sondern kann es davon abhängen, ob Reizwellen sich summiren oder sich umgekehrt dadurch aufheben, dass sie sich entgegenarbeiten.

Man begreift nun, wie die relativ gleichwerthigen Elementengruppen der verschiedenen Provinzen der Grosshirnrinde mit ihren unzähligen Polypenfäden der weissen Substanz einen den anderen Centren superordinirten Gruppencomplex bilden, dessen concentrirtere Thätigkeiten unsere eigentliche Oberbewusstseinsspiegelung bewirkt. In diese Grosshirnrinde werden die Sinnesreize durch Vermittelung niederer Centren projicirt und aus derselben werden durch das Pyramidenzellenfasersystem coordinirte Bewegungsimpulse und

---

[1]) Durch secundäre Verwachsung mag aus der Contiguität unter Umständen eine Continuität werden.

Reflexhemmungen den Reflexapparaten der Oblongata, des Rückenmarkes etc. übermittelt. Bei jeder Seelenthätigkeit, bei allen
Wechselwirkungen des Wahrnehmens und des Handelns gibt es
die complicirtesten Combinationen von Reizverstärkungen, Ueber-
tragungen und Hemmungen innerhalb des ganzen Centralnervensystemes und zwischen Centrum und Peripherie, sowohl centrifugal
(motorisch) als centripetal.

Dabei müssen wir festhalten, dass stets viele Elementensysteme
coordinirter und superordinirter Centren gleichzeitig thätig sind und
ihre Reizwellen einander übertragen.

Ferner dürfen wir nie vergessen, dass alle unsere subjectiven
(d. h. uns bewussten) Empfindungen (objective Empfindungen gibt
es nicht; es wäre eine contradictio in adjecto), somit auch alle die
complexen Empfindungsaggregate, die wir Wahrnehmungen nennen,
ganz gleichgültig, durch was für einen Reiz oder Reizcomplex sie
bewirkt werden, im Grosshirn stattfinden. Alle Thätigkeiten des
Nervensystems hinterlassen nach ihrem Geschehen eine Spur oder
veränderte Molecularlagerung ihres ganzen coordinirten Complexes,
die man Gedächtnissbild nennen kann, die man sich aber mehr
wie eine dynamische als wie eine gewebliche Spur im Molecular-
aggregat vorzustellen hat. Zweifellos schwingen (oder liegen) sehr
viele Theile solcher „Bilder" in jedem Nervenelement. Solche
Spuren haben bekanntlich die Eigenthümlichkeit, dass sie noch nach
langer Zeit, durch einen associirten Reiz wieder verstärkt, d. h. in
eine der früheren fast identische, wenn auch wohl meist schwächere
Thätigkeit gesetzt werden können, deren subjectives Spiegelbild
(im Bewusstsein) wir Vorstellung nennen.

Die Hallucination beweist aber, dass unter Umständen Gedächtnissbilder und sogar ganze Complexe derselben in solcher Weise
durch rein innere Reize des Gehirns wieder lebendig werden können,
dass sie subjectiv einer Wahrnehmung, d. h. dem geistig verarbeiteten
Bewusstseinsbild eines Complexes wirklich von der Peripherie pro-
jectirter Sinnesreize vollständig gleichkommen. Ob der Unterschied
zwischen Wahrnehmung und Vorstellung (z. B. eines Hundes) blos
auf der Verschiedenheit der Intensität der betreffenden Grosshirnthätigkeit oder nicht viel eher darauf beruht, dass bei der Hallucination die centripetale Zellenfaserbahn vom secundären Centrum
zur betreffenden Provinz der Hirnrinde (z. B. Corp. genicul. externum — Sehstrahlung-Bahn zum Cuneus für das Gesicht etc.) in
Miterregung geräth, ist eine noch offene Frage. Letzteres will mir

weitaus am ehesten einleuchten. Sicher ist es, dass ein Blinder mit Zerstörung beider Augen und totaler Atrophie beider Nervi und Tractus optici nach Jahren noch halluciniren kann. Aber v. Monakow hat nachgewiesen, dass die Zellen seiner Corp. genicul. externa noch erhalten sein müssen, da sie nach Enucleation des Auges nicht atrophiren.

Es sei dem, wie es wolle; diese Thatsachen beweisen, dass sowohl die Hallucination oder Trugwahrnehmung als die durch wirklichen Sinnesreiz bedingte Wahrnehmung als solche Grosshirn- vorgänge sind. Es ist auch bekannt, dass das Kind zunächst nur ein Chaos von Empfindungen durch seine Sinne erhält und erst wahrnehmen lernen muss, dass somit die Wahrnehmung auf einer coordinirenden Verarbeitung der Empfindungen im Grosshirn beruht.

Alle diese psychologischen und anatomischen Erörterungen hielt ich für nothwendig, weil ich beobachtet habe, dass allein der Mangel an richtigen psychologischen und anatomischen Begriffen die Er- scheinungen des Hypnotismus nicht nur bei Laien, sondern auch bei Aerzten so vielfach als Wunder erscheinen lässt. Das Wunder, wenn es Wunder gibt, ist das Problem der Seelengenese, d. h. der Gehirngenese, nicht aber der Hypnotismus, sobald man den monistischen Standpunkt einnimmt.

Wenn eine durch eine Ansprache in dem Gehirn eines Men- schen hervorgerufene Thätigkeit, die sich in seinem Bewusstseins- spiegel als Vorstellungscomplex kund gibt, ein Kräftecomplex ist, so ist es doch von vorne herein anzunehmen, dass auch associirte unterbewusste Thätigkeiten mitbewirkt werden. Es ist auch ziem- lich irrelevant, ob die eingegebene Vorstellung von Oberbewusst- seinsspiegelung nachweisbar begleitet wird oder nicht. Gelingt es dem Sprecher, durch zielbewusste, rasche, concentrirte Einwirkung vermittelst Ton, Worte, Blick etc. den Vorstellungsgang des Anderen immer mehr zu beherrschen, so kann er immer mehr associiren und dissociiren. Die Gehirnthätigkeit des Beeinflussten wird da- durch, ihm gegenüber, immer plastischer, immer schmiegsamer. Dadurch gelingt es ihm, Hemmungen und Bahnungen hervorzurufen, die bis zur Hallucination, zur Abschneidung von Bewusstseinsver- kettungen von einander (und dadurch gesetzten Amnesie), zur In- hibition (Hemmung) von Schmerzempfindung, zur Reizung und Hemmung der Willensbewegungen, zur Reizung und Hemmung der Vasomotoren (Einfluss auf menstruale und andere Blutungen), so- gar zur Beeinflussung secretorischer und trophischer Nervenfunctionen (Schweiss, Vesication) je nach dem Grad der erreichten Beeinflussung führen können. — Alles erklärt sich durch die Eigenart der Nerventhätigkeit und besonders der Grosshirnthätigkeit. Wunderglaube, Aberglaube, Hexenglaube, Zauberglaube, Spiritenglaube werden durch diese im Ganzen verhältnissmässig einfache Erkenntniss zum grossen Theil ihres Nimbus beraubt und naturgemäss erklärt.

An einem Beispiel will ich noch die Unzulänglichkeit unserer reinen Psychologie illustriren. Was wird nämlich für eine Confusion mit den Worten „Sehen“ und „Wollen“ getrieben. „Sieht“ eine enthirnte Taube oder sieht sie nicht? Nun, es gibt ja viele Grade des „Sehens“:

1. Das elementare amöbenartige „Sehen“ der Retinaelemente, das mit den photodermatischen Empfindungen (Lichtempfindungen der Haut) niederer Thiere nahe verwandt sein dürfte. Optisch kann dieses Sehen noch nicht sein, da ein Element noch kein optisches Bild percipiren kann.

2. Das Sehen des vorderen Zweihügelpaares und des corpus geniculatum externum (secundäre optische Centren), welche bereits eine summirte, coordinirte Uebertragung des gesammten Retinalbildes durch den Opticus erhalten. — Das ist das Sehen der enthirnten Taube. Dieses niedrige Sehen wird uns Menschen nie bewusst. Es ist dasselbe bereits optisch, wohl aber dem Sehen eines grosshirnlosen Insectes (Ameisenmännchen z. B.) analog, und kaum fähig optische Erinnerungsbilder associativ zu verwerthen (siehe Forel, Die psychischen Fähigkeiten der Ameisen, 1901, bei Ernst Reinhardt in München).

3. Das Sehen der sogen. Sehsphäre der Hirnrinde (Cuneus), die dem Physiologen Golz zum Trotz, doch existirt, indem die Fasersysteme aus den subcorticalen Centren dortselbst endigen (Monakow). Das ist unser gewöhnliches ober- und unterbewusstes menschliches Sehen. Das Retinalbild erhält die Sehsphäre bereits aus zweiter Hand, wenn man so sagen darf, und mit viel complicirteren Associationen verbunden.

4. Es gibt aber noch ein Sehen, ein geistigeres Sehen, nämlich die Repercussion dieser optischen Reize der Sehsphäre in associirte andere Rindengebiete des Grosshirnes. Es gibt sogar Leute, welche die Töne farbig sehen (Nussbaumer, Bleuler und Lehmann), indem sie stets bestimmte Farben (meist immer die gleichen) mit bestimmten Tönen oder Vocalen associiren.

Das Gleiche gilt von der centrifugalen oder Willensthätigkeit von bewusstem Wunsch durch Entschluss und Handeln bis zum Trieb und zur Reflexzuckung. Dieselbe ist nichts als die vollführende Resultante der Gefühle und der mit ihnen associirten Intellectselemente, so sehr auch die Bewegung wiederum fördernd auf Empfindungen und Gefühle zurückwirkt. Das Studium der Sprachstörungen zeigt so recht deutlich, dass es keine Grenze zwischen „somatisch" und „psychisch" bedingten motorischen Innervationscomplexe und Störungen gibt.

Wenn wir alle diese Thatsachen mit dem anfangs Gesagten zusammenhalten, so werden uns die scheinbaren Widersprüche und Räthsel des Hypnotismus nicht mehr so sehr erstaunen. Wir werden leichter begreifen, dass ein Hypnotisirter sieht und doch nicht sieht, glaubt und doch oft scheinbar mit einer gewissen Gefälligkeit simulirt. Sein Bewusstsein kann glauben und z. B. bei einer negativen Hallucination nicht sehen und nicht hören, während ausserhalb der nur wie ein Hauch schwach ausgeschalteten Bewusstseinsspiegelung seine ganze übrige Gehirnthätigkeit (sein Unterbewusstsein, wie wir es schon bezeichnet haben) genau sieht, genau hört und dem Hinderniss ausweicht. Aber in einem anderen Fall kann eine concentrirte starke Suggestionswirkung viel tiefer greifen, in die unterbewusste Hirnthätigkeit und sogar bis in die peripheren Nerven ausstrahlend stark auf dieselben rückwirken, wie wir es z. B. bei der Hemmung und Production der Menstruation, bei der Erzeugung von Diarrhoe und Epidermisblasen sehen.

III. Allgemeine Bemerkungen über den Hypnotismus.

Thatsachen. Die Hauptthatsache des Hypnotismus ist der veränderte Seelenzustand (resp. Gehirnzustand von der physiologischen, d. h. objectiven Seite betrachtet) eines Menschen. Zur Unterscheidung vom gewöhnlichen Schlaf, mit welchem dieser Zustand grosse Verwandtschaft hat, kann man ihn Hypnose oder Suggestibilitätszustand nennen.

Eine zweite Thatsachenreihe besteht in der Art der Erzeugung (resp. Wiederbeseitigung) dieses Zustandes. Hier haben aber gerade falsche Interpretationen die irrigsten Begriffe hervorgerufen. Scheinbar kann die Hypnose auf drei Wegen hervorgerufen werden: a) Durch die psychische Einwirkung eines Menschen auf den anderen mittels Vorstellungen, die er ihm beibringt. Diese Art der Hypnotisirung hat man Suggestion (Eingebung) genannt (Nancy'sche Schule). b) Durch directe Einwirkung lebendiger oder lebloser Gegenstände, oder auch eines mysteriösen Agens auf das Nervensystem, wobei der Ermüdung durch lange Concentration eines Sinnes auf einen Punkt eine grosse Rolle zugeschrieben wurde; aber auch durch specifische Einwirkung der Magnete, der menschlichen Hand, von in Flaschen eingeschlossenen Medikamenten und dergl. mehr. c) Durch Rückwirkung der Seele auf sich selbst (Autohypnotismus). In völliger Uebereinstimmung mit Bernheim glaube ich behaupten zu dürfen, dass im Grunde genommen nur eine Art der Erzeugung der Hypnose wissenschaftlich feststeht, nämlich (sei es durch Eingebung eines Anderen, sei es durch Autosuggestion)[1]) die Erzeugung derselben durch Vorstellungen. Die Möglichkeit unbewusster Suggestion oder Autosuggestion ist bei keiner der angeblich oder scheinbar anderen Erzeugungsarten der Hypnose mit wissenschaftlicher Sicherheit ausgeschlossen, und erscheint sogar bei näherer Prüfung immer mehr als zweifellos vorhanden.

Eine dritte Reihe von Thatsachen ist diejenige der Leistungen des Hypnotisirten. Feststehend ist, dass im Zustand der Hypnose, mittels Eingebungen, die ausgedehntesten Rückwirkungen auf fast sämmtliche Functionen des Nervensystemes (einige Spinalreflexe und Ganglienfunctionen ausgenommen) möglich sind — eingeschlossen solche körperliche Verrichtungen, wie die Verdauung, die Defäcation, die Menstruation, der Puls, Röthung der Haut u. s. w., deren Abhängigkeit vom Grosshirn landläufig vergessen oder unterschätzt wird.

Zweifellos ist ferner die mehr oder weniger grosse Abhängigkeit der Seelenthätigkeit des Hypnotisirten von den Eingebungen des Hypnotiseurs. Endlich und von höchster Bedeutung ist die sichergestellte Thatsache, dass die in der Hypnose geübten Einwirkungen sich posthypnotisch auf den Normalzustand der Seele

---

[1]) Man hat die Ausdrücke „Autosuggestion" und „posthypnotisch" als Barbarismen angegriffen, weil sie halb aus dem Lateinischen und halb aus dem Griechischen stammen. Vom Standpunkt des Puristen ist dieser Angriff berechtigt. Doch muss der Sprachgebrauch dafür dankbar sein, dass er nicht mit den Worten Authypobolie oder Ipsisuggestion und ephypnotisch bereichert worden ist, denn die Euphonie und die Gemeinverständlichkeit haben auch ihre Rechte.

in allen Seelengebieten ausdehnen können, und dies sogar auf lange
Zeit hinaus, mit Einschluss des Einflusses des Hypnotiseurs auf den
Hypnotisirten.

Zweifelhaft dagegen, wenigstens weder wissenschaftlich genügend erhärtet, noch erklärt, sind angebliche übersinnliche Thatsachen, wie das sogen. Hellsehen oder die Telepathie, die sogen.
directe Gedankenübertragung und dergl. mehr. Bei den ausnehmend
seltenen Somnambulen, bei welchen solche Experimente gelingen
sollen, scheint eine streng wissenschaftliche, jede Möglichkeit unbewusster Eingebung ausschliessende Controlle meistens gefehlt zu
haben, und da, wo sie stattfand, ein vollständiges Fiasko der Experimente die gewöhnliche Folge gewesen zu sein. Immerhin er-
fordert eine vorurtheilslose Wissenschaft eine sorgfältige Nachprüfung dieser Frage, da eine Reihe Angaben glaubwürdiger und
nicht urtheilsloser Personen dieselbe, besonders gewisse Fälle von
zutreffenden Ahnungen, bejahen.

Theorien und Begriffe. Die Begriffe, die man sich vom „Hypnotismus" macht, hängen von den theoretischen Anschauungen, die
hierüber herrschen, ab. Wenn wir den Ballast unverdauten oder
abergläubischen Unsinns, der über die in Frage stehenden Erscheinungen zu Tage gefördert wurde, möglichst ausmerzen, bleiben
im Grossen und Ganzen drei principiell verschiedene Theorien oder
Erklärungen der oben summarisch erwähnten Thatsachen übrig.

I. Ein äusseres, unsichtbares Agens (ein Fluidum, wie man
sich früher äusserte, und wie es Laien es heute noch nennen; eine
noch unbekannte Naturkraft, wie es etwa in moderner Sprache
heissen würde) dringt in den Körper, speciell in das Nervensystem
hinein, beeinflusst den Organismus und bringt ihm etwas Fremdes
bei — eventuell auch Erkenntnisse über die leblose Natur, über
andere lebende Wesen[1]. Oder die Gedanken, die Seelenvorgänge
eines Menschen gelangen durch ein solches Agens zur Erkenntnis
der Seele eines anderen Menschen ohne Vermittelung einer Laut-.
Schrift- oder Zeichensprache des ersten Menschen und der Sinnes-

---

[1] Es ist nicht ganz ohne Interesse, diese Anschauung mit derjenigen
Albrecht Bethe's (Physiolog) zu vergleichen, der in der Art, wie die Insecten ihren Weg finden, lauter „unbekannte Kräfte" interveniren lässt, statt
sich des am nächsten liegenden Analogieschlusses zu bedienen und einzusehen.
dass die Insecten, wie wir, einfach ihre Sinnesorgane benützen (Forel, Die
psych. Fähigkeiten der Ameisen l. c.).

organe des zweiten. Diese Theorie ist diejenige von Mesmer.
Mesmer nannte den supponirten Agens Magnetismus und
speciell animalen Magnetismus, wenn er aus dem menschlichen oder thierischen Organismus selbst (insbesondere aus demjenigen des Magnetiseurs) zu stammen schien. Diese Theorie,
welche heute noch in gewissen Kreisen begeisterte, ja fanatische
Anhänger hat, stützt sich jetzt auf die oben unter b) und unter
„zweifelhafte, angeblich übersinnliche Thatsachen" bezeichneten Erscheinungen. Es ist klar, dass dieselbe, wenn sie wahr wäre,
unsere bisherige wissenschaftliche Erkenntnis bedenklich beeinträchtigen müsste, da die bisherige consequente Ignorirung dieses
unbekannten Etwas, dieser unbekannten Kraft, von Seiten der
Wissenschaft, gleich einer vergessenen wichtigen Componente nothwendig Fehler in unseren bisherigen Ergebnissen bedingt haben
müsste. Da jedoch die Wissenschaft durch ihre colossalen praktischen Erfolge täglich mehr den Beweis ihrer inneren Wahrheit
gibt, hat man allen Grund, der Mesmer'schen Theorie zu misstrauen und von ihr unzweideutige, unerschütterliche Beweise zu
verlangen. Sehen wir nun kurz, was vorliegt:

Mesmer und seine Schule wurden vor Allem für alle die
oben zuerst und als unzweifelhaft erwähnten Thatsachen durch
Braid und Liébeault so gründlich widerlegt (siehe unten), dass
es müssig wäre, ein Wort mehr darüber zu verlieren. Die Fluidum-
theorie verschanzt sich heute zunächst hinter den angeblichen Thatsachen, welche von den Spiritisten verfochten werden, und welche
je nach den Kreisen, wo sie producirt werden, so sehr von blindem
Fanatismus, von geistiger Störung (Hallucinationen), von missver-
standener Suggestion, von Schwindel und von Aberglauben durch-
flochten sind, dass zur Zeit eine wissenschaftliche Prüfung derselben noch sehr schwierig ist. Die Geister und die vierte Di-
mension der Spiritisten sind Vorstellungen, welche dem unbekannten
Agens entsprechen würden. Die sogen. „Materialisation der Geister",
welche theils auf Gefühlshallucinationen, theils auf Betrug beruhen
dürfte, bedeutet den Gipfelpunkt des Unsinns dualistischer Vorstellungen. Um die Echtheit eines stofflosen Geistes darzuthun,
will man ihn stofflich machen!

Was die „Photographien" der „Geister" betrifft, so gibt es
ein sehr einfaches photographisches Mittel solche herzustellen. Ich
habe eine ausgezeichnete Geisterphotographie gesehen, die von
einem ehrlichen Photographen ohne „Geist" gemacht worden war!

Eine Reihe scheinbar übernatürlicher Erscheinungen werden,
wie schon gesagt, auf der anderen Seite immer wieder von aufrichtigen, glaubwürdigen Personen vorgebracht, welche für die
M e s m e r'sche Theorie oder für verwandte Theorien sprechen würden.
Ich nenne: die sogen. Gedankenübertragung, schlechtweg Suggestion mentale genannt, das Hellsehen, das Sehen oder Errathen
von Vorgängen an einem entfernten Ort, die sogen. Ahnungen
und Zukunftsweissagungen u. s. w. Diese angeblichen Erscheinungen wurden insgesammt mit dem Namen „Telepathie" bezeichnet.

Ein in genannter Hinsicht merkwürdiges Buch ist P h a n t a s m s
o f t h e l i v i n g b y G u r n e y, M y e r s a n d P o d m o r e. 2 Vol. in 8⁰.
T r ü b n e r, L o n d o n 1 8 7 7. Nicht weniger als 600 Beobachtungen
über Visionen, Träume, Ahnungen und dergl., die in Erfüllung
gegangen sind, werden hier zusammengestellt. Ueber die Zu-
verlässigkeit der Quellen dieser Angaben sollen genaue Erkundigungen eingezogen worden sein, und nur klare Angaben glaubwürdiger Personen wurden angeblich aufgenommen. Ein Referat
über das genannte Buch findet sich in der Revue des deux Mondes
vom 1. Mai 1888. Jeder Mensch kann übrigens im Kreis seiner
Bekannten auf mehrere derartige Beobachtungen stossen und zwar
bei durchaus glaubwürdigen Leuten. Siehe auch L i é b e a u l t, Le
sommeil provoqué 1889 S. 295. Es darf hier nicht unerwähnt
bleiben, dass die Weltgeschichte von Telepathie ungemein viel berichtet. Bis heute und trotz aller Aufklärung, sogar bei erklärten
Atheisten, findet man den Glauben an sogen. sympathische Einflüsse und an die Erfüllung von Ahnungen.

Interessant wären ferner die Experimente von C h. R i c h e t
(Revue philosophique 1884), der den Einfluss des Denkens eines
Individuums auf das Denken eines anderen in bestimmter Richtung,
ohne äussere Erscheinungen, die sinnlich wahrnehmbar wären, zu
beweisen sucht. Die Beweise sind aber, wie uns scheint, äusserst
unvollkommen und die angewandte Wahrscheinlichkeitsrechnung gar
nicht überzeugend. Spätere Untersuchungen von v. S c h r e n k -
N o t z i n g, F l o u r n o y u. A. m. sind auch zu keinem klaren Abschluss gekommen.

Aeusserst schwierig ist es aber, in all diesen Experimenten,
vom Zufall und Schwindel abgesehen, die Selbsttäuschung des Hypnotisirten, resp. des Subjectes (eventuell auch des Hypnotiseurs), vor
Allem j e d e u n b e w u s s t e S u g g e s t i o n u n d A u t o s u g g e s t i o n

mit Gewissheit auszuschliessen, wesshalb alle derartigen Resultate
mit grösster Vorsicht aufgenommen werden müssen.

Seit der 3. Auflage dieser Arbeit ist über nichts wesentlich
Neues in der Frage der Telepathie zu berichten. Jedenfalls hat die
Telepathie noch keine neue Aufklärung erfahren, während die
Suggestionslehre in der gleichen Zeit nur Bestätigung fand. Alle
Declamationen der Spiriten und der oberflächlichen Köpfe können
an dieser Thatsache nichts ändern.

II. Der erstgenannten Theorie diametral entgegenarbeitend ist
der von Braid (Neurhypnology 1843) zuerst formulirte, von Liébeault in Nancy aber (Du sommeil et des états analogues 1866)
erst in seiner ganzen Bedeutung und in seinen praktischen Folgen
erfasste Begriff der Suggestion (Eingebung). Derselbe kann
etwa folgendermassen formulirt werden:

Erzeugung sämmtlicher Erscheinungen der Hypnose
durch Erweckung entsprechender Vorstellungen, besonders Phantasievorstellungen. Hierzu ist zu bemerken,
*dass der Zweck am leichtesten und sichersten dadurch erreicht
wird, dass der Hypnotiseur mittels der Sprache mit Bestimmtheit
erklärt, dass der zu erzeugende Zustand im selben Augenblick, wo
er es erklärt, vorhanden sei* oder sogleich sich einstellen werde
(Verbalsuggestion oder Einreden). Redet sich ein Mensch selbst
etwas ein. so spricht man mit Bernheim von Autosuggestion.
Braid hat aber selbst die Tragweite der Suggestion nicht erkannt
und dafür der fortgesetzten Reizung der Sinne (Fixation u. s. w.)
eine ihr nicht zukommende Wichtigkeit beigelegt. Er liess den
„animalen Magnetismus" von Mesmer neben dem Hypnotismus
bestehen, glaubte an directe Einwirkungen auf das periphere Nervensystem, und blieb auf dem Boden stehen, den die sogen. „somatische" Schule (Charcot etc.) vertritt. Durch Suggestion pflegt
man zunächst einen partiellen oder totalen Schlaf zu erzeugen,
und da der Schlafzustand des Gehirns seine Suggestibilität (d. h.
seine Empfänglichkeit für die Beeinflussung durch Suggestion) bedeutend steigert, gewinnt man im Augenblick die erwünschte Macht.
Aber Suggestionen werden nicht nur durch die Sprache, durch das
Einreden zu Stande gebracht, sondern durch alles, was Vorstellungen
bewirken kann, vor Allem durch alles, was kräftige Phantasiebilder
erzeugt. Mit Recht schreibt Liébeault (S. 347 a. a. O.):

> „La disposition à tomber dans ces états est proportion-
> nelle à la faculté de représentation mentale de chacun.

L'on peut être sûr que l'homme qui, en reportant son attention sur une idée image, celle d'une perception tactile, par exemple, ne tarde pas à la percevoir comme si elle était réelle, que cet homme est capable de dormir profondément" (d. h. tief hypnotisirt zu werden). Aber noch mehr, eine Suggestion kann unbewusst (resp. unterbewusst) geschehen, oder es kann die entsprechende Vorstellung so schwach oder so kurz im Spiegel des Oberbewusstseins erscheinen, dass sie sofort wieder aus demselben für immer schwindet, indem das Gedächtniss sie nie mehr zurückrufen kann, und dennoch wirkt diese Suggestion mächtig. Ueberhaupt lässt sich in solchen Fällen in Folge der vollständigen Amnesie nicht nachweisen, dass die betreffende Vorstellung je bewusst gewesen ist. Doch war sie sicher vorhanden; nähere Prüfung zeigt es. Darin liegt der Angelpunkt zum Verständniss einer Unzahl von Selbsttäuschungen und angeblichen Mesmer'schen Wirkungen. Einem zum ersten Mal hypnotisirten Bauernmädchen, das von Physik und Prismen keine Ahnung hat, legt man in der Hypnose ein Prisma vor das Auge, nachdem man es durch Suggestion eine nicht vorhandene Kerze in der Luft hatte betrachten lassen. Man fragt es dann, was es sehe, und es antwortet „zwei Kerzen". Dies ist, wie Bernheim nachgewiesen hat, eine (unbewusste) Suggestion. Das Mädchen sah durch das Prisma die wirklichen umgebenden Gegenstände des Zimmers doppelt, und dadurch unbewusst beeinflusst verdoppelte es die suggerirte Kerze. Macht man das Experiment im ganz dunklen Zimmer bei einer noch nie vorher hypnotisirten und auch noch nicht mit den betreffenden Thatsachen theoretisch bekannten Person, so wird das suggerirte Bild nie durch das Prisma verdoppelt (Bernheim). Es ist kaum anzunehmen, dass das Mädchen sich in der Hypnose dessen bewusst war, die Kerze darum doppelt gesehen zu haben, weil sie auf einmal die anderen Gegenstände doppelt sah. Diese Verdoppelung geschah instinctiv, automatisch, unterhalb der Schwelle des Oberbewusstseins; die anderen Gegenstände waren ja nicht von ihr fixirt (sondern nur die fictive Kerze); ihre Verdoppelung wurde nichtsdestoweniger (höchst wahrscheinlich unterbewusst) wahrgenommen und verwerthet. Stets dem Oberbewusstsein unbewusst bleibt aber der Mechanismus der Suggestion, d. h. die Art, wie das gehörte und verstandene Wort des Hypnotiseurs (resp. wie die Wahrnehmung desselben) den thatsächlichen Erfolg bewirkt.

Die Liébeault'sche Suggestionstheorie der Hypnose hat durch ihre praktischen Erfolge, besonders in der ärztlichen Therapie, aber auch in der Erziehung und noch in vielen Gebieten so schlagende Beweise ihrer Wahrheit gegeben, dass ihr Sieg jetzt als vollständig gesichert erachtet werden muss. Während andere Theorien mit ihren entsprechenden Methoden nur bei einigen hysterischen oder nervösen Personen, ausnahmsweise auch bei einigen Gesunden mit mehr oder weniger Mühe einen Theil der Erscheinungen der Hypnose hervorzubringen im Stande waren und dabei, immer wieder vor Räthseln und Widersprüchen stehend, zu den wunderbarsten dunkelsten Erklärungsversuchen ihre Zuflucht nehmen mussten, gelingt die Suggestion mit Leichtigkeit fast bei jedem Gesunden und erklärt dieselbe alles von einem einheitlichen Gesichtspunkte aus, mit Ausnahme der oben als zweifelhaft bezeichneten Thatsachen. Ausserdem steht die Suggestionslehre im vollsten Einklang mit einer wissenschaftlichen Psycho-Physiologie und wirft ein mächtiges Licht auf die Function unseres Gehirnes.

Die Zahl der in Nancy von Liébeault[1]) und Bernheim allein hypnotisirten geistig gesunden verschiedenen Personen beläuft sich auf mehrere Tausende. Während der Jahre 1887 bis 1890 hat Dr. Wetterstrand in Stockholm 3148 Personen der Suggestion unterworfen, wovon nur 97 unbeeinflusst blieben. Dr. van Renterghem und Dr. van Eeden in Amsterdam hatten 1895 von 1089 Personen 1031 mit Erfolg durch Suggestion hypnotisirt. Dr. Velander in Jönköping hatte bei 1000 hypnotisirten Personen nur 20 Refractäre, Dr. von Schrenck bei 240 nur 29, Dr. Tuckey bei 220 nur 30 u. s. f. (Statistische Angaben des Herrn Dr. von Schrenck-Notzing, München 1893). Ich selbst habe in den letzten Jahren ca. 96 Procent der Fälle mehr oder weniger beeinflusst. Ich hielt in Zürich jedes Sommersemester einen poliklinischen Curs über suggestive Therapie (wöchentlich 1½ Stunden). In dieser Zeit wurden ca. 50 bis 70 Patienten vor den Studenten therapeutisch hypnotisirt und ich kann wohl sagen, dass in den letzten Jahren kaum je 1 bis 3 dieser Fälle ganz unbeeinflusst blieben. Herr Dr. Ringier, der bei mir 1887 die Suggestionsmethode lernte, fand unter 210 von ihm durch Suggestion behandelten Kranken nur 12, die nicht beeinflusst wurden (Ringier: Erfolge des therap.

---

[1]) Liébeault (Thérapeutique suggestive 1891) gibt auf mehr als 7500 die Zahl der verschiedenen von ihm hypnotisirten Personen an.

Hypnotismus in der Landpraxis 1891). Unter allen diesen Hypnotisirten befindet sich eine grosse Zahl perfecter Somnambulen mit posthypnotischen Erscheinungen u. s. w. [1]).

Wie eigenthümlich nahmen sich nun neben diesen Zahlen die wenigen Hysterischen der Salpêtrière in Paris aus, nicht viel mehr als ein Dutzend, welche Jahre lang (immer dieselben) aller Welt demonstrirt wurden, den Charcot'schen Theorien zur Grundlage dienten und offenbar bis zum vollständigsten Automatismus der unbewussten Suggestion verfallen waren.

Fassen wir das Gesagte in's Auge, so liegt es nahe, anzunehmen, dass der früher so verschwommene Begriff des Hypnotismus in den Begriff der Suggestion aufzugehen hat. Darin liegt der Schlüssel sicher des allergrössten Theiles, wenn nicht aller der hier in's Auge gefassten Erscheinungen.

III. Als sogen. somatische Theorien der Hypnose können wir Theorien zusammenfassen, welche sozusagen die Mitte zwischen den beiden genannten hielten. Es wurden zwar kein „Fluidum", keine Geister heraufbeschworen; aber es wurde versucht, wenn nicht alle Erscheinungen der Hypnose, so doch einen Theil derselben auf bekannte elementare Kräfte ohne Vermittlung der psychischen Thätigkeit zurückzuführen. Insbesondere wurde der Einwirkung peripherer Reize (von aussen her) auf die Nervenendigungen eine Hauptrolle zugewiesen, wodurch wieder zum Theil die Nothwendigkeit eines äusseren Agens in den Vordergrund trat.

Vor Allem war die Schule Charcot's oder der Salpêtrière in Paris zu nennen, welche an eine directe hypnogene Einwirkung der Metalle und der Magnete auf das Nervensystem (ohne Vermittlung von Vorstellungen), an einen Transfert (Ueberspringen einer Lähmung, Katalepsie, Hemianästhesie u. s. w. von einer Körperseite auf die andere durch Magneteinwirkung), an eine directe Reizung der localisirten motorischen Hirnrindencentren durch Streichung der Kopfhaut u. s. w. glaubte. Dieselbe Schule glaubte durch ver-

---

[1]) Nicht jeder hypnotisirende Arzt hat seine Fälle statistisch zusammengestellt. Doch können wir sagen, dass Jeder, der die Nancy'sche Methode (Liébeault — Bernheim — Beaunis — Liégeois) begriffen und einigermassen eingeübt hat, bald zwischen 90 und 96 Procent der Personen, die er zu hypnotisiren versucht (Geisteskranke ausgenommen) mehr oder weniger stark zu beeinflussen im Stande ist. Die Zahl jener Aerzte, die sich mit suggestiver Therapie oder mit wissenschaftlicher Prüfung der Frage nach Nancyscher Methode befassen, hat seit der 1. Auflage dieser Arbeit bedeutend zugenommen, und ich weiss, dass Alle mir darin beipflichten werden.

schiedene peripher mechanische Reizungen (1. Fixation des Blickes,
2. Hebung der Lider, 3. Streichungen der Stirne) typisch verschiedene Stadien oder Arten der Hypnose: Lethargie, Katalepsie
und Somnambulismus hervorzurufen, mit specifischen, eigenen Reactionen der Muskeln und der Sensibilität (z. B. die sogen. Hyper-
excitabilité neuromusculaire). Wichtig ist, hervorzuheben, dass
Charcot's Schule glaubte, in der sogen. Lethargie seien die Hypnotisirten völlig bewusstlos und könnten nicht durch Suggestionen,
die man ihnen vermittelst der Sinnesorgane durch Vorstellungen
beibrachte, beeinflusst werden. Diese Schule glaubte ferner, dass
fast nur Hysterische der Hypnose zugänglich sind, und rechnete
die Hypnose zu den Neurosen.

Auf's schlagendste hat Bernheim in Nancy nachgewiesen,
welche Begriffsverwirrungen durch diese Theorie entstanden sind.
Alle Thatsachen, welche Jahre lang an den wenigen präparirten
Hysterischen in der Salpêtrière demonstrirt wurden, lassen sich mit
Leichtigkeit durch alte eingeübte zum Theil unbewusst und auto-
matisch gewordene Suggestionen erklären, indem z. B. die angeblich Lethargischen vielfach alles hören und psychisch verwerthen,
was in ihrer Gegenwart gesagt und gethan wird. Die Braid'sche
Fixirung eines glänzenden Gegenstandes, der man in Paris und in
Deutschland so viel Gewicht beigelegt hatte, erzeugt an sich keine
Hypnose. — Wenn Jemand bei dieser unzweckmässigen Methode
hypnotisirt wird, so wird er es durch die Vorstellung, dass
diese Procedur ihn einschläfern muss, nicht durch die
Procedur selbst, die an sich meist nur eine nervöse Aufregung
(bei Hysterischen ab und zu auch hysterische Anfälle) hervorruft.
Höchstens dürfte in einzelnen Fällen die Ermüdung und dadurch
das Fallen der Lider unbewusst suggestiv wirken, wie überhaupt
bei sehr suggestiblen Menschen jedes Mittel zur Hervorrufung der
Hypnose zum Ziel führt.

Es war früher allgemeiner Usus, Hypnotisirte durch Blasen
auf das Gesicht zu wecken. Ich habe es seit langer Zeit nie mehr
gethan und dafür das Blasen oft mit der Suggestion des Verschwindens von Kopfweh und dergl. verbunden. Daher kann ich
meinen Hypnotisirten so viel auf's Gesicht blasen, wie ich will,
keiner wird dadurch geweckt. Dieses ist auch ein Argument gegen
die angebliche Wirkung solcher mechanischer Reize von Seiten
der „somatischen" Schule, welche das Blasen als specifischen Er-
weckungsreiz betrachtet.

Liébeault selbst (Étude sur le zoomagnétisme, Paris, chez Masson 1883) publicirte 45 Fälle, wo er bei kleinen Kindern durch Auflegen beider Hände auf die kranke Stelle wunderbar günstige Resultate erhalten haben will. In 32 dieser Fälle handelt es sich um Kinder unter drei Jahren, wo Liébeault selbst die Suggestion ausschliessen zu können glaubte. Dennoch hat neulich Liébeault selbst (Thérapeutique suggestive, Paris, Doin 1891) gestehen müssen, dass er damals die Sache falsch gedeutet hatte. Auf den Rath Bernheim's ersetzte er das Auflegen der Hände durch „magnetisirtes Wasser" und letzteres durch nicht magnetisirtes Wasser, indem er aber die Eltern und Pfleger der Kinder im Glauben liess, das Wasser sei „magnetisirt" und die Heilung fest versprach. Auf diese Weise bekam er die gleichen guten Resultate, die sich nunmehr nur dadurch erklären lassen, dass die Personen der Umgebung der Kinder durch Liébeault und die Kinder durch ihre Umgebung unbewusst suggerirt worden waren.

Endlich wäre noch die angebliche Wirkung der Arzneimittel à distance oder durch Anlegung des hermetisch verschlossenen Glases, worin sie sich befinden, auf dem Nacken u. s. w. (Luys u. A.) zu erwähnen. Jedoch haben diese grossartig von Luys angekündigten Resultate vor der Commission, die sie prüfen sollte, bei Verhütung jeder unbewussten Suggestion ein klägliches Fiasko gemacht; sie haben gezeigt, wie kritiklos vorher verfahren worden war, und wie vor Allem nichts geschehen war, um die Möglichkeit der Suggestion auszuschliessen, die alles erklärt.

Auf Wunsch meines Freundes, Prof. Seguin aus New York, habe ich mit seiner Hülfe die Luys'schen Experimente mit den geschlossenen Medicinflaschen an vier meiner besten Somnambulen nachgemacht. Prof. Seguin hatte selbst Luys' Experimente gesehen. Der Erfolg war absolut negativ, wie ich es bestimmt erwartete. Interessant war nur Folgendes: Eine Hypnotisirte, welche die Alkoholflasche am Hals hatte und bisher angegeben hatte, gar nichts zu verspüren, frug ich, ob sie nicht Kopfweh verspürte, was sie bejahte, dann, ob es ihr nicht taumelig, wie betrunken sei, was sie dann ebenso rasch bejahte, und worauf sie Trunkenheitssymptome zu zeigen begann. Man sieht daraus, wie eine einzige insinuirende Frage suggestiv wirken kann. Ich brauche nicht hinzuzufügen, dass ich alle Symptome der betreffenden Medikamente (auch Erbrechen) sofort durch Suggestion bei falschen oder leeren Gläsern (als Controlexperiment) hervorrief.

Fassen wir die III. Gruppe von Theorien zusammen, die somatisch und rationell sein wollte, so finden wir, dass dieselbe die
unglücklichste von allen war, die ärgsten Confusionen hervorgerufen
hat, und dass sämmtliche Thatsachen, die sie anrief, sich durch
Suggestionen erklären lassen. Ein Hauptfehler dieser Theorien ist,
dass sie ihre Ergebnisse meistens auf Beobachtungen bei Hysterischen stützen. Die Hysterischen sind aber erstens die unzuver-
lässigsten aller Menschen, die feinsten, weil unbewusstesten Simulanten und Comödienspieler und zugleich diejenigen Menschen, welche
oft am feinsten sinnlich appercipiren, dabei meistens eine bedeutende
plastische Phantasie besitzen, die sie zwar sehr suggestibel, aber
noch viel mehr autosuggestibel macht. Zudem neigen die Hysterischen zur Katalepsie, zur Lethargie und zu Krämpfen. Die Fälle
Charcot's waren nichts als präparirte Hypnosen von Hysterischen.

Besonders muss hier noch, unter Hinweis auf die beiden ersten
Capitel, betont werden, welchen Missgriff die Schule Charcot's
machte, wenn sie die Ausdrücke somatisch und psychisch als Gegen-
sätze hinstellte und mit Emphase die Wissenschaftlichkeit für sich
allein in Anspruch nehmen wollte, weil sie „somatische" Merkmale
gefunden zu haben sich einbildete. Die Contradictio in adjecto, die
darin liegt, psychische Thätigkeiten (z. B. Vorstellungen) verach-
tungsvoll nicht in Rechnung zu ziehen, während man doch alles
Psychische auf Gehirnthätigkeit zurückführt, merken offenbar die
„somatischen" Theoretiker nicht; stets vergessen sie wieder, dass alles
„Psychische", d. h. jeder Bewusstseinsinhalt auch „somatisch" ist.

Zur somatischen Schule gehörten ebenfalls grösstentheils Du-
montpallier, der besondere Vertreter der Burq'schen Metallotherapie in Paris, der Physiolog Preyer in Berlin, der in seinem
Buch über den Hypnotismus (1890) der Hauptsache nach noch auf
Braid's Standpunkt steht, die Suggestion, wie Charcot's Schule,
als Capitel im Hypnotismus, als eine Art Abtheilung desselben behandelt und dabei Liébeault's und Bernheim's Verdienste und
Forschungen nur ganz nebenbei berührt. Während Danilewsky
glänzend gezeigt hat, wie die Hypnose der Thiere vollständig homolog
derjenigen des Menschen ist und, wie es schon Liébeault angedeutet hat, auf Suggestion beruht (natürlich auf einer den
psychischen Kräften des Thieres adäquaten Suggestion; Compte
rendu du congrès international de psychologie physiologique, Paris
1890, p. 79—92), beharrt Preyer auf seiner Theorie der Kataplexie, d. h. der Starrheit durch Schrecken. Ebenso beharrt Preyer

auf seiner Milchsäuretheorie des Schlafes, glaubt, dass die Fälle, wo
die Hypnose blitzschnell herbeigeführt wird (wie z. B. fast immer bei
meinen Hypnotisirten), Kataplexie und keine Hypnose seien, und vergisst ferner die Fälle von Schlafsucht und jahrelanger Schlaflosigkeit
zu erklären. Preyer nennt sogar die Hypnose eine Neurose,
geradeso wie Charcot. Am anderen Ort gibt er wieder die aller-
intimste Verwandtschaft der Hypnose mit dem normalen Schlaf zu.
Wir wollen aber nicht daraus schliessen, dass Preyer den normalen
Schlaf für eine Neurose hält. Wenn nun am Schlusse Preyer
sagt, dass eine Erklärung der Hypnose zur Zeit nicht möglich sei,
und wenn seine Erklärungsversuche nichts weniger als klar sind,
so darf es uns allerdings nicht mehr wundern.

Uebrigens ist es seit Charcot's Tod mit seiner Theorie des
Hypnotismus ganz still geworden, und es darf wohl jetzt dieselbe
als völlig begraben betrachtet werden. Wir haben sie nur aus
historischen Gründen erwähnt.

Es gibt somit nur eine Theorie, nämlich die Suggestionstheorie der Nancy'schen Schule, welche mit den wissenschaftlich
feststehenden Thatsachen des Hypnotismus in Einklang steht und
dieselben befriedigend erklärt. Alles andere beruht auf Missverständnissen.

Wir haben uns also hier nur mit dem Begriff der Suggestion
und des suggestiven Schlafes, als gleichbedeutend mit demjenigen
des Hypnotismus zu befassen.

Terminologie. Die Ausdrücke animaler Magnetismus und
Mesmerismus müssen der Fluidum-Theorie überlassen werden.

Als Hypnotismus (Braid) kann man diejenige Disciplin
bezeichnen, welche die Gesammtheit der mit der bewussten und
unbewussten Suggestion zusammenhängenden Erscheinungen um-
fasst. — Hypnose bezeichnet am besten den veränderten Seelenzustand des Hypnotisirten, specieller, des suggestiven Schlafes,
Bernheim (Congrès de physiologie psychologique) definirt die Hypnose als „besonderer psychischer Zustand, den man hervorrufen
kann, und in welchem die Suggestibilität erhöht ist". Hypnotiseur kann man denjenigen Menschen nennen, der bei einem anderen
den Zustand der Hypnose hervorruft. Man kann ihn auch „Ein-
geber" nennen. Als Suggestion (Eingebung) bezeichnet man
nach der Nancy'schen Schule die Erzeugung einer dynamischen Veränderung im Nervensystem eines Menschen

(oder in solchen Functionen, die vom Nervensystem abhängen) durch einen anderen Menschen mittels Hervorrufung der (bewussten oder unbewussten) Vorstellung, dass jene Veränderung stattfindet, oder bereits stattgefunden hat, oder stattfinden wird. Verbalsuggestion oder Einrede ist die Suggestion durch die Lautsprache. Suggestibilität ist die individuelle Empfänglichkeit für Suggestionen. — Es gibt viele Menschen, die im Wachzustand bereits sehr suggestibel sind (Suggestivzustand im Wachen). Bei denselben ist der Begriff der Hypnose kaum zu begrenzen, da ihr Normalzustand im Wachen durch unmerkliche Abstufungen in den Zustand der Hypnose übergeht. Etwas suggestibel im Wachzustand ist übrigens jeder Mensch. Autosuggestion (Bernheim) ist die Suggestion, die ein Mensch bewusst oder (meist) unbewusst bei sich selbst erzeugt.

Der Begriff „Suggestion" und besonders „Autosuggestion" kann leicht durch zu starke Erweiterung in die Begriffe Trieb, Intuition, Glaube, Automatismen und dergl. fliessen. In der That wird die Unterscheidung schwer werden. Der Begriff der Suggestion kann noch dadurch, dass der activ eingreifende, suggerirende Hypnotiseur (die Verbindung eines Menschen mit dem anderen oder der „Rapport") dazu gehört, besser begrenzt werden. Doch wenn der Hypnotiseur unbewusst handelt (wenn ein anderer durch mein Gähnen z. B. suggerirt wird), — oder wenn man durch Gegenstände suggerirt wird (Objectsuggestion von Schmidkunz), geht der Begriff bereits in denjenigen der Autosuggestion über. Letzterer läuft nun bedeutend Gefahr, eine zu Missverständnissen und Verkennung früherer Wahrheiten und Forschungen führende Erweiterung zu erleiden.

Fast ebenso schwierig wird es werden, den Begriff der Suggestion von demjenigen der Beeinflussung der Menschen durch andere Menschen, durch Gedanken, Lectüren etc. abzugrenzen, denn eine scharfe Grenze gibt es nicht. Immerhin muss man die Suggestion unbedingt auf das Gebiet der intuitiven Beeinflussung im Gegensatz zur Beeinflussung durch Vernunftsgründe einschränken. Die höhere Plasticität der Vernunft, die sich anderen Kräften möglichst fein adäquat anpasst, bildet vielmehr den Widerstand gegen die Suggestion. Es sind die uns wenig oder nicht bewussten Gehirnautomatismen selbst, welche, wie im Traum, dissociirt, gelockert, wieder plastisch geworden, dem schmarotzenden fremden Befehl bei der Suggestion mehr oder weniger blind gehorchen. Somit fliesst der Begriff der Suggestion vor allem in den Begriff der Intuition, bei welcher bekanntlich Gefühle und Phantasiebilder eine Hauptrolle spielen.

Als Erscheinungen und Energien sind die Suggestion und die Hypnose so alt wie der Mensch in der Welt, sogar phylogenetisch viel älter, da sie auch im Thierreich vorkommen. Neu sind nur zwei hinzugekommene Factoren: 1. das Auftauchen der Erkenntniss dieser Erscheinungen, ihrer Bedingungen, ihrer Ursache, ihrer Tragweite im Bewusstsein der Menschheit, speciell der wissenschaftlichen Menschheit und zwar nicht mehr, wie früher schon, als zweifelhafte Mystik, sondern als wissenschaftliche Wahrheit. 2. Die erstaunliche Leichtigkeit, mit welcher die Hypnose fast bei jedem Menschen durch Liébeault's Methode erzeugt werden kann.

Die beiden genannten Factoren verleihen, nebenbei bemerkt, dem Hypnotismus seine neue therapeutische und strafrechtliche Bedeutung.

IV. Die Suggestion.

§ 1. **Hypnotisirbarkeit oder Suggestibilität.** Bernheim schreibt in der „Revue de l'hypnotisme" (1. Mai 1888): „Tout médecin d'hôpital qui dans son service clinique, n'arrive pas à hypnotiser 80 % de ses malades, doit se dire qu'il n'a pas encore l'expérience suffisante en la matière et s'abstenir de jugement précipité sur la question." — Diesen Satz kann ich voll und ganz unterschreiben; mit demselben stimmen die oben angeführten statistischen Angaben vollständig überein. Man könnte auch getrost 90 % statt 80 % setzen. Nur muss man die Geisteskranken ausnehmen.

Jeder Mensch an sich ist mehr oder weniger suggestibel und somit hypnotisirbar. Manche Menschen rühmen sich zwar, nur das zu glauben, was ihnen ihre Vernunft klar und bewusst logisch nachgewiesen oder wenigstens sehr plausibel gemacht hat. Jene Menschen beweisen aber dadurch nur, dass ihnen die elementarste Selbstkritik abgeht. Unwillkürlich und unterbewusst glauben wir beständig an Dinge, die ganz oder theilweise nicht sind. Wir glauben z. B. ohne Weiteres an die Wirklichkeit unserer Sinneswahrnehmungen, die doch zunächst auf einem Gebäude von Schlüssen beruhen, mit deren Hülfe die Empfindungen verarbeitet worden sind. Desshalb werden wir auch fast regelmässig durch Trugwahrnehmungen (Hallucinationen) getäuscht. Jeder Mensch erfährt Enttäuschungen,

traut anderen Menschen, Sätzen oder Einrichtungen, die sein Vertrauen dann nicht rechtfertigen u. s. w. Das sind Beweise unserer
intuitiven Glaubensfähigkeit, ohne welche unser Denken gar nicht
möglich wäre, denn — wollten wir warten, bis jedes Motiv unseres
Denkens und Handelns, um acceptirt zu werden, mathematisch oder
auch nur durch genügende Induction nachgewiesen wäre — so kämen
wir überhaupt, aus lauter Bedenken, nie zum Denken oder Handeln.
Wir können aber weder denken noch handeln, ohne ein gewisses
Gefühl zu haben, dass unser Denken und Handeln richtig ist, ohne
daran mehr oder weniger zu glauben. Die Dynamismen (geordnete
Kräftecomplexe), die den Glauben und die Intuition bedingen, sind
aber eben Complexe von Gehirnthätigkeiten, welche grösstentheils
unterhalb der Schwelle unserer Oberbewusstseinsspiegelung vor sich
gehen. Darin liegt der Schlüssel der Suggestibilität.

Wenn wir uns nach etwas recht sehnen, das wir nicht haben,
entstehen nicht selten um so intensiver die Gegenvorstellungen der
Unerreichbarkeit unseres Wunsches. Besonders klar tritt dieser
psychologische Zustand bei der Herbeiwünschung subjectiver Gefühle hervor. Wollen wir dieselben erzwingen, so fliehen sie. Wer
mit Gewalt und Bewusstsein schlafen will, wird schlaflos; wer auf
dieselbe Weise den Coitus ausüben will, wird momentan (vorübergehend) impotent; wer sich mit Gewalt freuen will, ärgert sich u. s. w.
Und je mehr Gewalt der oberbewusste Wille anwenden will, desto
grösser wird seine Niederlage, während dieselben erwünschten Gefühle sich ganz von selbst einstellen, wenn man sich ohne Concentration dem Glauben an dieselben hingeben kann, besonders mit Hülfe
entsprechender Phantasievorstellungen.

Wer nun mit Gewalt hypnotisirt werden will, sich nach der
Hypnose sehnt, sich dabei klar über ihr Wesen ist und den Erfolg
der Suggestion herbeiwünscht, kann seine Aufmerksamkeit nicht
von dem psychologischen Vorgang abbringen und ist schwer oder
nicht hypnotisirbar, wenigstens so lange nicht, als er nicht psychisch passiv oder abgelenkt werden kann. Und je öfters und je
mehr Jemand sich b e m ü h t, passiv zu werden, desto weniger wird
er es. Es sind aber ganz besonders intensive geistige Aufregung,
Angst, alle Gemüthsaffecte überhaupt, Geistesstörungen, entschiedener
Vorsatz, dem Hypnotiseur zu widerstehen, welche die Hypnose in
der Regel unmöglich machen. Misslingt mir eine erste Hypnose, so
forsche ich nach versteckten Affecten, finde sie meistens, beruhige
den Kranken, und dann geht die Sache. E s i s t j e d e r g e i s t i g

gesunde Mensch an sich mehr oder weniger hypnotisirbar, nur gewisse momentane Zustände der Psyche, d. h.
der Grosshirnthätigkeit, sind es, welche die Hypnose
verhindern können.

Es galt vielfach als Axiom, dass wer nicht hypnotisirt werden
will, nicht hypnotisirt werden kann', wenigstens nicht zum ersten
Mal. Nach meiner Ansicht darf man nicht allzu viel auf diese Behauptung geben, welche mehr oder weniger auf der psychologisch
unrichtigen Annahme einer essentiellen menschlichen Willensfreiheit
beruht. Es muss zunächst der Mensch nicht wollen können, um
wirklich und „frei" nicht zu wollen. Die Suggestion wirkt aber am
schnellsten und sichersten durch Ueberraschung, Ueberrumpelung
der Phantasie; wie wir soeben sahen, wird sie durch einen langen
Vorbedacht gestört. In wenigen Secunden kann vorübergehend ein
leicht suggestibler Mensch, der noch nie hypnotisirt worden ist, zur
relativ willenlosen Puppe eines anderen Menschen werden. Und ich
habe gerade beobachtet, dass durch eine Art Contrastwirkung solche
Menschen, welche über den Hypnotismus spotten und lächeln, welche
ostentativ erklären, „sie könne man nicht einschläfern", gerade oft
am schnellsten hypnotisirt werden, wenn sie nicht directen Widerstand leisten, und manchmal sogar trotz geleisteten Widerstandes. Es
ist, als ob der dem Hypnotismus hingeworfene Handschuh ihnen
eine ängstliche Gegenvorstellung eigener Unsicherheit geben würde,
welche sie um so sicherer der Suggestion preisgibt. Es ist das
gerade Gegenstück zum Misslingen der Hypnose bei den Leuten,
die sich darnach sehnen und Angst haben, es werde bei ihnen
nicht gehen.

Zudem aber werden unbefangene, ungebildete Menschen in der
Regel äusserst leicht durch Suggestion hypnotisirt, ohne dass sie
immer merken, was man eigentlich vorhat. Sie thun und glauben,
was man ihnen suggerirt, und schlafen nach einer oder zwei Minuten, bevor sie sich dessen versehen, auch dann oft, wenn sie
einen Augenblick vorher andere hypnotisirte Personen für Simulanten und den Arzt für düpirt gehalten hatten. Am schwersten
zu hypnotisiren sind zweifellos die meisten Geisteskranken, weil der
krankhafte permanente Reizzustand ihres Gehirnes eine ständige
bezügliche Spannung der Aufmerksamkeit auf den Kranken Vorstellungen unterhält, die den Suggestionen fast alle Eintrittsthüren
und alle Macht von vorne herein wegnimmt.

Eine wichtige Thatsache ist es ferner, dass man nicht selten einen normal schlafenden Menschen durch Suggestion beeinflussen und somit, ohne ihn zu wecken, in Hypnose überführen kann. Noch leichter ist es umgekehrt, die Hypnose in gewöhnlichen Schlaf durch Suggestion überzuführen.

Endlich gibt es sehr suggestible Menschen, welche, im vollen Wachen überrumpelt, ohne vorhergehende Einschläferung alle Erscheinungen der Hypnose zeigen, resp. völlig den Suggestionen eines geschickten Hypnotiseurs anheimfallen können. Von einem „Nichtwollen" ist in diesen Fällen keine Rede. Nicht selten gelingt dies sogar bei einem noch nie hypnotisirten Menschen.

Der durch Suggestion erzeugte Schlaf bleibt für gewöhnlich ein Hauptmittel, die Suggestion zur vollen Wirkung zu bringen.

Derselbe wirkt wie die Lawine auf den ersten Anstoss, der sie erzeugt hat. Je mehr sie wächst, desto gewaltigere Anstösse werden durch die Lawine erzeugt. Durch Suggestion wird Schlaf oder Schlummer erzeugt. Kaum ist aber derselbe vorhanden, so wächst die Suggestibilität eben durch den Schlaf, sofern derselbe nicht lethargisch wird.

Wir sagten Eingangs, dass jeder Mensch an sich suggestibel ist. Kann man einen Menschen nicht hypnotisiren, so liegt dieses im Grunde hauptsächlich daran, dessen sei man ja gewiss, dass er sich bewusst oder unbewusst die Autosuggestion des „Nichthypnotisirtwerdenkönnens" macht. Immerhin hängt wiederum die Bildung dieser Autosuggestion von der Individualität des Menschen ab und sie kommt besonders bei Grüblern und Zweiflern vor, so dass man schon sagen muss, dass es sehr suggestible und wenig suggestible Naturen gibt.

Herr Professor Bernheim theilte mir brieflich den folgenden Fall aus seiner Klinik mit, den er mir hier zu veröffentlichen erlaubte.

„Vor einigen Tagen tritt in meine Abtheilung eine Bauernfrau mit Magen- und Bauchschmerzen ein, die ich für hysterischer Natur halte. Ich kann sie nicht hypnotisiren. Sie behauptet übrigens, dass Herr Dr. Liébeault sie in ihrer Kindheit vergebens zu hypnotisiren versucht habe. — Nach zwei vergeblichen Versuchen sage ich ihr: Es ist gleichgültig, ob Sie schlafen oder nicht. Ich werde Ihnen den Bauch, die Brust und den Magen magnetisiren und so die Schmerzen vertreiben. Ich schliesse ihr die Augen und fahre auf diese Weise fort, circa zehn Minuten lang zu suggeriren. Der Schmerz verschwindet ohne Schlaf, erscheint aber nach dem Abendessen wieder. Am anderen Tage wiederhole ich die gleiche Procedur mit dem gleichen Erfolg. Der Schmerz erscheint nur noch leicht am Abend. Heute fange ich wieder an, und nun erhalte ich gleichzeitig mit dem Verschwinden des Schmerzes tiefen hypnotischen Schlaf mit Amnesie!"

Ich habe seither wiederholt ähnliche Kniffe mit ähnlichen Erfolgen angewendet. Es ist das einfachste Mittel, scheinbar Refractäre doch zu beeinflussen.

Herr College Bernheim fügt hinzu: „Alles liegt in der Eingebung; man muss nur die Feder auffinden (il faut trouver le joint), um jede individuelle Suggestibilität in Thätigkeit zu versetzen resp. zu erwecken."

Diesen Satz kann ich nur bekräftigen. Bernheim konnte einmal Jemanden nicht hypnotisiren, und es stellte sich heraus, dass der Betreffende von Beaunis hypnotisirt worden war, der ihm die Suggestion gegeben hatte, er allein könne es thun. Ich selbst habe eine Dame in tiefen Schlaf mit posthypnotischen Suggestionen versetzt, bei welcher Prof. Bernheim nur Somnolenz hatte hervorrufen können — nur desshalb, weil sie sich die Autosuggestion gebildet hatte, ich allein könne sie beeinflussen und curiren.

Es ist gar keine Frage, dass der beste Hypnotiseur derjenige ist, der es am besten versteht, die Personen, die er hypnotisiren will, von seiner Fähigkeit dazu zu überzeugen und der sie für die Sache mehr oder weniger zu begeistern vermag. Die Begeisterung ist somit beim Hypnotisirten, wie beim Hypnotiseur ein wichtiger Factor, denn um andere recht zu überzeugen, muss man meist selbst überzeugt sein, oder dann dramatisches Talent besitzen. Was aber bei beiden Theilen, beim activen, wie beim passiven, am meisten begeistert, ist der thatsächliche Erfolg, die Wahrheit der Thatsache. Auf diesem psychologischen Vorgang beruhen die so viel besprochenen und so missverstandenen hypnotischen Epidemien, die Massensuggestionen, die „Ansteckung" des Hypnotismus. Alles, was uns „begeistert", gewinnt Macht auf unsere Gehirnthätigkeit, besiegt leicht alle Gegenvorstellungen und suggerirt uns leicht durch Anregung entsprechender plastischer Phantasiebilder. Somit steigt die Hypnotisirbarkeit oder Suggestibilität der Menschen mit ihrer Begeisterung, mit ihrem Vertrauen und mit der Begeisterung und den Erfolgen des Hypnotiseurs; sie sinkt aber auch entsprechend bei Erlahmung, Misstrauen und Misserfolgen. Es wirken aber noch viele andere individuelle Factoren mit, vor Allem die individuelle Plasticität und die Intensität der Vorstellungsfähigkeit, die Erschöpfung, die Schlaffähigkeit etc.

Ganz besondere Verdienste in der Ausbildung der therapeutischen Suggestionsmethode haben sich Wetterstrand und Oscar Vogt erworben.

Wetterstrand hat, wie Liébeault, ein grosses Gewicht auf die Tiefe des Schlafes gelegt, und die Methode des protrahirten (Tage lang fortgesetzten) Schlafes in hartnäckigen Fällen mit grossem Erfolg angewandt und weiter ausgebildet. Er hat ferner seine Kranken collectiv in einem halbdunklen Salon hypnotisirt, ihnen die Suggestionen leise ins Ohr geflüstert, um gegenseitige Störungen zu vermeiden, während das ganze Bild auf alle mächtig suggestiv wirkte.

Oscar Vogt hat die psychologische Analyse bedeutend vertieft. Wie Liébeault, Wetterstrand und ich vertritt er gegen Delboeuf den Standpunkt, dass die Tiefe des Schlafes die Suggestibilität erhöht, so lange der Rapport erhalten bleibt. Er sah nur 1 Mal den Rapport durch Lethargie bei einer schwachen Hysterica verloren gehen; mir passirte dies 4 Mal, bei beiden Geschlechtern.

Vogt's Methode ist im Ganzen die gleiche, die ich weiter unten schildere. Nur vermeidet er jede Erregung von Katalepsie und automatischen Bewegungen. Er suggerirt einfach die Componenten des Schlafes (siehe weiter unten). Die ersten Hypnosen macht er sehr kurz und lässt sich von den Patienten ihre Empfindungen mittheilen.

Er trennt die Hypotaxie mit Amnesie vom Somnambulismus, und bezeichnet als solche die Fälle, wo der Hypnotisirte noch weiss, dass man zu ihm sprach, aber nicht mehr was.

Unter 119 Fällen (68 Frauen, 51 Männern) erzielte Vogt in 99 Somnambulismus, in 12 Hypotaxie mit Amnesie, in 6 Hypotaxie ohne Amnesie, in 2 Somnolenz. Refractär zeigte sich kein einziger Fall. Darunter waren sogar einige Geisteskranke. Bei sämmtlichen Nervengesunden wurde Somnambulismus erzeugt. Lassen wir Vogt selbst das Wort:

„Auf Grund meiner Erfahrungen behaupte ich, dass bei jedem geistig gesunden Menschen Somnambulismus erzielt werden kann; momentan störende Momente lassen sich mit Geduld immer beseitigen."

„Zur weiteren Prüfung der Suggestibilität derjenigen, die ich in der 1. Sitzung bereits somnambul hatte, benutzte ich die Hervorrufung der Anästhesie durch Wachsuggestion. Anfangs gab ich vorher die Schlafsuggestion, es würde mir die Wachsuggestion gelingen. Dabei erzielte ich von 14 Fällen 13 Mal Anästhesie im Wachen. Später liess ich die Schlafsuggestion fort. Von 22 Fällen erzielte ich 17 Mal Anästhesie, 2 Mal nur Analgesie, 3 Mal keinen Erfolg."

„Ich möchte noch dabei darauf aufmerksam machen, dass die suggestiv anästhetische Haut ebenso wenig bei Stichen zum Bluten neigt, wie die hysterisch anästhetische."

„Unter 26 Fällen ist mir — zuweilen erst nach mehrfachen Versuchen, oft aber schon sofort — 21 Mal gelungen, Stuhlgang im Moment zu erzielen."

„7 Versuche, die Menstruation sofort zum Cessiren zu bringen, waren insgesammt, aber 4 nur für Stunden, von Erfolg. 4 Versuche, die Menstruation zu erzielen, hatten 2 Mal sicher keinen Erfolg; in den beiden anderen Fällen trat 2 Tage später die Menstruation ein. Ob das in Beziehung zur Hypnose geschah, will ich nicht entscheiden."

„Die Beziehung zwischen Suggestibilität und Erfolg mit therapeutischen Suggestionen ist — wie nicht genügend der meist herrschenden Ansicht gegenüber hervorgehoben werden kann — eine sehr geringe. Das Haftenbleiben momentan erfolgreicher Suggestionen ist eine ganz andere psychische Eigenthümlichkeit wie die Suggestibilität."

„Es seien hier zunächst zwei Extreme einander gegenübergestellt."

„Ein Patient leidet seit längerer Zeit an einer hypochondrischen Wahnidee, die mit sexuellen Reizsymptomen zusammenhängt. Nach einer Reihe von Sitzungen wird Patient noch immer nur hypotactisch. Automatische Bewegungen gelingen kaum, Amnesie gelingt überhaupt nicht. Trotzdem nehme ich ihm in einer Sitzung seine Wahnidee dauernd."

„Ein anderer Patient kommt mit den Sensationen einer traumatischen Hysterie, deren somatische Erscheinungen bereits verschwunden waren. Patient gehört zu den am meisten suggestiblen Menschen, die ich hypnotisirt habe. Nach der 1. Hypnose sind alle Beschwerden beseitigt. Zugleich gelingen sofort Hallucinationen für alle Sinne durch Wachsuggestionen. Patient hat während der weiteren 14 Tage seines hiesigen Aufenthaltes keine einzige Beschwerde. Aus prophylactischen Gründen wird er während dessen noch 3 Mal hypnotisirt und dann entlassen. 3 Tage später hat er bereits ein vollständiges Recidiv. Der Patient war eben so suggestibel, dass er jeder Beeinflussung sofort nachgab. Mit dem Begriff seiner Häuslichkeit hatten sich während des Monate langen Krankenlagers die Krankheitssymptome so eng associirt, dass die Heimkehr die sinnlich lebhafte Erinnerung an jene (das ist die psychologische Definition für das Recidiv) hervorrief."

„Solche Fälle gibt es eine ganze Menge. Ich behandle eine Neurasthenikerin und zwei Hysterische. Der Anblick von mir genügt, um sie für Tage gesund zu machen: aber keine Art von Suggestion hatte einen länger dauernden Erfolg."

„Auch in der Psychotherapie gilt das alte Sprichwort: „Langsam, aber sicher!"

„Es ist mir gelungen, bei schwer suggestiblen Menschen ihre Obstipation zu beseitigen und einen täglichen Stuhlgang zu festgesetzter Stunde zu erzielen; bei ihnen war die Suggestion eines sofortigen Stuhlganges ohne Erfolg. Andererseits kann ich bei einer gut suggestiblen — nicht hysterischen — Patientin jederzeit sofort Stuhlgang hervorrufen; aber eine Regelung für die nächsten Tage oder gar für längere Zeit gelang nie. Damit stimmte auch der Erfolg anderer Suggestionen bei den betreffenden Patienten überein."

„Eine besondere Beachtung verdienen gewisse Autosuggestionen von Hysterischen. Auf dieselben hat zuerst Ringier aufmerksam gemacht. Es gibt eine Kategorie schwerer Hysterien, bei denen therapeutische Suggestionen die Symptome nur verschlimmern. Zwei Hysterische dieser Art, von denen bei der einen durch Schlaf-, bei der anderen durch Wachsuggestion sofortige Stuhlentleerung hervorgerufen werden kann, hatten täglich, aber zu unregelmässiger Zeit Stuhlgang. Behufs Benutzung für eine bestimmte Versuchsreihe wollte ich den Stuhlgang auf eine bestimmte Tageszeit festsetzen. In beiden Fällen rief ich dadurch eine hartnäckige Obstipation hervor."

„Diese Erscheinung beruht darauf, dass Theilvorstellungen des durch die Suggestion hervorgerufenen Vorstellungscomplexes durch bahnende Erregung bereits hochgespannter Hirndynasmismen diese activiren, ehe die übrigen Componenten der Suggestion ihren hemmenden Einfluss ausüben können."

„Zur Erläuterung seien hier zwei klare Fälle mitgetheilt."

„Eine Hysterische hatte seit 14 Tagen Anfälle. Eine hypnotische Behandlung steigerte nur die Zahl, indem jedes Mal während oder nach der Sitzung ein Anfall auftrat. Später gab mir die Patientin selbst die Erklärung. Sie hatte sich von ihrem Liebhaber in der Narcose defloriren lassen. 3 Tage später hatte der Liebhaber sich vergiftet. Bei dem Empfang der Todesnachricht war der 1. Krampfanfall aufgetreten. ,Die hypnotische Einschläferung,' äusserte die Patientin, ,erinnerte mich immer an die damalige Narcose. Dann fiel mir alles wieder ein. Ich bekam Angst und dann einen Anfall.'"

„Eine andere Hysterica leidet an periodischen Dämmerzuständen. Denselben gehen lebhafte Affectschwankungen voraus. In einem solchen Stadium hypnotisire ich die Patientin. Ich gebe ihr die Suggestion, jetzt keinen Anfall zu bekommen. Aber siehe da! Sie hat ihn schon. Das Wort ,Anfall' hat diesen ausgelöst. Trotzdem machen sich weiterhin auch die anderen Componenten meiner Suggestion bemerkbar. Denn der Anfall verlief viel leichter als alle vorher beobachteten."

„Eine derartige durch verschiedenartige associative Anknüpfung theils günstige, theils ungünstige Einwirkung der Suggestion konnte ich bei derselben Patientin im Verlauf des vorhergehenden Anfalles noch viel besser beobachten. Bei Beginn des Dämmerzustandes hatte ich Patientin eine Einspritzung von Hyoscinum gegeben. Diese beruhigte Patientin soweit, dass ich sie hypnotisiren und so auch schnell den Dämmerzustand beseitigen konnte. Die durch das Hyoscin hervorgerufene Trockenheit des Halses hatte aber inzwischen zur Autosuggestion einer Anästhesie der Mundhöhle mit dadurch bedingter Zungenlähmung, einer Ageusie und einer motorischen Aphasie geführt. Innerhalb dreier Tage waren sämmtliche Symptome auf suggestiv-therapeutischem Wege beseitigt; nur war noch eine Aphonie vorhanden. Diese widerstand 4 Tage lang jeder Suggestion. Schliesslich versuchte ich es auf dem Wege einer suggerirten Amnesie für die ganze Sprachstörung. Beim Erwachen hatte Patientin ein vollständiges Recidiv. Sie war wieder aphasisch, machte — wie während des Bestehens des ganzen Symptomencomplexes — schnalzende Bewegungen, zeigte mit den Fingern nach dem Hals und verlangte dann plötzlich mit lauter Stimme: ‚Wasser!‘ Sie trank auf einen Zug einen halben Liter aus. In wenigen Momenten war dann die Sprachstörung beseitigt. Es hatte also meine Suggestion zunächst die leichter erregbare Erinnerung an den eben überstandenen Krankheitszustand sogar mit der Trockenheit im Halse wachgerufen. Dann war aber auch die Erinnerung an die gesunde Zeit geweckt worden. Diese — ein viel stärkerer Vorstellungscomplex — gewann allmälig die Oberhand: so siegte die günstige Wirkung der Hypnose über die ungünstige."

„Die Beziehung zwischen Suggestibilität und Haften der Suggestionen, sowie zwischen diesen Erscheinungen und den übrigen Seiten der Seele: das muss das Ziel weiterer Studien werden."

§ 2. Schlaf und Hypnose. Die Verwandtschaft der Hypnose mit dem normalen Schlaf ist unverkennbar, und ich muss Liébeault beistimmen, wenn er sagt, dass sie sich nur durch die Verbindung des Schlafenden mit dem Hypnotiseur von ihm grundsätzlich unterscheidet. Freilich darf man hier nicht den Begriff „Schlaf" mit dem Begriff „Erschöpfung" verwechseln. Im Begriff „Ermüdung" liegen leider ausserdem zwei verschiedene Begriffe unklar vermengt: das subjective Gefühl der Ermüdung und die objective Erschöpfung. Beide fallen durchaus nicht immer zusammen. Zudem sind die Schläfrigkeit und das subjective Gefühl der Ermüdung auch durchaus nicht identisch, obwohl oft associirt. Man erlaube mir hier einige Hauptthatsachen anzuführen.

Man sagt herkömmlicherweise in der Physiologie, der Schlaf
werde durch Ermüdung erzeugt. Dieses ist aber nicht richtig.
Wenn auch die wirkliche Erschöpfung des Gehirnes gewöhnlich
das jubjective Ermüdungsgefühl hervorruft und wenn letzteres aus
Zweckmässigkeitsgründen mit Schläfrigkeit für gewöhnlich associirt
ist, so müssen wir auf der anderen Seite festhalten: 1. dass nicht
selten starke Erschöpfung schlaflos macht; 2. dass man umgekehrt
oft durch Schlaf immer schlafsüchtiger wird; 3. dass Ermüdungsgefühl, Schläfrigkeit und wirkliche Erschöpfung oft ganz unabhängig von einander vorkommen; 4. dass die Schläfrigkeit in der
Regel zu bestimmter, gewohnter (autosuggerirter) Stunde erscheint,
und wenn man sie besiegt hat, nachher trotz wachsender Erschöpfung
verschwindet.

Diese Thatsachen sind durch die sehr unbefriedigenden chemischen Theorien der Physiologen (Milchsäuretheorie von Preyer etc.)
ganz unerklärlich. Ich, für meinen Theil, habe nie eine schlaferzeugende Wirkung der Milchsäure constatiren können und halte
die angeblichen Bestätigungen dieser Wirkung für suggestiv, denn
ich habe mit Brunnenwasser bei gehöriger Suggestion ungleich
bessere Erfolge erzielt.

Die Physiologen (Kohlschütter) haben die Intensität des
Schlafes durch die Schallstärke messen wollen, welche zum Wecken
nöthig ist. Wie wenig damit bewiesen ist, zeigt die Thatsache,
dass ein gewohntes Geräusch bald nicht mehr weckt, auch wenn
es sehr stark wird (z. B. eine Weckuhr), während leise, ungewohnte
Geräusche sofort wecken. ·Manche sorgsame Mutter wird durch
das leiseste Geräusch ihres Kindes geweckt, während sie beim
Schnarchen ihres Ehemannes oder sonstigen gewohnten Lärm durchaus nicht erwacht.

Stille, sowie langweilige, eintönige Vorgänge, welche den
Wechsel der Vorstellungen nicht fördern, machen uns schläfrig;
ebenso bequeme Lage des Körpers und Dunkelheit. Dabei treten
associirte Erscheinungen ein, wie Gähnen, Einnicken, Gliederaus-
strecken, die das subjective Schläfrigkeitsgefühl noch erhöhen, und
die bekanntlich von Mensch zu Mensch sehr ansteckend sind.

Wir sagten, dass die Gewohnheit, zu einer bestimmten Zeit
einzuschlafen, eine gewaltige Schläfrigkeit zu der betreffenden Zeit
täglich hervorruft. Aber auch ein bestimmter Ort, die Stimme
einer bestimmten Person, das Liegen in einem gewissen Lehnstuhl,
wo man gewöhnlich einschläft, das Anhören einer Predigt, das

Liegen in einer bestimmten Körperstellung, beim Hans eine Ross-
haar-, beim Jakob eine Federmatratze u. s. w. u. s. w., vor Allem
noch der Lidschluss sind sehr gewöhnliche schlaferzeugende Mittel.
Warum das? — Man hat es bisher Gewohnheit, associirte Angewöhnung genannt. Wir müssen aber anerkennen, dass diese
Thatsachen einer unbewussten Autosuggestion völlig gleichkommen.
— Mein zweijähriges Söhnchen hatte sich gewöhnt, mit einem
Taschentuch in der rechten Hand, am Gesicht angelegt, einzuschlafen.
Als wir es ihm wegnahmen, konnte er lange Zeit nicht mehr einschlafen. Bei gewissen Leuten müssen sogar gewisse Handlungen
dem Schlaf vorangehen, damit er erfolgen kann (Lectüre, Aufziehen
der Uhr u. s. w. u. s. w.).

Die kräftigste aller jener Associationen ist aber der Schliessungs-
reflex des Orbicularis. Daher ist dieses die beste Suggestion des
Schlafes [1]).

---

[1]) Von Schrenck-Notzing glaubte (Die Bedeutung der narcotischen
Mittel für den Hypnotismus; Schriften der Gesellschaft für psychologische
Forschung 1891, Leipzig bei Abel) auf Grund der Anhäufung der Oxydationsproducte (Ermüdungsproducte!) die Verschiedenheit des natürlichen Schlafes
von der Hypnose uns gegenüber annehmen zu sollen und führt u. A. als Beweis die Unmöglichkeit, nach grossen Strapazen dem Schlaf zu widerstehen,
an. Wir läugnen aber keineswegs den Einfluss der Oxydationsproducte, welche
eine lange Wachthätigkeit des Gehirnes erzeugt, und wir betonen sogar ebenfalls, dass der dissociirte resp. der relative Ruhezustand des Gehirnes im Schlaf
der Erzeugung der nothwendigen chemischen Synthesen, d. h. der Reintegration
des Gehirnes adäquat angepasst ist, dass somit die Erschöpfung des Gehirnes
normaliter die stärkste associative Ursache der Suggestion des Schlafes bildet
und bei bedeutender Höhe unwiderstehlich wirken kann. Wenn wir sagen,
dass die Suggestivwirkungen vermittelst Vorstellungen erfolgen, wissen wir
doch sehr gut, dass die Vorstellungen wiederum beständig von den physi-
calischen und chemischen physiologischen (und auch pathologischen) Zuständen
der Gehirnelemente abhängen. Die Art der Gehirnveränderung des Melancho-
likers ruft z. B. auf associativem Wege seine Versündigungsideen hervor. Die
oben erwähnten Thatsachen beweisen aber so klar, dass der normale Schlaf
gewöhnlich rasch und auf suggestivem Weg entsteht, dass man gezwungen ist,
ohne seine Anpassung an die Gehirnerschöpfung und seine gewöhnliche Association mit derselben zu verkennen, ihn nicht mit derselben zu identificiren. Die
Suggestivwirkung ist ebenso physisch, wie die durch Erschöpfungsproducte
erzeugte Aenderung des Gehirnes, und wir läugnen nicht, dass letztere in der
Regel den Mechanismus des tieferen Schlafes fördert. Dass aber der normale
Schlaf ohne Hypnotiseur und ohne Erschöpfung ganz nach Art der Hypnose
eintreten kann, steht fest und beweist, dass dieser veränderte Thätigkeits-
zustand des Gehirnes etwas für sich und die Erschöpfung etwas anderes für
sich ist. Es ist zweifellos, dass die Anhäufung der Kohlensäure im Blut eine

Beobachten wir schlafende Menschen, so merken wir bald, dass sie sich bewegen, dass sie auf sensible Reize reagiren, sich wieder bedecken, wenn man sie entblösst, nicht selten sprechen, stöhnen, oder das Schnarchen auf Befehl unterlassen, sogar manchmal Antwort auf Fragen geben, ja ab und zu aufstehen und handeln. Gewisse Menschen schlafen nur leicht, still, und erwachen beim leisesten Geräusch. Dieselben zeigen mehr Verbindung mit der Aussenwelt.

Subjectiv kennen wir (d. h. kennt die Verkettung der Spiegelungen unseres Wachbewusstseins) unseren Schlaf nur durch die Erinnerung an unsere Träume. Wir fühlen nun, dass unser Traumbewusstsein anders ist als unser Wachbewusstsein, sich jedoch demselben um so mehr nähert, als der Schlaf leichter ist. Das Schlafbewusstsein unterscheidet sich vor Allem durch folgende Thatsachen vom Wachbewusstsein, soweit unsere Traumerinnerungen dem letzteren einen Einblick darin gewähren:

1. Es zeigt keine scharfe Trennung zwischen innerer Vorstellung und Wahrnehmung. Alle Vorstellungen werden mehr oder weniger hallucinirt, d. h. sie haben den subjectiven Charakter der Wahrnehmungen und täuschen wahre Ereignisse vor.

2. Während dieser Schlaf- oder Traumhallucinationen fehlt meistens die Schärfe, die Präcision der durch äussere Vorgänge erzeugten Wachwahrnehmungen; dieselben gehen dennoch mit sehr intensiven Gefühlsbetonungen einher und können gewaltige Rückwirkungen auf das Centralnervensystem üben. Ein Traum kann

---

intensivere Athmung hervorruft und dass wir in Folge dessen auf die Dauer den Athem nicht anhalten können. Das beweist aber nicht, dass die Athembewegungen von der Kohlensäure allein abhängen und viel weniger noch, dass die Anhäufung von Kohlensäure im Blut und die Athembewegungen identische Processe seien. Wir wissen, dass die letzteren vielmehr durch Muskeln und deren motorische Nervencentren hervorgerufen werden und dass sogar unser Wille (unser Gehirn) sie beschleunigen und aufhalten kann. Die Beschleunigung der Athembewegungen durch die Kohlensäureanhäufung im Blut ist aber eine viel unmittelbarere, kräftigere und intimere Association als die Erzeugung des Schlafes durch die Gehirnerschöpfung. Es wird uns trotzdem nicht einfallen, die willkürlich hervorgerufenen (unnöthigen) Athembewegungen von denjenigen, die durch Asphyxie hervorgerufen werden, als eine andere Species zu trennen. Nicht wesentlicher von einander verschieden sind der suggerirte (Hypnose) und der natürliche Schlaf. Der Gehirnmechanismus beider ist der gleiche, wenn er auch auf verschiedene Weise in Bewegung gesetzt werden kann (siehe übrigens § 10).

Schweiss und krampfhafte Muskelcontractionen, intensive Angst u. s. w. erzeugen. Erotische Träume erzeugen Pollutionen ohne mechanische Reibung des Penis, was die erotischsten Wahrnehmungen im Wachen selten vermögen.

3. Die Traumhallucinationen sind im Gegensatz zum Denken und Wahrnehmen im Wachen ganz mangelhaft associirt. Meist nur lockere äussere Associationen verknüpfen oft die eine mit der anderen. Die organisirte, durch die im Lauf des Lebens allmälig automatisirten psychischen Dynamismen unbewusst und instinctiv gewordene Logik des Denkens im Wachen geht dem Denken im Schlaf ab; offenbar befindet sich das Gehirn während des Schlafes in einem Zustand relativer Unthätigkeit oder Hemmung. Der unvermittelste, barockste Unsinn wird daher geträumt, im Traum zeitlich und räumlich ganz fehlerhaft associirt, wahrgenommen und zudem geglaubt. Meistens nur im leichten Schlaf, selten im tiefen Schlaf erfolgt öfters ein geringerer oder höherer Grad logischer Correction. Manchmal läuft diese logische Correction parallel mit dem Traumunsinn, wie wenn zwei Bewusstseine gleichzeitig bestehen würden, dasjenige der Traumkette, das daran glaubt, und dasjenige der wachenden logischen Associationen, das sagt: Nein, das ist alles Traumunsinn; ich liege doch im Bett im Halbschlaf.

Jene drei charakteristischen Eigenschaften des Traumlebens sind zugleich die Kriterien des hypnotischen Bewusstseins: Halluciniren der Vorstellungen, intensive Gefühls- und Reflexwirkungen derselben, Dissociation der organischen logischen Associationen. Dieselben sind aber zugleich die besten Bedingungen intensiver Suggestibilität.

Das Erwachen, das Umgekehrte vom Einschlafen, zeigt ganz dieselben suggestiven Erscheinungen wie das Einschlafen. Man erwacht gewöhnlich durch Association zu einer gewissen gewohnten Stunde. Ein leichter Schlaf bildet oft einen allmäligen Uebergang des Schlafes zum Erwachen und hinterlässt Traumerinnerungen. Träume wecken nicht selten. Eigenthümlich ist die Fähigkeit vieler Menschen, zur bestimmten beabsichtigten Zeit zu erwachen, somit die Zeit im Schlaf genau abzumessen. Dasselbe finden wir in der Hypnose.

Wie in der Hypnose unterscheidet Liébeault im normalen Schlaf den leichten Schlaf mit Traumerinnerungen vom tiefen Schlaf meistens ohne solche. Die Charakteristik des letzteren ist die totale Amnesie beim Erwachen. Nichtsdestoweniger finden wir gerade bei

tief schlafenden Menschen die Erscheinungen des Somnambulismus
und der Schlaftrunkenheit, bei welchen der Schlafende geht, handelt
(oft sogar sehr geordnet und complicirt), spricht und sogar Gewalt-
thaten verüben kann — eine Erscheinung, welche bereits im Strafrecht als ein Grund der Unzurechnungsfähigkeit anerkannt ist.
Dies zeigt, dass die Amnesie nach tiefem Schlaf eben nur Amnesie
ist, und absolut nicht beweist, dass das Bewusstsein im tiefen Schlaf
erloschen, sondern nur, dass es vom Wachbewusstsein abgeschnitten
war. Allerdings gibt sich der lethargische Schlaf anders nach
aussen kund als der Somnambulismus mit seinem eingeengten Bewusstsein, aber aus der Regungslosigkeit der motorischen Sphäre
auf Regungslosigkeit der Hirnrinde zu schliessen ist nicht statthaft.
In Wundt's „Philosophischen Studien" hat Friedrich Heerwagen
unter Kräpelin's Leitung „Statistische Untersuchungen über Träume
und Schlaf" veröffentlicht, welche auf den eigenen Angaben vieler
Personen beruhen. Die Angabe jener Personen, dass sie viel träumen,
wenig träumen oder gar nicht träumen, soll nun nach Heerwagen
massgebend sein und bildet die Grundlage seiner Statistik. Da
jedoch das Studium des Hypnotismus und viele Erfahrungen über
den normalen Schlaf beweisen, dass auf diese subjectiven Erinnerungen oder Nichterinnerungen von Träumen nichts zu geben ist,
weil viele Menschen einfach alle ihre Träume und fast alle Menschen
den grössten Theil ihrer Träume vergessen (Autosuggestion der
Amnesie), so kann ich dieser Statistik keinen Werth beilegen, und
glaube vielmehr, dass alle Menschen im Schlaf fortwährend träumen.
Man kann mich z. B. zu keiner Nachtstunde noch so unerwartet
wecken, ohne dass ich wenigstens das letzte Bruchstück einer Traumkette erwische, das ich aber sogleich wieder total vergesse, wenn
ich es nicht sofort aufschreibe oder mir mehrmals im Wachzustand
energisch wieder vorstelle. Was mir dann als Erinnerung bleibt,
ist das Bild der im Wachzustand erneuten Vorstellung, nicht die
directe Erinnerung an den Traum, denn die letztere verwischt sich
fast immer kurz nach dem Erwachen.
    Eine Eigenthümlichkeit des Traumlebens ist noch, dass die
Sinnesreize, welche den Schlafenden treffen, in dem Schlafbewusstsein fast nie die normale adäquate Wahrnehmung hervorrufen,
sondern dass sie allegorisirt, d. h. inadäquat associirt werden; es
wird dann die betreffende Allegorie zum Traumbild, zur Traum-
illusion. Darin unterscheidet sich partiell der Hypnotisirte vom
spontan Träumenden, aber nur insofern, als die Eingebungen des

Hypnotiseurs ihm adäquat bewusst werden. In der That allegorisirt er wie der Träumende, sobald der Hypnotiseur ihn verlässt, und andererseits benutzt der Hypnotiseur selbst diese Allegorisationseigenschaft des Schlafenden, um ihn hundertfach zu täuschen (um ihn z. B. eine Kartoffel für eine Pomeranze essen zu lassen). Ebenso hallucinirt der normal Träumende gemachte Bewegungen, die er nicht ausgeführt hat, während er meistens seine Willensimpulse nicht in Bewegungen umzusetzen vermag.

Eine weitere Eigenthümlichkeit des Traumlebens ist der ethische und ästhetische Defect, oder die Schwäche, die auch in diesen Gebieten herrscht. Der Träumende ist sehr oft feig, gemein; der beste Mensch kann im Traum morden, stehlen, untreu und verlogen sein, und darüber sehr kaltblütig bleiben, oder wenigstens mehr Angst als Reue empfinden. Dies kommt zweifellos wieder von der Dissociation der Gegenvorstellungen her.

Ungemein wichtig und interessant sind die gegenseitigen Rückwirkungen des Traumlebens auf den Wachzustand und umgekehrt. Dass unsere Träume von unseren Erlebnissen, Lectüren etc. im Wachzustand beeinflusst werden, ist Jedem klar und bekannt. Weniger klar jedoch sind wir uns darüber, wie tief und stark die Traumthätigkeit auf unser Leben im Wachzustand rückwirkt, obwohl darüber schon so viel Wahres geschrieben worden ist. Meist sind wir uns, der Amnesie halber, dessen nicht bewusst. Die posthypnotischen Erscheinungen sind jedoch ein experimentelles Homologon der bezüglichen Thatsachen des spontanen Lebens. Intensive Träume können unsere Gedanken und Handlungen Tage lang (wie auch dumme Affecte) oft mehr beeinflussen als die schönste Logik, und es ist amüsant, derartige Beobachtungen oft bei Menschen zu machen, die mit ihrer Nüchternheit, mit ihrem gemüthslosen Verstand, besonders renommiren. Wir wissen nur von den Wirkungen derjenigen Träume, an welche wir uns erinnern. Die Suggestion beweist uns aber, wie auch die vergessenen wirken können.

Einem Manne, der über den Hypnotismus lächelte, erklärte ruhig mein Freund, Herr Prof. Dr. Otto Stoll, er werde in der folgenden Nacht um 12 Uhr dies und jenes vom Teufel träumen. Dem betreffenden Herrn war es nicht ganz geheuer, denn er wollte wach bleiben, um der Voraussagung zu entgehen. Doch siehe da! Kurz vor 12 Uhr schlief er auf seinem Stuhl ein, und punkt 12 Uhr erwachte er genau bei der Episode des suggerirten Traumes, bei

welcher ihm das Erwachen befohlen worden war; der Traum war
Punkt für Punkt eingetroffen.

Einige Beispiele von spontanen, sofort nach dem Erwachen
aufgeschriebenen Träumen dürften das Gesagte illustriren:

1. Dissociation: Jemand träumt, dass „der Oberwärter X.
(der Irrenanstalt Zürich) einen Vortrag über Suggestion bei Pferden
in Norwegen hält".

2. Dissociation etc.; längere Traumkette: Fräulein Y träumt:
Ich war bei meiner Mutter zu Hause; ein Onkel kam zu uns, ass
mit uns und klagte über kalte Füsse, worauf ich ihm eine Wärmeflasche (die Wärmeflasche war da, ohne dass ich wusste wie, was
mir nicht auffiel) unter die Füsse brachte. Dann kamen mehrere
Leute (Verwandte); es war eine Einladung; ein Tisch war gedeckt;
der Onkel war verschwunden. Ich half die Leute unterhalten und
fing eben an, etwas zu erzählen, als mich meine Mutter unterbrach
und mir mit barschem Tone zu schweigen befahl („Du brauchst
nicht immer drein zu reden"). Schwer geärgert und gekränkt (ich
sei doch kein Kind mehr) schwieg ich mit dem festen Willen, kein
Wort mehr zu sagen, um meine Mutter selbst ihre Leute unterhalten
zu lassen. Die Einladung war auf einmal weg; anderer Besuch war
gekommen, wobei ich mit einer Cousine sprach, aber dabei oft
weinte, mein Schmollen über den Befehl zu schweigen noch fort-
setzend (Fortdauer des Affectes). Meine Mutter erzählte eine Geschichte (die mir in Wirklichkeit kürzlich geschrieben wurde).
Plötzlich befinde ich mich in einem fremden Stadttheil und suche
ein Fräulein, welches in einem bestimmten Haus wohnte. Ich nahm
mir vor, diesmal jedes Zimmer der Reihe nach in der betreffenden
Wohnung durchzusuchen, weil ich sie das letzte Mal nicht gefunden.
Das that ich auch, kam durch verschiedene Zimmer, in welchen
fremde Leute wohnten, die im Bett lagen oder eben aufstanden
oder sich versteckten; endlich fand ich sie! Aber es war eine
andere Dame, Frau C., die gerade mit einem Knaben französisch
sprach und mich gleich in's Gespräch zog. Dabei machte ich sogleich einen Sprachfehler, worüber ich mich recht ärgerte. Dann
war auf einmal aus Frau C. meine Freundin geworden, mit der ich
fortging, denn sie wollte mir eine hübsche Aussicht zeigen. Wir
kamen auf eine Brücke, über einen breiten Fluss; an einem Ufer
sahen wir viele gedeckte Armkörbe mit Balken halb im Wasser
gehalten, und ich sagte zu meiner Freundin, da seien wohl Fische
darin zum Aufbewahren, worauf sie antwortete: ja, da seien un-

bezähmbare Fische darin (über diesen Unsinn wunderte ich mich gar nicht). Es war noch ganz tageshell. Da kehrten wir um und kamen an ein grosses Haus mit vielen beleuchteten Fenstern parterre; es war, ohne dass ich dessen bewusst wurde, plötzlich unterdessen Nacht geworden (gleicher Mechanismus, wie derjenige, wodurch eine Suggestion durch Autosuggestion ergänzt wird; die Wahrnehmung der Lichter rief diejenige der Nacht unbewusst auf associativem Wege hervor). Aus dem Kamin des Hauses kam ein röthlicher Rauch und ich sagte meiner Freundin, es müsse da brennen. Wir schauten zu den Fenstern hinein und sahen, wie viele Männer (Arbeiter) sich zum Davonlaufen bereit machten, und nur noch auf den Bericht warteten, ob Feuergefahr da sei und ob sie fort müssten. Aber mit einem Schlag war alles stockfinster; das Feuer war plötzlich gelöscht worden, wir hatten absolut nicht gemerkt wie; wir wussten aber, es sei gelöscht und es kam uns selbstverständlich vor. Ich sah nichts mehr auf dem Weg und bat meine Freundin, mich zu führen. Darauf hin zündete sie mit einem Zündhölzchen eine Kerze an, und wir befanden uns in einem Zimmer. Eine unbekannte alte Dame kam in's Zimmer und frug uns etwas, worauf ich erwachte.

(Dieser Traum zeigt recht deutlich, aus was für einem bunten Gemisch von associirten und dissociirten Trugwahrnehmungen aller Sinne, Handlungstrugwahrnehmungen, Gefühlen, Abstractionen etc. die Bewusstseinsspiegelung der Grosshirnthätigkeit im Schlaf besteht; daraus entsteht auch die beständige Täuschung des Ort- und Zeitbewusstseins.)

3. Am 25. Oktober 1891 träumte ich Folgendes: Ein unbekannter junger Mann ist ohne Grund plötzlich vom Regierungsrath zum Director der Irrenanstalt Burghölzli ohne mein Wissen ernannt worden, doch nicht zum Professor der Psychiatrie (in Wirklichkeit bin ich seit 1879 Director der Anstalt). Ich sehe den jungen Mann; die Sache wird mir im Hause gesagt. Die unsinnige Unmöglichkeit dieser Thatsache kommt mir absolut nicht, ihre Tragweite für mich nur stufenweise „zum Bewusstsein". Der Gedanke, dass ich trotzdem hier bleibe, dass der neue Director der Anstalt direct neben mir wohne, kommt mir durchaus nicht undenkbar vor. Erst allmälig denke ich, dass ich vielleicht zurücktreten sollte, und dieser Gedanke wird erst discutirt! Auf einmal dämmert mir auf: es müsse irgendwo stehen, dass der Director zugleich Professor ist. — Doch überlege ich, dass der Regierungsrath jeden Augen-

blick ein Reglement, das er erlassen hat, durch einen späteren Be-
schluss aufheben kann. (In Wirklichkeit aber ist die Sache gesetz-
lich geregelt und kann nicht per Reglement geändert werden, was
ich im Wachzustand ganz gut weiss.) Also es hilft nichts. Dann
aber triumphire ich doch; die Sache steht im Gesetz, das wird mir
plötzlich bewusst! — Somit nehme ich einen Anwalt und verklage
den Regierungsrath wegen Gesetzesverletzung!!!

Dieser Traum ist wegen der Art der Dissociation interessant.
Die an und für sich richtige Logik des letzten Raisonnements ist
ganz die Logik eines an progressiver Paralyse leidenden Geisteskranken, der in einem Punkte folgerichtig raisonnirt, dabei aber die
Hauptsache, nämlich die Absurdität, die Undenkbarkeit der ganzen
Situation übersieht. Der Affect ist intensiv. Ich hatte keinen
Augenblick den Gedanken, es könne ein Traum sein. Mit Entrüstung fühlte ich die Gemeinheit und Ungerechtigkeit des Vor-
gehens gegen mich und sann auf Genugthuung. Am andern Tag
soll (im Traum) Sitzung der Aufsichtsbehörde sein. Ich überlege
plötzlich, dass nicht mehr ich, sondern der neue Director daran
Theil zu nehmen hat und fühle die darin liegende tiefe Demüthigung.
Ich sehe einen Herrn Regierungsrath kühl und gleichgültig an mir
vorbeigehen, aber keinen Augenblick denke ich an die Absurdität,
abgesetzt ohne rechtzeitig davon verständigt worden zu sein, an
die weitere Absurdität, dass dieser neue Director bereits im Hause
sei, ohne dass ich davon etwas erfahren hätte, an die lächerliche
Idee der Absetzung in der einen Eigenschaft und nicht in der
andern. Ich denke sogar, ganz einfältig, ich werde mich nun wie
ein Assistent den Anordnungen dieses neuen Jünglings zu fügen
haben u. s. w. Erst ganz allmälig dämmert es mir auf, dass ich
absolut nichts Anderes zu thun habe, als sofort mit Sack und Pack
abzuziehen, dass der Regierungsrath mich offenbar fort haben will,
und dass ich ihn höchstens nachträglich zu meiner Genugthuung
verklagen könnte. Darauf erwache ich und dann erst wird mir
der ganze Unsinn sofort klar.

Hier ist die Analogie der Art des dissociirten Denkens im
Traum und in der progressiven Paralyse wirklich frappant. —

4. Alte Erinnerungsbilder: Man träumt nicht selten von
ganz alten Wahrnehmungen. Ich träume jetzt noch von meinen
vor mehr als fünfundzwanzig Jahren verstorbenen Grosseltern. Ihre
Stimme und ihr Bild sind etwas verschwommen, doch noch recht
natürlich.

5. **Wirkung der Träume auf den Wachzustand:** Ich träume, ich sei mit Fräulein X. verlobt. Während der Hochzeitsfeier erinnere ich mich plötzlich an meine Kinder, worauf das Bild meiner vorhandenen Ehe sich aufdrängt und peinliche Verwirrung hervorbringt. Ich fühle mich der Bigamie schuldig. Grosse Angst und Aufregung. Erwachen. Gedrückte Stimmung Tags darauf, die sich immer auf den einfältigen Traum zurückführen lässt.

6. **Frau X.** träumt, ihr Bruder sei gestorben. Darüber ist sie trostlos. Noch den ganzen Tag fühlt sie sich gemüthlich gedrückt, hat immer ein nebelhaftes Gefühl, als ob irgend etwas Trauriges vorgefallen wäre. Jedesmal, als sie sich darüber besinnt, kommt sie wieder auf den Traum, als Ursache[1]).

7. **Erinnerungsfälschung:** Frau Z. lässt jede Nacht den Wecker zu einer bestimmten Stunde laufen, um ihr Kind auf den Topf zu setzen. Im Schlaf hört sie den Wecker ablaufen, träumt aber dabei: „du hast ja das Kind schon gesetzt", dreht sich um und schläft weiter. Am anderen Morgen ist das Kind nass. Frau Z. erinnert sich nun ihres Traumraisonnements und nun auch daran, dass es Täuschung war.

8. **Handlungen als Folge von Träumen:** Eine Frau träumt, ihr kleines Kind, das eben laufen gelernt, wolle fallen. Mit beiden Händen greift sie krampfhaft nach ihm, erwacht und hält krampfhaft die Bettdecke in den Händen (ergreift ein anderes Mal beim gleichen Traum die Hand ihres Mannes).

9. **Allegorisirung von Empfindungen:** Ein offener Fensterflügel schlägt hin und her, durch den Wind bewegt. Jemand, der daneben schläft, träumt, dass eine Wäscherin Wäsche heftig schlägt. Ein anderer Träumender, der Zahnweh (einen Zahnabscess) hat, träumt immerwährend, seine Zähne fallen aus den Alveolen heraus und er spuckt sie aus.

Am hervorragendsten ist jedenfalls die Dissociation im Traumleben. Wie Geruchs- oder viscerale Empfindungen, fast ohne asso-

---

[1]) Frl. St. träumt, dass der Vater gestorben und begraben sei. Den ganzen Morgen bereits traurig, erinnert sich Frl. St. am Nachmittag des Traumes. Sie wird unruhig. Sie bekommt „schreckliches" Heimweh, was sie sonst noch nie gehabt hatte. Es gesellen sich Kopfschmerzen hinzu. Nach einer Amnesie und heitere Stimmung gebietenden Suggestion gibt Patientin heiter an, am Nachmittage wegen eines Traumes, dessen Inhalt sie aber vergessen habe, traurig und voll Sehnsucht gewesen zu sein. Eine 2. Suggestion ruft vollständige Amnesie hervor. (O. Vogt.)

ciirt zu sein, sich zeitlich in unserem Bewusstseinspiegel (im Wachzustand) folgen und einander verdrängen, so sehen wir fast alle
Traumbilder, auch Gesichtsbilder, unvermittelt oder nur halbver-
mittelt und sinnlos einander ablösen. Meine Schwester kann sich
im Traum in einen Mann, dann in einen Tisch verwandeln und
dergl. mehr.

Durch den sogen. leichten Schlaf (Liébeault), bei welchem
die Gehirnthätigkeit dem Wachzustand viel ähnlicher ist, und hin-
sichtlich dessen man nur partiell oder gar nicht amnestisch ist, wird
ein Uebergang zwischen Schlaf und Wachzustand gebildet. Die
Zeit erscheint jedoch dem Bewusstsein abgekürzt. Viele leicht
Schlafende behaupten, sie schlafen nicht, sie schlummern nur. Sie
wissen mehr oder weniger nach dem Erwachen noch alles, was in
ihrer Nähe passirt ist. Sie können zwar daneben träumen, sogar
lebhaft träumen. Es gibt auch da viele individuelle Verschiedenheiten. Einzelne können nach Belieben aus dem leichten Schlaf
erwachen und sich bewegen; Andere sind über ihre Bewegungen
nicht Herr. Der leichte spontane Schlaf entspricht in der That
(Liébeault) mehr oder weniger dem leichteren Grad der Hypnose
(Hypotaxie), bei welchem der Hypnotisirte, obwohl beeinflusst, das
subjective Gefühl hat, nicht geschlafen zu haben.

Es ist, wie wir sagten, bekannt, dass viele Menschen während
ihres normalen Schlafes die Zeit genau abmessen und zu derjenigen
beliebigen Stunde erwachen können, zu welcher sie sich es Abends
vornehmen. Bei den Einen ist ein solcher Entschluss von leichterem,
unruhigerem Schlaf gefolgt; Andere dagegen schlafen dabei so gut
wie sonst, und erwachen dennoch pünktlich. Durch Suggestion
können wir das gleiche Phänomen nicht nur in der Hypnose, sondern
auch in den normalen Schlaf hinein erzeugen, da wo es fehlte. Ich
kann einem gut suggestiblen Menschen die Suggestion geben, dass
er zu dieser oder jener Stunde in der Nacht erwachen wird, und
es geschieht pünktlich.

Es ist mir aber auch gelungen, durch Suggestion diejenigen
Associationen, die einen normal Schlafenden wecken, und diejenigen, die er umgekehrt überhören soll, zu fixiren, so dass
er z. B. bei einem grossen Lärm ruhig weiter schläft, während
das leiseste Geräusch einer anderen Sorte ihn weckt (siehe oben
spontane Analoga ohne Suggestion). Dieses war mir in der Irrenanstalt für das Wartpersonal bei den unruhigen und selbst gefährlichen Kranken sehr nützlich. Ich hypnotisire z. B. einen Wärter

und erkläre ihm, dass er den grössten Lärm nicht hört und davon nicht erwacht. Ich klatsche mit den Händen vor seinen Ohren, pfeife laut in seine Ohren; er erwacht nicht. Dann sage ich ihm, dass er auf dreimaliges leises Knistern meines Nagels (so leise, dass kein Anwesender es sonst hört) sofort erwachen wird. Er erwacht sofort darauf, erinnert sich des Knisterns, hat aber vom Klatschen und Pfeifen „nichts gehört". Dann erkläre ich ihm, dass er Nachts vom grössten Lärmen und Klopfen der tobenden Geisteskranken absolut nichts hören und ruhig weiter schlafen wird, dagegen sofort wach wird, sobald ein Kranker etwas Ungewohntes oder Gefährliches thut.

Zehn Jahre lang führte ich diese Methode consequent bei allen Wartpersonen der unruhigen Abtheilungen durch, die es wollten (es waren fast alle), und seither sind die nervösen Erschöpfungen, Schlaflosigkeiten etc. aus jenem Personal so gut wie verschwunden, während die Ueberwachung der Kranken an Sicherheit zugenommen hat.

In gleicher Weise liess ich im Bett neben selbstmordgefährlichen Melancholikern eine Wartperson schlafen, die ich vorher auf die Sicherheit ihrer suggestiven Reaction im Schlaf geprüft hatte und gab ihr die Suggestion, vortrefflich zu schlafen, kein Stöhnen und Lärmen zu hören, aber beim gelindesten Versuch des Kranken, aus dem Bett zu gehen oder sich etwas anzuthun, sofort zu erwachen, resp. nach Wiederversetzung des Kranken in's Bett sofort wieder einzuschlafen. Dieses geschieht auch mit solcher Pünktlichkeit, dass mehrmals in solcher Weise überwachte Kranke in Folge dessen ihre Wärterin für verhext hielten. Wärterinnen, die bis sechs Monate lang ununterbrochen diesen Dienst verrichteten und dabei den ganzen Tag fest arbeiteten, blieben ganz frisch und munter, wohl aussehend und zeigten keine Spur von Müdigkeit. Freilich gehören dazu sehr suggestible Leute; doch hatte ich stets mehrere Wärterinnen und Wärter, die zu solchen Diensten geeignet waren.

Mein Nachfolger Prof. Bleuler und Herr Prof. Dr. Mahaim in Cery-Lausanne haben diese Erfahrung bestätigt gefunden.

Folgender Fall illustrirt sehr schön die Sicherheit dieser Ueberwachungsmethode.

Frau M. S. wurde am 25. August 1892, an hochgradiger, total verwirrter Manie leidend, als Patientin in die Anstalt Burghölzli aufgenommen. Sie hatte 14 Kinder gehabt, wovon 11 noch am Leben, stets sehr leichte Sturzgeburten, die nie länger als eine Viertelstunde dauerten. Die Manie wurde chronisch und Frau S. so brutal und gewaltthätig, dass sie Nachts nur in der Zelle schlafen konnte. Dabei blieb sie so total verwirrt, dass sie absolut Niemanden kannte. Erst im Januar 1893 merkte man, dass sie schwanger war. Diese Gravidität machte mir Sorgen. Einerseits liess die Brutalität der Kranken keine Möglichkeit zu, eine Wärterin des Nachts zu ihr zu thun, andererseits musste ich eine unbemerkte nächtliche Geburt mit Tod des Kindes befürchten. Der Zeitpunkt der Geburt war natürlich ganz unsicher. Am 13. März ersann ich nun folgende Einrichtung: Ich legte die Kranke in ein Zimmer mit vergittertem Fenster allein zu Bett. Die beste Somnambule unter den Wärterinnen wurde in ein Bett, im Gang vor der Thür der Kranken, gelegt und erhielt von mir folgende Suggestion: Sie werden jede Nacht ausgezeichnet schlafen, sehr fest und gut und den gewöhnlichen Lärm der Frau S. gar nicht hören. Sobald jedoch bei derselben Nachts die Geburt beginnt, werden Sie es durch die Thüre hindurch merken und werden sofort wach. An was Sie es merken werden, weiss ich nicht; vielleicht wird die Kranke etwas ruhiger (was sie aber sonst dazwischen auch ist) oder sie wird etwas winseln; kurz ich weiss es nicht, aber merken werden Sie's. Sie werden dann sofort aufstehen, bei der Kranken nachsehen, zur Oberwärterin eilen und dann den Arzt sofort rufen lassen. Diese Suggestion gab ich nur ein oder zwei Mal bestimmt und von da an schlief die Wärterin im Gang vor der Thüre der Frau S. Letztere blieb kolossal aufgeregt, unrein und verwirrt, alles demolirend und zerreissend.

Der Secundararzt Dr. Mercier schüttelte den Kopf über meine Vorkehrung; die Wärterin schlief ausgezeichnet und wurde nie wach. Am 6. Mai Abends 8 Uhr untersuchte der Secundararzt die Kranke, fand keine Anzeichen von Beginn der Geburt und sagte zur Wärterin, es könne noch eine Zeit lang gehen. Um 9 Uhr spätestens war alles zu Bett gegangen und schlief mit Ausnahme der immer lärmenden Frau S. Nachts 11 Uhr wurde die Wärterin plötzlich wach (sie war in den vorhergegangenen Tagen und Wochen nie erwacht und war nie bei der Oberwärterin gewesen), ging in's Zimmer, sah zwar nicht viel an Frau S., lief aber sofort zur Oberwärterin, sagte ihr, „es gehe jetzt gewiss los", worauf Beide sich wieder zu Frau S. begaben. Die Oberwärterin glaubte nicht recht an den Beginn der Geburt, weil sie nichts Besonderes sah und weil die Kranke herumging. Abgelaufenes Fruchtwasser wurde für Unreinlichkeit mit Urin gehalten; doch wurde der Arzt sogleich geholt, der gerade noch rechtzeitig ankam, um den Kopf des Kindes in

Empfang zu nehmen. Als ich kam, konnte ich noch die Nachgeburt holen, wobei ich von Seiten der Kranken mit Flüchen, Faustschlägen und Fusstritten traktirt wurde; 4 oder 5 Personen mussten sie im Bett halten. Die Wärterin gab an, sie sei plötzlich erwacht, ohne zu wissen warum; Frau S. sei dann vielleicht eher etwas ruhiger gewesen als sonst, jammernd wie schon oft. Uebereinstimmend sagten sie und die Oberwärterin aus, das Schimpfen, Schreien, Weinen und Fluchen der Kranken habe sich von ihrem gewöhnlichen Lärmen kaum unterschieden. Doch muss irgend eine ungewöhnliche Gehörswahrnehmung der Somnambule sie geweckt und an die Suggestion erinnert haben. Das Kind war gesund. Frau S. blieb tobend und verwirrt bis im Sommer 1894, wo sie allmälig ruhig, ziemlich klar und später gesund wurde. Zwei Jahre waren aus ihrem Gedächtniss verschwunden. Von Empfängniss, Schwangerschaft, Geburt und Kind hatte sie keine blasse Ahnung und hielt zunächst unsere bezüglichen Erzählungen für Schwindel, um so mehr, da das Kind seither am Keuchhusten gestorben war.

Dieser in vielen Beziehungen interessante Fall beweist, mit welcher Sicherheit gute Somnambulen, selbst im Schlaf und nach langer Zeit, auf Suggestion reagiren. Man wird mir auch zugeben müssen, dass ich ein solches Experiment nicht riskirt haben würde, ohne meiner Sache sicher zu sein. Zeugen genug sind da, um den Sachverhalt zu bestätigen. Herr Dr. Walther Inhelder hat in seiner Arbeit über die Bedeutung der Hypnose für die Nachtwachen des Wartpersonals (Zeitschr. f. Hypnotismus 1893, S. 201) meine diesbezüglichen Erfahrungen in der Heilanstalt Burghölzli gesammelt.

Es scheinen mir diese Fälle die (unterbewussten) associativen Verbindungen und gegenseitigen Beeinflussungen der Traumthätigkeit und der Wachthätigkeit des Gehirnes klarer als irgend etwas darzuthun.

Ich verweise übrigens auf O. Vogt's Anschauungen weiter unten (§ 16) und besonders auf seine Arbeit: „Spontane Somnambulie in der Hypnose" (Zeitschr. f. Hypnotismus 1897). Gegenüber Löwenfeld zeigt er an Hand schöner Beispiele, wie ein spontan im Schlaf entstandener Somnambulismus in ruhige Hypnose überführt werden kann, aus der dann normales Erwachen oder normaler Schlaf abgeleitet werden können. Er beweist in klarster Weise, wie der Mechanismus des normalen Schlafes und der Hypnose der gleiche ist, und wie nur eine quantitative und keine qualitative Verschiedenheit zwischen beiden besteht. Ich habe diese Ansicht Liébeault's stets getheilt, aber O. Vogt hat sie am genauesten begründet. Wie die Hypnose, ist der normale Schlaf ein Zustand erhöhter Suggestibilität, d. h. ein dissociirter Zustand.

Dies bringt uns zur Besprechung der Amnesie als eine der allerwichtigsten, ja, als forensisch die praktisch wichtigste Erscheinung des Schlafes und der Hypnose. In der Regel ist der normal tief Schlafende zugleich auch in der Hypnose ein tiefer Schläfer. und dieser ist nun meist dem Einfluss des Hypnotiseurs stärker unterworfen. Man kann bei ihm Erinnerung und Amnesie nach Belieben über diese und jene Zeit seines Lebens oder mindestens seines Schlafes hervorrufen. Bei mehr als der Hälfte der Patienten seiner Spitalabtheilung erzeugt Bernheim tiefen Schlaf. Um die enorme Verbreitung der tiefen Hypnotisirbarkeit unter normalen Menschen zu zeigen, will ich nur anführen, dass ich früher von 26 Wärterinnen der Anstalt Burghölzli bei 23, und zwar bei allen mit Erfolg die Hypnose zu erzeugen versucht habe. Darunter erzielte ich bei einer nur Somnolenz, bei 3 leichten Schlaf ohne Amnesie, bei 19 tiefen Schlaf mit Amnesie, posthypnotische Erscheinungen und Suggestivzustand beim Wachsein. Bei 2 davon wurden Katalepsie und Anästhesie das erste Mal sofort im Wachzustand durch Affirmation erzielt; beide waren nie vorher hypnotisirt gewesen. Herr Dr. O. Vogt hat jedoch alles Bisherige übertroffen (s. oben).

§ 3. **Grade der Hypnose.** Die berühmten Charcot'schen Phasen: Lethargie, Katalepsie und Somnambulismus beruhen auf präparirten Hypnosen hysterischer Personen. Bernheim hat eine Eintheilung in viele Grade versucht. Jedoch gibt es keine Grenze. Ich finde, dass es genügt, wenn man drei Grade der Suggestibilität annimmt, welche übrigens auch Uebergänge zeigen: 1. Somnolenz. Der nur leicht Beeinflusste kann noch mit Anwendung seiner Energie der Suggestion widerstehen und die Augen öffnen. 2. Leichter Schlaf oder Hypotaxie oder Charme. Der Beeinflusste kann die Augen nicht mehr aufmachen, muss überhaupt einem Theil der Suggestionen bis allen Suggestionen gehorchen, mit Ausnahme der Amnesie. Er wird nicht amnestisch. 3. Tiefer Schlaf oder Somnambulismus. Durch Amnesie nach dem Erwachen und posthypnotische Erscheinungen charakterisirt. Der Ausdruck Somnambulismus ist nach meiner Ansicht nicht glücklich,

weil er zu Verwechslungen mit dem spontanen Somnambulismus
Anlass gibt. Letzterer ist ein, wenn auch oft nur leichter, so
doch zweifelloser pathologischer Zustand, der sehr häufig mit
Hysterie verbunden zu sein scheint und nicht einfacher Hypnotismus ist. — Posthypnotische Erscheinungen können nach meiner
Erfahrung nicht selten auch nach dem leichten Schlaf eintreten.
Die Suggestibilität kann unter Umständen bei sehr tiefem Schlaf
sehr gering oder sogar fast Null sein (sehr seltene Fälle). Man
kann aber das Schlafen bei offenen Augen, den Erfolg der Suggestion im Wachzustand sowohl als die Amnesie, und umgekehrt
die Erinnerung durch Suggestion hervorrufen, so dass auch jene
drei Grade sehr mangelhaft definirt sind. Der Schlaf, die Amnesie
und die Resistenzfähigkeit werden hierbei nur als Prüfsteine der
Suggestibilität benutzt. Es kommt hauptsächlich darauf an, was
man anfänglich suggerirt.

Durch Uebung oder Dressur vermittelst Suggestion kann man
ferner Somnolenz in Hypotaxie und letztere durch Suggestion der
Amnesie in Somnambulismus, wenn auch nicht immer, überführen.

§ 4. **Dressur.** Man hat viel von der Dressur der Hypnotisirten
gesprochen. Sicher ist es, dass man durch häufiges Hypnotisiren
die Suggestibilität eines Menschen erhöhen, vor Allem bewirken
kann, dass er ohne verbalen Befehl Alles wieder thut, was man
ihn in den ersten Hypnosen hat thun lassen, scheinbar instinctiv,
indem, wie Bernheim so wahr sagt, der Somnambule (in seiner
eingeengten Hirnthätigkeit) seine ganze Aufmerksamkeit darauf
concentrirt, die Absichten des Hypnotiseurs zu errathen. — Aber
man hat vielfach, besonders in Deutschland, die Rolle der Dressur
sehr überschätzt und die Höhe der individuellen Suggestibilität
der meisten normalen Menschen verkannt. Wo ist die Dressur,
wenn ich z. B. gestern eine ganz normale tüchtige Wärterin zum
ersten Mal hypnotisire. Ich schaue sie einige Secunden, Schlaf
suggerirend, an, lasse sie dann zwei Finger meiner linken Hand
(nach Bernheim's Verfahren) ansehen; nach 30 Secunden fallen
ihre Lider zu. Ich suggerire ihr Amnesie, Katalepsie der Arme,
lasse dieselben drehen und suggerire Anästhesie. Alles gelingt
sofort. Ich steche tief mit einer Nadel. Sie fühlt nichts. Ich gebe
ihr Aqua fontana als bittere Mixtur, die ihr bitter schmeckt, suggerire ihr mit Erfolg Appetit und sage ihr, dass sie nach dem Erwachen einen unter dem Tisch stehenden Papierkorb aus eigenem

Antrieb einer anwesenden Person auf den Schooss legen wird, und dass sie Abends um 6 Uhr von selbst wieder zu mir kommen wird. Ich wecke sie dann, indem ich sie bis vier zählen lasse. Sie weiss von Allem absolut nichts mehr, blickt aber unaufhörlich auf den Papierkorb, den sie beschämt und erröthend der betreffenden Person auf den Schooss legt. Sie ärgert sich über diese Handlung, zu der sie aber unwiderstehlich getrieben wurde, ohne zu verstehen, warum. — Um 6 Uhr ist sie allein auf der Abtheilung, kann daher nicht fort, wird aber innerlich zu mir getrieben, sehr aufgeregt und ängstlich darüber, dass sie dem Trieb nicht folgen darf. Wer kann da von Dressur sprechen? Das junge Bauernmädchen war erst vor Kurzem hier als Wärterin eingetreten und war zum e r s t e n M a l hypnotisirt. — Und doch handelte sie fast genau wie eine schon oft hypnotisirte Somnambule, aber viel unmittelbarer, daher überzeugender.

Am wichtigsten scheint mir die Thatsache, dass die Art der hypnotischen Reaction eines Menschen sich vornehmlich nach der Art der ersten Suggestionen richtet, die man ihm giebt. Sucht man vor Allem Schlaf, so wird er ein Schläfer. Sucht man posthypnotische Erscheinungen zu erzielen, so wird er besonders solche zeigen, wird im Wachzustand leicht hallucinatorisch reagiren etc. Ebenso können die Anästhesie, die Amnesie etc. je nach dem Streben des Hypnotiseurs in den Vordergrund treten. Wenn aber Jemand gewohnt ist, in gewisser Weise zu reagiren, ist es stets viel schwieriger, andere Symptome später bei ihm mit Erfolg zu suggeriren.

Ueberhaupt tritt natürlich, wenn Jemand lange Zeit immer wieder hypnotisirt wird, besonders wenn die gleichen Experimente bei ihm immer wieder gemacht werden, wie bei allen Nerventhätigkeiten die Erscheinung der Angewöhnung ein. Die barocksten Suggestionen kommen ihm selbstverständlicher vor; alles wird mechanischer, automatischer, wie für uns gewohnte Fertigkeiten, Eindrücke etc. Das ist ein allgemeines Gesetz der Psychologie, d. h. der Hirnarbeit.

Nach vieljähriger Erfahrung behaupte ich sogar bestimmt, dass der unmittelbare Einfluss des Hypnotiseurs durch länger dauernde, zunehmende Dressur schliesslich a b n i m m t. Der Hypnotisirte lernt seinen Hypnotiseur und dessen Schwächen kennen; der Nimbus des Anfanges verliert sich allmälig; die Autosuggestionen und Gegensuggestionen nehmen zu. Während der sug-

gerirte Theil der Gehirnthätigkeit automatischer, mechanisch gewandter wird, sammelt sich der Rest immer mehr zu einer immer
bewussteren Reaction, zu einem nichtsuggerirten zweiten Ich, so
dass im Allgemeinen der Glaube an die Suggestion und deren Einfluss eher schwächer werden. Desshalb behält man mehr Einfluss,
wenn man seltener und nicht mechanisch, nicht immer gleich, hypnotisirt. Am klarsten und am meisten beweisend sind daher die
Experimente an Ersthypnotisirten.

§ 5. **Erscheinungen der Hypnose.** Man kann sagen, dass
man durch Suggestion in der Hypnose sämmtliche bekannte subjective Erscheinungen der menschlichen Seele
und einen grossen Theil der objectiv bekannten Functionen des Nervensystems produciren, beeinflussen, verhindern (hemmen, modificiren, lähmen oder reizen) kann.
— Einzig und allein scheinen die rein gangliösen Functionen und die
spinalen Reflexe, sowie die äquivalenten Reflexe der Hirnbasis durch
die Suggestion nicht oder nur sehr selten und unwesentlich beeinflussbar zu sein. Ja mehr! Die Suggestion kann gewisse sogen.
somatische Functionen wie die Menstruation, die Pollutionen, die
Schweisssecretion, die Verdauung, sogar die Bildung von Epidermisblasen derart beherrschen, dass dadurch die Abhängigkeit dieser
Functionen vom Dynamismus des Grosshirns am klarsten nachgewiesen wird. Damit soll nicht gesagt werden, dass diese Erfolge
alle bei jedem Hypnotisirten zu erzielen sind. Beim tiefen Schlaf
jedoch erzielt man mit Geduld den grössten Theil derselben.

Man erzielt diese Erscheinungen durch einfache Affirmation,
dass sie vorhanden sind, am besten unter Berührung des Körpertheiles, wohin ihre Empfindung subjectiv verlegt wird, und unter
Schilderung (mit lauter, überzeugter Stimme) des Vorganges ihrer
Entstehung. Man fängt damit an, dass man den zu Hypnotisirenden
auf einen Lehnstuhl bequem setzt, ihn anschaut und ihm versichert,
dass seine Lider schwer wie Blei werden, dass sie sich schliessen
u. s. w., kurz, indem man ihm die Erscheinungen des Einschlafens
suggerirt. Aber jeder Fachmann hat seine Kniffe und Methoden,
mit welchen er am leichtesten die Hypnose erreicht. Es kommt
durchaus nicht besonders darauf an, ob man so oder so vorgeht.
Beispiele:

Motorische Erscheinungen. Ich sage, indem ich den
Arm hebe, derselbe sei steif und könne nicht bewegt werden. Der

Arm bleibt in kataleptischer Starre (suggestive Katalepsie); das Gleiche gilt für jede erdenkliche Muskelstellung eines Körpertheiles. Ich sage: der Arm ist gelähmt und fällt wie eine Bleimasse. Es erfolgt sofort und der Hypnotisirte kann ihn nicht mehr bewegen. — Umgekehrt erkläre ich, dass beide Hände wie automatisch um einander sich drehen und dass jede Anstrengung des Hypnotisirten, still zu bleiben, die Drehbewegung steigert. Die Hände drehen nun immer schneller; jeder Versuch, still zu bleiben, misslingt. Ich erkläre dem Hypnotisirten, er könne sprechen und mir antworten. Auf gleiche Weise kann er gehen, handeln, commandiren, Krämpfe bekommen, lallen u. s. w. Ich sage ihm, er sei betrunken und schwanke; sofort geht er wie ein Betrunkener.

Sensible Erscheinungen. Ich sage: „Ein Floh sitzt auf Ihrer rechten Backe; es juckt." Sofort erfolgt eine Grimasse, und der Hypnotisirte kratzt sich an der bezeichneten Stelle. — „Sie empfinden eine angenehme Wärme in den Beinen und Armen." Sofort bejaht er es. — „Sie sehen vor sich einen bösen Hund; er bellt Sie an." Mit Angst zuckt der Hypnotisirte zurück und jagt den vermeintlichen Hund, den er sofort sieht und hört. — Ich gebe ihm Luft in die Hand mit der Versicherung, es sei ein duftendes Veilchenbouquet. Mit Wonne aspirirt er den nicht vorhandenen Veilchenduft. — Aus einem und demselben Glas Wasser kann ich den Hypnotisirten in wenigen sich folgenden Secunden und Schlücken bitteres Chinin, Salzwasser, Himbeersaft und Chokolade trinken lassen; es braucht auch dazu weder Wasser noch Glas; die Behauptung, er habe ein Glas des betreffenden Getränkes in der Hand, genügt. — Schmerz kann leicht suggerirt, vor Allem aber, wenn vorher vorhanden, wegsuggerirt werden. Kopfschmerzen kann man z. B. meistens mit Leichtigkeit in wenigen Secunden, höchstens Minuten zum Schwinden bringen.

Aber auch Anästhesie, Anosmie, Blindheit, Farbenblindheit, Doppelsehen, Taubheit, Unempfindlichkeit für den Geschmack können leicht suggerirt werden. Ich habe Zähne in der Hypnose ausziehen lassen, Abscesse eröffnet, ein Hühnerauge exstirpirt, tiefe Stiche gemacht, ohne dass die Hypnotisirten irgend etwas gespürt hätten. Es genügte dazu die Versicherung, der betreffende Körpertheil sei todt, unempfindlich. Chirurgische Operationen, Geburten sind sogar, wenn auch seltener, in der Hypnose möglich, welche dann mit Vortheil und ohne jede Gefahr die Chloroformnarkose ersetzt. Geburten, die in der Hypnose ganz schmerzlos verliefen, sind u. A.

von Dr. von Schrenck und von Delboeuf beschrieben worden.
Wenn es gelingt, die Anästhesie ordentlich zu suggeriren, sind
schmerzlose chirurgische Operationen, wenn sie nicht gar zu lang
dauern, an sich in der Hypnose stets möglich. Aber die Angst
vor der Operation, besonders wenn der Kranke die grossen Vorbereitungen sieht, pflegt die Suggestibilität zu zerstören. Darin
liegt die grösste praktische Schwierigkeit [1]).

Negative Hallucination nennt Bernheim mit Recht die
wunderbare Trugwahrnehmung des Verschwindens eines im Bereich
der Sinne vorhandenen Objectes. Einem Hypnotisirten, der mit
offenen Augen schläft, sage ich, dass ich verschwinde, und er sieht
mich, hört mich und fühlt mich nicht mehr. Auf Suggestion hin
kann er mich auch hören und fühlen, ohne mich zu sehen u. s. w.

Die negative Hallucination ist ein sehr lehrreicher Vorgang,
der sowohl auf das Wesen des Hypnotismus als auf das Wesen der
Hallucination überhaupt viel Licht wirft. Die besten Studien darüber
verdanken wir Bernheim. Es ist zunächst auffällig, wie der Hypnotisirte dabei sehr oft den Anschein eines Betrügers hat, indem er
um das angeblich Verschwundene herumgeht, dasselbe vermeidet etc.
Bei genauerer Beobachtung kann man hier die Erscheinung des
doppelten Bewusstseins am schönsten beobachten: das Oberbewusstsein sieht nicht; das Unterbewusstsein sieht und geht herum [2]). In

---

[1]) Einem sehr suggestiblen Patienten gab O. Vogt die Suggestion im
Wachen, dass seine heftigen Zahnschmerzen sofort aufhören würden, dass er
am Nachmittage zum Zahnarzt gehen und sich den betreffenden Molarzahn
ausziehen lassen solle: er würde nichts verspüren. Die Wachsuggestion ver-
wirklichte sich vollständig.

[2]) „Ist man durch hypnotische Experimente geübt, so kann man die
Thätigkeit des Unterbewusstseins auch bei Geisteskranken sehr oft beobachten.
Eine Hysterica hält mich für ihren Bruder, lässt sich dies auch nicht ab-
streiten. Während dessen veranlasst das Fixiren meiner Person doch einmal
eine Ideenkette, die ich nur in meiner Eigenschaft als Arzt anregen konnte.
Eine andere Hysterica sieht in ihrer Erregung immer eine bestimmte Person,
die sie stark hasst. Sie geht auf die vermeintliche Person los, macht aber
jedesmal vor ihr Halt und wird nie gegen die hallucinirte Person handgreif-
lich, während sie es sonst gegen Jedermann wird.“   (O. Vogt.)
     Jeder Irrenarzt kennt übrigens diese Erscheinung. Beim acut geistig
Erkrankten wechselt mehr die Einsicht mit der Krankheit ab; es ist im Beginn eine Art Zweikampf zwischen der gesunden und der kranken Hirnthätigkeit: Nach längerer Dauer jedoch vertragen sich allmälig beide Reihen
immer besser auf Kosten der Logik, wobei die kranke Kette mehr oberbewusst
und die gesunde mehr unterbewusst arbeitet. So versieht ein vermeintlicher

gewissen Fällen gibt es eine Association zwischen beiden Bewusstseinsketten (wie oben beim Traum angegeben), so im Fall, wo
Delboeuf einem Mädchen die Suggestion gegeben hatte, er sei
ein hübscher junger Mann, und wo das Mädchen dann angab, sie
habe zwar den jungen Mann gesehen, aber dahinter habe immer
der alte graue Kopf gelauert.   Delboeuf verfällt nun in den
Fehler, diese Beobachtung zu generalisiren, ein Fehler, vor welchem,
nebenbei gesagt, bei den hypnotischen Erscheinungen nie genug
gewarnt werden kann.   Es gibt umgekehrt Fälle, sei es bei höherer
individueller Suggestibilität, besonders aber bei der Hysterie, sei es
in Folge gehöriger Dressur (beide Factoren treffen meist zusammen), wo das corrigirende Unterbewusstsein ganz in den Hintergrund tritt, und wo der Hypnotisirte vollständig getäuscht wird.
Dies geschieht nur dann, wenn es gelingt, die negative Hallucination auf alle Sinne vollständig zu erstrecken, z. B. zu erwirken.
dass ein Gegenstand weder gesehen, noch gefühlt, noch gehört
(beim Klopfen oder Fallen), noch gerochen werden kann.   Ein
gewisses unterbewusstes Merken ist immerhin sehr schwer ganz
auszuschalten.   Dagegen ist die Amnesie sehr leicht mit der genannten Erscheinung zu verbinden, und die Meisten bleiben nachher im Wachzustand fest überzeugt, dass sie absolut nichts gespürt, nichts gesehen, nichts gehört haben.

Das Studium der negativen Hallucination führt bald zum Ergebniss, dass nicht nur wie bei allen Suggestionen das nicht Suggerirte von jedem Hypnotisirten nach seiner Art ergänzt wird (der
Eine hallucinirt den Stuhl hinter dem suggestiv Verschwundenen.
der darauf sitzt, der Andere dagegen einen Nebel etc.), sondern
dass überhaupt jede negative Hallucination des Gesichtes durch eine
positive und umgekehrt fast jede positive Hallucination durch eine
negative ergänzt wird.   Man kann in der That keine Lücke im
Sehfeld sehen, ohne irgend etwas hineinzusetzen — wäre es nur
einen schwarzen Hintergrund — und man kann umgekehrt nichts
positiv halluciniren, ohne dass ein Theil des Gesichtsfeldes dadurch
verdeckt oder wenigstens (bei durchsichtigen Hallucinationen) nebelhafter wird.   Auch bei vielen Gehörs- und Gefühlstäuschungen geschieht das Gleiche.   Wenn eine Stimme hallucinirt wird, wird oft
dafür der wirkliche Lärm nicht gehört.   Wenn das Singen der

Herrgott oder König ganz dienstwillig Knechtarbeiten und isst ein vermeintlich Hungernder oder Sterbender mit königlichem Appetit.

Amsel in ein Spottgedicht umgewandelt wird (Illusion), wird der Amselgesang nicht mehr als solcher wahrgenommen. Wenn man im Bett liegt und hallucinirt, man liege auf einem Nadelkissen, so fühlt man die weiche Unterlage nicht mehr u. s. f.

Diese Thatsachen führten mich zum Studium der negativen Hallucination bei Geisteskranken, und ich war überrascht zu sehen, dass dieses Phänomen in der That bei denselben häufig vorkommt. Ich habe darüber 1889 zuerst im Verein schweizerischer Irrenärzte und dann im Congrès de l'Hypnotisme zu Paris (Compte rendu von Bérillon 1890, p. 122, Paris; Oct. Doin) referirt und auch bezügliche Beispiele angeführt. Man hatte vorher kaum darauf geachtet, weil die Kranken meist nur über das Positive im Phänomen berichten, wenn man sie nicht besonders fragt.

Es braucht kaum noch hinzugefügt zu werden, dass die Hallucination ein rein cerebraler Vorgang ist, der sich um die Regeln der Optik etc. ebenso wenig kümmert, als die Verbreitungsbezirke der suggerirten Anästhesien sich um die Verbreitungsbezirke der peripheren sensiblen Nerven kümmern. Es ist bekannt, dass ein Amputirter seine entfernten Finger hallucinirt und dass ein Mensch mit zerstörten Sehnerven noch viele Jahre nach deren Zerstörung Gesichtshallucinationen haben kann. Ich habe in der Irrenanstalt Burghölzli, Zürich, einen eclatanten Fall der letzten Art beobachtet, einen Mann, dem 30 Jahre zuvor (März 1865) ein Auge durch Indianer in Amerika weggeschossen wurde. Das andere Auge ging bald darauf durch sympathische Entzündung zu Grunde. Der Mann hatte, obwohl seit 28 Jahren (1867) absolut retinablind, die schönsten Gesichtshallucinationen. Die letzte Hallucination des Gesichtes hatte er am Ende des Jahres 1893. Er war im Uebrigen recht geordnet und gab über seine Visionen die klarste Auskunft. Die Section ergab später eine totale Atrophie beider Sehnerven.

Reflexe. Ich sage: „Sie gähnen." Der Hypnotisirte gähnt. — „Es sticht Sie in der Nase und Sie müssen drei Mal nach einander niesen." Der Hypnotisirte niest sofort drei Mal in natürlichster Weise. Erbrechen, Schluchzen u. s. w. können auf gleiche Weise erzeugt werden. Es handelt sich somit um sogen. psychische Reflexe, die durch Vorstellungen gelöst werden.

Die vasomotorischen, secretorischen und exsudatorischen Wirkungen gehören zu den wunderbarsten Erscheinungen der Suggestion. Man kann die Menstruation der Frauen durch einfache Prophezeiung in der Hypnose hervorrufen oder zum

Aufhören zwingen, ihre Dauer und Intensität reguliren, und zwar
habe ich bereits bei einigen Personen die Pünktlichkeit ihres Gehorsams bis auf die angesagte Minute mit Sicherheit erzielt, sowohl
für den Beginn als für das Ende. — Erröthen und Erblassen können
erzielt werden. Ebenso Röthung bestimmter Körpertheile oder Haut-
stellen, Nasenbluten, ja sogar blutende Stigmata. Das sind
allerdings sehr seltene Erfolge. Ferner kann ab und zu der Puls
etwas beschleunigt oder verlangsamt werden.

Die Schweisssecretion ist leicht durch Suggestion hervorzurufen oder zu hemmen. Wichtiger ist die Beeinflussung des Stuhlganges. Man kann sehr oft Diarrhoe oder Verstopfung erzeugen
und, was viel werthvoller ist, aufheben. Ich habe hartnäckige, jahre-
lang dauernde Verstopfungen mit wenig Suggestionen complet geheilt (siehe weiter unten). Das Gleiche gilt von den Diarrhoen,
die nicht auf Entzündungen oder Gährungen beruhen. Aehnlich
verhält es sich wohl bei der Anregung des Appetites, der Verdauung und bei der Beseitigung von Idiosynkrasien durch Suggestion.
Es wird mittelst der suggerirten Vorstellung die Secretion der
Magendrüsen zweifellos beeinflusst, resp. regulirt. Bei der Beeinflussung der Menstruation werden einfach eine vasomotorische Lähmung oder ein vasomotorischer Krampf durch die Vorstellung erzeugt. Dadurch wird auch ad oculos demonstrirt, wie sehr die
Menstruation von der Ovulation unabhängig werden kann. Der
gleiche Vorgang findet bei der Hervorrufung oder Hemmung von
Erectionen durch Suggestion statt, wodurch auch die Pollutionen
beeinflusst werden können.

Es können bei gewissen sehr suggestiblen Menschen urticaria-
ähnliche Quaddeln durch einfache Berührung der Haut hervorgerufen werden, so dass man mit einem Bleistift ihren Namen auf
ihre Haut, mit graphischer Quaddel erzeugen kann (Dermographis-
mus). Diese Erscheinung pathologischer Reflexerregbarkeit halte ich
für verwandt nicht nur mit der Urticaria, sondern auch mit der
hysterischen Suggestibilität. v. Schrenck und Andere haben dagegen polemisirt und die Sache einfach als pathologische, urticaria-
ähnliche Erscheinung hingestellt. Eine pathologisch einseitig gesteigerte Suggestibilität ist jedoch, wie alle pathologischen Steige-
rungen oder Herabsetzungen der normalen Lebenserscheinungen eben
pathologisch. Man soll nicht Antithesen aufstellen, wo keine sind.
v. Schrenck stellt die suggestive Vesication in Zweifel. Dagegen hat
Wetterstrand (Der Hypnotismus, Wien und Leipzig 1891, S. 31)

zwei Brandblasen durch Suggestion im Somnambulismus erzeugt, die eine auf der Mitte der Hand am 7. October 1890, die andere auf der Daumenseite (14. October), und am 15. October photographirt. Beide Brandblasen entstanden 8 Stunden nach erhaltener Suggestion und das Object wurde die ganze Zeit genau controlirt und überwacht (es war ein 19jähriger Epileptiker, dessen Anfälle vom 15. Juli 1889 bis zum Tag der Zuschrift Wetterstrand's (14. December 1890) ausgeblieben waren. Ich bin im Besitz der sehr schönen Originalphotographie, die mir Herr College Wetterstrand geschickt hat. Während jedoch solche Fälle jedenfalls recht selten sind (ich sah noch einen solchen Fall bei Dr. Marcel Briand in Paris, wo bei einer Hysterica, unter einem Stück Zeitungspapier durch Suggestion Vesicatorblasen entstanden), sind die Blutungen der Schleimhäute sehr leicht suggestiv zu erzeugen.

Gefühle, Triebe, Gemüthsaffecte. Appetit, Durst, Sexualtrieb sind leicht durch Affirmation zu suggeriren oder zu hemmen. Man kann durch Berührung des Magens, eventuell durch Essenlassen suggerirter Speisen die Wirkung der Suggestion verstärken etc. Angst, Freude, Hass, Zorn, Eifersucht, Liebe zu Jemanden oder zu etwas u. s. w. sind mit Leichtigkeit durch Suggestion, wenigstens für den Augenblick, zu erzeugen; ebenso Lachen und Weinen. Onanie wurde, sowie auch das Bettnässen, öfters auf ähnliche Weise curirt.

Denkvorgänge, Gedächtniss, Bewusstsein, Wille sind ebenso beeinflussbar. Ich sage: „Sie werden alles, was ich Ihnen im Schlaf gesagt habe, vergessen haben und sich einzig und allein daran erinnern, dass Sie ein Kätzchen auf dem Schooss hatten und es streichelten." Nach dem Erwachen hat der Hypnotisirte bis auf die Kätzchenepisode alles vergessen. — Einem Fräulein, das gut französisch sprach, sagte College Frank: „Sie können kein Wort französisch mehr, bis ich es Ihnen wieder eingebe." Und die Arme konnte sich der französischen Sprache so lange nicht mehr bedienen, bis ihr diese Suggestion weggenommen wurde. Dieselbe konnte überhaupt stumm gemacht werden und aller ihrer psychischen Eigenschaften momentan und nach Belieben durch einfache Suggestion beraubt werden. Aehnliche Experimente sind mir seither oft gelungen. Ich liess einer Somnambule posthypnotisch längst verstorbene Angehörige erscheinen, mit welchen sie sich lange unterhielt. Andere liess ich wie Petrus auf dem Meer oder über einen Fluss zu Fuss wandern. Andere verwandelte ich in hungrige

Wölfe oder Löwen, so dass sie sich bellend auf mich warfen und mich beissen wollten. Ich wurde sogar ein Mal dabei bis zum Blut gebissen, dies sei Herrn Prof. Delboeuf gesagt. Einen Mann verwandelte ich in ein Mädchen, das sich seiner Menstruation erinnerte, ein Mädchen umgekehrt in einen Officier. Bei Suggestion der Kindheit wandeln sich bei guten Somnambulen Sprache und Schrift entsprechend um. Solche Dinge hinterlassen oft einen tiefen gemüthlichen Eindruck, wenn man nicht die Amnesie der ganzen Erscheinung nachher suggerirt.

Ich kann einem Hypnotisirten jeden beliebigen Gedanken, alle beliebigen Einfälle eingeben. Ich kann ihm vor Allem jede Ueberzeugung geben, z. B. diejenige, dass er den Wein nicht mehr möge, dass er diesem oder jenem Verein beitreten solle, dass er das oder jenes mag, das er früher nicht mochte. Bei einer ihrem Abstinenzgelübde untreu gewordenen Alkoholistin habe ich durch Suggestion und ohne ihr im Wachzustand ein Wort zu sagen, tiefe Gewissensbisse, Reue, offenes (spontanes!) Geständniss an den Präsidenten des Mässigkeitsvereines und Erneuerung ihres Abstinenzgelübdes erzielt. Der Erfolg war ganz eclatant und schloss sich unmittelbar an eine einmalige Hypnose, während vorher von alledem nichts zu merken war.

Besonders wichtig ist die Einwirkung auf Willensentschlüsse. Die Willensentschlüsse des Hypnotisirten können nicht selten beliebig beeinflusst werden. Man hat oft behauptet, derselbe werde dadurch willenlos, willensschwach. Das ist ein Irrthum, der zum Theil aus der falschen Voraussetzung eines essentiell freien menschlichen Willens hervorgeht. Man kann sogar durch die Hypnose einen schwachen Willen eher kräftigen.

Doch ist es immer viel leichter, eine bestimmte localisirte Erscheinung (z. B. den Hang zum Alkohol, einen bestimmten Aerger etc.) als allgemeine Eigenschaften und Gemüthsstimmungen zu beeinflussen. Letztere sind bereits sehr schwer zu beherrschen und ich glaube nicht, dass tief ererbte constitutionelle Charaktereigenschaften oder Neigungen wesentlich beeinflusst werden können; unter keinen Umständen kann dieser Einfluss von Dauer sein, während erworbene Gewohnheiten zweifellos beseitigt werden können. Man kann also die momentane Willensrichtung beeinflussen, Entschlüsse provociren und andere umstossen, nicht aber die Willensbeschaffenheit als allgemeine Charaktereigenschaft eines Individuums suggestiv dauernd ändern.

§ 6. Widerstand der Hypnotisirten. Autosuggestionen.

Alle die oben erwähnten Erscheinungen und viele andere habe ich wie Liébeault, Bernheim u. A. bei meinen Hypnotisirten hervorgerufen.

Doch, wie Bernheim mit Recht dringend betont, soll man sich nicht durch den Eindruck dieser fast erschreckenden und wie phantastisch erscheinenden Thatsachen verblenden lassen und darob die andere Seite der Erscheinung, nämlich den Widerstand der eigenen Gehirnthätigkeit der Hypnotisirten gegenüber den fremden Uebergriffen übersehen. Der blinde automatische Gehorsam des Hypnotisirten ist nie ein vollständiger; die Suggestion hat stets Grenzen, die bald weiter, bald enger sind und ausserdem bei demselben Menschen sehr wechseln können.

Der Hypnotisirte wehrt sich auf zwei Weisen: bewusst, durch seine vernünftige Logik, unbewusst, durch Autosuggestionen. — Ich hebe den Arm eines Hypnotisirten und sage, derselbe sei steif. Er bemüht sich mit krampfhafter Wuth, ihn herunterzubringen und schliesslich gelingt es ihm. Aber das Gefühl der Anstrengung, das er dabei hatte, bringt ihn um so sicherer in meine Hände, da sie ihm meine Uebermacht zeigt. Ein kleiner Kniff genügt mir, um ihn zu bezwingen. Ich sage das zweite Mal: „Ich ziehe mit Gewalt, magnetisch, Ihren Arm in die Höhe." Dieses genügt, um das Fallen zu verhindern; ich halte meine Hand vor der seinigen, und ohne dieselbe zu berühren, zwinge ich sie durch die Macht seiner Suggestibilität, sich bis über den Kopf zu erheben.

Aber der Widerstand war da. Wird er nicht sehr rasch besiegt, so glaubt der Hypnotisirte an seine Resistenzkraft und widersteht einer Anzahl Suggestionen. Einige sogar können durch energische Ueberlegungen der Vernunft und Willensanstrengungen ihre Suggestibilität wieder ganz verlieren. Häufiger geschieht dieses dadurch, dass ihnen dieselbe von anderen Menschen ausgeredet wird, noch häufiger, wenn aus dem oder jenem Grunde der Hypnotisirte sein Zutrauen, seine Achtung oder seine Zuneigung zum Hypnotiseur verliert. Hier spielen Gemüthsaffecte und Angst eine grosse Rolle; sie können die Suggestibilität vorübergehend, manchmal sogar dauernd, ganz oder theilweise zerstören. In der Regel behält der Hypnotiseur das, was er bereits erzielt hat. Hat er aber in ungeschickter Weise eine Anzahl Suggestionen mehrmals verfehlt, so kann er dieselben schwerlich nachher wieder gewinnen, indem sich beim Hypnotisirten immer mehr die Autosuggestion bildet, dass

dieses oder jenes bei ihm nicht erzielbar sei oder, dass dieser Hypnotiseur es nicht könne. Zum Beispiel sage ich einem Hypnotisirten
unter Berührung seiner Hand, dass ich sie todt und unempfindlich
mache. Er fühlt aber noch, glaubt mir nicht, und als ich ihn
frage: „Haben Sie etwas gefühlt?" bejaht er es. — In solchen
Fällen wird es nun schwer, allmälig Anästhesie zu erzielen. Dieses
liegt wohl zum Theil an einer geringeren Tiefe des Schlafes. Doch
durchaus nicht immer. Ich habe totale Anästhesie bei einfacher
Hypotaxie erzielt, und zwar z. B. so, dass ich die Finger, deren
Anästhesie ich vergebens suggerirt hatte, gar nicht berührte und
den Hypnotisirten glauben liess, ich habe sie berührt und er habe
nicht gefühlt. Dann in den folgenden Hypnosen gelang es durch
sehr leichte Berührungen, allmälig eine partielle Anästhesie zu
erhalten. Ebenso geht es mit der Amnesie. Gelingt es nicht, nach
zwei bis drei Sitzungen Amnesie zu erzielen, so wird es sehr schwer.
Doch gelingt es schliesslich manchmal durch gewisse Kniffe; z. B.
gibt man dem Hypnotisirten einen Schluck Wasser mit der Angabe,
es sei ein Schlaftrunk, der ihn nun amnestisch machen wird oder
dergleichen. Kurz, wie Bernheim richtig betont, ist der Hypnotisirte kein vollständiger Automat. Er discutirt öfters die Suggestionen, besonders am Anfang, und verwirft manche derselben.
Ich möchte sagen, dass der Hauptwitz darin besteht, der Eingebung
den subjectiven Charakter des Traumes, des Erlebten, der Wahrnehmung oder Handlung zu verleihen, bevor sie dem Hypnotisirten
bewusst wird. Wird sie zuerst als eine einfache Vorstellung bewusst, so gelingt sie viel schwerer oder gar nicht. Von grossem
Werth ist die Nachahmung, resp. der Eindruck, den die Erfolge
des Hypnotiseurs bei einem Fall, den er zeigt, dem zu Hypnotisirenden machen. Diejenigen Experimente, die bei dem vordemon-
strirten Fall am besten gelungen waren, gelingen dann in der Regel
auch bei dem gewesenen Zuschauer am besten.

Beim leichtesten Grad hypnotischer Beeinflussung, bei der
„Somnolenz" Liébeault's und Bernheim's kann der Hypnotisirte noch bei einiger Anstrengung jeder Suggestion widerstehen und
wird nur dann etwas suggestibler, wenn er sich passiv gehen lässt.

Es ist überhaupt ein fundamentaler Irrthum zu glauben, der
Hypnotisirte sei unter völliger Abhängigkeit des Hypnotiseurs. Diese
Abhängigkeit ist eine sehr relative und ist an alle möglichen Be-
dingungen geknüpft; sie kann durch Misstrauen, Verstimmung,
Mangel an Achtung etc. mit einem Schlag zerstört werden. Barocke

Täuschungen, Absurditäten, Dinge, die dem Charakter, den Neigungen, den Ueberzeugungen des Hypnotisirten zuwiderlaufen, können überhaupt nur ähnlich wie Träume in der Hypnose, oder nur für kurze Zeit posthypnotisch suggerirt werden; sie werden dann von der wieder gesammelten und concentrirten, resp. wieder gut associirten Wachthätigkeit des Hirns des gewesenen Hypnotisirten nachträglich abgelehnt. Spielt man zu viel mit solchen Dingen, so riskirt man, seinen ganzen Einfluss zu verlieren. Die Suggestion bedeutet eine Art Turnier zwischen den Dynamismen von zwei Gehirnen; das eine herrscht bis zu einem gewissen Punkt über das andere, aber nur unter der Bedingung, dass es geschickt und feinfühlig mit ihm umgeht, seine Neigungen geschickt anregt und verwendet, vor Allem, dass es dasselbe nicht widerhaarig macht.

Das Vertrauen und der Glaube des Hypnotisirten sind die Grundbedingung des Erfolges. Man kann hier am besten sehen, wie unser sogen. freier Wille ein Sklave der Gemüthsaffecte ist, d. h. wie die Willensrichtungen vor Allem durch Gefühle herbeigeführt werden. Durch Sympathieaffecte beeinflusst man den Willen im positiven, durch Antipathieaffecte im umgekehrten Sinn. Die von der Vernunft allein geleiteten Entschlüsse kommen meistens nur bei geringer oder fehlender Affectschwelle zur Geltung.

Typische Autosuggestionen sind eigenes Hirngewächs und wimmeln bei allen gesunden Menschen. Zum Beispiel ist eine sonst gesunde Person schlaflos, hat aber guten Appetit. Ich hypnotisire sie und gebe ihr Schlaf mit Erfolg ein. Nun ist dafür der Appetit verschwunden. Der Verlust des Appetites beruht auf Autosuggestion. Dieses Beispiel genügt, um die ganze Erscheinungsreihe zu bezeichnen; z. B. jeden Abend, wenn wir nur in einer gewissen gewohnten Lage einschlafen können, nachdem wir uns in's Bett gelegt haben, geschieht es durch Autosuggestion.

Eine gebildete und sehr intelligente Dame, Fräulein X., hatte mich hypnotisiren sehen, was sie sehr interessirt hatte. Die Kraft ihrer Phantasie wird ebenso wie ihr Verständniss für die Hypnose durch Folgendes illustrirt. In einer nachfolgenden Nacht erwachte sie mit heftigen Zahnschmerzen. Sie versuchte nun, sich dieselben selbst wegzusuggeriren, dadurch dass sie meine Stimme und den monotonen Ton und Inhalt meiner Suggestionen laut nachahmte. Es gelang ihr vollständig, den Zahnschmerz zu vertreiben und einzuschlafen. Am Morgen, als sie erwachte, war er weggeblieben.

Dieselbe Dame erzählte mir dann, wie ihre Freundinnen ein

Mittel unter sich besassen, um ihre Menstruation nach Belieben zu
verspäten, wenn dieselbe drohte, am Vorabend eines Balles sich
einzustellen. Sie steckten sich einfach ein etwas enges rothes Fädchen um den kleinen Finger der linken Hand. Das Mittel wirkte
nicht bei Allen gleich sicher. Bei Einzelnen aber, die ganz pünktlich menstruirt waren, wirkte es mit absoluter Sicherheit und konnte
die Menstruation bis um drei Tage verspäten. Die Dame ist durchaus
glaubwürdig, und der Fall ist ein eclatantes Beispiel unbewusster
Suggestion, was ihr selbst, nachdem sie mich operiren gesehen hatte,
klar geworden war.

Der Mechanismus der Autosuggestion wird vielleicht am besten
durch die Thatsache illustrirt, dass die Eingebung des Hypnotiseurs
nie der Reaction, die er beim Hypnotisirten hervorruft, ganz adäquat
sein kann. Unsere Sprache ist bekanntlich nur eine Symbolik der
Begriffe, und wenn wir z. B. einer Versammlung vieler Menschen
etwas sagen, versteht es jeder Zuhörer „nach seiner Begriffsart",
d. h. die Vorstellungen, Gemüthsreactionen, Willensimpulse etc., die
in jedem Gehirn dadurch geweckt werden, sind die Resultanten einerseits der Rede und andererseits der eigenen Gehirnthätigkeit (Gehirn-
mechanik) eines jeden Zuhörers. Es gibt viele Uebereinstimmungen,
die der Einheitlichkeit der ersten Componente entstammen, aber auch
viele Abweichungen, die von der Ungleichheit der Theile der zweiten
Componentengruppe herrühren. Der Eine lacht, wo der Andere
weint; der Eine stimmt zu, wo der Andere heftig protestirt. Zwischen
Verständniss und Missverständniss gibt es eine Unzahl partieller
Verständnisse und Auslegungen, je nach der Bildungsart, dem Bil-
dungsgrad, dem Gemüthstemperament, den Neigungen, den Erfahrungen und vor Allem auch den vorangegangenen Beeinflussungen
eines jeden Zuhörers. Diese Verschiedenheiten der Reaction werden
nur zum Theil vom Oberbewusstsein beleuchtet; viele, wohl die meisten,
sind intuitiver Natur, d. h. sie sind durch uns nicht oberbewusste
Gehirnreactionen bedingt. Aus dieser Thatsache erhellt schon klar,
dass die Suggestionswirkung stets Elemente enthalten muss, die in
der Suggestion des Hypnotiseurs nicht lagen und stets manches
nicht enthält, das der Hypnotiseur beabsichtigt hatte. Mit anderen
Worten, jede Suggestion wird durch Autosuggestion des Hypnotisirten ergänzt und modificirt. Aber auch die unvermeidliche Unvollständigkeit jeder Suggestion erheischt nothwendig autosuggestive
Ergänzungen. Wenn ich einfach die Vision einer Katze suggerire,
sieht sie der Eine grau, der Andere weiss, der Eine klein, der Andere

gross etc. Wenn ich einem Socialisten einen Philister suggerire, so
sieht er ihn mit allerlei schrecklichen Eigenschaften, die umgekehrt
der hypnotisirte Philister einem suggerirten Socialisten beigeben
wird und dergl. mehr. Man ersieht daraus, wie sehr eine psychologische Beobachtung des Hypnotisirten nothwendig ist, und wie
anders die Suggestionen sein müssen, die man z. B. einem Bauer,
einer gebildeten Dame und einem Gelehrten zu geben hat, um nur
annähernd das Gleiche zu erreichen.

Man kann Autosuggestionen, besonders im Gebiet der Idiosynkrasien, besitzen und absolut nicht im Stande sein, sich selbst,
bewusst, dagegen zu wehren. So z. B. der Widerwille gegen
gewisse Speisen, oder auch die Diarrhoe nach dem Genuss einer
gewissen Substanz (Milch, Caffee[1]) und dergl.). Umgekehrt kann die
Suggestion eines Anderen diese eigenthümlichen centralen Associationen gewöhnlich lösen.

„Die Autosuggestion ist die gewöhnlich unbewusste
Erzeugung von Wirkungen im Nervensystem, welche
den Wirkungen von Suggestionen Anderer identisch
oder sehr ähnlich sind, sei es durch Wahrnehmungen,
sei es durch Vorstellungen, sei es durch Gefühle, welche
aber nicht von der beabsichtigten Einwirkung eines
anderen Menschen herrühren." Ich weiss keine bessere
Definition davon zu geben und muss betonen, dass der Begriff der
Autosuggestion eigentlich nur als Antithese zur Suggestion eine
Selbstständigkeit verdient und im Uebrigen mit dem Begriff der
sogen. psychischen Reflexe, Gehirnautomatismen, unterbewussten
Gehirndynamismen zusammen fliesst. Die Thatsache, dass periphere

---

[1]) Ich selbst bekam lange Jahre hindurch in meiner Jugend stets Diarrhoe
nach Milchcaffee, nicht dagegen nach schwarzem Caffee. Später verlor sich die
erste Wirkung. Dagegen fing ich an, nachdem ich 1879—81 öfters schwarzen
Caffee Abends genossen hatte, darnach Diarrhoe zu bekommen. Ich gab dem
Caffee die Schuld und seither ist es mir nicht mehr möglich, schwarzen Caffee
zu geniessen, ohne sofort nachher Durchfall zu haben, und obwohl ich selbst
seit 1888 vollständig überzeugt bin, dass er nur auf Autosuggestion beruht.
Das Lustigste und Beweisendste ist aber, dass ich 1889, als ich während
4 Wochen in Tunesien war, den dortigen, allerdings ganz anders zubereiteten
arabischen Caffee ohne irgend welche diarrhoeische Folgen vertrug. Jetzt noch
(1902) bewirkt bei mir nur der nach europäischer Art zubereitete Caffee
Durchfall, wenn sich auch die Wirkung abgeschwächt hat. Die Widersprüche
dieser Wirkungen unter sich sind der beste Beweis ihres suggestiven Ur-
sprunges.

Nerventhätigkeiten oft dabei bewirkt werden, ändert nichts an der Grundthatsache, dass ihre Auslösung von einer Grosshirnthätigkeit (Vorstellung und dergl.) ausgeht.

Oscar Vogt's regelmässige Nachforschungen bei seinen Hypnotisirten über deren subjectiven Symptome während der Hypnose haben ihm auf's Deutlichste gezeigt, dass die subjective (= autosuggestive) Aufnahme, Ergänzung und Verwirklichung der Suggestionen ebenso wie die an Suggestionen angeknüpften, jedes näheren logischen Zusammenhanges mit jenen entbehrenden Autosuggestionen meist unbewusster (minderbewusster) Natur sind: d. h. einer Zielvorstellung ermangeln. Damit entbehren sie aber auch, sagt er weiter, des wesentlichsten Momentes der Suggestion. Dasselbe gilt von den hysterischen Autosuggestionen.

Wenn Vogt's Suggestion, ihn nicht zu sehen, zur Autosuggestion der Blindheit führte, so ergab in dem betreffenden Fall die Nachfrage im somnambulen Zustand auf's Deutlichste, dass die Vorstellung, blind zu sein, erst durch die Selbstbeobachtung, d. h. durch das Bewusstwerden der unbewussten Autosuggestion, geweckt wurde.

§ 7. **Posthypnotische Erscheinungen.** Zu den wichtigsten Erscheinungen des Hypnotismus gehören die posthypnotischen Einwirkungen der Suggestion. Alles, was in der Hypnose selbst erzielt wird, kann sehr oft dadurch auch im Wachzustand hervorgerufen werden, dass man in der Hypnose dem Hypnotisirten die Suggestion gibt, dass es nach seinem Erwachen geschehen wird. Nicht alle Hypnotisirten sind posthypnotisch suggestibel, doch bei einiger Uebung und Wiederholung erzielt man posthypnotische Wirkungen fast bei allen Schlafenden und sogar bei vielen Fällen einfacher Hypotaxie ohne Amnesie.

Beispiele. Ich sage einem Hypnotisirten: „Nach dem Erwachen wird Ihnen die Idee kommen, den Stuhl da auf den Tisch zu stellen und dann mir mit der rechten Hand auf die linke Schulter zu klopfen." Ich sage ihm noch verschiedenes und schliesslich: „Zählen Sie bis sechs und Sie werden wach." Er zählt, und genau als er sechs zählt, öffnen sich die Augen. Er schaut einen Moment verschlafen vor sich hin, blickt auf den Stuhl und starrt ihn an. — Oft entsteht ein Zweikampf zwischen der Vernunft und dem mächtigen Trieb der Suggestion. Je nach dem Grad der Unnatürlichkeit oder Natürlichkeit der Suggestion einerseits und der Suggestibilität des Hypnotisirten andererseits trägt die erste oder die zweite den

Sieg davon.   Aber, wie schon manche Experimentatoren, habe ich
wiederholt beobachtet, dass bei starker Suggestibilität der Versuch,
dem Trieb der Suggestion zu widerstehen, üble Folgen haben kann;
der Hypnotisirte wird ängstlich, aufgeregt, von dem Gedanken, „er
müsse es doch thun“, geplagt.   Ja, in zwei Fällen war ein Hypnotisirter bereit, nachträglich einen $^3/_4$ stündigen Gang zu machen, einmal, um mir auf die Schulter zu klopfen, das andere Mal, um
Fräulein Y. ein Handtuch zu reichen.   Dieser Trieb kann stunden-
und tagelang andauern.   Andere Male ist er schwach; es kann
sogar nur ein Gedanke sein, wie eine Traumerinnerung, die aber
nicht zum Handeln treibt, so dass die Suggestion nicht ausgeführt
wird.   Der Hypnotisirte bleibt beim Blick auf den Gegenstand stehen
oder blickt ihn nicht einmal an.   Durch energische Wiederholung
der Suggestion in der Hypnose kann man aber in solchen Fällen
den Trieb und schliesslich die Ausführung hervorrufen. — Unser
Hypnotisirter hat nun den Stuhl angestarrt; plötzlich steht er auf,
nimmt den Stuhl und stellt ihn auf den Tisch.   Ich sage: „Warum
thun Sie das?“ — Die Antwort wechselt sehr je nach Bildung,
Temperament, Charakter und Qualität der Hypnose des Hypnotisirten.
Der eine (1) sagt: „Ich glaube, Sie haben mir im Schlaf gesagt,
ich soll es thun.“   Ein zweiter (2) meint: „Ich habe so etwas
geträumt.“   Der dritte (3) gesteht erstaunt: „Es hat mich dazu
getrieben, ich musste einfach; ich weiss nicht warum.“ Ein anderer (4)
sagt: „Es ist so eine Idee, die mir gekommen ist.“   Ein weiterer (5)
gibt ein aposterioristisches Motiv an: der Stuhl sei ihm im Weg
gewesen, habe ihn genirt (oder bei der Suggestion, er werde ein
Handtuch holen und sich das Gesicht damit wischen, sagt er, er
habe so arg geschwitzt).   Ein sechster (6) aber hat nach Absolvirung
der Handlung jede Erinnerung an dieselbe verloren, glaubt eben
erwacht zu sein. — Besonders im letzteren Fall hat der Handelnde
das Aussehen eines Somnambulen; sein Blick ist mehr oder weniger
starr, seine Bewegungen haben etwas Automatisches, das sich nach
Beendigung der That verliert.   Wenn man das Experiment nicht
absurd gestaltet und zum ersten Mal bei Jemanden macht, der vom
Hypnotismus nichts weiss und der wirklich über die Zeit der Hypnose völlig amnestisch ist, so wird derselbe nach meiner Ueberzeugung und Erfahrung in der Regel nicht ahnen, dass der Sünder,
der Verursacher seiner Handlung der Hypnotiseur ist.   Viele aber
vermuthen es entweder, weil sie eine traumhafte Erinnerung der
Suggestion in der Hypnose haben, oder weil das Experiment bei

ihnen schon gemacht wurde, oder weil sie es bei Anderen machen sahen oder davon hörten oder lasen, oder weil die Sache zu barock, unsinnig oder unnatürlich war, um aus ihnen selbst spontan zu stammen.

Ich sage weiter einem Hypnotisirten: „Nach dem Erwachen werden Sie mich ganz scharlachroth angekleidet und mit zwei Gemsbockhörnern auf dem Kopf sehen. Zudem wird meine danebensitzende Frau verschwunden sein und ebenso die Zimmerthüre, welche vollständig durch Tapete und Vertäfelung ersetzt sein wird, so dass Sie gezwungen sein werden, durch die andere Thüre fortzugehen." — Ich spreche noch von anderen Dingen, lasse den Hypnotisirten durch Suggestion dreimal gähnen und darauf erwachen. Er macht die Augen auf, reibt sich die Augen mehrmals, wie wenn er einen Nebel entfernen wollte, blickt mich an, fängt an zu lachen und reibt sich immer wieder die Augen. „Warum lachen Sie?" — „Sie sind ja ganz roth! — und haben zwei Gemshörner auf dem Kopf" — und so fort. „Ihre Frau ist fort!" — „Wo sass sie denn?" — „Auf diesem Stuhl." — „Sehen Sie den Stuhl?" — „Ja." — Ich veranlasse ihn, den Stuhl zu betasten; er thut es nicht gerne, tastet um meine Frau herum, meint aber bald den Stuhl, bald eine unsichtbare Resistenz zu fühlen (je nach der Art, wie er die Suggestion durch Autosuggestion ergänzt hat). Dann will er fort, kann aber nicht, sieht nur Tapete und Vertäfelung, behauptet es auch, wenn er die Thüre betastet. Wenn ich nun die Thüre aufmache, kann die Hallucination verschwinden oder fortbestehen, in welch' letzterem Falle er die Luftöffnung durch Tapete und Vertäfelung ausgefüllt, die geöffnete Thüre selbst aber gar nicht sieht. Solche posthypnotische Hallucinationen können je nach der Suggestion und den Menschen von nur wenigen Secunden bis Stunden, selten tagelang dauern. Gewöhnlich dauern sie nur wenige Minuten. Ich habe versucht, Bilder, die ich den Hypnotisirten auf weisses Papier suggerirte, nachzeichnen zu lassen. Die Zeichnungen fielen meist schlecht aus; die Leute gaben an, die Contouren undeutlich zu sehen; doch einige waren nicht schlecht. Eine sehr zuverlässige und gebildete, mit mir verwandte Dame hat die Contouren ihrer suggerirten Photographie recht gut gezeichnet. Sie zeichnet aber überhaupt sehr gut, und davon hängt die Sache wesentlich ab, denn Leute, die nicht zeichnen können, halluciniren offenbar auch unrichtig, da sie überhaupt nie ganz richtig sich vorzustellen und auch wohl wahrzunehmen lernten. Bernheim erzählt von einer Dame, welche von einer suggerirten

Rose nicht sagen konnte, ob sie wirklich oder suggerirt war. Ich habe folgendes Experiment oft gemacht. Ich sagte Fräulein Z. in der Hypnose, sie würde nach dem Erwachen zwei Veilchen auf ihrem Schooss finden, beide natürlich und schön; sie würde mir das schönere geben; ich legte aber ein wirkliches Veilchen auf ihren Schooss. Nach dem Erwachen sah sie zwei Veilchen; das eine war heller und schöner, sagte sie und gab mir den Zipfel ihres weissen Taschentuches, das wirkliche Veilchen für sich behaltend. Ich frug nun, ob sie meine, beide Veilchen seien wirkliche, oder ob eines meiner ihr durch frühere Erfahrung bereits bekannten flüchtigen Geschenke darunter sei. Sie sagte, das hellere Veilchen sei nicht reell, weil es so abgeflacht auf dem Taschentuch aussehe. Ich wiederholte das Experiment mit der Eingebung von drei reellen, gleich dunklen, durchaus nicht abgeflachten, sondern mit Stiel und Blättern fühlbaren und wohlriechenden Veilchen, gab ihr aber nur ein wirkliches Veilchen. Dieses Mal wurde Fräulein Z. total getäuscht und konnte mir unmöglich sagen, ob eines der Veilchen oder zwei oder gar alle drei reell oder suggerirt seien; alle drei, meinte sie, seien dieses Mal reell; dabei hielt sie in einer Hand Luft, in der andern das wirkliche Veilchen. Man sieht, dass wenn man die Täuschung für alle Sinne eingibt, dieselbe vollendeter wird. Ich gebe z. B. einer anderen Hypnotisirten ein wirkliches Messer und sage ihr, es seien deren drei. Sie ist dabei völlig wach und kann die vermeintlichen drei Messer von einander absolut nicht unterscheiden, weder beim Schneiden, noch wenn sie sie betastet, damit auf das Fenster klopft etc. Sie schneidet in vollem Ernst mit Luft ein vorgespanntes Papierstück und behauptet, den (nicht vorhandenen) Riss, den sie mit dem suggerirten Messer gemacht zu haben meint, zu sehen. Als ich sie nun auffordere, die (vermeintlichen) zwei Papierstücke auseinanderzuziehen, glaubt sie die Resistenz, die sie fühle, sei durch hypnotischen Einfluss von mir bedingt! Als andere Personen sie später darüber verlachten, wurde sie böse und behauptete fest, es seien drei Messer gewesen, ich hätte nur zwei davon später escamotirt; sie habe alle drei Messer gesehen, gefühlt und gehört, und lasse sich die Sache nicht nehmen. Als ich der gleichen Person das Verschwinden eines wirklichen Messers suggerire, fühlt sie dasselbe nicht, als es auf ihrer Hand liegt, hört es nicht fallen und fühlt nichts, als ich sie damit steche, u. s. f.

Gefühle, Gedanken, Entschlüsse u. s. w. können ebensogut posthypnotisch als hypnotisch eingegeben werden. Die bei der

oben erwähnten Alkoholistin und bei der Menstruation von Frauen
erzielten Erfolge waren posthypnotisch. Zwei Mal nur gelang es
mir, die Menstruation sofort während der Hypnose selbst hervorzurufen oder zu coupiren.

§ 8. **Amnesie** oder Erinnerungslosigkeit. Wir müssen hier
noch nachdrücklichst von der althergebrachten Verwechslung dieses
Begriffes mit demjenigen der Bewusstlosigkeit warnen. Dass wir
von einer bestimmten Zeitperiode unseres Lebens oder von gewissen Dingen, die wir erlebt haben, nichts mehr wissen, beweist
durchaus nicht, dass wir dabei bewusstlos waren, auch dann nicht,
wenn die Amnesie sich sofort an diese Zeitperiode anschliesst.
Und dennoch haben wir meistens keinen anderen Beweis, dass ein
Mensch bewusstlos war, als eben seine Amnesie! Damit ist fast
gesagt, dass es unmöglich ist, strikte Bewusstlosigkeit nachzuweisen.
Man kann nur von einer auf chaotischer Dissociation beruhenden
Verschleierung des Bewusstseins sprechen. Gewöhnlich wird der
Mensch über die Zeit einer tieferen Bewusstseinsverschleierung
amnestisch, aber nicht immer. Und umgekehrt kann man durch
Suggestion manche Menschen nach Belieben über völlig klar be-
wusste Erlebnisse und Lebensperioden amnestisch machen. Die
Amnesie über eine gewisse Zeitperiode bedingt somit nicht absolut
die Unzurechnungsfähigkeit während derselben, obwohl es, von der
Suggestion abgesehen, die Regel ist.

Auch in den Fällen von tiefem Sopor, von Coma, wo z. B.
ein Hirnkranker keine Reaction, selbst nicht bei Berührung der
Cornea, zeigt, ist unser Schluss auf Bewusstlosigkeit nur ein in-
directer, und schliesslich suchen wir ihn nachher durch Feststellung
der Amnesie zu erhärten. Einen directen Einblick in das Bewusstsein eines Anderen gibt es überhaupt nicht.

Gelingt es, bei einem Menschen durch Suggestion Amnesie
über die Zeit der Hypnose zu erzielen, so hat man eine bedeutende Macht gewonnen, denn man kann dann nach Belieben seine
oberbewussten Verkettungen unterbrechen, hemmen oder wieder
anknüpfen, und dadurch Contrastwirkungen hervorrufen, welche
für den Erfolg späterer Suggestionen von grösstem Werth sind.
Man kann vor Allem machen, dass er Alles vergisst, was ihm zum
Nachgrübeln und zu Zerstörung der Suggestionswirkungen Anlass
geben könnte, dagegen sich an alles erinnert, was der Suggestionswirkung förderlich ist. Zwar verliert sich manchmal die Amnesie,

und die Erinnerung kommt spontan wieder. Das sind aber unvollständige Fälle. Man kann durch Suggestion die Amnesie
nicht nur auf einzelne Vorstellungen und Wahrnehmungen beschränken, sondern man kann sie auch ausdehnen und auch auf
vergangene Zeiten und auf die Zukunft erstrecken.

Die Amnesie spielt somit in der Hypnose eine sehr wichtige
Rolle. Ich will ihre Bedeutung nur an einem Beispiel illustriren.
Bei einem Wärter, der Zahnweh hatte, suchte ich durch Suggestion
Anästhesie hervorzurufen. Es gelang nur partiell. Die Zahnextraction wurde dennoch vorgenommen. Er erwachte dabei, schrie,
packte die Hand des Arztes und wehrte sich. Ich suggerirte ruhig
weiter, als der Zahn entfernt war: er schlafe sehr gut, habe nichts,
gar nichts gespürt, werde nach dem Erwachen alles vergessen
haben, er habe gar keinen Schmerz gehabt. Er schlief auch richtig
ein und war beim Erwachen über alles amnestisch. Er bildete
sich daher ein, nichts gespürt zu haben und war sehr froh und
dankbar über die schmerzlose Zahnextraction. Ich liess ihn später
durch dritte Personen darüber interpelliren, denen gegenüber er
absolut keinen Grund haben konnte, etwa die Wahrheit zu ver-
heimlichen. Allen gab er an, er habe rein nichts gespürt, und
jetzt, nachdem er seit bald dreizehn Jahren die Anstalt verlassen
und in der Stadt Zürich eine Anstellung hat, gibt er es immer
noch an. Im Gegensatz zu diesem Fall habe ich Zähne bei durch
Suggestion anästhetisch gemachten völlig wachen Personen extra-
hiren lassen. Während der Extraction lachten diese Personen, die
sonst den Schmerz sehr fürchteten, und hatten nicht die geringste
Empfindung davon. Im ersten Fall hatten wir durch Suggestion
nur das Bewusstwerden des Gedächtnissbildes des Schmerzes, im
zweiten Fall aber das Bewusstwerden des peripheren Reizes selbst
gehemmt oder inhibirt.

Dazwischen liegt ein eigenthümlicher Fall. Eine sehr tüchtige
Wärterin hatte furchtbare Angst vor einer Zahnextraction, obwohl
sie ziemlich suggestibel war. Ich hypnotisirte sie dennoch. Aber
sie wehrte sich in der Hypnose gegen die nahende Zahnzange.
Dennoch gelang es mir, den Zahn anästhetisch zu machen, obwohl
sie sich mit beiden Händen wehrte. Bei der Extraction erwachte
sie mit einem leichten Schrei. Sofort aber erklärte sie spontan
und ganz verwundert, sie habe nichts gespürt als den bereits im
Munde liegenden losen Zahn. Schmerz habe sie durchaus keinen
gehabt und auch keine Spur Empfindlichkeit nach der Extraction,

nur grosse Angst; das wisse sie noch. Hier war die Anästhesie, nicht aber die Beseitigung der Angst gelungen.

Folgendes mit zwei verschiedenen Personen mehrmals gemachte Experiment scheint mir von Werth zu sein. Die eine der Betreffenden besitzt einen ethisch sehr hoch angelegten Charakter und eine exemplarische Wahrheitsliebe, so dass hier jede Spur von Uebertreibung aus Gefälligkeit mit absoluter Sicherheit ausgeschlossen ist. Ich suggerire der vollständig wachen Beeinflussten Anästhesie verschiedener Körpertheile. Dann lasse ich sie die Augen schliessen, sichere mit genügender Vorsicht mein Operationsfeld vor der Möglichkeit, unter dem Lid gesehen zu werden, und steche die Hypnotisirte an drei (oder mehr) bestimmten Stellen. Sie versichert mich, absolut nichts zu spüren und nicht zu wissen, was ich mit ihr mache. Nun schläfere ich sie ein und suggerire ihr einen Strom, der das Gefühl derart wiederbringt, dass sie nach dem Erwachen genau wissen wird, was ich mit ihr gemacht habe. Nach dem Erwachen frage ich sie nun, was ich gethan hätte. Zunächst besinnt sie sich nur mit Mühe und findet die Stellen, wo ich gestochen hatte, nur ungenau. Doch, nach sorgfältiger Wiederholung des Experimentes, mit Aenderung der Zahl und des Ortes der Stichstellen geht es ganz gut und findet sie die Stellen genau, weiss auch nachträglich, dass ich sie gestochen habe. Man könnte einwenden, dass die etwas länger bleibende grobe Reizung der Tastnerven immer noch bestand und nachträglich zur wiederassociirten bewussten Hirnthätigkeit gelangte. Um diesem Einwurf zu begegnen, habe ich das gleiche Experiment mit dem Gehör wiederholt, und die ganz wache Somnambule für gewisse bestimmte Geräusche völlig taub gemacht. Ich liess dann später durch Suggestion den im Gehirn deponirten „unbewussten“ Schalleindruck mit Erfolg bewusst werden, und die Somnambulen konnten mir stets genau sagen, was ich gemacht hatte. Ich frug sie dann beide, wie sie sich die Sache erklären könnten, und beide (ganz unabhängig von einander) behaupteten, sie müssten nun doch bald glauben, dass ich hexen könne; sie hätten absolut nichts gefühlt resp. gehört, als ich sie stach oder das Geräusch machte, und nachher sei ihnen plötzlich doch wieder die ganze Erinnerung an empfundene Stiche und an die Geräusche gekommen. Das sei ihnen absolut unerklärlich. Bernheim hat bezüglich der negativen Hallucinationen ähnliche Experimente mit gleichem Erfolg gemacht. Es geht daraus, wie mir scheint, hervor, dass unsere gewöhnliche

Oberbewusstseinsspiegelung und die Intensität und Qualität der Gross-hirnthätigkeit nicht in einem bestimmten Verhältniss zu einander stehen, und dass die Ein- und Ausschaltungen der Oberbewusstseins-spiegelung mehr von associativen Hemmungen und Anknüpfungen abhängen. Jedenfalls beweist dieses Experiment, dass auch nach einer vollständigen, mit wachem Oberbewusstsein festgestellten Anästhesie nachträglich die Erinnerung an den offenbar nur in einem Unterbewusstsein empfundenen Schmerz in die Oberbewusst-seinskette hinüber versetzt werden kann. Um eine suggerirte Er-innerungsfälschung kann es sich desshalb nicht handeln, weil die Somnambulen die Qualität und die Art der Eindrücke vollständig richtig angaben, obwohl ich natürlich bei der Suggestion jede An-deutung davon sorgfältig vermieden hatte.

Dr. O. Vogt hat ähnliche Experimente fürs Gehör, Gesicht und Gefühl wiederholt. Es wurden auch nach mehreren Stunden noch einfache nicht gefühlte Berührungen richtig angegeben. Die Leute erklärten insgesammt, keine Empfindung gehabt zu haben, aber sich jetzt deutlich der Reize zu erinnern. Auf die Frage, wie das möglich wäre, sagten die einen, sie begriffen es nicht, die anderen, Vogt müsse es ihnen eingegeben haben.

§ 9. **Suggestion à échéance** (Eingebung auf bestimmten Termin). Diese von der Nancy'schen Schule so trefflich dargestellte Erschei-nung ist nur eine Varietät, aber eine praktisch hochwichtige Va-rietät der posthypnotischen Eingebung.

Ich sage einem Hypnotisirten: „Morgen um 12 Uhr, während Sie zum Essen gehen, wird Ihnen plötzlich der Gedanke kommen, dass Sie mir noch schnell schreiben wollen, wie es Ihnen geht. Sie werden nach Ihrem Zimmer zurückkehren und mir noch schnell schreiben, werden dann kalte Füsse bekommen und Ihre Pantoffeln anziehen." — Der Hypnotisirte hat nach dem Erwachen und bis am andern Tage um 12 Uhr keine Ahnung von der ganzen Sache. Im Moment, wo er zum Essen geht, taucht der suggerirte Gedanke in seinem Bewusstsein auf und die Suggestion wird pünktlich aus-geführt. Einer Hypnotisirten sage ich am Montag: „Nächsten Sonntag Morgen Punkt 7 1/4 Uhr wird Ihre Menstruation eintreten. Sie werden sofort zur Oberwärterin gehen, ihr den Thatbestand zeigen, dann zu mir kommen und es mir melden. Sie werden mich aber mit himmelblauem Rock und mit zwei langen Hörnern auf dem Kopfe sehen, und werden mich dann fragen, wann ich geboren sei." — Am nächsten Sonntag sass ich auf meinem Arbeitszimmer und hatte die Sache vergessen. Die Hypnotisirte klopft um 7 Uhr 35 Minuten an meine Thür, tritt ein und platzt vor Lachen. Sofort erinnerte ich mich an meine Suggestion, die nun Wort für Wort und That für That vollzogen war, resp. weiter geschah. Die Menses waren Punkt 7 1/4 Uhr eingetreten und bereits der Oberwärterin gezeigt worden und so fort. Im Wachzustand hatte die Hypnotisirte vorher keine Ahnung von der ganzen Sache gehabt, auch nicht von der Zeit, wo die Menstruation eintreten sollte.

Die enorme Wichtigkeit der Suggestion à échéance springt in die Augen. Man kann die Gedanken und Entschlüsse des Hypnotisirten im Voraus für eine bestimmte Zeit bestellen, wo der Hypnotiseur nicht mehr zugegen ist; man kann zudem die Suggestion des freien Willensentschlusses geben. Man kann ferner die Suggestion geben, dass der Hypnotisirte keine Ahnung haben wird, dass der Trieb vom Hypnotiseur kam. Ja, bei sehr suggestiblen Leuten kann man selbst totale Amnesie der Hypnotisirung mit Erfolg eingeben: „Sie sind nie hypnotisirt worden; wenn man Sie darüber fragt, werden Sie vor Gott schwören, Sie seien in Ihrem Leben nie von Jemandem eingeschläfert worden; ich habe Sie nie eingeschläfert." — Darin liegt vielleicht eine forensische Gefahr der Hypnose. Von den oben erwähnten 19 gesunden Wärterinnen, welche in der Hypnose tief schlafen, haben nicht weniger als 13 Suggestions à échéance vollführt! Eine Seltenheit ist somit die Erscheinung nicht. Bei einer Wärterin ist sie mir, wie schon erwähnt, sogar bei der erstmaligen Hypnose gelungen.

Höchst merkwürdig sind die Ansichten der Hypnotisirten über die Quelle der erfolgreichen Termineingebung. Fragt man sie, wie sie dazu gekommen sind, das zu thun, so geben sie gewöhnlich an, es sei eine Idee, die ihnen zu der suggerirten Zeit gekommen sei, und der sie hätten folgen müssen. Regelmässig geben Sie die Zeit genau an, wo ihnen die Idee kam, während man doch sonst nicht auf die Uhr schaut bei jedem Gedanken, den man hat. Dies ist als eine Mitwirkung der Suggestion zu betrachten. Weil man den Zeitpunkt suggerirt hat, achten sie auf denselben. Ferner tritt die suggerirte Idee unvermittelt plötzlich zum suggerirten Termin auf, gewöhnlich wenigstens. In einzelnen Fällen jedoch erscheint sie längere Zeit vorher; dem Hypnotisirten ist es schon vorher, „als müsse er zu jener erst kommenden Zeit das oder jenes thun oder denken". — In manchen Fällen kommt die Idee nicht mit dem subjectiven Charakter der Spontaneität, sondern als plötzlich auftauchende Erinnerung aus der Hypnose. Dann sagt der Hypnotisirte z. B.: „Plötzlich, um 12 Uhr, habe ich mich daran erinnert, dass Sie mir gestern im Schlaf gesagt haben, ich solle heute um 12 Uhr zu Ihnen kommen." Gewöhnlich hat die eintretende Termineingebung den Charakter des Zwanges, des unwiderstehlichen Triebes, bis sie ausgeführt ist; doch wechselt die Intensität des Triebes sehr. An diesen Eigenschaften erkennen für gewöhnlich geübte Somnambulen, dass es Suggestionen und nicht eigene Ideen oder Willensentschlüsse sind. Doch ist es meistens nicht schwer, sie zu täuschen, wenn man den Charakter des unnatürlichen Zwanges im Voraus wegsuggerirt, dafür freien spontanen Willensentschluss eingibt und den suggerirten Gedanken an wirkliche Vorkommnisse geschickt und logisch anknüpft. Auf diese Weise ist es unschwer, den Somnambulen so zu täuschen, dass er ganz überzeugt bleibt, spontan aus freiem unbeeinflusstem Willen gehandelt zu haben.

Am wunderbarsten ist dabei die Thatsache, dass der Inhalt der Suggestion im Zeitraum von der Hypnose bis zum Termin fast nie im Wachzustand bewusst wird. Hypnotisirt man dagegen den Betreffenden während dieses Zeitraumes und fragt ihn in der Hypnose darüber, was er dann und dann zu thun habe, so weiss er es in der Regel ganz genau. Bernheim schliesst daraus, nach meiner Ansicht nicht mit Recht, dass der Hypnotisirte die ganze Zeit hindurch daran denke, und es nur nicht wisse. Ich glaube nicht, dass man sich so ausdrücken darf, weil es die psychologischen Begriffe stört. Es handelt sich um ein Denken, resp. Wissen in der Sphäre des Unterbewusstseins, d. h. um einen unter der Schwelle des gewöhnlichen Bewusstseins als Erinnerungsbild bleibenden Hirndynamismus, der durch ein mit ihm und mit dem bestimmten Termin zugleich associirtes Zeitmerkzeichen wiederholt wird. Nur so kann man sich vor allem die Termineingebungen erklären, welche Liébeault, Bernheim und Liégeois sogar bis nach einem Jahre mit Erfolg erzielten. Bei kurzen Termineingebungen kann das Zeitgefühl ohne besondere Zeitmerkzeichen genügen, um die Suggestion am richtigen Termin hervorzurufen. Ein Beweis der Wichtigkeit der Zeitmerkzeichen ist, dass man die Menstruation viel sicherer und leichter auf einen bestimmten Monatstag (z. B. den 1.) als auf alle 4 Wochen suggestiv reguliren kann.

Die Erscheinungen der Termineingebungen sind übrigens identisch mit denjenigen der anderen posthypnotischen Suggestionen.

§ 10. **Wachsuggestion.** Bei sehr suggestiblen Menschen kann
man, ohne den hypnotischen Schlaf einzuleiten, im vollen Wachen
erfolgreich die Suggestion anwenden und dabei alle Erscheinungen
der Hypnose oder der posthypnotischen Suggestion hervorrufen.
Man hebt den Arm und sagt: Sie können ihn nicht mehr bewegen! Und der Arm bleibt in kataleptischer Starre. Man kann
Anästhesie, Hallucinationen (auch negative), Amnesien, Mutacismus,
Erinnerungsfälschungen, kurz, was man will, auf diese Art mit
ebenso sicherm Erfolg als in der Hypnose suggeriren. Und
nicht etwa besonders bei Hysterischen, sondern bei völlig gesunden Menschen kann die Wachsuggestion sehr häufig erzielt
werden.

Meistens erzielt man die Wachsuggestibilität erst bei Leuten,
die schon einmal oder einige Male in hypnotischen Schlaf versetzt
waren. Doch kann man auch bei wachen Menschen, die noch nie
hypnotisirt worden sind, starke Suggestivwirkungen erzielen. Einer
mir bekannten sehr intelligenten und charakterfesten Dame wurde
der Arm kataleptisch fixirt durch die Suggestion eines Magnetiseurs, während sie vollständig wach war und von Hypnose nie etwas
erfahren hatte. Mir gelang es bei zwei durchaus nicht hysterischen
Frauen von vieren, bei welchen ich es versuchte. Suggestive Erfolge im Wachzustand, ohne dass der Beeinflusste eine Ahnung
davon zu haben braucht, sind viel häufiger und leichter zu erzielen
als man glaubt. Herrn Collegen Dr. Barth in Basel ist es wiederholt gelungen, vollständige Anästhesie für kleine Operationen im
Rachen und dergl. dadurch zu erzielen, dass er eine Salzlösung
einpinselte unter der festen Angabe, es sei Cocaïn und die Schleim-
haut sei bereits vollständig insensibel. Aehnliche Erfahrungen
haben schon Viele gemacht. Die oben erwähnte Beeinflussung der
Menstruation durch ein rothes Fädchen am kleinen Finger gehört
auch hierher.

Man kann aber durch Eingebung der Wachsuggestibilität im
hypnotischen Schlaf die Wachsuggestibilität da erzielen, wo sie
vorher nicht vorhanden zu sein schien; sie wird selbst suggerirt.
Ich bin fest überzeugt, dass nur die nöthige Uebung und Keckheit
nöthig sind, um bei einem grossen Procentsatz der normalen Menschen Wachsuggestibilität hervorzurufen, denn sie ist mir zum Bei-

spiel bei allen den oben erwähnten 19 tiefschlafenden Wärterinnen
gelungen.

Unter den Einwendungen, die immer wieder von Leuten gemacht werden, die die ganze Frage nicht verstehen, ist die folgende recht typisch: „Ja, die Wachsuggestion sei etwas sehr
Gutes und Ungefährliches; es sei aber etwas ganz Anderes
als die Hypnose!" — Man wird hoffentlich nun aus meiner Darstellung begriffen haben und aus dem Folgenden noch mehr begreifen, dass derartige Behauptungen ohne totales Missverstehen
der Suggestion und ohne Mangel an praktischen Erfahrungen mit
derselben nicht möglich wären. Die Erscheinungen der Wachsuggestion sind absolut gleich und gleichwerthig denjenigen der
Suggestion in der „Hypnose". Ob etwas mehr Schlaf hinzukommt
oder nicht, erhöht oder vermindert zweifellos weder die Gefahr
noch die Bedeutung der psychologischen Thatsachenreihe. Jeder
suggestive Erfolg bedeutet eine dissociative Einwirkung und bewirkt dadurch eine einzelne Erscheinung, die derjenigen des Traumlebens homolog ist. Sobald im Wachzustand multiple Suggestionen
sich rasch folgen, wird dadurch allein der Wachzustand als Ganzes
hypnotisch, d. h. traumhaft und schlafähnlich. Somit wäre jeder
suggestive Erfolg im Wachzustand mit einem partiellen, circum-
scripten Traum in dem sonst wachen Gehirn zu vergleichen.

§ 11. Zustand der Seele während der Ausführung der posthypnotischen Eingebungen, der Suggestions à échéances und der
Wachsuggestionen. Wer alle diese Erscheinungen öfters beobachtet
hat, muss sich bald darüber klar sein, dass der Zustand der Seele
des Hypnotisirten in den drei eben genannten Fällen der gleiche
sein muss und ist: die Seele ist wach, und doch verändert. Wie
denn verändert? Diese Frage haben sich zuerst Liégeois[1]), ferner
Beaunis[2]) und dann Delboeuf[3]) vorgelegt. Liégeois bezeichnet
diesen „Zustand", in welchem der Hypnotisirte vollständig wach
ist, bis auf den Punkt, welcher vom Hypnotiseur „verboten oder
befohlen wird", mit dem Ausdruck „Condition prime". Dieser
Ausdruck soll ein Analogon zur „Condition seconde" bilden, als

[1]) Jules Liégeois, De la suggestion hypnotique dans ses rapports
avec le droit civil et le droit criminel, Paris 1884 (Alphonse Picard).
[2]) Beaunis, Recherches expérimentales sur les conditions de l'activité
cérébrale etc. Somnambulisme provoqué p. 67.
[3]) Revue de l'hypnotisme. 1ère année, 1887, p. 166.

welche Azam den zweiten Bewusstseinszustand seiner Felida (Fall von doppeltem Bewusstsein im Wachzustand) bezeichnete. Später kommt aber Liégeois selbst zur Ansicht, dass die Condition prime nur eine Varietät der Condition seconde ist. Beaunis bezeichnet die Condition prime als „veille somnambulique". Delboeuf dagegen glaubte bewiesen zu haben, dass in allen diesen Fällen der Hypnotisirte einfach wieder hypnotisirt ist, und dass es sich somit nur um gewöhnlichen Somnambulismus handelt, nur mit offenen Augen. Die Suggestion rufe einfach unbewusst eine neue Hypnose durch Association hervor. Er hat übrigens später seine Ansicht geändert und ist zum gleichen Standpunkt gekommen wie wir (Revue de l'hypnotisme 1888).

Nach meinem Dafürhalten trifft keine dieser Ansichten zu, weil alle zu dogmatisch, zu systematisirend sind. Gewiss trifft Delboeuf's ältere Ansicht für viele Fälle zu. Es kann bei den posthypnotischen, den Termin- und den Wacheingebungen der Eintritt der Verwirklichung der Suggestion die Autosuggestion einer vollständigen Hypnose hervorrufen; der Blick wird starr und es kann der Hypnotisirte sogar nachher über alles amnestisch sein. Will man aber diese Fälle generalisiren, so täuscht man sich ebensosehr, als wenn man die unzweifelhaften Fälle, wo die Suggestion in vollständig klarem Wachzustand verwirklicht wird, verallgemeinert. Man kann, wiederum durch Eingebung, alles Hypnotische aus diesen Zuständen bis auf die beabsichtigte Suggestion ausmerzen, so dass sie dem vollen Wachzustand immer identischer werden. Es gibt da alle Stufen vom starren bis zum völlig klaren Blick, vom kritiklosen Automatismus, dem der gröbste Unsinn, wie im Traum ganz natürlich und selbstverständlich erscheint, bis zur feinsten schärfsten Selbstkritik des Hypnotisirten, bis zum wüthenden Kampf gegen den Zwang, den Trieb der Suggestion. Ja, man kann die Suggestion auf so natürliche und unbedeutende Details beschränken, welche man wiederholt in der zeitlichen Verkettung des Denkens einflicht, dass selbst von einer Condition prime im Sinne Liégeois' keine Rede mehr sein kann. Ich habe, abgesehen von den individuellen Verschiedenheiten, beobachtet, dass die besprochenen Zustände umsomehr sich der eigentlicheren Hypnose nähern, als man einen grösseren, zusammenhängenderen und zugleich barockeren Complex suggerirt, umsomehr dagegen dem normalen Wachzustand ähneln, als die Suggestion naturgemässer, wahrscheinlicher, beschränkter und kürzer ist. Beispiele werden die Sache am deutlichsten erläutern.

Ich sage einer Frau im vollen Wachen, indem ich ihren Arm hebe, sie könne ihn nicht mehr bewegen. Sie staunt, versucht vergebens den Arm zu senken, genirt sich u. s. w. Ich füge aber rasch nacheinander folgende Suggestionen hinzu: „Hier kommt ein Löwe; Sie sehen ihn; er will uns fressen — jetzt geht er weg. Es wird dunkel. Der Mond scheint. Sehen Sie den grossen Fluss da mit den Tausenden von Fischen. Sie sind steif am ganzen Leib, können sich nicht rühren u. s. w." — In wenigen Secunden durchtoben alle diese Eindrücke als sinnliche Wahrnehmungen mit entsprechenden Gefühlen das Bewusstsein der Frau, und ihr Seelenzustand nähert sich immer mehr der gewöhnlichen Hypnose; es wird ihr „wie im Traum"; hier kann man mit Delboeuf einfach sagen: „sie ist wieder hypnotisirt."

Umgekehrt aber sage ich derselben hypnotisirten Wärterin: „Sie werden jedesmal, wenn der Herr Assistenzarzt durch die Abtheilung geht und Sie ihm über das Verhalten der aufgeregten Patientin Luise C. referiren, sich versprechen und Lina C. sagen. Sie werden es merken, versuchen, sich zu corrigiren, aber Sie werden nicht können, sondern immer Lina für Luise sagen. Und jedesmal, wenn Sie denselben Assistenzarzt mit ‚Herr Doctor' ansprechen werden, werden Sie sich zugleich, ohne es zu merken, mit der rechten Hand auf der rechten Stirnseite kratzen." Die Suggestion verwirklicht sich. Mitten im gewöhnlichen Sprechen verspricht sich die Wärterin regelmässig und sagt Lina C. für Luise C.; es ist wie die suggerirte Paraphasie eines Wortes. Sie merkt es, will sich corrigiren, verspricht sich aber wieder in gleicher Weise und wundert sich darüber. Jedesmal fast, dass sie den Assistenzarzt mit seinem Namen anspricht, kratzt sie sich, genau wie ihr suggerirt wurde. Wunderbar ist es, zu sehen, wie die ahnungslose Wärterin sich fast jeden Tag wieder über das Sichversprechen beim Namen der C. aufhält, sich darüber entschuldigt und wundert, sie könne nicht begreifen, was sie habe, dass sie sich bei diesem Namen immer versprreche, so etwas wäre ihr in ihrem Leben noch nicht vorgekommen. Das Kratzen dagegen geschieht ganz instinctiv, ohne dass sie es merkt. Jetzt, nach einigen Wochen, fängt sie allmälig an, sich so zu helfen, dass sie den Vornamen weglässt und nur „die C." sagt! Und zu dieser so lange Zeit hindurch wiederkehrenden Störung hat eine einzige Suggestion genügt. Man müsste hier annehmen, dass die „Condition prime" immer nur während des Aussprechens des Vornamens und während des Kratzens währt, während die übrige Rede im normalen Wachzustand geschieht. Aber während sie kratzt, spricht sie Dinge, die nicht suggerirt waren und völlig vernünftig sind; folglich existirt die „Condition prime" nur für einen Theil der psychischen Thätigkeit.

Einem gebildeten jungen Mann (Studenten) gab ich in der Hypnose die Suggestion, er werde nach dem Erwachen mit seiner linken Hand meine rechte Schulter klopfen. Er widerstand dem Trieb, weil er sehr eigensinnig ist und um keinen Preis die Freiheit seines Willens beeinträchtigen lassen wollte. Er ging nach Hause. Ich hatte ihn für eine Woche später wieder bestellt, und als er wiederkam, gestand er mir, wie meine Suggestion ihn die ganze Woche gequält hatte, und zwar so, dass er einige Male auf dem Punkt stand, zu mir ($^3/_4$ Stunde weit) zu kommen, um mir auf die Schulter zu klopfen. War denn die ganze Woche, wo der Betreffende im Uebrigen arbeitete, Vorlesungen hörte, schlief u. s. w., eine „Condition prime"?

Bei einer intelligenten, sehr suggestiblen Wärterin wirkten die Suggestions à échéance so mächtig, dass sie mir erklärte, sie sei absolut überwältigt und wäre gezwungen, sogar einen Mord zu begehen, wenn ich ihr denselben suggeriren würde, so furchtbar sei der Trieb, auch den grössten Unsinn zu begehen. Ihre wiederholten energischsten Versuche, zu widerstehen, steigerten nur den Trieb um so heftiger. Einmal sprach sie mir in Gegenwart von zwei Personen über den Hypnotismus und sagte mir: „Aber, Herr Director, es ist gleich; ich muss zwar Alles thun, was Sie mir im Schlaf eingeben — aber, obwohl ich vorher gar nichts davon weiss, merke ich immer, dass es von Ihnen kommt, wenn es kommt; es ist so ein eigenthümlicher Trieb, wie etwas Fremdes." — So sagte ich ihr: „Schlafen Sie!" Sie schlief sofort ein. Ich sagte ihr dann: „Eine halbe Minute nach Ihrem Erwachen wird Ihnen, ganz von selbst, die Idee kommen, mich Folgendes zu fragen: „„Ach, Herr Director, ich habe Sie schon lange fragen wollen, wie kommt es, dass man beim Hypnotisiren so blitzartig einschläft. Im gewöhnlichen Schlaf ist es nicht so; man schläft langsamer ein. Wie kommt denn das? es ist so wunderbar;"" — Sie haben dann keine Ahnung, dass ich Ihnen das im Schlaf gesagt habe; die Idee ist ganz von Ihnen; Sie haben es mich ja schon lange fragen wollen. Zählen Sie jetzt bis sechs und dann sind Sie wach." — Sie zählt, wird wach, versichert mich, sehr gut geschlafen zu haben [1]). Dann,

---

[1]) Schlief auch jedes Mal äusserst tief, was objectiv unverkennbar war.

nach ungefähr ½ Minute bricht sie, das höchste Interesse mit stark fragendem Ton bekundend, mit der suggerirten Phrase Wort für Wort aus. Ich höre sie ruhig an, gebe ihr eingehend Antwort, und frage sie dann, wie sie dazu komme, mir die Frage zu stellen. — „Ja, das habe ich Sie schon lange fragen wollen." — „Ist es nicht eine Suggestion, die ich Ihnen soeben im Schlaf gegeben habe?" — „Durchaus nicht; ich lasse mich nicht täuschen, das ist meine eigene Idee." — „Und Sie täuschen sich doch; hier sind zwei Zeugen, die gehört haben, dass ich es Ihnen Wort für Wort vor zwei Minuten suggerirt habe!" — Die arme Hypnotisirte war sehr verdutzt und musste nun zugeben, dass sie nicht jede Suggestion als solche erkenne, sondern wohl nur solche, welche barock genug waren, um nicht eigenes Hirngewächs sein zu können.

Einen tüchtigen, intelligenten jungen Cand. juris (dem Schlussexamen nahe), der die Theorie der Suggestion gut kannte, konnte ich in tiefe Hypnose mit totaler Amnesie versetzen. Ich suggerirte ihm einmal, er würde nach dem Erwachen sich zum anwesenden Collegen D. wenden, und ihn nach seinem Namen und seiner Heimath, sowie ob er sich schon mit Hypnotismus befasst habe, fragen. So geschah es auch, aber der Cand. fügte noch hinzu: „Ich meine, ich habe Sie schon einmal gesehen; heissen Sie nicht X.?" Als die Angabe der Heimath nicht stimmte, sagte er, er müsse sich getäuscht haben und ging dann fort. Am folgenden Tage, als er wieder kam, frug ich ihn, warum er den Collegen D. nach seiner letzten Hypnose so interpellirt habe. „Ich meinte, es sei ein Bekannter gewesen, aber es war nicht so." War das wirklich aus eigenem Antrieb, aus freiem Willen, dass Sie diese Frage stellten? Darauf schaute mich der Candidat verwundert an: „Freilich." War es nicht vielleicht eine Suggestion von mir? „Nein; wenigstens weiss ich nichts davon." Er wurde darauf etwas ungehalten, schneuzte sich dann und frug mich: „Ist das vielleicht auch Suggestion, dass ich mich jetzt schneuzen muss?" (Es war nicht der Fall.) Er versicherte mich, keine blasse Ahnung davon gehabt zu haben, dass seine Frage an Dr. D. nicht natürlicher eigener Antrieb gewesen sei und war durch meine Erklärung sehr betroffen und zugleich interessirt.

Ich könnte noch viele Beispiele anführen, da ich diesem Gegenstand eine besondere Aufmerksamkeit gewidmet habe. Die oben erwähnte posthypnotische Hallucination einer Dame, welche zwei suggerirte Veilchen von einem wirklichen nicht unterscheiden konnte,

gehört z. B. auch hierher. Aber es dürfte genügen, um zu zeigen,
dass man eine Suggestion derart in die normale Thätigkeit der
wachen normalen Seele einschmuggeln und einflechten kann, dass
jede hypnoseartige Nebenerscheinung ausgeschlossen wird. In diesen
Fällen wird der „Hypnotisirte" völlig getäuscht, glaubt spontan zu
denken oder zu wollen, die schmarotzende Eingebung des Hypnotiseurs nicht ahnend.

Es ist nicht leicht S p i n o z a's Ausspruch — „Die Illusion des
freien Willens ist weiter nichts als die Unkenntniss der Motive
unserer Entschlüsse" — hübscher zu illustriren, als durch dieses
hypnotische Experiment. Es ist eine förmliche Demonstratio ad
oculos, dass unser subjectiv freier Wille objectiv bedingt ist. Der
einzige Unterschied ist, dass er beim Hypnotisirten durch Suggestionen eines Anderen, beim Nichthypnotisirten neben der plastisch
sich anpassenden Vernunftsthätigkeit durch Gefühle, Instincte, Gewohnheiten, Autosuggestionen etc. verursacht wird.

Eine interessante und häufige Zwischenform zwischen eigentlicher Hypnose und Wachzustand besteht immerhin darin, dass der
Hypnotisirte zwar offene Augen hat, sich wie ein normaler Mensch
benimmt und gar nichts vergisst, dass er aber einen deutlich starren
Blick zeigt, unnatürliche, sinnlose Suggestionen natürlich findet,
d. h. dass er sich gar nicht über dieselben wundert und sie aus-
führt, ohne sie zu discutiren. Fragt man ihn später darüber, so
gibt er nicht selten zu, es sei ihm noch etwas taumelig oder traumhaft gewesen; er sei nicht so ganz vollständig wach und klar gewesen; dieses wäre etwa die veille somnambulique oder Condition
prime. Es ist die beginnende Einengung des Bewusstseins, der
Anfang des Monoideismus der Hypnose mit Rapport.

§ 12. **Dauernde Erfolge der Suggestion.** Kann man durch
Suggestion die Seele oder irgend eine Nervenfunction dauernd
ändern, und wäre es nur in einem Detailpunkt?

Diese Frage ist öfters gestellt, doch kaum befriedigend be-
antwortet worden. — Man hat Suggestions à échéance auf die
Dauer eines Jahres gegeben; man hat durch Suggestion tagelang
dauernden Schlaf erzielt; man hat vor Allem eine Reihe dauernder
therapeutischer Erfolge aufzuweisen. Und dennoch auf der andern
Seite muss jeder, der sich mit Hypnose befasst hat, zugeben, dass
sich mit der Zeit die Wirkung einer Hypnose an und für sich abschwächt. Ich kann dagegen immer weniger finden, dass der Hyp-

notisirte nach längerem Fernbleiben des Hypnotiseurs allmälig aufhöre, unter seinem Einfluss zu stehen, wie man es früher behauptet hat. Oft finde ich umgekehrt, dass später, nach langem (mehr als ½- oder 1jährigem) Unterbruch die Erfolge der Hypnose besser sind, als wenn man sich durch fortwährendes Hypnotisiren bei einem Patienten oder Gesunden abnützt.

Mir scheinen die therapeutischen Erfolge der Hypnose, genau betrachtet, am besten über diese Frage Aufklärung zu geben. — Ich glaube, dass man einen dauernden Erfolg erzielen kann nur entweder, 1. wenn die erzielte Aenderung in sich selbst die Kraft trägt, dadurch, dass sie durch einmalige oder wiederholte Suggestion zur Autosuggestion oder Gewohnheit erhoben wird, sich im Kampf um's Dasein zwischen den einzelnen Dynamismen des Centralnervensystems zu behaupten; oder 2. wenn ihr diese ihr an sich fehlende Kraft durch Hülfsmittel verschafft wird, welche man allerdings vielfach auch durch Suggestion herbeiziehen kann. — Man muss dabei stets die Suggestion geben, dass der Erfolg dauernd sein wird; erfahrungsgemäss aber wirkt dieses allein, ohne die erwähnten Hülfsmittel, selten vollständig.

Beispiele. Zu 1. Ein Kind hat die schlechte Gewohnheit behalten, sein Bett zu nässen. Durch Suggestion wird es gezwungen, Nachts aufzustehen und in den Topf zu uriniren, schliesslich sogar den Urin zu halten. Die schlechte Gewohnheit wird durch eine gute ersetzt, welche zugleich, weil sie normal ist, sich leicht befestigt. Das Kind hatte sich gewöhnt, gemüthlich in der Nässe zu schlafen. Jetzt aber gewöhnt es sich, trocken zu bleiben. Schon der Traum der Nässe wird es wecken. Wir können hier definitive Heilung erzielen, wenn nicht Abnormitäten der Blase oder der Urethra, oder auch onanistische Gewohnheiten dem Erfolg der Suggestion nachher entgegenzuwirken fortfahren. Zu 2. Jemand leidet an Migränen, Schlaflosigkeit, Appetitlosigkeit, Müdigkeit, Obstipation und häufigen Pollutionen und ist in Folge dessen blutarm und mager geworden. Es gelingt mir, ihm Schlaf, Appetit, regelmässigen Stuhl und Aufhören der Pollutionen durch Suggestion zu verschaffen. Dadurch verliert sich bald die Blutarmuth; der Hypnotisirte nimmt an Ernährung und Körpergewicht zu; der Schlaf curirt die nervöse Erschöpfung und dadurch die Migräne (die übrigens auch direct momentan wegzusuggeriren ist). Dadurch ist das Gleichgewicht im Organismus wieder hergestellt und die Heilung wird eine dauernde sein, wenn die Ursache, welche die Krank-

heit hervorgebracht hatte, ihrerseits nicht wieder-
kehrt oder nicht auch eine dauernde ist.

Daher glaube ich auch, dass die Suggestion erworbene
Laster und schlechte Gewohnheiten, sowie gewisse erworbene Leiden,
besonders mit Hülfsmitteln, oft definitiv wird beseitigen können, dass
sie dagegen niemals erbliche oder constitutionelle Charaktereigenschaften dauernd ändern wird. — Sie wird in solchen Fällen nur
von vorübergehender Wirkung sein, wie sie es auch so oft bei
destructiven und auch bei sehr eingewurzelten Uebeln ist.

Im concreten Fall wissen wir aber sehr oft nicht, wie viel
Ererbtes und wie viel Erworbenes, d. h. individuell Angepasstes
in einem Uebel liegt. Und nicht selten genügt es, den erworbenen
Factor zu beseitigen, um die erbliche Anlage wieder zum Stillstand,
zum Schlummern, zurückzuführen. Da kann also die Suggestion
auch helfen. Wenn wir z. B. die hystero-epileptischen Anfälle
einer Hysterica durch Suggestion, Elektrotherapie oder Hydrotherapie
(was ganz auf dem Gleichen, nämlich auf Suggestionswirkung beruht) beseitigen, thun wir thatsächlich nichts Anderes: die erworbenen Anfälle sind curirt; die hysterische Constitution bleibt.

Jeder länger dauernde Erfolg einer Suggestion, wenn er Thätigkeiten im Wachzustand betrifft, ist eo ipso posthypnotisch. Somit
würde logischer Weise derselbe zur „Condition prime" von Liégeois
gehören, z. B. die suggerirte Menstruation, die suggerirte Heiterkeit,
die Heilung des Stotterns und der Stuhlverstopfung durch Suggestion u. s. w. Wollte man da die Logik auf die Spitze treiben,
so würde ein durch Suggestion definitiv geheilter Mensch lebens-
länglich in der „Condition prime" bleiben. Ich will damit nur
deutlich zeigen, dass eine Grenze zwischen dem veränderten Zustand
der Seele in der Hypnose und ihrem vollständig normalen Thätig-
keitszustand im Wachen nicht vorhanden ist. Alle Nuancen und
Abstufungen lassen sich experimentell erzeugen. Zwischen dem
spontanen Schlaf und dem Wachzustand lassen sich auch ohne
Suggestion bei manchen Menschen ziemlich nuancirte Uebergänge
beobachten. Dieselben sind aber durch den Zufall der Autosuggestion producirt und daher bei Weitem nicht so fein nuancirt
und nicht so systematisch abgestuft, wie man es durch die Suggestion erzielen kann.

§ 13. Hallucination rétroactive oder suggerirte Erinnerungsfälschung. Bernheim nennt „Hallucination rétroactive" die sug-

gerirte Erinnerung an nie Erlebtes. Da es sich hier nicht um
effective actuelle Wahrnehmung und auch nicht nothwendig um
Erinnerung an Wahrnehmungen (es kann ebenso gut die Erinnerung
eines Gedankens, eines Gefühles, einer That sein) handelt, kann ich
den Ausdruck nicht zutreffend finden. Es ist auch nicht ganz genau
das Gleiche wie die in der Psychopathologie als eigentliche Erinnerungstäuschung bezeichnete Erscheinung, weil dieselbe stets die
irrige Rückversetzung eines actuellen Wahrnehmungscomplexes als
Duplicat, als Erinnerung, in die Vergangenheit ist. Doch ist der
suggerirte Vorgang psychologisch mit dem weiteren Begriff der
Erinnerungsfälschung gleichwerthig, wie er von Kräpelin definirt
worden ist[1]).

B e i s p i e l: Einem Fräulein X. sagte ich plötzlich, im Moment,

---

[1]) A. Delbrück (Die pathologische Lüge und die psychisch abnormen
Schwindler, 1891 bei Enke) beschreibt einen Fall von Erinnerungsfälschung
eines Verrückten unserer Anstalt, den ich anfangs für einen einfachen Hallu-
cinanten gehalten hatte, wie man überhaupt in solchen Fällen früher irriger-
weise effective Hallucinationen vor sich zu haben glaubte. Dieser Kranke
kommt öfters plötzlich und erzählt oder schreibt mit grosser Entrüstung, wie
der Director oder der Assistent zu dieser oder jener vergangenen Zeit (gestern,
heute früh zu dieser oder jener Stunde) furchtbare Sachen mit ihm getrieben,
ihn misshandelt, nackt ausgezogen habe oder dergl. Die Hauptsache ist aber,
und das ist leicht zu beweisen, dass zu der Zeit, wo er diese Hallucination
zurückverlegt, er dieselbe gar nicht gehabt hat, sondern ruhig irgend etwas
Gewöhnliches trieb und dabei ganz munter war. Er erklärt die Sache nun
so, dass er sagt, man habe ihn offenbar durch irgend ein Mittel betäubt, so
dass ihm die Erinnerung an diese Gräuel erst viele Stunden später gekommen
sei. Es ist dieses nun die reinste Hallucination rétroactive von Bernheim,
nur dass sie spontan und nicht suggerirt ist, und dass sie auf einer geistigen
Störung beruht.

Ein anderer Verrückter unserer Anstalt autosuggerirt sich negative Erinnerungsfälschungen, aus welchen er sich die Wahnidee sogen. „Schöpfungsacte" gebildet hat. Er sagt mir z. B.: „Herr Director, dieser Tisch (der seit
Jahren am gleichen Platz stehende Tisch des Unterhaltungssaales der Kranken)
ist erst seit heute Morgen entstanden. Er war vorher nicht da; es ist ein
Schöpfungsact. Sie sagen zwar, es sei eine Täuschung von mir, aber Sie
müssen nur durch höhere Gewalt so sprechen etc." Es ist aber leicht nachzuweisen, dass dieser Kranke lange vorher den betreffenden Tisch immer gekannt und benutzt hat. Es war somit keine wirkliche negative Hallucination
vorhanden; dieselbe liegt nur in der Erinnerung und geschieht im Moment der
Betrachtung des Objectes (wie bei der ächten Erinnerungstäuschung), das aber
aus der Vergangenheit weggewischt, statt nochmals hinzugesetzt wird. Der
betreffende Kranke wähnt beständig ähnliche Schöpfungsacte in Folge solcher
negativen Erinnerungstäuschungen (retroactiven negativen Hallucinationen).

wo ein ihr gänzlich unbekannter junger Mann in's Zimmer trat (sie
war wach): „Sie kennen diesen Herrn; er hat Ihnen vor einem
Monat am Bahnhofplatze Ihre Börse gestohlen und ist damit durch-
gebrannt u. s. w." Sie schaute ihn an, zuerst etwas staunend, war
aber gleich überzeugt, erinnerte sich genau, fügte sogar hinzu, es
seien 20 Francs in ihrer Börse gewesen; und schliesslich verlangte
sie die Bestrafung des Betreffenden. Wenn ich Jemanden Amnesie
über irgend eine vergangene Zeitperiode oder über einige seiner
Hirndynamismen (eine erlernte Sprache z. B.) mit Erfolg suggeriren
kann, kann ich ihm umgekehrt ebenso gut ein unwirkliches Plus
von Erinnerungen suggeriren, sofern ich die entsprechenden Vorstellungen in sein Gehirn bringe. Wenn ich dem Hypnotisirten
sage: „Sie können Sanskrit sprechen," wird er es nicht können
(wenn er es nie gelernt hat); wenn ich ihm aber sage: Sie haben
das und jenes erlebt, gethan, gesagt, gedacht u. s. w., so glaubt
er es gesagt, gethan, gedacht zu haben, assimilirt vollständig die
Suggestion zu den Erinnerungen seines vergangenen Lebens und
ergänzt dieselbe da, wo der Hypnotiseur Lücken gelassen hatte
(z. B. im erwähnten Fall den Inhalt der Börse). Ein achtjähriger
Knabe, den ich dem versammelten Juristenverein in Zürich demon-
stirte, schwört vor Gott, auf meine Suggestion hin, dass einer der
vor ihm stehenden Herrn Advocaten ihm sein Taschentuch vor
acht Tagen gestohlen habe. Er fügt selbst, als er darüber gefragt
wird, genau den Ort und die Stunde hinzu. Fünf Minuten später
suggerire ich ihm, dass das alles nicht geschehen ist und dass er
es nie behauptet hat. Mit ebenso grosser Keckheit verläugnet er,
schwörend, das einen Augenblick vorher abgelegte Zeugniss, den
entrüsteten Mahnungen des Juristen zum Trotz.

Es ist ein grosses Verdienst Bernheim's, an der Hand vieler
Beispiele diese hochwichtige Thatsache klargelegt zu haben. Bernheim hat sogar solche retroactive Suggestionen collectiv gegeben
und damit eine Reihe falscher Zeugen erzeugt, welche mit innigster
Ueberzeugung ihr Zeugniss abgaben. — Er hat darauf hingewiesen,
dass besonders bei Kindern, welche instinctiv geneigt sind, alles
mehr oder weniger zu acceptiren, was ihnen von Erwachsenen in
einem gewissen Ton gesagt wird, ungemein leicht solche Erinnerungsfälschungen durch Suggestion beim vollen Wachen zu erzeugen sind.
Da nun aber die Suggestion in vielen Fällen, wenn starke Eindrücke
auf die Phantasie einwirken, auch ohne dass je ein hypnotischer
Schlaf vorangegangen ist, von Erfolg sein kann, und dieses bei

Kindern und schwachen Menschen ganz besonders, so sieht man,
wie nahe die Gefahr der Eingebung eines falschen Zeugnisses, besonders falscher Geständnisse durch Suggestivfragen des Untersuchungsrichters liegt. — Bernheim hat auch darauf hingewiesen,
dass in der That solche Fälle bei Strafrechtsproceduren nicht selten
vorgekommen sind. Juristen werden gewiss im Stande sein, aus
der Geschichte berühmter Processe manche solche Fälle herauszufinden.

A. Delbrück (l. c.) erwähnt eine höchst interessante Erzählung des Dichters Gottfried Keller (Der grüne Heinrich,
neue Ausgabe, Capitel 8, Seite 107 u. ff.: Kinderverbrechen), welche
nichts Anderes als einen prachtvollen Fall von suggerirter Erinnerungsfälschung, von retroactiver Hallucination darstellt. Die Schilderung Keller's[1]) ist so wahr und entspricht mit solcher Genauigkeit

---

[1]) Gottfried Keller, „Der grüne Heinrich", neue Ausgabe 1879,
S. 107 u. ff. Ich aber machte nicht viele Worte, sondern gab Acht, dass
nichts von den geschehenden Dingen meinen Augen und Ohren entging. Mit
all diesen Eindrücken beladen, zog ich dann über die Gasse wieder nach Hause
und spann in der Stille unserer Stube den Stoff zu grossen träumerischen Ge-
weben aus, wozu die erregte Phantasie den Einschlag gab. Sie verflochten
sich mir mit dem wirklichen Leben, dass ich sie kaum von demselben unterscheiden konnte.

Daraus nur mag ich mir u. A. eine Geschichte erklären, welche ich
ungefähr in meinem siebenten Jahre anrichtete, und die ich sonst gar nicht
begreifen könnte. Ich sass einst hinter dem Tische, mit irgend einem Spiel-
zeuge beschäftigt, und sprach dazu einige unanständige, höchst rohe Worte
vor mich hin, deren Bedeutung mir unbekannt war und die ich auf der Strasse
gehört haben mochte. Eine Frau sass bei meiner Mutter und plauderte mit
ihr, als sie die Worte hörte und meine Mutter darauf aufmerksam machte.
Sie fragten mich mit ernster Miene, wer mich diese Sachen gelehrt hätte, insbesondere die fremde Frau drang in mich, worüber ich mich verwunderte,
einen Augenblick nachsinnend, und dann den Namen eines Knaben nannte,
den ich in der Schule zu sehen pflegte. Sogleich fügte ich noch zwei oder
drei Andere hinzu, sämmtlich Jungen von 12—13 Jahren, mit denen ich kaum
noch ein Wort gesprochen hatte. Einige Tage darauf behielt mich der Lehrer
zu meiner Verwunderung nach der Schule zurück, sowie jene vier angegebenen
Knaben, welche mir wie halbe Männer vorkamen, da sie an Alter und Grösse
mir weit vorgeschritten waren. Ein geistlicher Herr erschien, welcher gewöhnlich den Religionsunterricht gab und sonst der Schule vorstand, setzte
sich mit dem Lehrer an einen Tisch und hiess mich neben ihm sitzen. Die
Knaben hingegen mussten sich vor dem Tische in eine Reihe stellen und
harrten der Dinge, die da kommen sollten. Sie wurden nun mit feierlicher
Stimme gefragt, ob sie gewisse Worte in meiner Gegenwart gesprochen hätten.
Sie wussten nichts zu antworten und waren ganz erstaunt. Hierauf sagte der

allen Details des psychologischen Phänomens, dass ich mit Delbrück annehmen muss, der Dichter habe sie selbst erlebt. Es ist
dieses um so wahrscheinlicher, als bekanntlich Keller in dem
grünen Heinrich (Heinrich Lee) viele Erlebnisse seines eigenen
Lebens verkörpert hat. Heinrich Lee war bei der betreffenden Geschichte sieben Jahre alt. Ich füge hinzu, dass Jedermann an
kleinen Kindern, besonders an zwei- bis vierjährigen Kindern, deren
ungeheure Suggestibilität und Verwechslung von Vorstellung mit
Wirklichkeit leicht beobachten kann.

Die Erzählung Keller's und seine wahre Deutung derselben
hat einen um so grösseren wissenschaftlichen Werth, als zur Zeit

Geistliche zu mir: „Wo hast du die bewussten Dinge gehört von diesen
Buben?" Ich war sogleich wieder im Zuge und antwortete unverweilt mit
trockener Bestimmtheit: „Im Brüderleinsholze!" Dieses ist ein Gehölz, eine
Stunde von der Stadt entfernt, wo ich in meinem Leben nie gewesen war,
das ich aber oft nennen hörte. „Wie ist es dabei zugegangen, wie seid ihr
dahin gekommen?" fragte man weiter. Ich erzählte, wie mich die Knaben
eines Tages zu einem Spaziergang überredet und in den Wald hinaus mitgenommen hätten, und ich beschrieb einlässlich die Art, wie etwa grössere
Knaben kleineren zu einem muthwilligen Streifzuge mitnehmen. Die
Angeklagten geriethen ausser sich und betheuerten mit Thränen, dass sie
theils seit langer Zeit, theils gar nie in jenem Gehölze gewesen seien, am
wenigsten mit mir! Dabei sahen sie mit erschrecktem Hasse auf mich, wie
auf eine böse Schlange, und wollten mich mit Vorwürfen und Fragen be-
stürmen, wurden aber zur Ruhe gewiesen und ich aufgefordert, den Weg anzugeben, welchen wir gegangen. Sogleich lag derselbe deutlich vor meinen
Augen, und angefeuert durch den Widerspruch und das Läugnen eines Mär-
chens, an welches ich nun selbst glaubte, da ich mir sonst auf keine Weise
den wirklichen Bestand der gegenwärtigen Scene erklären konnte, gab ich
nun Weg und Steg an, die an den Ort führen. Ich kannte dieselben nur
vom flüchtigen Hörensagen, und obgleich ich kaum darauf gemerkt hatte,
stellte sich nun jedes Wort zur rechten Zeit ein. Ferner erzählte ich, wie
wir unterwegs Nüsse heruntergeschlagen, Feuer gemacht und gestohlne Kar-
toffeln gebraten, auch einen Bauernjungen jämmerlich durchgebläut hätten,
welcher uns hindern wollte. Im Walde angekommen, kletterten meine Ge-
fährten auf hohe Tannen und jauchzten in der Höhe, den Geistlichen und
den Lehrer mit Spitznamen benennend. Diese Spitznamen hatte ich, über das
Aeussere der beiden Männer nachsinnend, längst im eigenen Herzen aus-
geheckt, aber nie verlautbart; bei dieser Gelegenheit brachte ich sie zugleich
an den Mann, und der Zorn der Herren war eben so gross, als das Erstaunen
der vorgeschobenen Knaben. Nachdem sie wieder von den Bäumen herunter-
gekommen, schnitten sie grosse Ruthen und forderten mich auf, auch auf ein
Bäumchen zu klettern und oben die Spottnamen auszurufen. Als ich mich
weigerte, banden sie mich an einen Baum fest und schlugen mich so lange
mit den Ruthen, bis ich Alles aussprach, was sie verlangten, auch jene unan-

des Erscheinens des grünen Heinrichs die Suggestionslehre noch völlig unbekannt war, so dass Keller von jeder Theorie und Forschung Anderer unbeeinflusst seine vortreffliche psychologische Beobachtung niederschrieb.

Man kennt in der Psychiatrie schon lange Fälle falscher Selbstbeschuldigungen, wo die Geisteskranken sich mit allen den genauesten Details eines nicht begangenen Verbrechens selbst anklagen und sich dem Gericht zur Bestrafung stellen. Ebenso kennt man bei denselben das Vorkommen falscher Anklagen gegen andere Menschen. Man hat diese Dinge bisher stets einfach als Wahnideen betrachtet, welche auf der Basis des Versündigungswahnes

---

ständigen Worte. Indessen ich rief, schlichen sie sich hinter meinem Rücken davon, ein Bauer kam in demselben Augenblicke heran, hörte meine unsittlichen Reden und packte mich bei den Ohren. „Wart', ihr bösen Buben!" rief er, „diesen habe ich!" und hieb mir einige Streiche. Dann ging er ebenfalls weg und liess mich stehen, während es schon dunkelte. Mit vieler Mühe riss ich mich los und suchte den Heimweg in dem dunkeln Wald. Allein ich verirrte mich, fiel in einen tiefen Bach, in welchem ich bis zum Ausgang des Waldes theils schwamm, theils watete, und so, nach Bestehung mancher Gefährde, den rechten Weg fand. Doch wurde ich noch von einem grossen Ziegenbocke angegriffen, bekämpfte denselben mit einem rasch ausgerissenen Zaunpfahl und schlug ihn in die Flucht.

Noch nie hatte man in der Schule eine solche Beredsamkeit an mir bemerkt, wie bei dieser Erzählung. Es kam Niemand in den Sinn, etwa bei meiner Mutter anfragen zu lassen, ob ich eines Tages durchnässt und nächtlich nach Hause gekommen sei? Dagegen brachte man mit meinem Abenteuer in Zusammenhang, dass der Eine oder der Andere der Knaben nachgewiesener Massen die Schule geschwänzt hatte, gerade um die Zeit, welche ich angab. Man glaubte meiner grossen Jugend sowohl, wie meiner Erzählung; diese fiel ganz unerwartet und unbefangen aus dem blauen Himmel meines sonstigen Schweigens. Die Angeklagten wurden unschuldig verurtheilt als verwilderte, bösartige junge Leute, da ihr hartnäckiges und einstimmiges Läugnen und ihre gerechte Entrüstung und Verzweiflung die Sache noch verschlimmerten; sie erhielten die härtesten Schulstrafen, wurden auf die Schandbank gesetzt und überdies noch von ihren Eltern geprügelt und eingesperrt.

So viel ich mich dunkel erinnere, war mir das angerichtete Unheil nicht nur gleichgültig, sondern ich fühlte eher noch eine Befriedigung in mir, dass die poetische Gerechtigkeit meine Erfindung so schön und sichtbarlich abrundete, dass etwas Auffallendes geschah, gehandelt und gelitten wurde, und das in Folge meines schöpferischen Werthes. Ich begriff gar nicht, wie die misshandelten Jungen so lamentiren und erbost sein konnten gegen mich, da der treffliche Verlauf der Geschichte sich von selbst verstand und ich hieran so wenig etwas ändern konnte, als die alten Götter am Fatum. (Diese letzte Erklärung Keller's entspricht offenbar mehr der nachherigen Reflexion des erwachsenen Dichters als dem unmittelbaren Empfinden des Kindes.)

oder des Verfolgungswahnes oder der Hysterie, der Manie u. s. w.
beruhen, was auch meistens zutrifft. Die Kranken sind davon überzeugt; die Wahnideen sind überhaupt zwangsartige auf Geisteskrankheit beruhende Autosuggestionen. Aber es gibt Fälle, wo diese
Selbstbeschuldigungen einen typischen suggestiven Charakter haben
und mit nur sehr geringfügiger geistiger Abnormität verbunden
sind. Ich habe selbst einen Fall beobachtet (Mann), der sich eines
in Wirklichkeit von einem anderen begangenen Mordes beschuldigte
und dabei nur sehr wenig melancholisch verstimmt war. Er wurde
nach wenigen Tagen einsichtig und gab an, es habe der betreffende
wirkliche Mord ihm einen grossen Eindruck gemacht; er habe kurz
vorher mit der Hehlerin des Mörders verkehrt und nun sei es ihm
plötzlich so geworden, als habe er den Mord begangen; alle einzelnen Umstände, die seine Phantasie ihm dabei ausmalte, kamen
ihm so vor, als habe er sie erlebt; er war überzeugt und konnte
nicht anders, als sich der Polizei zur Verfügung zu stellen und ihr
alles zu gestehen. Jetzt sei es ihm klar, dass alles nur eine Täuschung, wie ein Traum gewesen sei. Aehnlich ist der Fall von
Monakow (ein Fall von Selbstbeschuldigung bei Schwachsinn und
Melancholie 1885), wo eine Kranke sich des durch eine andere
Person begangenen Kindsmordes beschuldigte, obwohl sie nie geboren hatte.

Bei manchen Hysterischen und Phantasielügnern finden wir
einen ähnlichen Zustand. Diese Menschen lügen die andern und
sich selbst beständig an, sind aber thatsächlich nicht im Stande,
Erlebtes vom Ersonnenen klar zu unterscheiden. Sie schwindeln
und erdichten halb oder ganz unbewusst. Man verkennt sie psychologisch ganz und gar, wenn man ihren falschen Angaben den Werth
bewusster Lügen beimisst. Es sind Instinctlügner; sie können nicht
anders als lügen, auch wenn man sie beschwört, prügelt oder verachtet, alle erdenklichen Mittel der Güte und Strenge anwendet,
um ihnen das Lügen zu verleiden, sie fahren ganz automatisch, unbewusst fort, die einfältigsten, nutzlosesten Dichtungen einem vor-
zuschwindeln. Ich habe in meiner Jugend einen solchen unglücklichen Kameraden genau verfolgt und vergebens auf verschiedenste
Art in die Cur genommen. Er hatte diese autosuggestive Eigenschaft von seiner Mutter geerbt, die er nie gekannt hatte, da sie
ihn wenige Wochen nach seiner Geburt verliess. — Wir haben es
hier mit einem constitutionellen Gehirn- resp. Geistesfehler zu thun,
der mit einer habituellen krankhaften Autosuggestibilität nicht ohne

Verwandtschaft sein dürfte. Das Hauptsymptom dieser pathologischen Schwindler kann man mit dem Ausdruck P s e u d o l o g i a p h a n t a s t i c a bezeichnen (siehe D e l b r ü c k l. c.).

§ 14. Simulation und Dissimulation der Hypnose.

Aus allem muss für jeden einsichtigen Menschen klar werden, 1. dass der Ausspruch jener ungläubigen „esprits forts", welche kurzweg die Hypnose für Schwindel erklären, auf beschränkter Voreingenommenheit ohne eigene Prüfung der Thatsachen beruht; 2. dass aber anderseits, wie alle besseren Experimentatoren es bezeugt haben, bei hypnotischen Experimenten eine genaue Kritik und Selbstkritik nothwendig ist. Zunächst ist jeder Hypnotisirte schwach, gefällig und sucht die Absichten des Hypnotiseurs zu errathen, um ihm zu folgen. Das ist aber eben keine Simulation, sondern Suggestibilität, d. h. Plasticität durch Dissociation der Gehirnthätigkeit. Man muss dabei genau die Inconsequenzen beobachten, welche zwischen dem Benehmen des Hypnotisirten im Unterbewusstsein und seinen Angaben im Oberbewusstsein herrschen, die Amnesie berücksichtigen etc., und ihn ebenso wenig als „bewussten" Simulanten wie als „unbewussten" Automaten taxiren. Es gibt aber ferner Menschen, welche aus krankhafter Schwindel- oder Lügensucht die Symptome der Hypnose halb unbewusst simuliren. Es sind meistens Hysterische oder auch die oben erwähnten Lügner. Da aber diese Menschen, wie wir sahen, selbst ihre Lügen glauben, ist ihre Hypnose weder je ganz reell noch je ganz simulirt. Sie spielen mit derselben, fügen Autosuggestionen hinzu, gehorchen oft nur denjenigen Eingebungen, die ihren Launen gerade passen und dergl. mehr. Je phantastischer, theatralischer die Suggestion ist, desto besser gelingt sie gewöhnlich bei ihnen. Das sind höchst unzuverlässige Kunden. Gewisse Schulen, vor Allem die Schule der Salpêtrière, haben leider den grossen Fehler begangen, solche Individuen als Grundlage ihrer Experimente zu benutzen. — Es gibt aber andere bornirte Menschen, welche meinen, man wolle nur haben, dass sie sich so stellen, als wenn sie schliefen, und die „aus Gefälligkeit für den Experimentator" simuliren. B e r n h e i m machte darauf aufmerksam. Es ist aber sehr leicht, durch Selbstcontrole, durch genau gestellte Fragen, die Quelle dieser Täuschung aufzufinden. Anderseits nun gibt es schwacheitle Menschen, welche sich nachträglich schämen, hypnotisirt worden zu sein, und welche behaupten, simulirt zu haben, während sie in Wirklichkeit ganz gut hypnotisirt waren.

Bernheim hat speciell noch auf diese Fälle aufmerksam gemacht, die ich ebenfalls einige Male beobachtet habe. Kommt man dahinter, so genügen gewöhnlich einige richtig applicirte Suggestionen, um sie zum spontanen Geständniss ihrer falschen Aussage am zuständigen Ort zu zwingen. Andere wiederum sind im aufrichtigen Glauben, nicht hypnotisirt worden zu sein, weil sie nicht amnestisch sind. „Sie hätten nicht versuchen wollen," den Arm herunterzuthun. Da genügt eine kühne Herausforderung, sie zu überweisen: „Versuchen Sie doch mit Ihrer ganzen Kraft; ich erlaube es Ihnen; ich bitte Sie darum — aber Sie können nicht."

Zeigt man Misstrauen einem Hypnotisirten gegenüber, so kann man ihm dadurch, ohne es zu merken, die Suggestion geben, er habe simulirt und ihn so zu einem falschen Simulationsgeständniss (Erinnerungsfälschung) veranlassen. Ich sah einen classischen Fall derart, den ein misstrauischer Arzt verursachte:

Der Hypnotisirte, ein Mann, kam zu mir in Thränen aufgelöst und gestand mir, er habe gar nie geschlafen, es sei alles Schwindel gewesen, er habe alle Nadelstiche empfunden, die posthypnotischen Erscheinungen nur so gemacht, um mir zu gefallen etc. Neben ihm stand der Arzt mit ernster Miene, der ihm dieses Geständniss (natürlich durch Suggestivfragen und in bester Absicht) entlockt hatte. Ich ging scheinbar darauf ein, machte dem Hypnotisirten die Lection, sagte ihm, er solle sich schämen, so charakterlos zu sein, und liess ihn heilig versprechen, mir von nun an stets nur die purste Wahrheit zu sagen, was er mir mit tiefster Gemüthsbewegung versprach. So rührend die Scene war, so wusste ich doch ganz genau, dass er nicht simulirt hatte, denn er war tief hypnotisirt gewesen, total somnambul; sein Gesichtsausdruck in der Hypnose und beim Erwachen gehörte zu denjenigen, welche nicht simulirt werden können. Sofort nach dem Schwur und der Versöhnung hypnotisirte ich ihn in Gegenwart des Arztes wieder. Ich suggerirte dann Anästhesie der Hand. Die zwei ersten Nadelstiche spürte er doch und gab dies auch in der Hypnose an; die späteren aber spürte er absolut nicht mehr, negirte auch, etwas empfunden zu haben, und die übrigen Suggestionen gelangen wie früher. Nach dem Erwachen gab er an, zwei Nadelstiche gespürt zu haben. Von allen übrigen wusste er nichts mehr, obwohl die vielen späteren Nadelstiche tiefer waren als die ersten. Damit war der Hypnotisirte beruhigt und der Arzt belehrt.

Oscar Vogt fügt noch Folgendes hinzu (Forel, Hypn. 3. Aufl.):

„Solche Simulationsgeständnisse können natürlich auf Auto-suggestionen ebenfalls beruhen. Sie setzen in diesem Fall einen Grad der Beeinflussung voraus, bei dem höchstens eine vorüber-gehende Amnesie vorhanden ist. Es seien zwei Fälle hier mit-getheilt."

„Patient, nervengesund, ist in der 2. Sitzung somnambul. Er führt einige Befehle posthypnotisch prompt aus. Patient wird vor dem Verlassen des Arztes Amnesie für die ausgeführten Befehle suggerirt. Patient verlässt vollständig amnestisch den Arzt. Nach 3 Tagen kommt Patient wieder und erklärt, nicht hypnotisirt ge-wesen zu sein. Er wisse Alles. Die Befehle habe er nur dem Arzte zu Gefallen gethan. Die Amnesie hatte nicht vorgehalten; dieser Umstand hatte die Vorstellung, überhaupt nicht hypnotisirt gewesen zu sein, hervorgerufen. Eine neue Hypnose überzeugte den Patienten."

„Arzt, sehr zu Autosuggestionen neigend, wird hypnotisirt. Patient ist somnambul. Es gelingt eine posthypnotische Hallucination und posthypnotische Ausführung eines Befehles prompt. Patient, der an Schlaflosigkeit leidet, soll Abends einen Schluck Wasser nehmen und dann sofort einschlafen. Nach dem Erwachen ist Patient zweifelhaft, ob er geschlafen habe; dabei ist er vollständig amnestisch. Im Laufe des Tages weicht die Amnesie. Am Abend ist ihm bereits äusserst zweifelhaft, dass er überhaupt hypnotisirt gewesen sei. Da es doch möglich sei, nimmt er noch einen Schluck Wasser, aber ohne hernach einzuschlafen. Nunmehr war er fest überzeugt, überhaupt nicht hypnotisirt worden zu sein."

Man sieht, dass die zwei letzten Categorien von Täuschungen keine ernste Schwierigkeit bieten, während die erste (hysterische Leute und krankhafte Schwindler) durch ihre unentwirrbare Ver-mengung mit wirklicher Hypnose, oft absolut nicht klarzustellen ist. Es bliebe nur noch eine klarbewusste Simulation aus bestimmtem Zweck übrig. Dieselbe kann vorkommen und kann anfänglich täuschen, weil man bei der erstmaligen Hypnose eines Menschen vorsichtig sein muss. Doch riskirt der Simulant wirklich gefangen, d. h. hypnotisirt zu werden, wenn er sich zu gut in seine Rolle hineindenkt. Thut er es nicht, so wird er einen geübten Experi-mentator nicht lange täuschen. Zudem hat die Sache nur den Werth eines ziemlich einfältigen Spasses, den die wenigsten Menschen treiben, vor Allem nicht die Kranken, die geheilt werden wollen.

In Nr. 46 vom 17. November 1890 der Berliner klinischen Wochenschrift hat Herr Prof. Fr. Fuchs in Bonn unter dem Titel:

„Die Comödie der Hypnose" eine sehr drollige, höhnische Satire der hypnotischen Demonstrationen eines „ausländischen Meisters" geschrieben, und glaubt einen Somnambulen als Simulanten entlarvt zu haben. Aus seiner Angabe, dass der betreffende Professor „die wichtige Entdeckung der Fernwirkung von Arzneimitteln in verschlossenen Gläsern" verübt habe, sowie aus der unglaublichen Kritiklosigkeit der Experimente, die er bei ihm gesehen hat, zu schliessen, dürfte ich kaum irren, wenn ich in dem betreffenden Meister und Professor Herrn Dr. Luys in Paris vermuthe. Wenn in der That Herr Prof. Dr. Fuchs den Hypnotismus nur durch Luys kennt, kann ich seine Kritik nicht ganz unzutreffend finden. Daraus aber, dass Luys in der Gehirnanatomie eine fast ebenso grosse Kritiklosigkeit an den Tag gelegt, Fasersysteme beschrieben hat, welche nur er gesehen, und welche zweifellos nicht existiren etc., darf man nicht den Schluss ziehen, dass die Gehirnanatomie Hocus-Pocus sei. Dennoch ist dieses ungefähr die Schlussfolgerung des Herrn Prof. Fuchs bezüglich des Hypnotismus.

Interessanter ist der Versuch, den Herr Prof. Fuchs anstellt, um nachzuweisen, dass ein unbescholtener junger Mann, der von einem Herrn Krause in Bonn öffentlich hypnotisirt worden war, dabei Comödie gespielt habe.

Herr Prof. Fuchs hypnotisirte selbst diesen jungen Mann später zur Controle. Vor der Hypnose nun gab er ihm — allerdings ohne sich dessen bewusst zu sein, aber dennoch sehr eindringlich — allerlei Suggestionen, aus deren Eintreffen er auf Simulation schliessen zu müssen glaubt. Er setzt ihm z. B. eindringlich auseinander, dass er nachher in der Hypnose den Nervus radialis drücken werde und dass sich dann die zugehörigen Muskeln contrahiren würden, demonstrirt ihm aber thatsächlich Bewegungen, die durch Innervation des Nervus medianus hervorgerufen werden. Diese im Wachzustande nachdrücklich von Herrn Prof. Fuchs gegebene Suggestion wird dann natürlich prompt von dem Individuum in der Hypnose ausgeführt. Herr Prof. Fuchs jedoch ruft aus: Ertappt! Simulation! u. s. f. Dann aber hält er dem jungen Mann seine „Simulation" vor und bringt ihn schliesslich zum Geständniss (wiederum durch Suggestivfragen!), dass er „vielleicht in der Hypnose, ohne sich dessen bewusst zu sein, Comödie spiele". Um dem jungen Mann „einen ehrenvollen Rückzug offen zu lassen", also aus purer Humanität, drang Herr Prof. Fuchs nicht auf ein volles Geständniss. Dass er ein solches, wenn er gewollt hätte, genau wie der oben von mir citirte Arzt, retroactiv hätte suggeriren können, daran ist freilich nicht zu zweifeln. Aber trotz der scheinbaren Entlarvung durch Prof. Fuchs hatte der junge Mann zweifellos nicht simulirt.

Zum Schluss führt Herr Prof. Fuchs ein sehr schönes Beispiel von suggestiver Heilung eines Blepharospasmus durch den elektrischen Strom aus seiner eigenen Praxis an und erklärt dabei selbst (ganz wie wir!), dass nicht die Elektricität, sondern die Vorstellung die Heilung herbeigeführt hat.

Es ist wirklich amüsant und lehrreich zugleich, wie die ganze Darstellung des Herrn Prof. Fuchs von A bis Z eine von ihm freilich nicht beabsichtigte, aber doch fast in jedes Detail zutreffende Bestätigung der Suggestionslehre und eine ebenso scharfe Verurtheilung der Charcot'schen Schule (am meisten freilich noch der Luys'schen Verblendung) enthält.

§ 15. **Bedeutung der Suggestion.** Wir können, auf das bereits Gesagte verweisend, uns kurz fassen. Die erste Bedeutung der Suggestion ist eine psychologische und psycho-physiologische. Sie gibt dem Psychologen eine naturwissenschaftliche Experimentalmethode in die Hand, die ihm bisher in dieser Art gefehlt hatte. Und was für ein wunderbar feines und mannigfaltiges Reagens ist sie, mit welchem alle Eigenschaften der Seele bis in ihre feinsten Nuancen der Logik, der Ethik, der Aesthetik beeinflusst und modificirt werden können (vergl. O. Vogt, weiter unten, sowie den Amnesiefall von Dr. Naef's Dissertation).

Die Suggestion zeigt sich bei genauer Betrachtung als ein Eingriff in die associative Dynamik unserer Seele. Sie dissociirt, was associirt war, und associirt, was nicht associirt war. Ihr Haupteingriff ist aber ein hemmender, ist eine Dissociation der associirten (unterbewussten) Seelen- (Gehirn) Automatismen. Die dissociirte Grosshirndynamik des Hypnotisirten ist im Zustand der Schwäche, der „Hypotaxie“, gegenüber der gut concentrirten und associirten Dynamik des Hypnotiseurs, die ihr vermittelst der Sinnesorgane aufoctroyirt wird. Ihre Thätigkeit wird plastisch lenksam, muss unwiderstehlich sich der Suggestion anschmiegen. Die Ursache dieser Subordination liegt aber nicht in einer besonderen Stärke des Hypnotiseurs, sondern in dem Gefühl, in der Ueberzeugung des Unterliegens, resp. des Beeinflusstseins, von Seiten des Hypnotisirten. Im normalen Schlaf sind wir Alle im Zustand der Hypo-

taxie, der Schwäche, der Dissociation, verwechseln wir Alle unsere
Gedanken (Träume) mit Erlebnissen. Desshalb ist der Schlaf für die
Suggestion so vortheilhaft. Im Schlaf muss sogar das kräftigere
Gehirn den Suggestionen des sonst schwächeren, aber jetzt wachenden, und daher kräftiger associirten gehorchen. Ist aber einmal
eine Seele A (ein Gehirn) auf diese Weise von einer anderen B
energisch beeinflusst worden, so bleibt durch die Erinnerung, welche
die Ueberzeugung schafft, dass die Seele B das Vermögen habe,
auf die Seele A einzuwirken, die Disposition zu einem späteren
Beeinflusstwerden durch B vorhanden. In Wirklichkeit aber ist
es die Thätigkeit der Seele (des Gehirns) A, welche die mächtigen
Suggestionswirkungen vollbringt. Sie wird nur von der Seele B
genau und nach Belieben gelenkt, d. h. zur Dissociation, Association, Hemmung oder zur kräftigsten Entfaltung angeregt. Das
Bändigen der Löwen und Elephanten beruht auf ähnlichen Vorgängen.

B benutzt nur die in A vorhandenen Dynamismen, welche in
der der Seele A eigenthümlichen Art und Weise arbeiten und den
Suggestionen von B nur desshalb folgen, weil sie nicht mehr
einer bewussten Gesammtconcentration gegenüber B fähig und
ihrer eigenen Stärke nicht bewusst sind. Die Dynamismen
des A werden daher immer mehr von B's Suggestionen überrumpelt und folgen immer automatischer denselben, für den Anfang wenigstens.

Wir finden ganz ähnliche Erscheinungen bei dem Einfluss der
Menschen auf einander im politischen Leben, im socialen Leben
überhaupt. Wir finden sie bei den Leithammeln unter den Kindern
wie unter den Thieren, bei gewissen Propheten und Häuptlingen,
bei den Weissen gegenüber den Negern, bei Napoleon I. und Bis-
marck gegenüber Europa, beim Menschen gegenüber den Haus-
thieren, bei dem Siegenden gegenüber dem Besiegten überhaupt,
sowohl bei Menschen als bei Thieren. Ja, man kann ähnliche
Nervenerscheinungen sogar bei Insecten (Ameisen) [1] beobachten,
wenn nach kecker Ueberrumpelung durch wenige kleinere Ameisen
eine mächtige Schaar grösserer und stärkerer Thiere widerstands-
und muthlos davonlaufen, ihre sonst so sorgsam erzogenen Larven
und Puppen feige verlassend. Es ist dies auch eine eclatante Suggestionswirkung. — Nur darf man diesen Analogien, so verlockend

---

[1] Forel, Fourmis de la Suisse, 1877, S. 314 und: Die psychischen Fähigkeiten der Ameisen. München, E. Reinhardt. 1901. S. 37.

sie auch sind, nicht zu wörtliche Bedeutung beilegen. Es sind eben nur analoge Vorgänge.

Wir dürfen vor Allem die Beeinflussung eines Menschen durch Vernunftsgründe nicht als Suggestion bezeichnen. Es gibt aber alle möglichen Uebergangsstufen von diesen Einwirkungen bis zur ganz unbewussten ächten Suggestionswirkung.

Die historische und ethnologische Bedeutung der Suggestion ist viel grösser als man glaubt. Wir verweisen auf das vortreffliche Werk von Prof. Dr. Otto Stoll: Suggestion und Hypnotismus in der Völkerpsychologie, Leipzig, K. F. Köhler's Antiquarium 1894. Ihre Wirkungen zeigen sich bei allen Völkern, in allen Culturstufen, und spielen besonders bei der Religion und der Mystik eine hervorragende Rolle. Stoll hat dieses auf's schlagendste dargethan. Phylogenetisch können wir sie von den tiefstehenden Völkern aus bis in das Thierreich verfolgen.

Ein wunderbarer historischer Fall, wo autosuggestive Hallucinationen eine weltgeschichtliche Rolle spielten, ist Johanna Darc, die Jungfrau von Orleans. Ich verweise auf die Arbeit von Frl. Dr. med. Jos. Zürcher über diesen bedeutungsvollen Gegenstand (Verlag von Oswald Mutze, Leipzig 1895).

Praktisch ist die Suggestion, wie wir bereits sahen, in der medicinischen Therapie wichtig. Am erfolgreichsten wirkt sie speciell bei allerlei Kleinigkeiten, Kopfschmerzen, Appetitlosigkeit u. s. w., auch bei allerlei Gewohnheiten. — Die Gewohnheiten werden selbst vielfach autosuggestiv eingeleitet.

Dieses bringt uns zur pädagogischen Bedeutung der Suggestion, die vielfach in neuerer Zeit erörtert wird. Wer die Suggestion nicht verstanden hat, erschrickt vor diesem Gedanken. — Wer sie aber völlig erfasst hat, wird sie wohl zunächst in zwei Weisen pädagogisch zu verwerthen wissen. — Erstens symptomatisch, sozusagen ärztlich, um schlechte, verderbliche Gewohnheiten, perverse Charaktereigenschaften zu bekämpfen. Hier muss sie wie die therapeutische Hypnose angewendet werden, und wie bei dieser wird man sich befleissigen müssen, sie nicht ad infinitum, sondern nur so lange als nöthig zu verwerthen; man wird auf jede Weise suchen müssen, den Erfolg durch richtig geleitete Autosuggestionen zu einem dauernden, sich selbst weiter züchtenden zu machen.

Zweitens aber wird die Suggestion, von einem anderen Gesichtspunkt betrachtet, zu einem der interessantesten Zukunftsprobleme der Pädagogik und der entwicklungsgeschichtlichen Psycho-

logie werden. — Jeder weiss, dass es Lehrer, Eltern, Erzieher gibt,
welche aus den Kindern machen, was sie wollen, während andere
genau das Gegentheil erreichen und nur Ungehorsam und Widerspruch erleiden. Dieses beruht einzig und allein darauf, dass die
Kinder unter einer unbewussten Suggestionswirkung der ersteren,
nicht dagegen der letzteren stehen. Wiederholte, ungeschickte
Mahnungen, Jammern oder Schimpfen über seine nicht respectirte
(z. B. väterliche) Autorität, machtloses Zeigen von Affecten, besonders von Zornaffecten, kurz, Blosslegung seiner Schwächen sind
bekanntlich diejenigen Dinge, welche bei den Kindern Ungehorsam,
Widerspruchsgeist und damit Widerspenstigkeit gegen die Erziehung
erzeugen. — Wer dagegen das Gehorchen als selbstverständlich,
als unvermeidlich, seine Lehren als undiscutirbar hinzustellen versteht, thut nichts anderes, als instinctiv suggeriren; ihm wird auch
instinctiv gefolgt. Uebertreibung dieser Methode, besonders Fort-
betreiben derselben bis zu einem späteren Alter der Kinder, bietet
die Gefahr, den Autoritätsglauben, die Unselbständigkeit gross zu
ziehen. Zu rechter Zeit und am rechten Ort muss der Geist der
vernünftigen Discussion herbeigezogen werden. Hat man aber einmal verstanden, dass der Schlüssel jener geistigen Wirkungen
und Rückwirkungen in der richtigen Anwendung der Suggestion
bei den Kindern liegt, so wird sich die Pädagogik mit Bewusstsein
und System des bisher unbewusst und regellos Angewendeten zu bedienen lernen und kann daraus enorme Vortheile ziehen. Vor Allem
wird man in der Schulluft durch Liebe, Begeisterung, Weckung
des Interesses die Kinder für die Schule suggeriren, in der gleichen
Weise wie der Hypnotiseur seine Kranken für sich gewinnt. Darin
liegt auch ein Theil des Geheimnisses des Erfolges der neuen Re-
formschulen des Dr. Lietz in Ilsenburg-Haubinda, des Dr. Reddie
in Abbotsholme und der Herrn Zuberbühler und Frei in Glarisegg
(Schweiz), während das alte Schulsystem umgekehrt die Schüler
vielfach gegen Schule und Lehrer suggerirt.

Um sich klar über den pädagogischen Werth der Suggestion
zu werden, muss man stets bedenken, dass der Charakter des Menschen in jedem Augenblick seines Lebens die Resultante zweier
Componentencomplexe: der Vererbung und der Anpassung,
ist. Man macht gewöhnlich den Fehler, alles nur von dem einen
oder nur von dem anderen dieser beiden Kräftecomplexe ableiten zu
wollen. Die ererbten Anlagen bilden freilich die tieferen, zäheren
Kräfte; doch sind auch sie bald tiefer, bald weniger tief erblich

fixirt und im letzteren Fall sind sie um so erfolgreicher durch consequente erzieherische (anpassende) Einwirkungen zu bekämpfen, die durch Wiederholung zu Gewohnheiten oder secundären Automatismen werden. Hierbei kann die Suggestion einsetzen und erfolgreich wirken.

Wir müssen hier auf die wichtige sociale Seite der Suggestion hinweisen. Man weiss zwar im Allgemeinen, dass gute Sitten durch schlechte Gesellschaften verdorben werden, dass junge Leute und Frauen besonders leicht zu corrumpiren sind; man kennt die Macht der Presse, der Mode, der „öffentlichen Meinung", des Spottes, des religiösen und politischen Fanatismus, der schlechten Romane etc. Aber man überschätzt dennoch die Fähigkeit des „freien Willens", der „freien Menschen", sich gegen diese Massensuggestionen zu wehren. Ein genaueres und tieferes Studium der Verhältnisse lässt bald die schreckliche Schwäche der grossen Mehrzahl gegen solche Suggestionsmächte erkennen. Wie steht ein armes Mädchen da gegenüber den tückischen, raffinirten Fallen, welche ihm die Helfershelfer der Erwerbskuppelei unter sorgfältiger Anwendung aller psychologischen Hebel des Betruges, der Verführung, der Geldnoth, des Alkohols und des Terrorismus stellen? Wie steht das vermeintlich souveräne Volk der Wähler da gegenüber dem oberflächlichen Geschwätz und den oft systematischen Verdrehungen der verfehlten Halbgebildeten, welche sich meist als Journalisten die Sittenrichterei und Belehrung der Welt anmassen, sowie gegenüber den Machinationen der politischen Cliquen? Einige Schlagwörter und nicht die Gründe der Vernunft, nicht einmal die klare Wahrheit suggeriren erfahrungsgemäss die grosse Schafsheerde am besten, und die paar vernünftigeren, selbstständigeren Menschen, die nicht folgen wollen, haben das Nachsehen. Wann wird die Gegensuggestion einer gesunden menschlichen Moral die Oberhand gegenüber den zersetzenden Suggestionen unserer unsittlichen Politik und Literatur einerseits und veralteter religiöser Mystik andererseits gewinnen? Uebrigens wirkt in all' diesen Fällen die Suggestion nicht in ihrer reinen, ächten Form, sondern mannigfaltig mit bald mehr, bald weniger bewussten missverstandenen Vernunftsgründen, vor Allem aber mit Gefühlen und Affecten combinirt, so dass jene verschiedene Elemente meist schwer von einander zu trennen sind.

§ 16. **Wesen der Suggestionswirkung.** Was wir psychologisch von der Suggestion wissen bewegt sich einerseits in der bewussten

Sphäre, andererseits in beobachteten motorischen, vasomotorischen, secretorischen und ähnlichen Reactionen. Wie steht es aber mit der physiologischen Correspondenz, d. h. wie geht es physiologisch zu, in jenen unterbewussten Mechanismen, welche die Suggestion mit ihrer Wirkung verbinden, und in welche die Hypnose uns nur durch sporadische Associationen oberbewusster Vorgänge mit dem Inhalt der Unterbewusstseine flüchtige und abgerissene, stets nur subjective, somit psychologische Einblicke gewährt?

An Hand der Resultate der Hirnanatomie haben Meynert, Wernicke, Munk, Ziehen, Sachs u. A. versucht, sich eine Vorstellung der Mechanik der Neurokyme des Gehirnes zu machen, deren synthetische Introspection das Bewusstsein darstellt. Der Inhalt des Letzteren wird uns aus Anfangs erklärten Gründen stets Stückwerk bleiben. Allein die Physiologie könnte als geschlossene Causalkette zu einer Lehre des Seelenmechanismus führen. Freilich fehlt uns der Schlüssel zur Mechanik des Lebens überhaupt. Aber wir dürfen uns dennoch dieselbe biologisch mit Analogieschlüssen approximativ zu erklären versuchen. Nach meiner Ansicht hat Oscar Vogt den besten Versuch zur Erklärung der Hirndynamik gemacht. Im Folgenden will ich denselben auszugsweise wiedergeben.

Oscar Vogt's hypothetische Anschauungen [1]) über das Wesen und die psychologische Bedeutung des Hypnotismus.

Unter Constellation versteht Vogt in dieser vorzüglichen Arbeit den gesammten Gehirnmechanismus, der einem psychologischen Vorgang entspricht. Die Constellation ist die Resultante bewusster und unbewusster (unterbewusster) Vorgänge. Sie beeinflusst sowohl die Qualität wie die Intensität der centralen Erregung. Sie überragt sogar vielfach in ihrer assimilirenden Thätigkeit die Bedeutung der peripheren Reize für die Qualität der centralen Erregung. Auf solchen Dingen beruht der Schein der Willensfreiheit.

Terminologisch nimmt Vogt den Parallelismus an, versteht ihn aber im Sinn der monistischen Identität und nicht des Dualismus.

In Folge einer auf vasomotorischem Wege bedingten Ausschaltung rufen zu starke periphere Reize eine Ohnmacht, statt hyperästhetischer Bewusstseinserscheinungen, hervor. Unser qualitatives und quantitatives

---

[1]) Oscar Vogt, Zur Kenntniss des Wesens und der psychologischen Bedeutung des Hypnotismus. Zeitschrift für Hypnotismus 1895—96. Leipzig bei Ambrosius Barth.

psychologisches Unterscheidungsvermögen beruht auf einem passiven Bewusstwerden physiologischer Unterschiede (damit bekennt sich z. B. Vogt zur Identitätstheorie).

Wo Bewusstseinserscheinungen auftreten, tendiren sie sofort zu synthetischen Processen, so dass von Jugend auf schon der Mensch bereits nur noch zusammengesetzte psychische Erscheinungen besitzt. Die synchrone Erregung der einzelnen Elemente des Bewusstseinsinhaltes führt zu ihrer Association, welche durch Uebung fixirt wird. Zu einer psychologischen Synthese ist ein erster Grad der Fixirung nöthig. Weitere Fixirung bedingt das Wiedererkennen und noch weitere die associative Reproductionsfähigkeit. Es gibt simultane und successive Associationen.

Unter „Assimilation" versteht Wundt die Thatsache, dass im ganzen erinnerlichen psychologischen Gebiet eines Menschen überhaupt keine isolirte Empfindungen mehr, sondern nur noch solche vorkommen, die durch Miterregung von Erinnerungsbildern associirt sind. Desshalb mischen sich stets bei jeder Wiederholung wechselnde neue Elemente mit derselben Vorstellung, die sich folglich niemals ganz identisch ist (z. B. die Vorstellung einer Rose).

Das Princip der psychischen Synthese ist somit das, dass sich niemals ganze Complexe von Bewusstseinselementen synthetisch verbinden (vermischen), sondern nur die einzelnen Elemente. Um reproducirt werden zu können, muss also eine Association soweit fixirt sein, dass sie in ihrer Gesammtheit von einzelnen ihrer Elemente aus erregt werden kann.

Bei stark dissociablen Menschen kommen lebhafte Phantasiebilder der Empfindung qualitativ näher.

Die Intensität einer Vorstellung hängt von der Intensität der Erregung der einzelnen Elemente, ihre Deutlichkeit dagegen (Lehmann) von der Extensität derselben, d. h. von der Zahl der zugleich erregten Elemente ab. Es sind somit verschiedene Dinge.

Ferner bildet unter gleichen Ernährungsbedingungen die psychische Energie eines Individuums eine Constante. Das heisst z. B. so viel, als dass man nicht zugleich intensiv Zahnweh empfinden und intensiv einem Schauspiel folgen kann. Die Intensität des einen Vorganges bedingt eine Abschwächung derjenigen des anderen.

Die Associationen bewegen sich, dem Energiegesetz folgend, in eingeübten Reihen stets in der Richtung des geringsten Widerstandes. Da wo es nicht der Fall zu sein scheint, liegt die Ursache unterbewusst.

Die Aufmerksamkeit erklärt sich Vogt wie folgt: Das Centrum, dessen Stoffwechsel sich steigert, bekommt functionelle Reize von den Centren, deren Stoffwechsel abnimmt. Thatsächlich steigen enorm viel mehr periphere Sinnesreize zum Hirn als appercipirt (empfunden) werden. Diese zahlreichen, im Grosshirn anlangenden Neurokyme werden alle dahin abgeleitet, wo bereits eine stärkere Erregung stattfindet, die dadurch noch mehr gestärkt wird. Wenn zwei Centren gleichmässig erregt sind, so zertheilen sich entsprechend die anlangenden Neurokyme. Ist ein Centrum A allein stark erregt, und kommt plötzlich ein Neurokym von aussen zu einem anderen Centrum B und erregt es intensiv, so werden alle Neurokyme zu B abgeleitet und die Erregung des Centrums A lässt nach. So wird die Aufmerksamkeit von A nach B abgelenkt. Illusionen können auf ähnliche Weise bewirkt werden. Man erwartet z. B. Jemanden. Nun hört man ein Geräusch und glaubt aus demselben die Schritte des Erwarteten zu vernehmen. Die starke Erwartung hat das Erinnerungsbild der bekannten Schritte so verstärkt, dass es, mit dem wirklichen Geräusch assimilirt, dasselbe übertönt und die Illusion bewirkt.

Diese Ueberlegungen führen Vogt zur alten Schiff'schen Ansicht zurück, dass den neurodynamischen Hemmungen Ableitungen von Reizenergien zu Grunde liegen, die als Compensationserscheinungen für anderwärts stattfindende Zuleitungen aufzufassen sind. So kann nicht nur der Ort des Reizes, sondern auch seine Intensität die Qualität der Wirkung beeinflussen. Freusberg hat beispielsweise gefunden, dass beim Hund ein schwacher Reiz des Penis eine Erection auslöst, dagegen ein starker Reiz des erigirten Penis zur Erschlaffung desselben, aber zugleich zur reflectorischen Erregung einer Beinbewegung führt. Das kommt daher, dass ein Theil der angestauten stärkeren Reizenergie vom Erectionscentrum aus irradiirt und so zum Theil zum Centrum der reflectorischen Beinerregung gelangt. Da dieses letztere aber stärker erregbar ist, gleitet nun das ganze Neurokym dorthin und der Penis erschlafft. Eine Reihe ähnlicher Thatsachen stützt weiter Vogt's Ansicht, die attentionelle Intensitätssteigerung auf eine Bahnung durch zugeleitete Neurokyme zurückzuführen.

Vogt gelangt ferner zu Hering's Ansicht, dass alle psychischen Erscheinungen, somit auch die Bewegungen, durch periphere Reize ausgelöst werden, und dass es keine rein centrogene Bewegungen gibt. Hering zeigt z. B. wie ein enthirnter Frosch total regungslos wird, sobald man alle hinteren Rückenmarkswurzeln trennt. Welche Richtung aber die peripheren Neurokyme im Centralnervensystem einschlagen, hängt natürlich von der momentanen Constellation ab.

Dissociationen sind von der gewohnten Wachnorm abweichende Constellationen; es gibt da alle Uebergänge von einer leichten Kritiklosigkeit bis zum Traum.

Die Herabsetzung der Erregbarkeit, die wir Hemmung nennen, ist normaliter nutritiver Natur.

Eine Stoffwechselverminderung bewirkt Erschöpfung, so dass die Dissimilation die Assimilation übertrifft. Die Hirnanämie, die stets mit dem Schlaf einhergeht, bewirkt einen ähnlichen Vorgang, wird aber von

Ermüdung (Dissociation) eingeleitet. Im dissociirten Traum staut sich das Neurokym in einem Centrum, in Folge eben jener Anämie, was die Erweckung der associirten Gegenvorstellung hindert und die Intensität des Traumes steigert.

Theorie des Schlafes. Schon in der dritten Auflage dieses Buches hatte ich die Unzulänglichkeit der Theorien dargethan, die den Schlaf auf Ansammlung von Ermüdungsstoffen (Milchsäure, Preyer) zurückführen wollen, oder wie Kohlschütter die Tiefe des Schlafes an der Intensität des zum Wecken nöthigen Reizes messen zu können glauben. Wie frühere Kenner der Träume (Maury u. A. m.) habe ich gezeigt, dass das Gehirn erschöpft sein kann ohne zu schlafen, schlafen kann ohne erschöpft zu sein, und dass leichte Reize wecken können, wo starke nicht wecken; kurz, dass der Schlaf, wenn auch durch Erschöpfung sehr begünstigt, zweifellos mit ganz anders angepassten, suggestiven Mechanismen zusammenhängt. Oscar Vogt entwickelt nun eine sehr sinnige Anschauung, welche wesentlich damit übereinstimmt, aber weiter auf die physiologischen Verhältnisse Rücksicht nimmt.

Wir sahen, dass die Erregung der Centra durch Zuleitung zunimmt, wenn keine anderen noch stärkeren Erregungen ableitend wirken. Es gibt besondere Centra, vor allem das Reflexcentrum für die Schliessung des Musculus orbicularis oculi, deren Erregung dazu tendirt, die beim Einschlafen auftretenden neurodynamischen Vorgänge auszulösen. Ist die Grosshirnrinde in Folge von Erschöpfung vermindert erregt, so werden die Neurokyme zu jenen Centren zugeleitet. Aber auch durch Association, Suggestion etc. können dieselben erregt werden und dadurch den Schlaf hervorrufen. Noch wichtiger ist jedoch ein vasomotorisches Reflexcentrum, dessen Erregung eine zunehmende Anämie des Gehirns veranlasst, welche Schwerfälligkeit etc. und Schlaf bewirkt. Mosso hat unzweifelhaft bewiesen, dass eine Gehirnanämie mit dem Schlaf einhergeht. Dass aber dieselbe auf dem associirten Reflexweg und nicht nur durch Erschöpfung hervorgerufen werden kann, beweist die Beobachtung, beweist vor allem der Hypnotismus. Folglich ist ein solches vasomotorisches Centrum ein directes Postulat. Dass die erhöhte Thätigkeit mit Hyperämie und die verminderte mit Anämie einhergeht, ist ja ein allgemeines Gesetz unseres Lebens. Aber nur mit Hülfe genannter Annahme lässt sich jenes Gesetz mit den Thatsachen des Schlafes in Einklang bringen. Vogt bringt eine Reihe weiterer Belege dafür. So erklärt sich nun wie das Auskleiden, das Schlafzimmer, das Sehen eines Gähnenden, die gewohnte Stunde und ähnliche Empfindungen oder Vorstellungen die Schlafvorstellung erregen, und damit bahnend auf die Reflexcentren des Schlafes einwirken, die Augen schliessen machen und die Gehirnanämie einleiten. Es genügt sogar oft eine einzige Erinnerung, eine Gedankenassociation mit einem früheren Schlaf, um sofort diese Wirkung zu erzielen. Dadurch erklärt sich vollständig die rasche Erzielung des Schlafes durch Suggestion. Noch mehr! Der Act des Einschlafens und seine Ursache brauchen dem Einschlafenden gar nicht bewusst zu werden, denn der „Steuerungspunkt" des Schlafes, zu dem die Neurokyme strömen, ist nicht die Schlafvorstellung, sondern das subcorticale Schlafcentrum.

Die Functionsruhe des Schlafes reparirt die Erschöpfung des Grosshirnes, falls eine solche vorhanden war. Dadurch nimmt seine Erregbarkeit wieder zu und werden ihm mehr Neurokyme wieder zugeleitet; die Anämie nimmt ab und man erwacht allmälig, wenn nicht irgend ein Reiz das Erwachen plötzlich durch stärkere Neurokymzuleitung bewirkt.

Zunächst ist es die Grosshirnrinde, deren Erregbarkeit im Schlaf herabgesetzt wird. Im Beginn des Schlafes (der Ermüdung) zeigt sich bekanntlich eine Tendenz zu motorischen Aeusserungen (wohl durch Vereinfachung der Reflexbögen). Bei einem höheren Grad jener Vereinfachung, vor der Functionsunfähigkeit stellt sich die sogen. Katalepsie, die Flexibilitas cerea ein, wo ein Glied in der gegebenen Stellung verharrt. Im Wachzustand sind alle Constellationen zweckmässig beschäftigt, vertheilt und thätig. Hält die attentionelle Willkür einen Arm nicht gehoben, so wird das Neurokym anderswo verbraucht und er fällt herunter. Es gibt dagegen im Schlaf einen Grad der Herabsetzung der Rindenerregbarkeit, wo die anlangenden Neurokyme nicht mehr genug auf die Associationsbahnen irradiren können und sich daher an der directen Endigungsstelle der centripetalen Bahn stauen. Da kann sich die Erregung des Muskelsinnes nur noch motorisch, dafür aber verstärkt äussern. Vogt meint aus verschiedenen Wahrscheinlichkeitsgründen annehmen zu können, dass diese Erscheinung cortical ist und die Katalepsie (Fixation passiver Stellungen) bewirkt.

Dieses kataleptische Stadium liegt zeitlich zwischen dem tiefen Schlaf und dem Wachzustand, somit vor dem Erwachen und nach dem Einschlafen. Es ist vielfach beim normalen Schlaf nachzuweisen, dauert aber individuell sehr verschieden lang; der Grad der Starre wechselt auch. Liébeault hat gezeigt, wie man es im normalen Schlaf durch wiederholte Hebung des Armes hervorrufen kann.

Das folgende Stadium ist das der vollständigen Schlaffheit, in welchem die Neurokyme auch im corticalen Muskelsinn nachlassen und sich in subcorticale Centren zurückziehen.

Zur Bekräftigung seiner Ansicht. führt Vogt Experimente von Bubnoff, Heidenhain und Janet an, aus welchen die corticale Natur der Katalepsie und der hysterischen Anästhesie hervorgeht.

Im Traum sind die Ideenassociationen passiver Natur und bekommen den subjectiven Charakter der Empfindung (Vogt braucht dieses Wort stets auch für Wahrnehmung). Das „willkürliche" Denken hört auf und der Zusammenhang zwischen den Vorstellungen wird lockerer; der

Einschlafende wird denselben gegenüber immer passiver. Daraus entsteht eine Art subjectiver Ideenflucht, welche jedoch in Wirklichkeit einer Denkhemmung (Aschaffenburg, Kraepelin) und einem verlangsamten Ideenablauf entspricht.

Vogt polemisirt gegen mich, weil ich ein ununterbrochenes Träumen während des Schlafes annehme, und meint, dass die Thatsache, dass man, aus dem tiefsten Schlafe geweckt, sich mitten in einer Traumkette befinde, nichts beweise, indem das so schnell gehe, dass der Beginn der Traumkette im Moment des Erwecktwerdens eingesetzt haben könne. Zwar widersprechen meine Beobachtungen dieser Erklärung, weil die Plötzlichkeit des Weckens zu gross war, um thatsächlich so vielen Traumverkettungen Zeit zu lassen, und der Weckton sich umgekehrt oft mit dem Schluss der Traumkette einflocht. Auf die subjectiven Angaben des „Nichtträumens" kann man wegen der üblichen Amnesie absolut nichts geben. Im Uebrigen muss zugegeben werden, dass vollgültige Beweise, zumal jetzt, kaum zu erbringen sind.

Im Traum spielen sich meistens leicht erregbare Associationen ab, die uns früher viel beschäftigt haben (Eisenbahnscenen, Examina u. dgl. mehr; ich träume z. B. oft, ich sei wieder als Assistent oder Director in der Irrenanstalt thätig). Das kommt von der herabgesetzten Erregbarkeit der Rinde. Ich füge aber hinzu, dass oft eigenthümliche Associationen aus unterbewussten Ketten ins Traumbewusstsein einfallen.

Es gibt zwei Sorten Träume:

α) Die gewöhnlichen, durchaus dissociirten, diffusen Träume.

β) Die eingeengten Träume der Somnambulismus, welche einem eingeengten Bewusstsein oder Monoïdeismus entsprechen. Hier staut sich das Neurokym in einem bestimmten Gebiet. Es findet so zu sagen ein partielles Wachen im allgemeinen Schlaf statt. In diesem Specialgebiet steigern sich sogar die Perception und das Denken sowohl in der Deutlichkeit wie in der Intensität. Es gibt auch bei weiterer Verfolgung der gleichen Erscheinung ein partielles Schlafen im allgemeinen Wachzustand (s. oben).

Somit ist die Herabsetzung der Erregbarkeit der Rinde im Schlaf ungleichmässig. Daraus erklärt sich, wie kleine Reize da wecken können, wo starke nicht wecken, wenn ihr Neurokym gerade eine in ihrer Erregbarkeit weniger herabgesetzte Association trifft. Und so kann es auch zu einem partiellen Erwachen kommen, während der allgemeine Schlaf fortgesetzt wird. Im hypnotischen Rapport haben wir diesen Fall. Die allgemeine Hirnanämie verhindert die Irradiation und lässt die local geweckten Bewusstseinselemente durch gestaute Neurokyme abnorm stark erregen. Der Bewusstseinszustand des systematischen partiellen Erwachens ist zugleich der des somnambulen Traumes.

Im Weiteren zeigt Vogt den grossen Unterschied der Träume α und β. In β werden die Träume mit vollführten geordneten Handlungen

verbunden. In α dagegen werden die complicirtesten Handlungen geträumt, aber nicht vollführt. Das kommt von der diffusen Dissociation,
die keine geordnete Reihenfolge von Bewegungsvorstellungen aufkommen
lässt. Plötzlich liegt die Handlung fertig vor dem Bewusstsein, aber
mit Ueberspringen der Bedingungen ihres Zustandekommens. Ganz
anders bei β, wo die ganze localisirte, functionell isolirte Kette vom
Sinn bis zum Cortex und vom Cortex bis zum Muskel durchaus geordnet spielt.

Vogt zeigt ferner, dass bei Somnambulen oft (nicht immer) die
ethischen Associationen normal verbunden bleiben und sich gegen verbrecherische Zumuthungen bäumen, während im gewöhnlichen Traum (α)
man meistens ganz ethisch defect mordet, stiehlt u. dgl. mehr.

Nicht selten wird eine begonnene Handlungskette nach dem Einschlafen fortgesetzt (ein Kutscher nickt ein und kutschirt weiter). Ich
selbst bin als Student bei langweiligen Vorlesungen eingeschlafen und
habe dabei weiter geschrieben, sogar Bruchstücke von Träumen zu
schreiben begonnen.

Gefühle. Nach Vogt sind die Gefühle für die Erzeugung der
Normalhypnose belanglos, bedeutungsvoll dagegen für die Erzeugung
der hysterischen Hypnose und der Schreckhypnose.

Die Gefühle treten meistens als Begleiterscheinung (Gefühlston)
der intellectuellen Elemente auf. Unter Stimmung versteht man den
Collectivzustand der Gefühle in der Zeiteinheit. Als Stimmungs-
lage bezeichnet man die Disposition oder Tendenz des Gemüthes auf
das Auftreten dieser oder jener intellectuellen Elemente mit dieser oder
jener Stimmung zu reagiren.

Die Gefühle können wir im Raum nicht localisiren. Daraus meint
Vogt mit Lipps schliessen zu können, dass sie nicht aus Empfindungen
abzuleiten sind. Diesen Grund halte ich aber nicht für stichhaltig, denn
es gibt auch rein intellectuelle Abstractionen, die an und für sich nicht
räumlich localisirbar (sagen wir der Begriff der Abhängigkeit oder derjenige der Tonhöhe) und dennoch aus Empfindungen abzuleiten sind.

Die Gefühle sind als elementar anzusehen. Während Höffding
u. A. nur zwei Grundqualitäten der Gefühle, Lust und Unlust, annimmt, nimmt Wundt drei gegensätzliche Qualitätenpaare an: 1. Lust
— Unlust; 2. Erregung — Hemmung; 3. Spannung — Lösung.

Vogt's Versuche mit einer vorzüglich geeigneten, dazu lang erzogenen Person ergaben zunächst zwei scharf unterschiedene Reihen
gegensätzlicher Gefühle, die im eingeengten Bewusstseinszustand der
Hypnose scharf hervortreten und analysirt werden können:

1. Angenehm — unangenehm.

2. Hebend oder erheiternd oder leichter machend — erschlaffend
oder verstimmend oder trüber stimmend.

Diese beiden Reihen nennt Vogt, die erste hedonistische, die zweite sthenische Reihe. Sie entsprechen den ersten und zweiten Qualitätenpaaren Wundt's. Während bei Druck und Schmerz beide Reihen ungefähr parallel verliefen, war dies bei Geschmack und Geruch weniger, bei Gehörreizen gar nicht der Fall. Bei letzteren waren sie eher umgekehrt proportional.

Aus den sehr umfangreichen Versuchen Vogt's ergibt sich, dass die schwächsten Grade der intellectuellen Elemente (Empfindungen) ganz indifferent (ohne Gefühlsbetonung) sind. Bei etwas höherem Grade erscheint eine Lustbetonung, die sich dann steigert; bei grösserer Intensität vermindert sich wieder die Lust und erscheint ein zweiter Indifferenzpunkt, der dann bei höherer Intensität von Unlust gefolgt wird. Selbst bei Schmerzempfindung gibt es ganz unten eine Lustschwelle, einen „angenehmen Schmerz", obwohl die Schmerzempfindung, wie Max v. Frey gezeigt hat, qualitativ verschieden ist von der Druckempfindung, was Vogt auch bestätigt. Auch für die sthenische Reihe gilt das Gleiche.

Handelt es sich nicht um directe Empfindung, sondern um Reproduction derselben durch Vorstellung, so wecken natürlich die intellectuellen Elemente die mit ihnen früher associirt gewesenen Gefühlstöne auf.

Das Fortbestehen des emotionellen Elements nach dem Verschwinden des associirten intellectuellen Elementes lässt sich nachweisen. Aber es handelt sich natürlich nur um das bewusste Feld, und unterbewusst kann das intellectuelle Element noch fortbestehen. Gelingt es, das intellectuelle Element wieder bewusst zu machen, dann erhöht sich das Gefühl. Schöne Experimente Vogt's zeigen also:

1. Dass das Gefühl wenigstens im Bewusstsein sein intellectuelles Substrat überdauern kann.

2. Dass Gefühle auch ohne intellectuelles Substrat ins Bewusstsein treten können.

Aber auch letzteres gilt nur von der psychischen Reihe (introspectiver Seite); ein physiologischer Vorgang steht immer unbewusst dahinter.

Jedes Gefühl ist von einer Ableitung nervöser Reizenergie in transund subcorticalen Bahnen begleitet, und entsteht etwas später als sein intellectuelles Substrat. Es sind daher die Gefühle offenbar psychische Parallelvorgänge der Ableitungsprocesse nervöser Reizenergie. In der Sprache der Identitätstheorie wollen wir sagen, dass die Gefühle die Introspection der Ableitungsprocesse nervöser Reizenergie darstellen. Weil in allen Hirngebieten solche Ableitungen sich abspielen, gibt es für die Gefühle keine Hirnlocalisation.

Vogt schliesst daraus, dass in jedem Gefühl ein Wollen enthalten ist, oder, dass der Wille sich durch Gefühle kundgibt, und nicht wesentlich vom Gefühl verschieden ist. Vogt's Arbeit ist leider noch unvollendet geblieben. Sie zeigt aber den Weg, wie man den Hypnotismus

zur psychologischen Forschung verwenden kann und wirft lichtvolle
Blicke über die ganze Frage des Verhältnisses der Psychologie zur Hirnphysiologie.

Specieller über die Suggestionsmechanik führte V o g t in der dritten
Auflage dieses Werkes Folgendes auf:

„Jede die Erregbarkeit des einzelnen Neuron als
solchen herabsetzende Ableitung bezeichnen wir für gewöhnlich als Hemmung. Wir sprechen von der das psychische
Gleichgewicht bedingenden Hemmung durch die Ideenassociation. Ein
Hysterischer klagte mir über motorische Schwäche. Sein dynamometrischer
Händedruck war l = 97. Ich meinte, das wäre doch wahrhaftig genug.
Von da an erreichte er als höchsten Druck 50, im Mittel aber nur
noch 28. Was war geschehen? Es war die Bahn zwischen der Bewegungsvorstellung des Händedrucks und der der motorischen Schwäche
durch eine vom Centrum der letzteren ausgehende Erregung stärker
leitbar geworden. Ein Theil des ins Centrum der Bewegungsvorstellung
gelangenden Neurokyms wurde hinfort in diese Bahn abgeleitet. Das
Gegenstück konnte ich auch beobachten. Ein Psychopath hatte die
hypochondrische Vorstellung, sehr schwach zu sein. Diese Vorstellung
lähmte durch Ableitung den Händedruck so stark, dass er nur r = 55,
l = 65 drückte. Ich rief nun durch Wachsuggestion absolute Anästhesie
des betreffenden Armes hervor. Der Händedruck wurde natürlicher
Weise = 0. Ich suggerirte ihm nun so viel Gefühl, dass er die volle
Beweglichkeit hatte. Er drückte bei ‚einem dumpfen Gefühl in den Ge-
lenken‘ r = 115, l = 120. Ich hatte durch die erste Suggestion eine
localisirte Dissociation gesetzt. In Folge einer mir günstigen Constellation
blieb die Dissociation, d. h. die Aufhebung der Ableitung bei der
zweiten Suggestion für die hypochondrische Vorstellung bestehen: die
Bahn zwischen dem Centrum dieser und dem der Bewegungsvorstellung
leitete noch nicht wieder ab oder, wie man sich auch ausdrücken könnte,
die hypochondrische Vorstellung war noch vorläufig vergessen. Weiter
‚hemmen‘ die höheren Centren durch derartige Ableitung eines Neuro-
kymtheiles [1]) die niederen. Da, wo die Ableitung durch functionelle oder
organische Veränderungen unmöglich wird, nimmt die motorische Ent-
ladung des jetzt nur ein niederes Centrum passirenden Neurokyms an
Intensität und Schnelligkeit zu.“

„Im Gegensatz zur Hemmung bezeichnet man die Steigerung der Erregung eines Centrums durch Zuleitung
von Neurokymen auf verschiedenen Bahnen als Reizverstärkung oder Bahnung (Exner). Ich suggerire einem Menschen

---

[1]) „Es empfiehlt sich sehr die fortschreitende Nervenerregung, so lange
wir noch nicht ihr Wesen erkannt haben, mit einem nichts präjudicirenden
Ausdruck wie Neurokym (F o r e l, Gehirn und Seele) zu bezeichnen.“

das Warmwerden seiner Stirn. Diese Suggestion wird mir leichter gelingen, wenn ich zu gleicher Zeit die Hand auf die Stirn lege. Denn
durch das Legen der Hand auf die Stirn errege ich das entsprechende
Centrum für Berührungsempfindlichkeit. Dieses ist nun durch zahlreiche
frühere gleichzeitige Erregungen mit dem betreffenden Centrum für
Wärmeempfindlichkeit durch eine gut leitende Bahn verbunden. Diesen
Weg schlägt das durch meine Berührung der Stirn hervorgerufene Neurokym ein und wirkt so bahnend."

„Auf diese Weise kommen alle jene Hemmungen und Bahnungen
zu Stande, auf welche der Ablauf aller nervösen Vorgänge und so auch
die ganzen Suggestionserscheinungen zurückzuführen sind. In der geeigneten Anwendung solcher Hemmungen und Bahnungen besteht die
Kunst des Hypnotiseurs, in der Nachwirkung derartiger Beeinflussung
auf die fernere Ideenassociation das Wesen der Dressur."

„Betrachten wir z. B. die Mechanik der Katalepsie! Ich hebe bei
einem hypnotisirten Menschen den Arm. Derselbe bleibt jetzt in dieser
Stellung. Durch die passive Bewegung rief ich eine entsprechende Be-
wegungsempfindung wach. Die vom Centrum der betreffenden Bewegungsvorstellung ableitenden Associationsbahnen sind durch die hypnotische Dissociation leitungsunfähig geworden. In Folge dessen geht das
durch die passive Armbewegung erregte Neurokym im Wesentlichen in
die vom Centrum der betreffenden Bewegungsvorstellung centrifugal
leitende Bahn und veranlasst so eine der passiv gegebenen Armstellung
entsprechende Muskelcontraction. Der Hypnotisirte — wenn er nur
hypotactisch ist — ‚fühlt, wie plötzlich der Arm, nachdem er in die
Höhe gehoben, steif wird'. In diesem Falle haben wir Bernheim's
‚passive Katalepsie' vor uns. Sie unterscheidet sich von einer activen
Bewegung dadurch, dass die Bewegungsvorstellung hier durch die Ideenassociation, durch den ‚Willen', in unserem Fall aber durch einen peripheren Reiz angeregt wurde. Die ‚passive Katalepsie' tritt immer da
auf, wo einmal die Bewegungsvorstellung genügend dissociirt ist, andererseits aber selbst noch genügend erregt werden kann. Hat sich der
Schlaf so vertieft, dass die Bewegungsvorstellung selbst nicht mehr
durch einen peripheren Reiz genügend erregt wird, dann kann eine passive Katalepsie auch nicht mehr erzielt werden. Eine entsprechende
Herabsetzung der Erregbarkeit der Bewegungsvorstellung haben wir bei
Hysterischen, die in dieser oder jener Extremität bei erhaltener Kinästhesie
ihre Berührungsempfindlichkeit eingebüsst haben. Solche Extremitäten
sind im Wachen paretisch und in der Hypnose schwer kataleptisch zu
machen. Es kommen nämlich bei der Erregung von Bewegungsvorstellungen
zahlreich bahnende und hemmende Componenten in Betracht: unter diesen
spielt der vom Centrum der Berührungsempfindlichkeit zum eigentlichen
Muskelsinn ziehende bahnende Reiz eine grosse Rolle."

„Bei noch nicht genügender Dissociation oder bei herabgesetzter

Erregbarkeit der Bewegungsvorstellung bedarf es dann anderer bahnen·
den Reize. Hier kommt eine Verbalsuggestion in erster Linie in Betracht. Der erhobene Arm fällt schlaff herab. Sobald ich aber erkläre:
„Jetzt ist der Arm steif!' fühlt man das Eintreten der entsprechenden
Muskelcontraction. Sowohl mit einer passiven Bewegung des Armes,
als auch einer Verbalsuggestion kann sich weiter der bahnende Einfluss
der Ideenassociation verbinden, die man als Monoïdeismus bezeichnet.
Ich hypnotisire ein Sujet. Ich hebe ihm den Arm hoch. Derselbe fällt
wieder herab. Ich wecke das Sujet. In seiner Gegenwart hypnotisire ich
nun ein zweites Sujet. Hier gelingt mir die Katalepsie sofort. In einer
zweiten Hypnose des ersten Sujets gelingt mir auch bei diesem die Katalepsie. Wir haben dann Bernheim's ,actives Element' der Katalepsie
vor uns. Es verband sich beim Sujet mit der Empfindung der passiven
Armbewegung die Vorstellung: das Festhalten des Armes in dieser Stellung
ist Wille des Hypnotiseurs; ich aber muss thun, was er will. Der Anblick der vom Hypnotiseur beim zweiten Sujet hervorgebrachten Katalepsie
hat im Gehirn des ersten Sujets zwischen der Vorstellung des Hypnotiseurs und der betreffenden Bewegungsvorstellung eine leitende Bahn geschaffen. Hebt jetzt der Hypnotiseur beim ersten Sujet den Arm, so tritt
zu gleicher Zeit die Vorstellung des Hypnotiseurs lebhaft auf. Vom
Centrum dieser Vorstellung gehen Reize zum Centrum der Bewegungsvorstellung. Dabei kann die Ideenassociation eine immer complicirtere,
eine der willkürlichen Bewegungen vorangehenden immer ähnlicher
werden, so dass man es dem Sujet nicht übel nehmen darf, wenn es
erklärt: er habe es überhaupt nur dem Hypnotiseur zu Gefallen
gethan.“

„Bei allen complicirten Suggestionen, besonders den Wachsuggestionen,
spielt die Bahnung durch den Monoïdeismus eine grosse Rolle. Sie entkleidet auch den Rapport vollständig des Räthselhaften. Wenn die
Mutter oder der Arzt bei dem stärksten Lärm weiter schlafen, aber sofort erwachen, wenn das Kind schreit oder der Wärter pocht: so haben
wir in diesen Erscheinungen, wie im Rapport nur durch frühere Bahnungen gesteigerte Erregbarkeit.“

„Wir haben oben die ,Hemmungen' jeder Activität entkleidet.
Sie sind Ausgleichssymptome für anderweitig entstandene Ableitungen.
Es ist selbstverständlich, dass dabei nur an die Hemmungen (Wundt's
neurodynamische) gedacht ist, die das directe Resultat der nervösen Processe darstellen. Daneben kommen, vielfach ineinander greifend, Hemmungen (Wundt's vasomotorische) in Folge Steigerung des Widerstandes
in den Leitungen durch Ermüdung oder veränderten Stoffwechsel vor.
Soweit wir es aber mit neurodynamischen und nicht mit nutritiven
Hemmungen zu thun haben, müssen wir dann aber auch die
anderweitig entstandene Ableitung, die bahnende Seite
unserer Suggestion, feststellen können.“

„Prüfen wir daraufhin eine durch Wachsuggestion hervorgerufene negative Hallucination. Ich gebe die Suggestion, beim Erwachen mich nicht zu sehen. Das Resultat ist ein sehr mannigfaltiges. Aber es ist immer der Parallelismus zwischen Ableitung und Hemmung zu constatiren. Je grösser die Hemmung wird, um so grösser auch die Ableitung."

„Eine erste Person sieht mich ganz wie sonst, erkennt mich aber nicht: es ist eine Dissociation zwischen der primären und secundären Identification, zwischen dem Centrum des optischen Erinnerungsbildes und dem Begriffscentrum eingetreten. Diese Dissociation ist eine längst vorgebildete, eine durch frühere Erregungen hervorgerufene und seitdem latent vorhandene, ein nunmehr wachgewordenes Erinnerungsbild. Der bahnende Einfluss meiner Suggestion liess diese Dissociation in den Vordergrund treten. Eines Tages ist — um eine Möglichkeit herauszugreifen — mein Sujet, als es über ein Problem nachdachte, an mir vorübergegangen, ohne mich zu erkennen. Nun ging ich damals auf dasselbe zu, und es wurde dann im Gespräch constatirt, dass es mich nicht erkannt hatte. Zur Zeit, wo mir mein Sujet damals begegnete, sind vom Centrum des behandelten Problems Reize auf alle ableitenden Bahnen gegangen: so auch zum optischen Centrum. (Wir sind berechtigt, eine directe oder indirecte Verknüpfung jedes nervösen Centrums mit allen anderen anzunehmen.) Von allen ableitenden Fasern des optischen Centrums sind natürlich im Moment daher die Associationsfasern zum Centrum des Problems am leichtesten erregbar. Ein grosser Theil des Neurokyms, welches das Gesichtsbild von mir hervorrief, ist auf diese Bahn abgeleitet. In Folge dessen wurde das Begriffscentrum meiner Person nicht genügend erregt, um dem Sujet bewusst zu werden. Weiter aber wurde durch das Gespräch die Vorstellung des Nichterkennens einmal mit dem Begriffscentrum meiner Person und dann mit dem des Problems durch Gleichzeitigkeitsassociationen verbunden. Weiter aber wurde die Vorstellung des Nichterkennens durch das Centrum des Problems hindurch mit dem optischen Centrum verbunden. Rufe ich jetzt bei dem Sujet in genügend starker Weise die Vorstellung des Nichterkennens meiner Person wach, so geht eine bahnende Erregung durch das Centrum des Problems zum optischen Centrum meiner Person. Das hier anlangende Neurokym, das meine Person durch den Opticus erregte, wird so abgeleitet, ohne in die gewöhnliche Bahn in genügender Stärke zu gelangen, um hier bewusste Parallelvorgänge hervorzurufen. Die secundäre Identification unterbleibt. Man könnte mir zunächst einwenden: das Sujet identificirte damals, als es in Gedanken ging, gar keine Gesichtseindrücke secundär. Warum identificirt es jetzt nur nicht den von mir empfangenen? Die Ursache liegt in einer zweifachen Bahnung. In dem damals nachfolgenden Gespräch wurde das Gesichtsbild von mir lebhaft erregt. Es trat daher eine intimere Association

zwischen dem Centrum des Problems und dem Gesichtsbild von mir als
den übrigen optischen Centren ein.   Weiter rief ich heute, als ich ihm
die Suggestion gab, mich nicht mehr zu sehen, wie vorher direct durch
den Anblick die optische Componente der Vorstellung von mir sehr
lebhaft im Sujet wach.   Als nun die Erregung durch das Centrum des
Problems zum optischen Centrum gelangte, nahmen die leitungsfähigsten
Associationsfasern natürlich den grössten Theil für sich in Anspruch.
Zu diesen gehörte aber in erster Linie in Folge der direct vorher erfolgten Reize die Bahn zum Centrum meiner Person.   Diese Bahn —
für gewöhnlich von nebensächlichster Bedeutung — wurde jetzt vorläufig zur Hauptbahn.   Das Gesichtsbild von mir wurde seiner gewöhnlichen Associationen zur Zeit beraubt: es wurde eben durch Bahnung
dissociirt.   Dass dabei Neurokymtheile zu anderen Theilgebieten des
optischen Centrums nebenbei noch gelangt sind, beweist das nunmehr
noch viel leichtere Gelingen sinnverwandter Suggestionen.   Ich brauche
das Sujet nur zu fragen, ob er noch diese Person oder jenen Gegenstand
erkenne: das genügt jetzt schon oft zum Anschluss des optischen Centrums
des betreffenden Objectes an das Ableitungssystem.   Dass dabei dieses
leichter Objecten gegenüber geschieht, die zu mir in engerer Beziehung
stehen, beruht natürlich wieder auf Bahnungen, die ihnen zu Theil
wurden, als die Gesichtsvorstellung von mir im Sujet erregt wurde.
Man könnte mir nun etwa noch einwenden, eine derartig günstige Vorgeschichte sei bei den meisten Experimenten nicht vorhanden gewesen.
Gewiss nicht.   Aber es ist auch nicht nöthig.   Jeder von uns ist schon
an ihm bekannten Menschen vorübergegangen, ohne sie zu erkennen. Die
Vorstellung nun, die mein Sujet zur Zeit des Experimentes von mir
hat, enthält als eine wesentliche Componente die eines ihm bekannten
Menschen: so ist die Bahn doch vorhanden; wir brauchen sie nur zu
verstärken."

„Wie die eben ausführlich behandelte, beruht jede suggestiv hervorgerufene Dissociation auf dem Wiederhervortreten früherer Leitungs-
verhältnisse, früherer Constellationen.   Durch die bisherigen Erlebnisse
des Individuums ist daher im Einzelnen die Form der Dissociation und
damit die der Aufnahme der Suggestion verbunden.   Welcher ähnliche
Fall am wenigsten latent, am leichtesten erregbar ist: der wird jetzt
ins Bewusstsein treten, und zwar so lebhaft, dass das Sujet ihn zur
Zeit zu erleben glaubt.   So wird einem zweiten Sujet ,ganz nebelig vor
den Augen', weil bei ihm die Erinnerung an Nichtsehen von Bekannten
in der Dämmerung am leichtesten erregbar war.   Ein drittes erklärt
sich für blind.   Die Vorstellung des Nichtsehens war bei ihm am stärksten
mit der Vorstellung des Blindseins associirt.   Diese wurde lebhaft erregt.
Als eine ihrer Componenten traten im optischen Centrum die Leitungs-
verhältnisse hervor, die der früheren Empfindung des Schwarz ent-
sprachen.   Das Centrum für Schwarz absorbirte einen solchen Theil der

anlangenden Neurokyme, dass diese im Uebrigen keine zum Bewusstsein gelangenden Erregungen mehr veranlassen konnten."

„Zum Beweise der Richtigkeit des hier vertretenen Princips will ich noch zwei Beispiele von Hysterischen anführen."

„Der einen gab ich die obige Suggestion. Ich verschwand, aber die Umgebung sah sie noch. Sie wurde aber sehr schnell erregt, lief ängstlich umher und rief: sie würde wieder krank, sie könne gar nicht mehr denken; sie sähe alles roth. Patientin erklärte dann, nachdem ich sie wieder klar gemacht hatte, ohne ihr schon gleich die Erinnerung zu nehmen: so sei ihre Krankheit angefangen, sie habe nichts mehr gesehen, es sei ihr ganz wirr und bunt vor den Augen gewesen; sie habe es bisher vergessen gehabt, aber jetzt sei es ihr wieder eingefallen."

„Eine zweite Patientin war gelähmt und stumm in die Klinik gebracht, man hatte sie so auf der Strasse gefunden. Eines Tages, nachdem die Symptome verschwunden waren, gebe ich ihr die Wachsuggestion absoluter Anästhesie. Sie gelingt und Patientin ist entsprechend paralytisch. Da ich eine Veränderung des Gesichtsausdruckes merke, nehme ich die Suggestion. Aber zu spät. Patientin schleicht jetzt starr, die Umgebung verkennend, stumm umher. Ich hypnotisire sie und suggerire ihr Klarheit mit Erinnerung. Patientin gibt dann an, sie hätte geglaubt, sie läge auf der Strasse. Es war also die Erinnerung an den damaligen Anfall hervorgerufen."

„Mit der Zurückführung der Hemmungen auf anderweitige Bahnungen haben wir dann aber weiter die Mechanik der subjectiven Ergänzung aller Suggestionen von Seiten des Hypnotisirten, insbesondere das ständige Wechselverhältniss zwischen positiven und negativen Hallucinationen (vergl. S. 74) erklärt."

„Führen wir so alle Suggestiverscheinungen auf einseitige Bahnungen zurück, so muss es auch für die wichtigste Suggestion, den Schlaf, gelten. Beim Neugeborenen wird der Schlaf durch gewisse vom Chemismus abhängende Dynamismen niederer Hirncentren, wohl wesentlich vasomotorischen Charakters, ausgelöst. Diesem reflectorischen Schlaf gehen gewisse mit Zunahme des Bewusstseins (parallel der Grosshirnentwicklung) stärker hervortretende Empfindungen voraus: zunehmende körperliche und geistige Schwerfälligkeit und besonders das wohl hauptsächlich durch die reflectorisch ausgelöste allmälige Contraction des Musculus orbicularis oculi erregte Gefühl von Schwere in den Augen. Diese associiren sich allmälig durch gegenseitige Bahnungen zu einem Complex, der Schlafvorstellung. Tritt später eine der Empfindungen auf einen Reiz hin auf, so folgen die andern, indem sich die Erregung über die gut leitenden Bahnen ausbreitet. Weitere Gleichzeitigkeitsassociationen führen dann zu einer Bahnverbindung zwischen der Schlafvorstellung und den den Schlaf auslösenden niederen Centren. Diese Bahn wird allmälig eine so gut leitbare, dass es schliesslich die Schlafvorstellung wird, die den Schlaf auslöst. Durch die suggestive Erregung der Schlafvorstellung rufen wir dann eine all-gemeine, durch eine Aenderung des Stoffwechsels bedingte Dissociation hervor. So schaffen wir durch Bahnung den günstigsten Boden für die Wirkung weiterer Bahnungen."

„Auf diese Weise bekommt die Schlafvorstellung einen ganz moto-rischen Charakter. Dieses ist aber nur ein Specialfall eines allgemeinen hirnmechanischen Entwicklungsgesetzes. In gleicher Weise haben sich alle willkürlichen Bewegungen aus unwillkürlichen entwickelt, indem die Empfindungen reflectorisch ausgelöster Bewegungen zu den auslösen-den Vorstellungen, zu den Willensimpulsen wurden. In der Thatsache nun, dass dieser Entwicklungsprocess weiter fortgeschritten ist, als man auf Grund unserer anatomischen Kenntnisse annehmen konnte, in dieser Thatsache war der Zweifel begründet, den man anfangs manchen Sug-gestivresultaten entgegenbrachte. Diese, z. B. die Beeinflussung der Darmperistaltik, der Vasomotoren und der Drüsensecretionen, sind heute über allem Zweifel erhaben. Ihre Abhängigkeit von Affecten wies schon auf eine Verknüpfung ihrer Centren mit dem Grosshirn hin. Die Sug-gestionslehre hat bewiesen, dass jene dumpfen, kaum bewusst werdenden Empfindungen bereits zu schwach motorischen Vorstellungen geworden sind. Hier eröffnet sich ein Fernblick auf die weitere Entwicklung unseres Grosshirns, auf die zunehmende Unterordnung der reflectorischen Bewegungen unter die Intelligenz."

Herr Dr. O. Vogt wünscht, dass der hypothetische Charakter seiner theoretischen Ausführungen gewahrt bleibt, was wir hiemit ausdrücklich betonen.

Zur Theorie der Suggestionswirkung wollen wir noch die Arbeiten von Prof. Lipps (Zur Psychologie der Suggestion), Dr. Döllken (Zur Physiologie der Hypnose) und Dr. F. Köhler (Experimentelle Studien auf dem Gebiet des hypnotischen Somnam-bulismus) erwähnen, die alle recht werthvoll und interessant sind und in der Zeitschrift für Hypnotismus nebst anderen Arbeiten O. Vogt's stehen. Ueber Vogt's Erklärungsversuch gehen jedoch diese Arbeiten nicht hinaus.

V. Suggestion und Geistesstörung. Hysterie.

Die Geisteskranken sind von allen Menschen die am wenigsten Suggestiblen; schwer Geisteskranke sind es meistens gar nicht. Darin stimmen alle erfahrenen Hypnotiseurs überein. Dies kommt wohl einfach daher, dass die krankhaften Hemmungen oder Reizzustände im Gehirn der Geisteskranken eine solche Intensität erreichen, dass sie durch die Suggestion nicht mehr dissociirt werden können. Und gelingt es dennoch, einen Geisteskranken zu hypnotisiren, so wirken die meisten Heilsuggestionen nicht oder nur vorübergehend, am allerwenigsten diejenigen, die sich gegen Wahnvorstellungen richten. Eine Verrückte, Frau X., hielt sich z. B. für eine Frau Y. — Ich konnte sie hypnotisiren, und es gelang mir, ihr mit Erfolg Schlaf, Appetit, sogar posthypnotische Hallucinationen einzugeben. Als ich ihr aber mit grösster Energie in der Hypnose erklärte, sie wisse nun ganz genau, dass sie Frau X. sei und nicht Frau Y., die letzte Ansicht sei eine unsinnige Wahnidee gewesen, über welche sie nur noch lachen könne, schüttelte sie im hypnotischen Schlaf immerwährend (d. h. solange ich dieses behauptete) negirend den Kopf, um mir ja zu beweisen, dass sie diese Suggestion nicht acceptirt habe.

Bei der Suggestion arbeitet man mit dem Grosshirn des Hypnotisirten als Instrument. Bei Geisteskranken ist dieses Instrument in seiner Function gestört; daher geht es schlecht. Die Misserfolge bei Geisteskrankheiten sind eine der besten Bestätigungen, dass die Kraft der Hypnose im Hirn des Hypnotisirten, nicht in demjenigen des Hypnotiseurs liegt.

Ueber das Verhältniss des Hypnotismus zu den geistigen Störungen ist aber so viel Falsches behauptet worden und werden noch so viele Irrlehren ohne irgend welche gründliche Beobachtungsbasis, blos auf oberflächliche Behauptungen hin colportirt, dass es der Mühe werth ist, etwas näher darauf einzutreten. Wir können nicht genug betonen, dass die Suggestibilität eine durchaus normale Eigenschaft des normalen Menschenhirnes ist.

Wir haben gesehen, dass Charcot's Schule die Hypnose dagegen als eine Form der Hysterie bezeichnen wollte. Die Hysterie ist aber eine Krankheit, und zwar eine Krankheit des Geistes, eine functionelle Abnormität der Gehirnanlage, und hat mit der „Hystera", d. h. mit dem Uterus nichts zu schaffen. Neben vielen richtigen Beobachtungen haben sich in Charcot's Lehre der Hysterie auch viele Irrthümer eingeschlichen, die mit seinen „somatischen" Begriffen zusammenhängen. Nach meiner mit Bernheim übereinstimmenden Ansicht sind die „zones" und „points" hystérogènes, der angeblich pathognomonische Zusammenhang der Hysterie mit Reizzuständen der Ovarien, die typischen Hemianästhesien und dergl. mehr Artefacte, d. h. Symptome, die, wie alle Symptome der

Hysterischen, dadurch fixirt werden, dass man sich damit beschäftigt.
Die Hysterie ist eine dissociative Schwäche des Gehirnes, durch
welche eine krankhafte Autosuggestibilität bedingt und eine bedeutende Tendenz zu mehr oder minder flüchtigen Functionsstörungen
aller Arten von dem localisirtesten Schmerz oder Krampf, von der
localisirtesten Anästhesie oder Lähmung bis zur allgemeinsten
Geistesstörung bewirkt wird.   Alle diese hysterischen Störungen
können sich leicht fixiren und Jahre lang bestehen.   Sie können zwar
oft dann noch geheilt werden.   Aber es gibt auch alle Uebergänge
von den flüchtigeren hysterischen Nervenstörungen zu schwereren,
sogar zu irreparablen Geistesstörungen und zu anderen schweren
Neurosen.

Die ächte Hysterie ist meist ein constitutionelles Leiden und
als solches, d. h. als abnorme Charaktereigenschaft des Gehirnes,
nicht heilbar; man heilt nur Symptome, nicht aber die constitutionelle
Disposition.   Allerdings gibt es auch erworbene Hysterien, die in
Folge von Misshandlungen und Erschöpfungen des Gehirns entstehen können und in den confusen Begriff der Neurasthenie [1]) übergehen.   Reizungen des peripheren Nervensystemes können ebenfalls
durch Rückwirkung auf das Gehirn dazu führen.   Das wollen wir
durchaus nicht läugnen.   Diese Fälle sind meistens heilbar.   Es
gibt übrigens alle möglichen Mischungen einer leichteren und
schwereren Prädisposition und „nervöser" (d. h. cerebröser!) Constitution mit erworbenen Schädigungen.

Im Congress für physiologische Psychologie zu Paris 1889 frug
ich Herrn Dr. Babinski, Assistent von Prof. Charcot, wie er
sich denn erkläre, dass wir alle, Schüler Liébeault's und Bernheim's bezüglich Hypnotismus, 80 bis 90 Procent aller Menschen,
gleichwohl ob Deutsche, Franzosen, Schweden, Russen, Holländer
oder Engländer, hypnotisiren können; ob er denn diese 80 bis
90 Procent alle für hysterisch halte.   Wenn dem so sei, dann werde
der Begriff der Hysterie in der Salpêtrière in einer Weise erweitert,
gegen welche ich protestiren müsse.   Darauf hin wurde mir er-
widert: „Man protestire dagegen, dass die Salpêtrière den Begriff der
Hysterie ungebührlich erweitere, es müssen aber doch wenigstens
‚tares hystériques' vorhanden sein, damit Jemand hypnotisirbar

[1]) Mit dem Wort „Neurasthenie" wird alles Mögliche und Unmögliche,
von der progressiven Paralyse, durch Paranoia und Melancholie bis zur Hysterie
bezeichnet; der Grundstock dieses Verwirrungsbegriffes wird jedoch durch die
Hypochondrie gebildet.

sei." — Diese Controverse wurde zwar in den gedruckten Verhandlungen des Congresses nicht aufgenommen. Doch habe ich sie hier getreu wiedergegeben, weil sie klar in die Sache sehen lässt. Nach Herrn Babinski hätten also 90 bis 96 Procent der Menschen (so viele hypnotisiren wir) „tares hystériques"! So schlimm steht es doch, Gott sei Dank, nicht mit unserer Menschheit.

In 12 Jahren ist Herr Dr. Babinski nicht im Stande gewesen von seinem Irrthum wesentlich zurückzukommen, denn 1901 (Definition de l'Hystérie, Comptes rendus de la Société de Neurologie de Paris) bezeichnet er folgendermassen den Begriff der Hysterie:

„Etat psychique rendant le sujet qui s'y trouve capable de s'autosuggestionner. L'hystérie se manifeste principalement par des troubles primitifs et accessoirement par quelques troubles secondaires. Ce qui caractérise les premiers, c'est qu'il est possible de les reproduire par suggestion avec une exactitude rigoureuse chez certains sujets et de les faire disparaître sous l'influence exclusive de la persuasion. Ce qui caractérise les troubles secondaires c'est qu'ils sont étroitement subordonnés à des troubles primitifs."

Ueber diese confuse Arbeit wäre es besser zu schweigen, wenn sie nicht die Confusion so vieler Köpfe getreu wiederspiegeln würde. Babinski rechtet gegen den Ausdruck Suggestion, weil er etwas ominöses an sich habe. Dann möchte er das Wort Hysterie durch „troubles pithiatiques" (durch Ueberzeugung heilbare Störungen) ersetzen! — Er verwechselt somit die Heilung von Symptomen mit der Heilung einer constitutionellen Psychopathie, welche ja die Hysterie ist, und fährt fort, Hysterie und Suggestion zu verwechseln. Er hat den Unterschied der normalen Suggestibilität von der pathologischen Hypnose der Hysterischen nach 12 Jahren noch nicht begriffen!

Wir wissen aus zahllosen Erscheinungen der Psychopathologie, dass ihre Begriffe, meistens sogar, nur auf pathologischen Verstärkungen, Abschwächungen oder qualitativen Veränderungen psychologischer oder psychophysiologischer Begriffe beruhen. Nichts liegt somit so nahe, als auch die Hysterie für eine pathologisch erhöhte Suggestibilität zu erklären, wie dies Möbius gethan hat, indem er mit Recht betonte, wie bei Hysterischen die Symptome aus Vorstellungen zu entstehen pflegen. Ich selbst habe den Accent mehr auf die pathologische Autosuggestibilität gesetzt, weil die meisten und schwersten Hysterischen mehr autosuggestibel als suggestibel sind.

Mit Recht hat aber Ringier[1]) seine zwei relativen Kategorien
von Hysterischen unterschieden, die erste mit sehr hoher Autosuggestibilität und geringer Beeinflussbarkeit durch Fremdsuggestion,
die zweite mit hoher Beeinflussbarkeit durch Fremdsuggestion. Wir
werden auf diese Kategorien, die Ringier auf Grund der suggestiven Therapie aufgestellt hat, zurückkommen, weil sie sich in
anderen Gebieten wiederspiegeln.

Von jeher hat es paradoxe Aerzte gegeben, die sagten „alle
Frauen sind mehr oder minder hysterisch". Daraus, sowie aus
Charcot's Identification der Hypnose mit einem Theilbild der
Hysterie geht schon hervor, dass von jeher die Abgrenzung des Be-
griffes der Hysterie gegenüber demjenigen der Normalität schwer war.

Aber auch gegenüber schweren Psychosen ist dieser Begriff
schwer genug abzugrenzen. Davon zeugen die Mischbegriffe der
Hysteroepilepsie, der hysterischen Verrücktheit, der hysterischen
Manien u. s. f. — Freilich haben Charcot, Breuer, Freud,
Vogt und vor ihnen schon viele einzeln von den Autoren be-
schriebene Fälle den Beweis geliefert, dass scheinbar schwere Er-
scheinungen, die durchaus schweren Neurosen, Epilepsien oder
schweren Psychosen gleichen, durch Vorstellungen erzeugt und durch
Vorstellungen wieder beseitigt werden können. Ich habe selbst eine
Reihe derartiger eclatanter Fälle beobachtet. Ja, es können solche
Jahre lang, fast ein ganzes Leben dauern und schliesslich doch wie
durch ein Wunder zur Heilung gelangen, wie ich es für eine schwere
Paraplegie bei Wetterstrand sah.

Doch dürfen wir uns nicht durch den Schein blenden lassen.
Diese Fälle gehören in der That zur echten Hysterie, mögen sie
Männer oder Frauen betreffen. Anders steht es mit den wahren
Mischformen. Diese gehören besonders zu der ersterwähnten Kate-
gorie Ringiers. Studiren wir solche Individuen sorgfältiger, so
finden wir bei denselben Elemente von schwereren constitutionellen
Psychopathien oder Psychosen, wie ethische Defecte, erethische Ge-
müthszustände, reizbare Schwäche, halbwegs unter der Grenze der
Psychosen stehende Rudimente oder Elemente von Grössen- oder
Verfolgungswahn mit halber Einsicht, Zwangsvorstellungen, Abnormitäten der Sexualsphäre, krankhafte Verliebtheiten, pathologischer Schwindel, constitutionelle Querulirsucht oder Melancholie,
Hypochondrie etc. etc. — Kurz, wir schwimmen aus dem Gebiet

[1]) Erfolge des Hypnotismus in der Landpraxis, München 1891, Lehmann.

der Hysterie in dasjenige anderer constitutioneller Psychopathien
oder stehen bereits darin, ohne uns versehen zu haben. Es ist
zweifellos die Erscheinung der pathologischen Autosuggestibilität
tiefer pathologisch als diejenige der pathologischen Suggestibilität.
Aber Grenzen gibt es keine. Nicht nur können andere Psychopathen exquisite hysterische Erscheinungen zeigen, sondern wenn
wir nun unser Augenmerk auf die zuletzt erwähnte Kategorie
Ringiers werfen, so finden wir doch, dass diese Leute, wenn sie
überhaupt ausgesprochen hysterisch sind und nicht mehr in die
Breite der Normalität gehören, doch zu den constitutionellen Psychopathen, wenn auch zu den relativ leichteren gehören.

Durch diese Fälle haben wir eine Uebergangsreihe aus den
schweren Psychopathien durch die relativ reine Hysterie zur Normalität aufgestellt.

Doch Linien und Ebenen gibt es in diesem Gebiete nicht. Viele
constitutionelle Psychosen zeigen bis zur Normalität Uebergänge,
die durchaus nichts Hysterisches an sich tragen.

Aber mehr. Es gibt ja bekanntlich eine erworbene Hysterie bei
früher gesunden Menschen. Man hat dies zwar geläugnet — doch
mit Unrecht. So gut wie die Grundsymptome der Paranoia, der
Melancholie, der conträren Sexualempfindung (von letzterer habe
ich bei einem hoch ethischen und gebildeten Menschen einen ex-
quisit erworbenen Fall erlebt, den ich auch mit Suggestion heilen
konnte) u. s. f. sowohl constitutionell als Charakterkrankheiten, wie
erworben als acute oder chronische Psychosen vorkommen, so ist
dies auch bei den Symptomen der Hysterie der Fall.

Nach schweren Affecten (psychischen Traumata), den Körper
erschöpfenden Leiden, auch ohne nachweisbare Ursache, sehen wir
zuweilen acute heilbare Hysterien auftreten, obwohl der Kranke
früher keine Spur solcher Erscheinungen zeigte. Solche Fälle pflegen
vielfach in den neumodischen Begriff der Neurasthenie überzugehen.
Freilich sind ganz reine Fälle derart selten. In der Regel handelt
es sich doch um die erworbene pathologisch hysterische Reaction
eines wenigstens constitutionell Prädisponirten, zu welcher eine sorgfältige Anamnese in der Regel führt. Es ergeht übrigens den
eigentlichen „Neurasthenien" (alias Hypochondrien andere Psychopathien und dergl. mehr, wenn es keine beginnenden progressiven
Paralysen sind) nicht besser. Auch diese sind selten die Folge
„geistiger Ueberarbeitung", sondern in der Regel diejenige hereditärer Prädisposition, verbunden mit psychischen Traumata oder Er-

schöpfungen und dergl. mehr, so dass Beard's „neue Entdeckung" der Hauptsache nach auf Neubenennung altbekannter Krankheitsbilder beruht.

Wenn wir uns aus dieser schon zu langen Revue einige Schlüsse erlauben dürfen, so sind es die folgenden:

1. Die Hysterie ist kein ganz abgeschlossenes Krankheitsbild, sondern ein pathologischer Symptomcomplex oder Syndrom.

2. Dieser Symptomcomplex kann constitutionell oder erworben sein; oft combiniren sich beide Factoren; doch überwiegt meistens der erstere.

3. Dieser Symptomcomplex zeichnet sich vor Allem durch eine pathologische Dissociabilität (Suggestibilität und Autosuggestibilität), die Autosuggestibilität bei schwereren, tiefer constitutionellen Fällen weitaus überwiegend, aus. Er combinirt sich aber aufs Mannigfaltigste mit anderen Erscheinungen von constitutionellen Psychopathien.

Die pathologische Dissociabilität entspricht einem Zustand des Gehirns, bei welchem die Vorstellungen, Willensimpulse und Affecte besonders leicht dissociirt werden. In Folge dessen bilden sich im eingeengten Bewusstsein intensiv wirkende spontan somnambulische Ketten, welche die Persönlichkeit mitreissen, eventuell in Doppel-Ich theilen, und die wunderbarsten Erscheinungen zeitigen können. Daher auch die dramatischen hysterischen Schwindeleien, die traumartige Labilität jener Kranken überhaupt.

Die pathologische Suggestibilität und Autosuggestibilität bekundet sich durch die Production der mannigfaltigsten Functionsstörungen des ganzen Nervensystems: psychopetal, psychofugal und psychocentral mittelst Vorstellungen. Solche Störungen können sehr wohl sichtbare materielle Veränderungen der Zellen erzeugen, welche jedoch desshalb durchaus nicht mehr Werth haben als andere. Es ist ja zweifellos, dass jeder Function und Functionsstörung des Nervensystems moleculare Veränderungen der lebenden Nervenelemente entsprechen (Hodge etc.). Periphere hysterische Nervenstörungen und Veränderungen müssen als Producte pathologisch-hysterischer Suggestionen und Autosuggestionen angesehen werden (Anästhesien, Lähmungen, Contracturen, Gesichtsfeldeinschränkungen und dergl. mehr).

Mit der Definition der Hysterie, wie wir sie hier gegeben haben, gibt sich die allmälige Abgrenzung nach allen Seiten, somit auch nach der normalen Suggestibilität hin, von selbst. Der

Unterschied zwischen Hysterie und normaler Suggestibilität ist
ähnlich wie derjenige zwischen Melancholie und normaler Traurigkeit, oder zwischen moralischem Irresein und normalem Egoismus,
oder noch zwischen pathologischem Schwindel und normal ad-
äquatem Betrug, oder auch zwischen normalem und hypochondri-
schem Schmerzgefühl.

Eine sehr hochgradige Suggestibilität ist bereits hypernormal,
und mag nicht selten mit hysterischer Prädisposition einhergehen.
Doch ist es vor Allem die pathologische Reaction, die Ausschmückung
der gegebenen Suggestionen mit unbeabsichtigten Autosuggestionen,
die Production von nicht suggerirten Lähmungen, Krämpfen,
Schmerzen etc. in massenhafter Weise, welche die Hysterie aus-
zeichnet.

Vor Allem ist die uncorrigirte Hypnose der Hysterischen eine
ganz andere als diejenige der normalen Menschen, was Dr. Babinski
gar nicht würdigt. Sie schiesst über das Ziel hinaus, tendirt zur
Lethargie oder zum hysterischen Anfall, gehorcht den Suggestionen
nicht, oder übertreibt dieselben, und muss mit ganz besonderer Vorsicht, Umsicht und Geschicklichkeit geleitet, geradezu normalisirt
werden.

Social und historisch, wie therapeutisch, spielt die hysterische
Dissociabilität eine grosse Rolle. Sie ist es besonders, welche drama-
tische Umwandlungen einer Persönlichkeit, sei es im Guten, sei es
im Bösen, hervorruft. Bekehrte, Massenführer, Propheten und dergl.
sind sehr oft hysterische Naturen, besonders wenn die Hysterie mit
Begabung einhergeht. Aber durchaus nicht alle Enthusiasten und
Fanatiker zeigen hysterische Erscheinungen. Letztere sind vor Allem
in den Fällen zu suchen, wo contrastartige suggestiv bedingte Umwandlungen der ganzen Persönlichkeit stattfinden. Letztere können
übrigens auch die Folge eigentlicher Psychosen (z. B. der Paranoia)
sein. Dann findet aber eine Entartung des Ich statt, die bei der
Hysterie fehlt.

Meynert sagte: die Hypnose sei ein „experimentell erzeugter
Blödsinn". Würde er sagen „Wahnsinn", so wäre es eher noch
plausibel. Seine aprioristische, ohne Kenntniss der Sache ge-
schleuderte Ansicht stützte sich offenbar darauf, dass man bei Hypnotisirten viele Erscheinungen (Hallucinationen, falschen Glauben,
Erinnerungsfälschungen etc.) erzeugen kann, die bei Geisteskranken
auch beobachtet werden, und bei oberflächlicher Betrachtung, wenn
man selbst keine Erfahrung mit der Suggestion auf einer, d. h. nur

mit den Geisteskranken auf der anderen Seite besitzt, kann man
leicht durch diese Analogie verführt werden. Dabei werden jedoch
folgende Punkte vergessen:

1. Alle diese angeblichen Symptome von Geistesstörung kommen
auch im normalen Schlaf, obwohl zum Theil weniger ausgebildet,
vor (siehe oben). Der Schlaf ist aber keine Geisteskrankheit.

2. Bei Hypnotisirten zeigen die erzeugten Symptome keine
Tendenz, sich von selbst im Wachzustand zu wiederholen, vorausgesetzt, dass der Operateur seine Sache versteht und nicht geradezu
durch Suggestionen absichtlich dahin arbeitet, störende Symptome
zu züchten und zu fixiren. Wir stehen hier vor einer ernsten Frage.
Liébeault, Bernheim, Wetterstrand, van Eeden, van
Renterghem, de Jong, Vogt, ich selbst und die anderen
Schüler Nancy's, wir erklären kategorisch, dass wir, gestützt auf
ein Material von vielen Tausend hypnotisirter Personen, nie einen
Fall von ernster oder dauernder Schädigung der geistigen oder
körperlichen Gesundheit durch die Hypnose, dagegen sehr viele
Heilungen und Besserungen von Krankheiten bei den von uns behandelten Personen beobachtet haben. Autosuggestionen und Anfälle von Hysterischen, vorübergehende leichte Eingenommenheit
des Kopfes und dergl. mehr, sowie bei den ersten Versuchen und
noch mangelhafter Uebung auch wohl ein paar Mal Verfallen in
Autohypnose waren die einzig beobachteten „Schädigungen". Bei
einem solchen Material lässt sich die Sache nicht mehr mit zwei-
deutigen Redensarten abfertigen. Entweder sind wir alle elende
Lügner, oder die angeblichen Schädigungen durch die Hypnose beruhen (wie wir es behaupten) zum Theil auf Anwendung schlechter
Methoden, zum Theil auf der Einfalt ungeschickter Operateure,
zum Theil auf frevelhaften Experimenten, hauptsächlich aber auf
Missdeutungen und Uebertreibungen. Im Jahr 1889 hatte ich in
Paris Gelegenheit, selbst eine Schreckhypnose nach der Methode der
Salpêtrière zu beobachten. Ein Assistent geht auf eine Hysterica
los. Dieselbe merkt seine Absicht, schreit und flüchtet sich in alle
Ecken mit dem Ausdruck des Abscheus und einer grossen Angst.
Doch wird sie erwischt und trotz verzweifelter Gegenwehr fest-
gehalten. Dann drückt der Assistent mit aller Kraft auf irgend
einen Punkt (Schulter oder Bein), der als „Zone hypnogène" gilt.
Die Kranke wird nun dadurch plötzlich in kataleptischer Stellung
hypnotisirt. Man gibt sich aber nicht einmal die Mühe, sie durch
Suggestionen zu beruhigen. Wir erklären allerdings, dass man

auf solche Art schaden kann, und auch sogar ohne solch rücksichtsloses Vorgehen, wenn die Kranken geängstigt statt beruhigt werden. Die Geisteskrankheit wird nicht durch die psychologische Form eines Symptomes oder eines Symptomcomplexes charakterisirt, sondern durch eine Krankheit des Gehirnes selbst, deren Ursache zwar (ausser bei der progressiven Paralyse und anderen sogen. organischen, sowie bei den auf Intoxication beruhenden Psychosen) dunkel, aber dennoch zweifellos hinter dem psychischen Inhalt der Symptome verborgen steht. Nicht das Phänomen der Hallucination an sich ist krankhaft [1]), sondern der verborgene pathologische Reiz, der die beständige Wiederholung gewisser Hallucinationen hervorruft. Nicht ein rasches, ideenflüchtiges Schwätzen ist an sich krankhaft, denn Jeder kann in einem Augenblick adäquater Anregung oder Aufregung die Erscheinungen einer kurzen Ideenflucht zeigen, sondern die noch unbekannte Ursache des pathologischen Reizsturmes, der im Gehirn des Maniacus tobt und ausserdem die allgemeine psychomotorische Aufregung, die Euphorie etc. verursacht. Nicht der Inhalt der Wahnideen ist an sich krankhaft, denn jeder normale Mensch kann ebenso dummes Zeug denken oder träumen, sondern die Unfähigkeit, sie logisch zu corrigiren und der Zwang, mit welchem sie immer wieder auftreten; beides beruht offenbar auf eigenartigen Reizzuständen und Coordinationsstörungen im Denkprocess, die vielleicht in gewisser Weise localisirt, jedenfalls aber in einer mehr oder weniger gesetzmässigen Weise für jede sogen. Krankheitsform combinirt sind, und so fort.

Die Suggestionslehre beleuchtet somit die Psychiatrie und gibt ihr hochwichtige Winke, zum Theil Bestätigungen der Anschauungen, die einsichtigere Psychiatren schon lange hatten. Besonders interessant ist sie für die Lehre der Hallucinationen. Sie hat uns zur Entdeckung der negativen Hallucinationen bei Geisteskranken geführt und beweist uns klar, wie die Hallucination nicht an sich, sondern durch ihre pathologischen Ursachen zum krankhaften Symptom wird.

[1]) Man braucht desshalb durchaus nicht unseren Geist, unser ganzes Vorstellungsgebäude auf hallucinatorischer Grundlage zu construiren (Janet, Dessoir). Ohne die Schärfe und Tiefe solcher Anschauungen zu bestreiten, erlaube ich mir zu bemerken, dass bei der phylogenetischen Entwicklung der Erinnerungsbilder die primäre Unterscheidungsfähigkeit zwischen vorgestelltem Erinnerungsbild und actueller Wahrnehmung der Wirklichkeit ein biologisches Postulat der Selbsterhaltung des Individuums und der Art bildet.

Es ist übrigens unbestreitbar, dass gewisse Formen von Geistesstörungen leichterer oder weniger allgemeiner Art ab und zu durch
Suggestion gebessert, sogar geheilt werden können, wenn der Kranke
ein sehr suggestibles Gehirn besitzt und wenn der Operateur sehr
tüchtig ist. Wetterstrand hat sogar mehrere Fälle von Epilepsie[1])
rein durch Suggestion geheilt; ebenso leichte Melancholien und
Hypochondrien. Auch ich selbst, Prof. von Speyr in Bern u. A.
mehr haben einzelne überraschend günstige Beeinflussungen beobachtet. Die Hauptschwierigkeit liegt in der Unaufmerksamkeit der
Kranken, in ihrer Unzugänglichkeit und in der Intensität der pathologischen Reize und Neigungen. Man sieht den Unterschied des
Geisteskranken und des normalen Hypnotisirten nur zu drastisch,
auch da, wo die Art des Symptomes die gleiche zu sein scheint.
Wie oft habe ich die wächserne Biegsamkeit des Katatonischen mit
der suggestiven Katalepsie verglichen; da der gläserne Blick, die
Unzugänglichkeit zu jeder Suggestion, dort der automatische Gehorsam. Es ist etwas total Anderes. In einem Fall liegt wohl
pathologisches Gehirnödem, im anderen blos eine flüchtige functionelle Schlafanämie (siehe oben) vor.

Wir sagten: „Beim Hypnotisiren ist das Gehirn unser Heil-
apparat, mit welchem wir arbeiten (ich möchte sagen unsere Dynamo-
maschine). Ist die Maschine in Unordnung, so geht es eben nicht
oder schlecht."

Es bedarf dieses einiger Auslegung. Erstens ist selbstverständlich eine lebende Maschine keine Maschine im eigentlichen Sinne
des Wortes. Der lebende Organismus ist eine sich selbst ent-
wickelnde und unterhaltende, automatisch arbeitende Maschine, die
selbst ihre Bewegungsbedingungen (Motoren) in der Form von
Speisen und Wasser sucht, und die sich ausserdem anpassen kann.
Ferner macht er eine fortschreitende Lebensevolution durch. Doch,
wenn wir von allen diesen Unterschieden corrigirend Vormerk
nehmen, bleibt der Vergleich als Analogievergleich brauchbar.

Je mehr ich hypnotisire, desto klarer lerne ich die Bedingungen
der Misserfolge bei Geistesgesunden kennen. Vor Allem sind es die
Affecte, wie innere Aufregung, Zorn, grosse, lebhafte Heiterkeit,
Angst, Misstrauen, Traurigkeit und Verzweiflung etc., welche —
selbst bei schon oft hypnotisirten, gut suggestiblen Menschen —

---

[1]) Ich habe immer einige Zweifel, ob es sich nicht zum Theil um grosse
Hysterie handelte.

den Erfolg beeinträchtigen, oder sogar ganz vereiteln. Sobald ich nun sehe, dass Jemand unbeeinflusst bleibt, oder nicht mehr gut parirt, frage ich jetzt: „Was regt Sie auf, was haben Sie auf dem Herzen, das Sie mir nicht sagen?" Und diese Frage, in freundlichem Ton, aber bestimmt gehalten, bleibt fast nie ohne positive Antwort. Der Kranke merkt, dass ich die Ursache des Misslingens sofort erkannt habe, und gibt es auch fast immer zu. Dadurch kann ich ihn meistens beruhigen und zum Ziel gelangen.

Aber nicht nur Affecte, sondern auch alle anderen Hirnthätigkeiten, die die Aufmerksamkeit in gespanntem Zustande halten, stören bald mehr, bald weniger die Hypnose: Präoccupation, Weckung des Interesses, Raisonniren, Triebe etc.

Alle diese Hirnthätigkeiten wirken als Antagonisten der Suggestion. Am schlimmsten ist es aber für die Suggestion, wenn ein bestimmter Antagonist (Affect, Vorstellung, Willensimpuls oder Gemisch dieser Thätigkeiten) sich, gegen den bewussten Willen des Hypnotisirten, regelmässig der Suggestion entgegenstemmt. Das ist die störende „Autosuggestion", die nicht selten, allen Anstrengungen des Hypnotiseurs und dem besten Willen des Hypnotisirten gegenüber, das Feld behauptet. Man wird eher über mehrere Antagonisten zugleich Meister (durch das Divide et impera!) als über einen solchen allein.

Wenn wir nun hypnotische Versuche an Geisteskranken anstellen, beobachten wir verschiedenes. Bei acuten Psychosen treten uns Affecte entgegen, deren Gewalt und Dauer alles niederkämpft. Ich habe schon mehrmals versucht, das einfache Heimweh des Gesunden wegzuhypnotisiren. Dieses schon gelingt nur schwer und oft gar nicht. Selbst da ist die Affectwelle und die mit ihr associirte Vorstellung ein fast unüberwindlicher Antagonist. Die Hypnose kann gelingen und kann sogar andere Beschwerden (Schmerzen und dergl.) mit Erfolg bezwingen, an dem Heimwehtrieb gleitet sie aber oft ganz erfolglos ab. Wie viel mehr ist dies nun der Fall bei den Psychosen!

Ich habe es schon früher gesagt: man kann gewiss in manchen Fällen den ersten Antrieb, den ersten Beginn einer Psychose durch Suggestion niederkämpfen. Ist aber eine Melancholie, eine Manie, ein Wahnsinn ausgebrochen, so wird man nur selten und nur vorübergehende Beruhigungen verschaffen können. Der Antagonist im Gehirn — es mag seine noch unbekannte Natur sein, wie sie wolle — ist viel zu stark (siehe übrigens weiter unten meine Casuistik).

Bei anderen Formen von Psychosen, nämlich bei den Formen mit vorwiegenden Wahnideen, finden wir ebenfalls gewaltige Antagonisten, an welchen die Suggestion ohnmächtig abgleitet. Aber mehr. Nur der Versuch, den Verfolgungswahnsinnigen oder Grössenwahnsinnigen zu hypnotisiren, erweist sich meistens als ein sinnloser, eventuell sogar schädlicher Versuch. Diese Kranken betrachten mit äusserstem Argwohn alles, was ihre Person irgendwie beeinflussen will. Der erste leidet geradezu an Beeinträchtigungswahn und bezieht das harmloseste Zeug auf sich. Seit der Erfindung des Telephons glauben sich die Verfolgungswahnsinnigen sehr oft durch geheime Telephone (Lufttelephone und dergl.) verfolgt. Seit nun der Hypnotismus überall erörtert wird, finden wir sehr oft bei solchen Kranken den schönsten hypnotischen Verfolgungswahn. Sie wähnen sich geheim hypnotisirt, durch Feinde hypnotisch verfolgt etc. Die telepathischen und spiritistischen Theorien sind ein gefundenes Futter für derartige Wahnsysteme. Nun kann man sich wohl denken, wie thöricht es ist, solche Kranke hypnotisiren zu wollen. Man gibt ihnen dadurch nur Stoff zu Wahnideen, die sich sofort gegen den Hypnotisirenden richten. Ich habe es nur ein oder zwei Mal experimenti causa am Anfang gethan, meine Annahme, es müsse so sein, bestätigt gefunden und die Sache dann bleiben lassen. Der Grössenwahnsinnige verachtet den Hypnotiseur von seiner Höhe aus und wird durch den Versuch ebenfalls nur aufgeregt.

Bei den organischen, auf Gehirnschrumpfung beruhenden Psychosen kann der Patient meistens die Suggestion nicht fassen. Auch ist der destructive Hirnprocess derart verallgemeinert, dass man auch die partiellen Erfolge nicht erzielen kann, welche man bei den apoplectischen Lähmungen oft erhält. Das Hirngewebe des Apoplectikers ist, vom Heerd abgesehen, noch relativ gesund. Das Gewebe eines senilen oder progressiv paralytischen Gehirnes ist überall krank.

Bei den angeborenen und constitutionellen Psychosen, bei der Psychopathie, der Hysterie etc. sind die Erfolge ganz entschieden besser, wenn wir von dem tieferen Idiotismus absehen. Zwar lassen sich natürlich der Hirndefect und die krankhafte Disposition an sich nicht aufheben. Aber man kann durch eine richtige suggestive Pädagogik, durch Angewöhnung an gute und gesunde Thätigkeiten, durch Anregung der gesunden Charakterzüge und Suggestion des Ekels und der Abscheu vor den krankhaften und perversen Triebe viel Gutes, wenigstens in einer Reihe von Fällen, erzielen. Dazu gehört freilich, dass das betreffende Individuum ordentlich suggestibel sei und einige gute Eigenschaften habe, was oft zutrifft. Hier ist das Gehirn weder im Wahn befangen, noch beständig im Affect; die dynamischen Vorbedingungen der Suggestibilität sind daher vorhanden. Ebenso verhält es sich mit den Intoxicationspsychosen (nach Ablauf des Deliriums), wo man durch Suggestion des Widerwillens gegen das Narcoticum und der totalen Abstinenz desselben für's ganze Leben Heilung erzielen kann. Bei gewissen Fällen von abgelaufenen secundären Psychosen kann man zwar keine eigentliche Heilwirkung, aber dafür gewisse wichtige Impulse zu nützlichen Thätigkeiten, z. B. zur Arbeit etc., sowie Hemmung von perversen Gewohnheiten erreichen. Doch sind diese letzteren Fälle selten, und dem Nachlassen der Affecte und der Wahnideen bei relativer Erhaltung der Intelligenz zu verdanken. Sie bestätigen somit nur unsere Ansicht. Die meisten secundären Geisteskranken sind zu blöde und zu verwirrt, haben auch noch zu viel Wahnideen, um dem suggestiven Einfluss zugänglich zu sein.

Weniger erklärlich erscheint es zuerst, dass gewisse Geisteskranke sehr gut zu hypnotisiren sind, dass man bei ihnen Schmerzen, Appetit, Stuhlgang, Menstruation, Schlaf und dergl. recht gut beeinflussen kann, während die geistige Störung, die krankhaften Wahngebilde und Affecte unverändert und unverkürzt fortwuchern. Bei Hysterischen beobachtet man, wenn man sie ohne vorgefasste Meinung, ohne Programm hypnotisirt, manchmal (ich sah es bei vier Kranken) das Verfallen in einen tiefen lethargischen Schlaf. Bei zwei Kranken, einem hysteroepileptischen Mann und einem hysterischen Mädchen, trat dieser tiefe Schlaf so blitzartig schnell ein, dass es mir absolut nicht gelang, in psychischer Verbindung mit denselben zu bleiben; es war mir durch kein Mittel möglich, sie zum suggestiven Gehorsam zu bringen. Nur mit grosser Mühe konnte ich sie aus dem Schlaf wecken, während es mir leicht war, sie durch Suggestion in den Schlaf zu versetzen; sie waren absolut anästhetisch, der Mann in schlaffer Resolution aller Muskeln, das Mädchen kataleptisch. Beim dritten, einem epileptischen Knaben, trat ebenfalls ein plötzlicher tiefer Schlaf ein. Doch gelang es stets, wenn auch mit Mühe und Noth, durch festes Anschreien und Puffen einige schwache Suggestionswirkungen bei ihm zu erzielen. Bei dem vierten Fall (melancholischer Psychopath, später circulär), der auch durch tiefen, lethargischen Schlaf, nach der Hypnotisirung durch einen anderen Collegen, den Rapport verlor, gelang es mir bald, durch etwas Uebung den Rapport vollständig herzustellen und somnambulen Gehorsam zu erzielen.

Bei einem interessanten Fall wurde ich ferner von Collega Dr. Bösch consultirt. Es war ein hysterisches Mädchen, das in spontane Katalepsie verfallen war. In dem exstatischen Schlaf mit traumhaften Hallucinationen waren die Extremitäten kalt und cyanotisch, der Blick gläsern, die Haut anästhetisch. Ich versuchte vergebens, einen suggestiven Rapport herzustellen. Doch schienen mir einige Indicien darauf zu deuten, dass es nicht ganz unmöglich sei. Meinem Rath folgend, versuchte dann Collega Bösch, das Mädchen nach dem Erwachen aus dem täglich viele Stunden währenden Schlaf durch Suggestion im Wachen zu beeinflussen, und es gelang ihm dieses auch so weit, dass er wenigstens zum grossen Theil einen suggestiven Gehorsam zuerst im Wachzustand und in der Folge sogar im spontanen kataleptischen Schlaf erzielte. Leider verlor sich später dieser Einfluss, bevor er eine volle Heilung herbeiführen konnte.

VI. Winke für die suggestive oder psychotherapeutische ärztliche Praxis.

Will man hypnotisiren und vor Allem damit therapeutische Erfolge erzielen, so muss man sich zunächst mit grosser Geduld, mit Begeisterung, mit Consequenz, mit sicherem Auftreten und mit Erfindungsfähigkeit in Kniffen und Einfällen bewaffnen.

Ferner muss man genau psychologisch beobachten und individualisiren lernen. Endlich ist, wie bei jeder Therapie, die Feststellung der wirklichen Diagnose voranzusetzen. Immerhin gibt die Suggestion selbst oft ein so vorzügliches diagnostisches Mittel, dass man gut thut, sie sehr oft als solches anzuwenden. Aus ihrem Erfolg oder Misserfolg ergibt sich dann vielfach die Diagnose eines zweifelhaften Falles.

Damit ist gesagt, dass nicht jeder Arzt zum Hypnotiseur passt. Zwar ist das früher für nöthig gehaltene persönliche magnetische Fluidum ein überflüssiger Mythus, aber nicht jeder besitzt die obigen Eigenschaften und Fähigkeiten. Der weitaus grösste Feind des Gelingens ist somit der Mangel an Interesse, an persönlicher Initiative, so dass in Folge des vis inertiae, die dem Gros der gens humana so stark anhaftet, die eigene geistige Thätigkeit, wenn nicht immer

wieder durch Stiche zur Wiederbelebung gebracht, dank den un-
vermeidlichen Reibungen des Lebens langsam einschläft. Wer nach
einem gegebenen Schema maschinenmässig hypnotisiren will, wird
bald wenig Erfolg mehr haben, sowie der Reiz der Neuheit vorbei
ist, besonders wenn er sich keine geistige Mühe gibt. Er wird
selbst immer mehr einschlafen, seine Patienten dafür immer weniger
beeinflussen.

Ein zweiter Feind ist das Misstrauen, die Aengstlichkeit, die
Furcht vor dem Lachen der Anderen, vor der Simulation der Hypnotisirten, die Bedenken und Zweifel aller Art. Dieser zweite
Feind, der anfänglich der grösste ist, schwindet aber bald, wenn
man etwas Uebung hat, und der erstgenannte kommt dann zur
vollen Geltung und muss stets bekämpft werden. Man kann sogar
oft beobachten, dass wenn man in verzagter Stimmung oder ermüdet ist, man weniger Erfolge erzielt, denn unbewusst wird diese
Schwäche des Arztes vom Hirndynamismus des Hypnotisirten wahrgenommen.

Dem zu Hypnotisirenden trete man, wie Bernheim es räth,
ganz natürlich und zielbewusst gegenüber, erkläre ihm, es sei
nichts Unnatürliches, nichts Zauberhaftes, sondern eine einfache,
jedem Menschen zukommende Eigenschaft des Nervensystems und
er werde ganz gut beeinflusst werden oder einschlummern. Man
vermeide viele Worte und Erklärungen und setze den Patienten oder
Nichtpatienten auf einen bequemen Lehnstuhl. Am besten hat der
Lehnstuhl keine oder dann gut gepolsterte Arme und ist auf einer
Seite dicht an eine senkrechte Wand angelehnt, damit man einer
noch unsicheren suggestiven Katalepsie des Armes durch Anlehnung
desselben an jene Wand Vorschub leisten kann.

Man muss das Vertrauen und die Zuneigung des zu Hypnotisirenden so viel als möglich bereits geniessen oder zu erwerben
suchen.

O. Vogt (siehe oben, Cap. IV) gibt an, seine Patienten an
den Rapport consequent durch sehr kurze, wiederholte Hypnosen
zu gewöhnen, nach welchen er sich genau ihre Empfindungen mittheilen lässt. So erstickt er im Keime unangenehme Autosuggestionen,
während er an harmlose suggestive Erfolge seine weiteren Suggestionen anknüpft. Er vermeidet vor Allem auf diese Weise Suggestionen zu geben, deren Realisation der Patient nicht sofort, oder
wenigstens in Bälde empfindet, und hindert dadurch, wie wir, die
Erweckung oder Verstärkung der Idee, „dass es bei ihm nicht ginge".

Anfangs deutet er nur das Eintreten dieser oder jener Erscheinung an und suggerirt dieselbe erst stärker, wenn er den Anfang des Eintretens selbst gemerkt oder durch die Angaben des Patienten erfahren hat. Den befehlenden Ton vermeidet er, um diejenigen nicht zu stören, die ihre „Willensfreiheit" nicht einbüssen wollen. Besonders dem Gebildeten soll die Suggestionserscheinung als aus ihm selbst auf ganz natürliche Weise entstehend dargestellt werden. Ich stimme in dieser Methode völlig mit ihm überein und hatte sie bereits, wenn auch weniger consequent, angewendet.

Es muss ferner gemieden werden, dass der zu Hypnotisirende vorher geistig aufgeregt oder angeregt, ängstlich oder in gespannter Erwartung sei. Letzteres verdirbt die erste Hypnose bei sehr vielen, besonders bei gebildeten Leuten, die sich wunderbare Dinge vorstellen und solche erwarten. Manche fürchten sich, nicht hypnotisirt werden zu können, machen sich daher diese Autosuggestion, die oft sehr schwer zu zerstören ist. Da müssen Geduld und allerlei Kniffe helfen. Gewöhnlich misslingt dann der erste Versuch. Man erklärt nun den Leuten, sie seien nur momentan zu aufgeregt, interessirten sich zu sehr, sie seien aber schon beeinflusst, — der Schlaf sei durchaus nicht nöthig, um eine Wirkung zu erzielen, er käme später von selbst. Man spricht nur von leichtem Schlummer etc. Ein Mal, nachdem ich in jener Weise mit einer Dame meine Kniffe vergebens erschöpft hatte, bestellte ich sie für den andern Tag, liess sie aufstehen, Handschuhe und Mantel anziehen — und dann stand ich auf, sagte ihr scheinbar ganz unverfänglich: „Setzen Sie sich noch einen Augenblick," und mit wenigen raschen und sicheren Suggestionen war sie in wenigen Secunden hypnotisirt.

In vielen derartigen Fällen wirkt die Hypnotisirung einer anderen Person in Gegenwart des zu Hypnotisirenden sehr vortheilhaft; doch darf diese Absicht nicht gemerkt werden, sonst geht die Wirkung verloren.

Im Uebrigen empfehle ich dringend die weiter unten geschilderte Methode von Liébeault-Wetterstrand, der collectiven Hypnotisirung.

Man setzt also nach Bernheim's Verfahren den Patienten auf den Lehnstuhl, lässt sich von ihm einige Secunden bis höchstens eine Minute in die Augen schauen und erklärt ihm dabei laut und sicher, aber in monotonem Ton, es gehe bei ihm ganz famos, seine Augen seien bereits feucht, seine Lider schwer, er fühle eine angenehme Wärme in den Beinen und Armen. Dann lässt man ihn zwei Finger (Daumen und Zeigefinger) der linken Hand (des Hypnotiseurs) anschauen, die man unmerklich senkt, damit die Lider folgen. Wenn dann bald die Lider von selbst zufallen, hat man gewonnenes Spiel. Wenn nicht, so sagt man: „Schliessen Sie die Augen!" Einige Aerzte lassen länger fixiren.

Hierauf kann man wie Vogt verfahren, oder auch einen Arm heben und ihn an die Wand oder auf dem Kopf des Patienten anlehnen, erklärend er sei steif. Am besten erklärt man gleich, es werde die Hand des betreffenden Armes gegen den Kopf wie durch einen Magneten ganz unwiderstehlich angezogen. Geht es nicht, so hilft man etwas dazu, wird sehr bestimmt und intensiv im Suggeriren, suggerirt zugleich Schwinden der Gedanken, Gehorsam der Nerven, Wohlsein, Ruhe, Schlummer. Sobald man merkt, dass eine oder die andere Suggestion zu wirken beginnt, so benutzt und betont man es, lässt unter Umständen den Patienten auch durch Kopfzeichen gleich darüber Auskunft geben. Jede bejahte Suggestion ist am Anfang ein bedeutendes Activum, das man für weitere Suggestionen benutzen muss. „Sehen Sie! Es wirkt ganz gut. Sie schlummern immer besser ein. Ihr Arm wird immer steifer. Sie können ihn nicht mehr herunterbringen (der Patient versucht es mit etwas Erfolg; man hindert ihn aber daran und erklärt schnell): Im Gegentheil, wenn Sie ihn herunter bringen wollen, geht er hinauf gegen den Kopf; sehen Sie, ich ziehe ihn immer mehr gegen den Kopf" etc. etc. Bei sehr kritischen und refractären Leuten vermeidet man anfangs besser die Suggestion der Armkatalepsie. Bei etwas Uebung sieht man sehr bald, wenn man sie riskiren darf.

Ich halte es in der Regel für einen Kunstfehler, lange den Blick fixiren zu lassen. Ich thue es sehr selten mehr als eine Minute, und dieses nur am Anfang der ersten Sitzung. Später genügt es immer, den zu Hypnotisirenden höchstens eine bis zwei Secunden anzuschauen und dabei die Suggestion des Schlafes zu geben. Meistens erkläre ich dann blos: Sie schlafen! indem ich eine Bewegung meiner Hand gegen die Augen mache, und der Betreffende ist augenblicklich hypnotisirt.

Grossmann (Zeitschr. f. Hypnotismus Vol. I, 1892/93, S. 410) gibt seine Hypnotismusmethode wie folgt an:

„Zunächst suggerire ich jedem Patienten die Suggestibilität. Dem Skeptiker begegne ich am besten durch folgendes kleine Experiment: Ich sage ihm, dass ich, was er kaum glauben würde, mit meinem Finger auf seine Conjunctiva bulbi drücken würde, ohne dass er auf diesen Eingriff mit einem reflectorischen Lidschluss, also mit Zwinkern reagiren würde. Das Experiment gelingt fast immer, da ja — ich habe darauf schon in einer früheren Arbeit[1]) aufmerksam gemacht — die Conjunctiva bulbi fast bei allen Menschen zumal bei gleichzeitigem Fixiren auf die diesbezügliche Suggestion anästhetisch wird. Die gelungene Suggestion erhöht die Suggestibilität oft schon so sehr, dass der einfache sofort erfolgende Schlafbefehl genügt, um sofortige Hypnose eintreten zu lassen. Im anderen Falle lasse ich den auf einem Fauteuil nicht angelehnt sitzenden, oder noch besser auf einem Divan, in halb sitzender, halb liegender Stellung befindlichen Patienten mich einige Secunden lang fest fixiren. Ich suggerire ihm nun, dass ein Gefühl der Wärme seine Glieder durchziehe, dass vor Allem seine Arme, die auf den Knieen aufliegen, bleischwer würden. Bei diesen Worten hebe ich diese, sie bei den Handgelenken erfassend, ein wenig in die Höhe und lasse sie mit einem leichten Ruck meiner Hände plötzlich fallen. Sie fallen anscheinend bleischwer auf den Knieen auf, der Patient hat thatsächlich das Gefühl ausserordentlicher Müdigkeit in seinen Armen, wie es mir fast allseitig bestätigt worden ist. Nun kommt, wenn ich noch nicht den etwas starren Ausdruck im Blick, das nur wenige Secunden anhaltende Anzeichen dafür bemerke, der Haupttric. Ich bitte den Patienten, seine Augen zu schliessen, oder schliesse sie ihm schnell selbst, ergreife seine Handgelenke bei rechtwinklig nach oben flectirten Unterarmen und suggerire, dass er so müde würde, dass er sich nicht mehr aufrecht halten könne, vielmehr unbedingt hintüberfalle. Dabei drücke ich ihn selbst mit minimalen Rucken allmälig hintüber, bis er mit dem Kopf an der Fauteuillehne angelangt ist, und ertheile, wenn überhaupt noch nöthig, den Schlafbefehl."

Man berührt am besten den schmerzenden Theil (Kopf, Bauch etc.) mit der rechten Hand und erklärt dabei, dass die Schmerzen verschwinden, frägt den Kranken in der Hypnose über den Erfolg und lässt womöglich nicht ab, bis derselbe (momentan) vollständig ist. Man braucht dazu oft mehrere verschiedene Suggestionen und muss Erfindungsgeist darin haben. Bei gut suggestiblen Menschen gelingt Alles sofort, während man bei Anderen viel Mühe hat.

---

[1]) „Die Erfolge der Suggestionstherapie bei Influenza", Berlin, H. Brieger, 1892.

Man muss zunächst darnach trachten, es möglichst rasch zur Anästhesie und zur Amnesie nach dem Erwachen zu bringen. Es gelingen zwar viele Heilsuggestionen ohne jene beiden Erfolge. Doch kann man durchschnittlich damit besser und rascher zum Ziel kommen. Durch die Amnesie verhindert man meistens den Patienten daran, den Faden seiner bewussten Logik von der Hypnose zum Wachzustand und umgekehrt zu übertragen.

Es ist im Weiteren eine ernste Pflicht des Hypnotiseurs, den schädlichen Folgen der Autosuggestionen vorzubeugen. Vor Allem hysterische, aber auch andere ängstliche, nervöse Personen bilden sich gerne in der ersten Hypnose Autosuggestionen schädlicher Wirkungen derselben ein, besonders wenn sie durch Zeitungen oder andere Leute den Kopf voll davon bekommen haben. Es ist ihnen nach der Hypnose s c h w i n d l i g, oder sie fühlen sich wie betäubt, oder haben Angstgefühle oder Kopfschmerzen, sogar Zittern oder Zuckungen, die bis zu Krämpfen sich steigern können. Man muss sich nun wohl hüten, wenn solches vorkommt, selbst Aengstlichkeit oder Sorge zu zeigen, sonst bestärkt und cultivirt man dadurch die Autosuggestion. Man muss im Gegentheil mit grösster Festigkeit und Zuversicht erklären, das seien kleine Dummheiten, die immer nur in der ersten Hypnose ab und zu passirten, sofort aber beseitigt würden und n i e m e h r aufträten. Und indem man dieses sagt, suggerirt man durch sofortige erneuerte Hypnotisirung diese Erscheinungen bis zum allerletzten Rest weg. Man darf nichts davon bestehen lassen und soll stets fest halten, dass Alles, was durch Suggestion erzeugt wird, auch durch Suggestion beseitigt werden kann, wenn man es rechtzeitig wegsuggerirt und nicht durch Autosuggestion und Angewöhnung sich festsetzen lässt. Bei derartigen Leuten, bei Hysterischen überhaupt, soll man die Hypnose nur kurz und wenige Male anwenden, und nur therapeutische Suggestionen geben.

Diesem Procedere muss ich eine grosse Wichtigkeit beilegen. Der Unkenntniss oder Nichtbeachtung desselben verdanken nach meiner festen Ueberzeugung alle unabsichtlichen Schädigungen durch den Hypnotismus, über welchen in der Literatur berichtet wird, ihren Ursprung. Ich habe selbst einen Fall von Zittern und Schmerzen in einem Arm beobachtet, der durch solch ungeschicktes Hypnotisiren von Seiten eines noch unerfahrenen jungen Mannes entstand und einige Monate fortdauerte, dann aber durch Suggestion wieder ganz beseitigt wurde.

Bei Hysterischen erreicht man nach meiner Erfahrung durch geschickte Suggestion im Wachzustand nicht selten mehr noch als durch förmliche (angekündigte) Hypnose. Die alte Regel bleibt: freundlich, consequent und fest. Man muss die Zuneigung der Hysterischen gewinnen und ihnen zugleich Respect einflössen. Man darf sie nie verhöhnen, ihnen nie Misstrauen, nie Abneigung, nie Verachtung zeigen; sonst schädigt man sie schwer. Aber ebensowenig darf man sie verwöhnen und ihren Anfällen, Schmerzen etc. grossen Werth beilegen. Mit Zuversicht verspricht man die Heilung, verlangt aber dabei Gehorsam und leitet sie dann unmerklich durch Anstachelung ihres Ehrgeizes etc. in eine beschäftigte Lebensweise und in gesunde, hygienische Gewohnheiten hinein, indem man stets im Verkehr mit ihnen therapeutisch-hygienische Suggestionen gibt, und möglichst wenige Heilmittel, vor Allem nie Narcotica, anwendet. Aus allen diesen Thatsachen möchte ich in erster Linie die Lehre ziehen, dass ein in der Handhabung der Suggestion noch unerfahrener, vor Allem ein junger, überhaupt noch wenig erfahrener Arzt sich hüten soll, seine hypnotischen Versuche an Hysterischen anzustellen.

Dass man durch die Suggestion schaden kann, wenn man schaden will, ist selbstverständlich, und ist nur die Umkehrung ihrer Heilwirkung. Man kann Kopfschmerzen, Menstruationsstörungen etc. ebenso gut suggeriren als wegsuggeriren. Wenn man aber das Gute will, muss man nie mit einem Hypnotisirten von der Möglichkeit eines Schadens sprechen und im Gegentheil stets fest und unbedingt behaupten, die Suggestion könne n u r Gutes bewirken. Damit beugt man am besten schädlichen Autosuggestionen vor und erhält man eine gesunde suggestive Luft um seine Patienten herum.

Auf demselben Wege der Gegensuggestion muss man das „Verfallen in Selbsthypnose", die angebliche „Schwächung der Willenskraft" und andere Dinge mehr verhindern, deren Gefahr immer wieder dem therapeutischen Hypnotismus entgegengehalten wird. Ein einziges Mal, als ich noch Anfänger war, verfiel eine der von mir hypnotisirten Personen von selbst in hypnotischen Schlaf, bekam aber dafür eine energische suggestive Lection, so dass der Fall sich nie mehr wiederholte. Erkennt man die Existenzberechtigung solcher Erscheinungen in seiner Umgebung an, so wiederholen sie sich bald, nicht nur bei derselben Person (wie z. B. bei der hypnotisirten Hysterica von v. Krafft-Ebing), sondern auch bei Anderen, wie wir es bei dem mit falscher Methode und Voreingenommenheit hypnotisirenden Herrn Dr. Friedrich in München sehen (Annalen des städt. allgem. Krankenh. in München 1894)[1]). Ungefährlich ist dagegen eine mittelst Amulet suggerirte Selbsthypnose. Nur muss man die Dauer derselben auf wenige Minuten durch Suggestion beschränken und ihr Zustandekommen nur durch das betreffende Amulet und zu bestimmten Heilzwecken gestatten, so lange es der Arzt erlaubt.

Man muss zudem stets völliges Wohlsein, heitere Stimmung, guten Schlaf, guten Appetit und Kräftigung des Willens suggeriren. Zudem sind Bernheim und Liébeault's Regeln stets zu beachten:

1. Bei allen Hypnotisirungen mindestens einen passenden Zeugen zu verlangen — als Schutz für den Hypnotiseur sowohl als für den Hypnotisirten[2]).

2. Bei allen sehr suggestiblen Personen (Somnambulen) die Suggestion geben, dass niemand Anderes sie hypnotisiren könne.

3. Niemanden gegen seinen vorher ausgesprochenen Willen zu hypnotisiren.

4. Nur Suggestionen zu therapeutischem Zwecke zu geben, soweit nicht juristische, wissenschaftliche oder didactische Zwecke mitspielen müssen.

Ich habe (Unconscious Suggestion, American Journal of Psychology, Vol. IV, Nr. 4, 1893), wie auch schon früher Bernheim, auf die vielen schlimmen Suggestionen aufmerksam gemacht, welche von den Aerzten durch ihre Mienen, Untersuchungen und Prognosen unbewusst verübt werden. Ich selbst bin mir bewusst, früher einer Person ein Magengeschwür dadurch suggerirt zu haben, dass ich ein solches befürchtete, eine ernste Miene machte, den Magen nachdrücklich palpirte, Bettlage und Milchdiät verordnete. Den Schmerzpunkt suggerirte ich mit einer entsprechenden Frage, und ein mehrmonatliches Krankenlager mit einer suggerirten, aber nicht vorhandenen Krankheit war die Folge meiner damaligen Unkenntniss der Suggestion. Später erwies sich diese Person als vorzügliche

---

[1]) Der Aufsatz des Herrn Dr. Friedrich, der sich gegen die therapeutische Anwendung des Hypnotismus richtet, beweist prachtvoll, wie der Autor in alle die Fehler verfällt, die man vermeiden soll, und wie er die ganze Frage total missverstanden hat.

[2]) Besondere Ausnahmen bei absolutem gegenseitigem Vertrauen unter besonderen Verhältnissen mögen statthaft sein.

Somnambule. Hysterischer Husten, Anfälle, Magenkrankheiten, Uterinleiden, Stuhlverstopfung, Nervenleiden aller Art, werden auf solche Weise vielfach von ängstlichen schwarzsehenden Aerzten den Patienten suggerirt oder von den Kranken sich selbst autosuggerirt. Daran ist nicht zu zweifeln.

Dass man z. B. hysterische Anfälle suggeriren kann, und zwar auch ohne Worte, durch ungeschickte Manipulationen, war längst bekannt, haben wir alle wiederholt geschrieben und hat Herr Dr. Friedrich (l. c.) sehr bestätigt. Aber wenn man die Suggestion versteht, pflegt man sie nicht zu erzeugen, sondern zu beseitigen.

Ein Mal wurde uns eine Hystero-epileptica gebracht, die seit 7 Jahren täglich mehrere schwere Anfälle hatte und total arbeitsunfähig war. Ich wurde während des ersten Anfalles in der Anstalt gerufen, hypnotisirte die Kranke während desselben und erklärte damit sofortigen definitiven Schluss der Anfälle und Heilung der Krankheit. Es kam kein Anfall mehr vor, und nach wenigen Wochen verliess die Kranke die Anstalt. Sie blieb 2 1/2 Jahre vollständig gesund. Alsdann klagte sie wieder über einige hysterische Beschwerden und consultirte einen Arzt. Derselbe erklärte ihr während der Behandlung, die Anfälle würden gewiss auch wieder kommen. Und daraufhin kamen die Anfälle wieder. Nun bat sie dringend um Wiederaufnahme in unsere Anstalt, wohin sie im Jahre 1894 kam. Ich beseitigte sofort die Anfälle wieder durch einige Hypnosen; sie ist wieder geheilt entlassen worden und geblieben. Ein Commentar erscheint überflüssig.

Herr Dr. Weil aus Berlin hat in Vol. I (1892/93) S. 395 der Zeitschrift für Hypnotismus einen vorzüglichen kleinen Aufsatz über die suggestive Wirkung der „Prognose" geschrieben. Gewiss! Die schlimme Prognose, die gewisse Aerzte rücksichtslos den armen Kranken stellen, ist oft gleichbedeutend mit der Erzeugung einer weiteren Krankheit; sie ist nicht selten ein Todesstoss.

Mit vollem Recht erinnert Weil daran, dass der Kranke, der dem Arzt sagt: „Herr Doctor, ich will die volle Wahrheit wissen, ich bin auf alles bereit; sagen Sie mir, woran ich bin etc." — eigentlich sich selbst betrügt und vom Arzt nur eine beruhigende Lüge wünscht, in der Regel wenigstens. Da muss eben der Arzt Psychologe sein und seine Pflicht ist es eben in der Regel, seine Ueberzeugung zu verschweigen und oft sogar zu lügen [1]). Schliess-

---

[1]) Vergl. Mark Twain, Ueber den Verfall der Kunst des Lügens. Ausgewählte Skizzen. Reclam'sche Universal-Bibliothek 2072. Der am meisten zu

lich sollte doch jeder Arzt wissen, wie weit er von der Unfehlbarkeit ist und er kann immer daraus schon, ohne zu lügen, schöpfen, um dem Kranken Hoffnung zu lassen. Gewisse Ausnahmen unter bestimmten Umständen, und bei sehr festen Charakteren gibt es, die ein Psychologe herausfinden wird.

Man muss stets die individuelle Suggestibilität seines Hypnotisirten genau beobachten, sich darnach richten und nicht nach starren Schablonen verfahren.

Will man die suggestive Anästhesie zu chirurgischen Zwecken benutzen, so muss man den Patienten zuerst durch einige Hypnotisirungen vorbereiten. Fühlt er Nadelstiche an der Vola manus oder gar Berührungen der Cornea nicht mehr, so ist er reif zur Operation. Aber man muss sich hüten, sein Gemüth durch grosse Operationsvorbereitungen aufzuregen, sonst riskirt man (ich sah es öfters) ihn ganz zu desuggestioniren. Man muss ihn vorher hypnotisiren, ihm die Operation als ein Nichts, als einen Spass vorstellen, und ihn damit möglichst überraschen, beständig während der Operation die Anästhesie, das Todtsein des betreffenden Körpertheiles weiter suggerirend.

Misslingt die Suggestion bei Jemandem, so soll man nach vier bis fünf Sitzungen unterbrechen. Sie gelingt dann oft später oder durch einen anderen Hypnotiseur.

Man darf nicht ad infinitum Jemanden mechanisch weiter hypnotisiren. Man verliert nur und gewinnt nichts mehr. Man muss suchen, rasch in wenigen Sitzungen möglichst viel Terrain zu gewinnen. Dann muss man die anfänglich täglichen Hypnotisirungen allmälig reduciren und dann einstellen, indem man stets den Erfolg, den man erzielt hat, als definitiv, dauernd hinstellt. Es gibt allerdings hartnäckige Fälle, bei geringerer Suggestibilität, welche nach längerer Zeit mit mehr Ausdauer doch noch gut werden. Aber alles hat seine Grenze. Wenn der Kranke keinen Erfolg mehr sieht, wird er dadurch oft desuggestionirt und man verliert seinen Einfluss statt ihn zu vermehren. Hypnotiseur und Hypnotisirter erlahmen. Man muss suchen immer wieder etwas Neues zu erfinden und zu Stande zu bringen, bis das Ziel erreicht ist, dann aber allmälig abbrechen.

Desuggestionirt werden oft die Hypnotisirten durch Autosug-

---

beklagende Lügner ist derjenige, der sich einbildet, immer die Wahrheit zu sagen, denn er lügt sich selbst und die Anderen dabei an.

gestionen, sowie durch Einflüsterungen anderer Menschen, Lectüren, die den Hypnotismus bekritteln etc. Oft werden sie es dadurch, dass der Hypnotiseur selbst Muth und Wärme verliert. Doch kann man meist durch etwas Energie und Mühe das Verlorene wieder gewinnen. Oft geht es besser nach einer längeren Unterbrechung.

Therapeutisch lässt sich der Hypnotismus nicht nur allein, sondern, wie Bernheim so richtig betont, auch in Verbindung mit anderen Heilmitteln anwenden. Viele Heilmittel können als Verstärkungsmittel der Suggestion, oder direct als Suggestion verwendet werden. Und sicher haben von jeher eine grosse Zahl Medicinen einzig und allein suggestiv gewirkt. Die Homöopathie ist hierfür ein sprechender Beweis, die Elektrotherapie ein fast ebenso schöner.

Mancher Schmerz, der auf einfache Suggestion hin nicht weichen will, weicht auf Aqua colorata oder Mica panis. Glänzend haben Bernheim, Möbius und Wetterstrand gezeigt, dass die sogen. Metallotherapie und zum grössten Theil die Elektricität blos durch Suggestion wirken.

Ich habe schon wiederholt wie Bernheim betont, dass die Suggestion keine Panacee ist, die alles heilt. Will man alles von ihr erwarten, so wird man enttäuscht. Es ist vor allem nöthig, dass jeder hypnotisirende Arzt nie vergisst, dass die erste Pflicht, die ihm seine academischen Studien und sein Diplom auferlegen, diejenige der wissenschaftlichen Gründlichkeit, somit der sorgfältigen Untersuchung und Stellung der Diagnose ist, dass aber beide nicht in wissenschaftlichen Phrasen und Autoritätsglauben bestehen. Man kann mit Suggestion vieles erreichen, besonders wenn man mit Beharrlichkeit, Einsicht und ärztlichen Kenntnissen handelt und es versteht, die Suggestion mit anderen Mitteln zu verflechten. Bringt man z. B. das Stottern durch Suggestion allein nicht ganz weg, so verbinde man damit eine systematische Uebungskur (Athem-, Vocal- und Consonantenübungen). Gelingt es durch Verbalsuggestion allein nicht, einer Dame die Seekrankheit wegzubringen, so schaukle man sie während der Hypnose gründlich bei Suggestion des Wohlgefühles. Es wird dann wahrscheinlich gelingen. Der elektrische Strom ist ein vorzügliches Suggestionsmittel, aber das heilige Wasser von Lourdes, die Betheilmethode, diejenigen des Pfarrers Kneipp und die Homöopathie stehen ihm nicht nach!

Ich will hier noch diejenigen krankhaften Zustände anführen, die mir der Suggestion am besten zu weichen schienen, obwohl die

Indicationen noch lange nicht genügend anprobirt sind, und gewiss noch vieles hinzukommen wird.

Spontaner Somnambulismus.

Schmerzen aller Art, vor Allem Kopfschmerzen, Neuralgien, Ischias, Zahnschmerzen, die nicht auf Abscess beruhen etc.

Schlaflosigkeit.

Functionelle Lähmungen und Contracturen.

Organische Lähmungen und Contracturen (als Palliativmittel).

Chlorose (sehr günstig).

Menstruationsstörungen (Metrorrhagie wie Amenorrhoe).

Appetitlosigkeit und alle nervösen Verdauungsstörungen.

Stuhlverstopfung und Diarrhoe (wenn letztere nicht auf Catarrh oder Gährungen beruht). Magendyspepsie (incl. Pseudodilatationen).

Psychische Impotenz; Pollutionen; Onanie; conträre Sexualempfindung und dergl. mehr.

Alkoholismus und Morphinismus (durch Suggestion der totalen Abstinenz allein).

Rheumatismus muscularis et articularis chronicus. Hexenschuss.

Sogen. neurasthenische Beschwerden.

Stottern, nervöse Sehstörungen, Blepharospasmus.

Pavor nocturnus der Kinder.

Uebelkeit und Seekrankheit, Erbrechen der Schwangeren.

Enuresis nocturna (oft sehr schwierig, des tiefen normalen Schlafes wegen).

Chorea.

Nervöse Hustenanfälle (auch bei Emphysem).

Hysterische Störungen aller Art, incl. hysteroepileptische Anfälle, Anästhesie etc.

Schlechte Gewohnheiten aller Art.

Nach Wetterstrand auch Epilepsie, Blutungen etc.

Bei allen functionellen Nervenstörungen kann die Suggestion probirt werden.

Es werden noch viele andere Leiden in der Literatur aufgezählt. Man kann darüber in Liébeault, Bernheim, Wetterstrand, Ringier und Anderer Werke, vor Allem in den Jahrgängen der Zeitschrift für Hypnotismus, Leipzig bei Ambr. Barth nachlesen. Die obige Liste dürfte Jedem für den Anfang genügen und später stellt man sich seine Indicationen selbst. Zu erwähnen ist noch die Hervorrufung der Anästhesie für kleine chirurgische Operationen, besonders des Rachens und der Mundhöhle, auch bei Geburten.

Im Herbst 1890 war es mir möglich, Herrn Collega Dr. Wetterstrand in Stockholm zu besuchen, und was ich bei ihm sah, war in so hohem Grade interessant und belehrend, dass er mir verzeihen muss, wenn ich hier einiges darüber sage. Die Gelegenheit benutze ich, um ihm für sein Entgegenkommen herzlichst zu danken. Er hat die Methode Liébeault's nicht nur durch wissenschaftliche Vertiefung, Gründlichkeit und scharfe Kritik der Fälle, sondern auch durch praktische Einrichtungen bedeutend verbessert. In zwei grösseren, durch eine Thüre verbundenen Zimmern, in welchen durch Bodenteppiche etc. die Schallleitung ungeheuer gedämpft wird, stehen zahlreiche Sophas, Lehnstühle und Chaiseslongues. Von 9 bis 1 Uhr strömen täglich die Kranken zu Dr. Wetterstrand, werden zuerst genau untersucht und, wenn passend gefunden, in die genannten Zimmer geführt. Zuerst werden solche Kranke hypnotisirt, welche es schon gewesen sind. Die Suggestionen werden ihnen von W. so leise ins Ohr geflüstert, dass nur derjenige sie hört, der sie hören soll. Dadurch erreicht W. die mächtige Suggestionswirkung des Anblickes der vielen so rasch einschlafenden Leute und vermeidet die Störung der Massenwirkung der Suggestionen, d. h. einer jeden Suggestion, die nur für einen Kranken passt, aber z. B. in Nancy von anderen auch gehört wird. Will W. eine Suggestion für zwei oder mehrere Kranke geben, so erhöht er entsprechend die Stimme. Der neu angekommene Patient sieht sich mit Erstaunen um, sieht wie alle Anderen auf das leiseste Zeichen einschlafen oder wieder erwachen, sieht die günstigen Erfolge. Wenn dann nach längerer Zeit Dr. W. zu ihm kommt, ist er bereits so suggerirt, dass die Hypnose bei ihm nahezu nie misslingt. Dieser Methode verdankt auch Collega W. seine vorzüglichen Erfolge (97 % hypnotisch beeinflusste gegen nur 3 % unbeeinflusst bleibende Patienten bei einer Zahl von 3148 verschiedenen Personen). Wetterstrand lässt seine Kranken gern lange schlafen und findet, wie ich, dass es vortheilhafter ist, eine möglichst tiefe Hypnose mit Amnesie zu erzielen. Ich habe bei ihm erstaunliche Heilwirkungen gesehen und habe die feste Ueberzeugung bekommen, dass er dieselben nicht nur seinen hervorragenden persönlichen Eigenschaften, seiner Consequenz und seiner Geduld, sondern auch in hohem Grade seiner vorzüglichen Methode verdankt. Schon lange war es mir klar geworden, dass ich bei der Art und Weise, wie ich nur accidentell zwischen allerlei anderen Arbeiten diesen oder jenen Kranken hypnotisirte, einen bedeutenden Theil der Vortheile der Suggestion verlor (ich konnte es nicht anders einrichten). Nie wurde mir aber so klar wie bei Wetterstrand, auf welche Weise die Mehrzahl der Misserfolge sich bei seiner Methode vermeiden lassen. Man soll stundenlang vollständig und ungestört bei der Sache sein, seine Kranken den einen durch den anderen indirect beeinflussen lassen, dabei aber alles scharf beobachten und notiren, keinen Vortheil, keinen Wink verlieren, um bei Jedem immer tiefer einzuwirken, und so die möglichst maximale Wirkung bei Jedem erreichen. Ich sah bei W. einen hypochondrischen Melancholiker durch seine Beharrlichkeit und durch die Umgebung bald beeinflusst werden, was zu den schwierigsten Aufgaben gehört. Es werden manche Leser des Buches Wetterstrand's (Der Hypnotismus und seine Anwendung in der praktischen Medicin, Wien 1891 bei Urban und Schwarzenberg) ungläubig den Kopf schütteln, wenn er seine einzig dastehenden Heilerfolge bei Morphinismus z. B. schildert. Hätte ich ihn nicht operiren sehen, so wären mir selbst vielleicht noch grosse Zweifel geblieben. Nur bezüglich der Epilepsie behalte ich noch Zweifel, was die Diagnose betrifft.

Bezüglich der letzteren muss ich immer noch grosse Reserven machen. Ich glaube, dass nur gewisse Fälle durch Suggestion zu heilen sind. In einem Fall mit langer Aura gelang es mir seitdem auch, die Aura zu coupiren und die Epilepsie zu heilen. In einem höchst lehrreichen Falle (Ein Fall von epileptischer Amnesie, durch hypnotische Hyperamnesie beseitigt, Zeitschrift für Hypnotismus Bd. VIII, Heft 3, 1897) gelang es Carl Gräter in sicher nachgewiesener Weise durch Hypnose die Erinnerung einer amnestischen Periode bei einem Epileptiker wieder hervorzurufen. Die Epilepsie wurde jedoch nicht geheilt.

Mit Recht betont Wetterstrand (l. c.) wie Bernheim, dass man die palliative Wirkung der Suggestion als Schlaf erzeugendes und Schmerz stillendes Mittel bei schweren unheilbaren Leiden, wie Tuberculose, Krebs und dergl. viel zu sehr unterschätzt. Ich möchte hinzufügen, dass man noch mehr ihren ungeheuren Werth in der alltäglichen Medicin als Abführmittel, Appetit und Schlaf erzeugendes Mittel, Mittel zur Regulirung der Verdauung, der Secretion, der Menstruation überhaupt viel zu niedrig anschlägt. Darin ist sie unschätzbar und ganz ungefährlich im Gegensatz zum schändlichen Missbrauch, der mit Narcoticis und Alkohol von so vielen Aerzten getrieben wird. Selbst bei hohem Fieber kann man durch Suggestion den Schlaf erzeugen.

Ringier (Erfolge des therapeutischen Hypnotismus in der Landpraxis, München bei Lehmann, 1891) hat die von ihm behandelten 210 Fälle unter folgende Gruppen vertheilt:

I. Dynamische Neurosen motorischer, vasomotorischer oder secretorischer Natur.
II. Dynamische sensible Neurosen; Neuralgien.
III. Schlaflosigkeit.
IV. Allgemeine cerebrale Neurosen (resp. leichtere Psychosen).
V. Rheumatische Affectionen.
VI. Intoxicationen.
VII. Verschiedene Fälle.

Davon wurden:
1. Geheilt mit späterer Nachricht andauernder Heilung 73 Fälle,
2.   „   ohne   „   „   „   „   15 „
3. Bedeutend gebessert mit oder ohne Nachricht   64 „
4. Leicht   „   „   „   „   „   19 „
5. Misserfolg der Hypnose oder nicht gebessert   25 „
6. Abbruch der Behandlung (meist gleich am Anfang) 12 „
7. Hypnose für chirurgische Fälle   2 „
                                        Summa 210 Fälle.

Ringier klagt mit Recht über die misslichen Folgen des häufigen frühzeitigen Abbruches der Behandlung in der Landpraxis. Die meisten Gebesserten wären bei etwas Ausdauer zweifellos ganz geheilt worden.

Aus den vielen interessanten Tabellen ist noch hier hervorzuheben:

27 Recidive bei den bedeutend Gebesserten,
 9   „   „   „   „   leicht   „

somit im Ganzen 36 Recidive, die alle zu den nur Gebesserten gehörten.

Ferner:

Grade	Heilung mit Nachricht	Heilung ohne Nachricht	Bedeutende Besserung	Leichte Besserung	Misserfolg
Somnolenz . .	18,75 %	—	6,25 %	6,25 %	43,75 %
Hypotaxie . . .	24,45 %	8,62 %	31,89 %	14,21 %	12,07 %
Somnambulismus und tiefer Schlaf	48,05 %	5,19 %	33,76 %	6,49 %	5,19 %

Von 209 Hypnotisirten (bei einem fehlt die Angabe) verfielen:

in Somnolenz 16,
in Hypotaxie 116,
in Somnambulismus oder tiefen Schlaf 77.

Ausserdem fand Ringier 12 (von 221) vollständig refractäre Personen, bei welchen in Folge dessen die suggestive Behandlung nicht vorgenommen werden konnte.

In Procenten ausgedrückt ergibt dieses:

Refractäre . . . . 5,43 %,
Somnolenz . . . . 7,24 %,
Hypotaxie . . . . 52,49 %,
Somnambulismus und tiefer Schlaf 34,84 %.

Dauer der Behandlung, resp. Zahl der Sitzungen:

In 94 Fällen nur 1 Sitzung,
„ 43 „ „ 2 Sitzungen,
„ 23 „ „ 3 „
„ 12 „ „ 4 „
„ 4 „ „ 5 „
„ 8 „ „ 6 „
„ 1 Fall „ 7 „
„ 4 Fällen „ 8 „
„ 21 „ mehr als 8 „

Von den letzteren waren je 1 Fall mit 35, 21 und 20 Sitzungen, alle anderen unter 20.

Diese Tabelle widerlegt glänzend die Behauptung unserer Gegner, welche die suggestive Therapie mit der Angewöhnung an das Morphium vergleichen wollen.

Es sind dies nur einige summarische Auszüge aus einigen der zahlreichen, mit peinlichster statistischer Gewissenhaftigkeit nach allen Seiten hin kritisch beleuchteten Tabellen der Arbeit des Herrn Dr. Ringier, dessen Hauptsorge es war, um keine Linie von der objectiven Beobachtung abzugehen und seine Resultate ja nicht zu günstig erscheinen zu lassen. Diese Resultate bestätigen diejenigen seiner Vorgänger und unsere Ansicht.

Ich selbst habe früher in Zürich für die Studenten der Medicin einen poliklinischen Curs über suggestive Therapie Samstag von 2½—4 Uhr gehalten. Die Kranken kamen von der Stadt. Ich untersuchte sie vorher und liess sie dann, nach Wetterstrand's Vorbilde, alle zusammen vor den Studenten auf Lehnstühlen sich

setzen. Ich fing mit solchen an, die schon hypnotisirt worden waren,
was mir jede Vorbereitung für die neuen ersparte. Kam ich dann zu
den letzteren, so waren sie meistens bereits schon derart beeinflusst,
dass sie sofort einschliefen. Den scheinbar Refractären erklärte ich,
mit Bernheim, sie seien schon beeinflusst, der Schlaf sei nicht
nöthig. Ich benutzte dann eventuell Amulets, Metallstücke und dergl.
mit suggerirten Strömen, und so wurden nach einer oder zwei
Sitzungen nahezu alle auch hypnotisirt (manche freilich nur hypotactisch). — Eine Zusammenstellung der Fälle und der Resultate
habe ich jedoch aus Mangel an Zeit nicht gemacht, obwohl ich auf
diese so einfache Weise, trotz der störenden Anwesenheit der
Studenten (viele Kranke sind dadurch genirt), trotz der nur ein
Mal wöchentlich (manchmal zwei Mal für schwierigere Fälle) er-
folgenden Hypnotisirung, und trotz des für den Unterricht nothwendigen lauten Suggerirens, endlich trotz der oft sehr un-
geeigneten Qualität der Fälle, recht gute therapeutische Erfolge
erzielt habe.

Seit 1898 habe ich in Chigny, auf dem Land, nur gelegentlich
einige Kranke (im Ganzen 121) nach Wetterstrand's System suggestiv behandelt. Von denselben blieben nur 2 ganz refractär
(1,7 %); 13 (10,7 %) wurden nur mehr oder weniger somnolent;
64 (52,9 %) hypotactisch und 42 (34,7 %) somnambül. Eine grössere
Zahl waren ungeeignete, verzweifelte Fälle; andere kamen nur
ein oder zwei Mal und blieben dann weg, so dass die Statistik
der Erfolge und Misserfolge nicht viel besagt. Die Zahl der
Somnambülen hätte sich bei besserem Material und mehr Geduld
stark vermehrt.

Summarisch handelt es sich um folgende Fälle (h. = geheilt,
b. = gebessert, u. = ungeheilt).

I. Eigentliche Psychosen. 14 Fälle, natürlich ohne wesentlichen Erfolg. Bei einer Paranoia wurden jedoch die subjectiven
Symptome stark gebessert. (Der Mann wünschte dringend die Hypnose.) Ein Idiot wurde von seinen Migränen curirt. Bei einem
Fall schwerer eingewurzelter periodischer Melancholie gelang es
mir, nachdem zunächst der Eintritt des Anfalles verzögert worden
war, den nunmehr doch eingetretenen Anfall suggestiv eine Zeit
lang fast ganz zu coupiren. Nach wenigen Wochen trat er jedoch
allmälig wieder ein. Ringier ist es früher schon gelungen, einen
leichten, noch frischen, von mir diagnostisch festgestellten Fall
periodischer Melancholie durch Suggestion in den Intervallen zu

curiren. Viel ist dadurch nicht bewiesen. Dennoch sind diese Beobachtungen mindestens beachtenswerth.

II. Diverse Psychopathien (constitutionell). Hier wird unter „geheilt" die Heilung der pathologischen Erscheinungen verstanden, für welche ich consultirt wurde. 15 Fälle, darunter 1 refractärer und 1 gleich wieder fort. Von den 13 übrigen wurden: h. 4, b. 5, u. 4.

III. Hypochondrie. 5 Fälle, wovon 4 ungeheilt und 1 wesentlich und dauernd gebessert. Im Allgemeinen halte ich die Hypochonder für durch Suggestion unheilbar und versuche diese Behandlung nicht mehr.

IV. Hysterie. 15 Fälle. Eine Kranke ging gleich wieder weg. Von den 14 übrigen wurden: h. 9, b. 3, u. 2.

V. Astasie-Abasie. 1 Fall b.

VI. Zwangsvorstellungen. 2 Fälle: 1 fort, 1 u. (auch bald fort).

VII. Stottern. 2 Fälle: b. 1; etwas b. 1.

VIII. Blepharospasmus. 1 Fall b.

IX. Trigeminusneuralgie. 1 Fall etwas b.

X. Epilepsie. 2 Fälle u.

XI. Zosterneuralgie. 1 Fall wesentlich b. (73jährige Frau).

XII. Schreibkrampf. 1 Fall u.

XIII. Herzneurosen. 2 Fälle h.

XIV. Diverse Neurosen. 6 Fälle: h. 1, b. 2, u. 3.

XV. Schlaflosigkeit. 10 Fälle, wovon 1 refractär und 2 nicht wieder kamen. Von den 7 übrigen wurden: h. 4, b. 3, u. 0.

XVI. Enuresis nocturna. 4 Fälle: h. 2, b. 2, u. 0.

XVII. Profuse, zu häufige Menses. 2 Fälle: beide geheilt.

XVIII. Hartnäckige Cephalalgien. 7 Fälle: h. 7, b. 0, u. 0. 1 Fall war mit Nierenschrumpfung und Albuminurie verbunden und ist trotzdem dauernd geheilt. 2 weitere Fälle kamen von Gymnasiumüberarbeitung. Einer derselben betraf einen jungen Mann, der so schwer litt, dass er nahe daran war, seine Studien aufzugeben. Es gelang jedoch ihm nach 14 Tagen eine tüchtige Arbeitsfähigkeit wieder zu verschaffen, so dass er nach wenigen Monaten, ohne Recidiv der Kopfschmerzen seine Maturität gut bestand.

XIX. Wirkliche Neurasthenie nach Beard, d. h. cerebrale Erschöpfung nach Ueberarbeitung. 3 Fälle: 2 h.,

1 leicht b. Der letztere Fall ist nicht rein, weil mit Satyriasis und Psychopathie verbunden. Dafür können die 2 unter XVIII erwähnten Fälle hinzugerechnet werden. Bei allen war übrigens eine psychopathische Anlage, wenn auch nicht hochgradig, zu constatiren. In 3 von den 4 reinen Fällen war die Gymnasial-überarbeitung, in 1 diejenige der Hochschule, in allen 4 Fällen vor dem Examen an der Erschöpfung schuld. In allen Fällen sug-gerirte ich den Leuten das Auswendiglernen total sein zu lassen, und ihre Schularbeit als Verstandessport, mit Interesse für die Sache zu betreiben. Ferner suggerirte ich ihnen die Examenangst weg, dafür guten Schlaf, guten Appetit und grosse Frechheit, Geistes-gegenwart und Gemüthlichkeit im Examen. Dies hatte den besten Erfolg, war auch bei unserem leider noch vielfach, besonders in den Gymnasien üblichen, vorsündfluthlichen System des Studiums und des Examens durchaus adäquat und berechtigt.

XX. Impotenz. 2 Fälle: beide geheilt. Der eine Fall be-traf einen verheiratheten, früher äusserst continenten, aber psycho-pathischen Mann, der, so lang er lebte, nur im Schlaf Pollutionen gehabt hatte, somit den Orgasmus im Wachzustand nicht kannte. Daher Impotentia coeundi, trotz Libido. Es gelang zuerst gute Erectionen in der Hypnose zu erzeugen. Dann wurden Com-plicationen von Seiten der Frau (Hymen und Vaginismus) operativ beseitigt. Der Beischlaf gelang in der Hypnose nicht ganz, aber, in Folge der Suggestionen, durch consequente Fortschritte nach einiger Zeit. Eine Gravidität der Frau hat bereits den Erfolg fest-genagelt.

XXI. Stuhlverstopfung. 6 Fälle: h. 3, b. 1, u. 2 (unter den letzten war 1 Fall, wo nur leichte Somnolenz gelang).

XXII. Erworbene[1]) conträre Sexualempfindung. 1 Fall mit sehr gutem Erfolg. Es gelang bereits normale Libido mit ent-sprechenden Träumen wieder zu erzeugen.

XXIII. Ischias. 4 Fälle: 1 h., 3 u. Die letzteren unter-brachen die Behandlung nach einer oder zwei Sitzungen.

XXIV. Verdauungsstörungen. 3 Fälle. 1 Fall ging gleich weg. Von den 2 anderen: h. 1, b. 1.

XXV. Chorea: b. 1, u. 1.

XXVI. Chlorose. 1 Fall geheilt.

---

[1]) Bei angeborener verwende ich aus ethischen Gründen die Suggestion nie, weil eine „Heilung" nur Unheil anrichten kann.

XXVII. Rheumatische Schmerzen. 2 Fälle geheilt.
XXVIII. Arthritis deformans. 1 Fall, natürlich ungeheilt,
nur um die bittende Kranke zu beruhigen, einige Male hypnotisirt.
XXIX. Asthma, Schwindelzufälle. Area Celsi mit Neuro-
pathie. 3 Fälle ungeheilt. 1 heilbarer Fall lief sofort weg, 1 unheilbarer desgleichen. Bei einem früher von einem Collegen erfolgreich behandelten Asthmafall bildeten sich in Folge des langen
Weges störende Erscheinungen, die zu Autosuggestionen und Misserfolg führten.
XXX. Pädagogik. 1 Fall. Zehnjähriger Schulbube, der in
Folge der pedantischen Unterrichtsmethode einerseits und der Suggestion ungezogener Buben andererseits seine Knabenehre in Buben-
streichen und Unaufmerksamsein setzte. Erfolg merklich.

Für weitere Winke in der praktischen suggestiven Therapie
verweise ich auf die „Zeitschrift für Hypnotismus" (1892 bis
1901), redigirt von Dr. Oscar Vogt. Es seien hiebei die interessanten casuistischen und kritischen Arbeiten der Herren Brod-
mann, Brügelmann, Löwenfeld, Rauschburg, Delius,
Tuckey, Bonjour, Ringier, Bramwell, Baur, Gräter,
Monier, Inhelder, Hilger, van Straaten, Seif, Cullerre etc.
erwähnt, auf deren Einzelheiten hier nicht eingegangen werden kann,
und die alle in genannter Zeitschrift enthalten sind.

Alkoholismus und Morphinismus. Lloyd Tuckey (The Value
of Hypnotism in Chronic Alcoholism, London, Churchill, 1892) und
Hirt empfehlen die Suggestion zur Behandlung des Alkoholismus.
Hier müssen wir vor einem grossen Missverständniss warnen. Es
ist ein geradezu thörichtes und verderbliches Unternehmen, durch
Suggestion einen Säufer zu einem „mässigen Trinker" machen zu
wollen, wie es Hirt thun will. Es wird dadurch gegen das erste
Gebot eines dauernden Erfolges der Suggestionstherapie gesündigt,
indem man die schädigende Krankheitsursache nach dem Erfolg
fortwirken lässt. Es gibt zwar keine Regel ohne Ausnahme und
es mag in seltenen Fällen ein nicht zu sehr eingefleischter Trinker,
der nicht aus hereditärer Anlage, nicht aus Psychopathie, sondern
in Folge bestimmter Umstände, die man beseitigt haben mag, zum
Alkoholmissbrauch verleidet wurde, auf solche Weise mässig werden.
Aber in weitaus den meisten Fällen wird man durch die Gegensuggestion, die der Alkoholgenuss und die Geselligkeit bewirken,
früher oder später Rückfälle erleben, wie ich es regelmässig bei

den Trinkern beobachte, die wieder mässig zu trinken beginnen
wollen. Die meisten Trinker sind überdies individuell prädisponirt
und werden durch die Angewöhnung resistenzunfähig gegen Alkohol.
Soll also die Suggestion bei der Therapie des Alkoholismus von
ernstem Nutzen sein, so muss man den definitiven und absoluten
Abscheu gegen alle geistigen Getränke, die vollständige, lebens-
längliche Enthaltsamkeit derselben und womöglich den Anschluss
an einen Abstinenzverein suggeriren. Darin stimmt mir auch
Tuckey bei; darin liegt auch zweifellos das Geheimniss der berühmten theuren „Goldcure“ der Alkoholiker von Keely. Keely
suggerirt seinen Kranken keine Mässigkeit, sondern absolute Abscheu vor allen geistigen Getränken.

Bei der Morphiumentziehungscur thut man ja (Verein ausgenommen) das Gleiche. Aber es gibt für das Morphium keine
verführende Geselligkeit, keinen gesellschaftlichen Trinkzwang, wie
für den Alkohol. Desshalb ist für den letzteren die alkoholfreie
suggestive Geselligkeit des Enthaltsamkeitsvereins so eminent
wichtig.

Ich habe selbst durch Suggestion manche Trinker zur Abstinenz gebracht. Doch, wie Bonne (Wiener medicinische Presse
Nr. 45, 1901) richtig betont, suggerirt der abstinente Arzt weit besser,
weil sein Beispiel und die innere Ueberzeugung bei der Suggestion
mitwirken. Ich hatte schon 1888 (Nr. 26 der Münch. med. Wochenschr.)
die guten Erfolge der Suggestion bei Alkoholismus statistisch gezeigt.

VII. Hypnotismus und Psychotherapie.

Seitdem sich die Suggestion in der Medicin eine gewisse Anerkennung verschafft hat, sind eigenthümliche Erscheinungen in ihrer
Beurtheilung aufgetreten. Der Arzt, wie der junge Studiosus medi-
cinae, hört viel von Suggestion sprechen, liest auch gelegentlich
davon. Es wird viel darüber am Biertisch theoretisirt, aber die
Sache selbst wird an den Hochschulen, mit ganz seltenen Ausnahmen, weder gelehrt, noch gelernt. Diejenigen, die darüber urtheilen, besitzen selten sachliche Erfahrung.

Aus diesem oberflächlichen Gerede ist eine Art officielles, oft
mit grosser autoritativer Arroganz ausgesprochenes Axiom entstanden, das etwa so lautet:

Die Wachsuggestion, die Psychotherapie, das sei etwas sehr

Wichtiges und Richtiges, das jeder gute Arzt kennen müsse, und eigentlich auch von jeher intuitiv gekannt habe, aber der Hypnotismus, das sei etwas ganz Anderes, etwas Verdächtiges, Unwissenschaftliches, Hocuspocus, Charlatanerie — wenigstens anrüchig — oder dann Schädliches, oder gar Gefährliches.

Für den, der die Suggestion kennt, wirkt dieses Gerede unglaublich komisch. Es gehört wirklich eine gewaltige Oberflächlichkeit und eine merkwürdige psychologische Myopie dazu, um aus der gleichen Sache zwei Disciplinen zu construiren. Darauf, ob bei der Psychotherapie eine etwas grössere oder kleinere Dosis Schlaf suggerirt wird, kommt es schliesslich zur Beurtheilung ihres Wesens nicht an. Wer psychotherapeutisch beeinflusst ist, steht unter suggestivem Einfluss, d. h. seine Gedankendynamik wird als Energiequelle zur dissociativen Beeinflussung aller solcher Störungen benutzt, die mehr oder minder vom Gehirn direct oder indirect abhängen. Die Frage, ob dies Hypnose oder Psychotherapie, ist ein Streit um des Kaisers Bart.

Einen hochfahrenden Erguss genannter Art hat z. B. Dr. Dubois im Correspondenzblatt für Schweizer Aerzte vom 1. Februar 1900 losgelassen. Derselbe wurde bereits trefflich von Dr. Ringier widerlegt, der ihm nachwies, dass die hypnotisirenden Aerzte gerade dasjenige thun und lehren, worüber er sie vorwurfsvoll zu belehren sich einbildet.

Wir bestreiten keineswegs, dass es Schwindler gibt, die hypnotisiren, und dass es Hypnotiseurs gibt, die geistlos, mechanisch, ohne genügende Individualisirung die Verbalsuggestion benutzen. Die gleichen Gebrechen findet man jedoch bekanntlich in allen Gebieten der Medicin und es ist eine wohlfeile und unwürdige Verunglimpfung, sie, wie Dubois, statt der einzelnen Person, den Vertretern der ganzen Disciplin vorzuwerfen, und sich dabei auf Spitzfindigkeiten wie die Aetiologie des Wortes Suggestion oder auf allgemeine Verdächtigungen zu stützen.

Ich warne ferner davor, mit allgemeinen psychologischen und psychopathologischen Worten, wie Wille, Nervosisät, Neurasthenie, psychisch etc. um sich zu werfen, wie es Dubois u. A. m. thun[1]).

---

[1]) Z. B. folgende Phrase Dubois': „Die Nervosität, unter welchem Namen ich die Hysterie, die Neurasthenie und alle verwandten Mischformen auffasse, ist ein psychisches Uebel, ein Gemüthszustand!" Also alles in einem bequemen Sack, ob unheilbare Hypochondrie oder leicht heilbarer Fall, und das Alles ist „ein Gemüthszustand!" — Punctum!

Man muss sehr genau analysiren und individualisiren, um herauszufinden, welche Art Grundleiden hinter den mannigfachen neuropathologischen Erscheinungen steckt, ob hysterische Dissociation, hypochondrische Zwangsvorstellung, epileptische Grundlage, Psychose, oder gar organisches Hirnleiden, wie viel Erworbenes und Hereditäres dabei vorhanden ist, welche Rolle die wirkliche Erschöpfung der Nervencentren spielt u. A m. Je nachdem wird man sich zu richten haben.

Nach dem Vorgehen Freud's wird man stets nach ursächlichen früheren emotiven psychischen Traumen, besonders für hysterische Störungen forschen. Aber dieses muss mit grösster Schonung und Vorsicht geschehen, denn durch Verletzung des Tactes und des Anstandes kann man da oft mehr schaden als nützen, indem man verletzende Fragen stellt. Ferner darf man aus dieser Einzelerscheinung kein Dogma construiren, wie es Freud thut.

Die Psychotherapie ist suggestive Therapie, wird sich aber je nach den Fällen ganz verschieden entfalten. Zur Beseitigung eines einfachen Kopfwehs wird in der Regel die gewöhnliche Verbalsuggestion genügen. Handelt es sich aber um eine Disposition, so wird man meistens alle möglichen damit verbundenen Gewohnheiten, erbliche Anlagen, Gemüthsverhältnisse etc. herausfinden, deren Regulirung Aufgabe der Psychotherapie wird.

Es ist in den modernen Nervensanatorien Mode geworden, eine Reihe Curmethoden anzuwenden, wie Massage, Mastcuren, Bettcuren, Hydrotherapie, Elektricität und dergl. m., deren Wirkung theils auf Förderung des Stoffwechsels, theils auf Suggestion, theils auf Ueberernährung beruht. Dieselben sind meistens recht theuer und können gewöhnlich vortheilhaft durch Velociped, Fusstouren, Bergtouren, Bad im Freien und Schlaf ersetzt werden. Freilich nützt in vielen Fällen der Zwang des methodischen Gehorsams und das Gefühl, dass man für sein Geld etwas haben muss. Der grosse Nachtheil aller dieser Curen ist, dass oft nach ihrem Ende das alte Geleise mit den alten Schädigungen wieder beginnt.

Die Psychiatrie hat ihrerseits die Beschäftigung, besonders mit Landwirthschaft, als Haupttheilmittel für chronische Geisteskranke immer höher schätzen gelernt.

Ich habe selbst 1894 in Verein mit Herrn Ingenieur Grohmann eine Beschäftigungstherapie für Nervenleidende anempfohlen, die auch P. J. Möbius stark vertreten hat. Hiebei bemerkte Herr Grohmann selbst, wie oft eine Verbindung der suggestiven Therapie durch Dr. Ringier mit seinen mechanischen Beschäftigungen der Kranken nützlich war.

Endlich, wenn man mit der gewöhnlichen Verbalsuggestion oder mit erweiterten psychotherapeutischen Einflüssen, unter welchen Musik, geistige und körperliche Unternehmungen etc. eine Rolle spielen, nicht auskommt, wird man Curen, Arzneimittel, Massagen und dergl. m., je nach dem Fall, einzuflechten haben. Die Weir Mitchell'sche Bettmastcur z. B., die bei wirklich erschöpftem Gehirn und Körper vorzüglich wirken kann, kann geradezu recht viel schaden, wenn sie kritiklos für alle möglichen Fälle angewendet wird.

Ich habe nun in der Zeitschrift für Hypnotismus (Bd. X) einige psychotherapeutische Fälle eigener Art mit deren Erklärung mitgetheilt und will dieselben hier erwähnen.

Mein Hauptgedanke bei der Sache war der, dass nicht die Muskelarbeit an und für sich, sondern vor Allem die centrifugale Concentration der Aufmerksamkeit auf die zielbewussten Muskelinnervationen einer zweckmässigen, den Geist befriedigenden Beschäftigung das Gehirn von pathologischen Thätigkeiten ablenkt und heilend wirkt. Geisttödtende Muskelarbeit, wie hygienisches Turnen, Arbeiten mit Hanteln oder Ergostat etc., befriedigt erstens nicht, und hindert vor Allem die Aufmerksamkeit nicht daran, auf Abwege zu gerathen. Ferner können solche unnütze Thätigkeiten nicht dauernd als Lebensberuf betrieben werden.

Nicht alle Neuropathen eignen sich aber für Gärtnerei, Tischlerei oder Landwirthschaft, und mit gewöhnlichen Suggestionen des guten Schlafes, des Appetits, der normalen Functionen etc. ist die Pathologie des Hirnlebens noch lange nicht erschöpft. Man weiss ferner, dass Genie und Irrsinn verwandt sind. Wenn aber bekannt ist, dass manches Genie an Irrsinn zu Grunde ging, dürfte vielleicht den Aerzten weniger klar sein, dass unter dem Bilde gewisser Formen von Hysterie und anderen Psychopathien manche Genies oder wenigstens Talente schlummern und schmachten wie ein Vogel im Käfig, sowie dass die übliche Schablonentherapie der Nervenärzte die Schwingen des Vogels lähmt, statt sie zu befreien. Wenn irgendwo, so ist da eine richtige Diagnose und eine individualisirende Therapie am Platz. Nicht Jeder, der sich als Genie fühlt, ist ein Genie. Es muss hier die Erfahrung des Irrenarztes unter 100 verfehlten, an Grössenwahn und Geistesschwäche leidenden Gehirnen die wenigen herausfinden, welche „doch nicht an und für sich verfehlt sind", sondern umgekehrt einen Schatz hoher Begabungen enthalten, welche nur durch gewisse Störungen in ihrer Entwicklung gehemmt und gelähmt werden. Hat man aber unter den vielen hilfesuchenden Nervenkranken (lies Hirnkranken oder Encephalopathen) einen solchen verborgenen, in Fesseln liegenden Schatz entdeckt, dann ist es eine hohe Pflicht, den Pfad der Schablone zu verlassen, und dem Adler die Schwingen zurück zu geben. Hypnose und Beschäftigung mit Handarbeiten können hiebei als Hülfsmittel vortreffliche Dienste leisten. Aber die Hauptsache bilden sie hier nicht. Man muss durch Liebe und intimeres Eindringen in alle Seiten des Seelenlebens des Kranken sein volles Vertrauen gewinnen, alle Seiten seines Gefühles mitspielen, sein ganzes Leben sich erzählen lassen, dasselbe mit durchleben und sich selbst vom Gefühlleben des Betreffenden durchdringen, dabei natürlich das sexuelle Empfinden nie aus dem Auge lassen, das ja so ungemein je nach den Menschen wechselt und ein zweischneidiges Schwert bedeutet. Dass der Arzt selbst dabei gepanzert sein muss, brauche ich hier nur anzudeuten, so wichtig es auch ist. Man darf natürlich hier nicht nach der gewöhnlichen ärztlichen Schablone verfahren, die nur die Samenentleerung resp. den Coitus und die Schwangerschaft zu beachten pflegt, sondern man muss sorgfältig alle die mit der Sexualsphäre mehr oder minder zusammenhängenden höheren Regionen des Gemüthes, des Intellects und des Willens berücksichtigen. Ist dies geschehen, dann suche man den rechten definitiven Lebenszweck für den Kranken und führe ihn resolut und voll Vertrauen hinein. Man wird sich dann oft wundern, alle psychopathologischen Störungen wie durch einen Zauber schwinden, und aus dem unglücklichen, unfähigen Nervenkranken einen thatkräftigen, leistungsfähigen, bedeutenden, vollwerthigen Menschen entstehen zu sehen, der durch Arbeitsleistung sogar seine Mitmenschen in Erstaunen setzen kann, und dem Arzt, der ihn behandelt hat, ein lieber Freund bleibt. Aus einem Unglücklichen wird ein Glücklicher, aus einem „Verfehlten" ein Talent oder gar ein „Genie", aus einem Kranken ein Gesunder.

Nun kurz einige Beispiele. Meine bezüglichen Freunde mögen sich darin erkennen. Im Interesse der Menschen werden sie mir aber diese Veröffentlichung verzeihen.

I. Ein sehr gebildetes Fräulein, Tochter eines begabten Vaters und einer sehr nervösen Mutter, galt als weniger begabt als ihre Geschwister, war von Hause aus nervös und wurde immer hysterischer. Schliesslich kamen sehr schwere Lähmungserscheinungen; sie kam in die Irrenanstalt. Zuerst durch gewöhnliche Hypnose ziemlich geheilt, wurde sie nach Monaten mit fast totaler Unfähigkeit zu gehen, rückfällig, und dann durch eine feste landwirthschaftliche Thätigkeit bei Bauern wieder curirt. Doch war sie unglücklich keinen Lebenszweck zu haben. Nicht ohne Bedenken erlaubte ich ihr, ihrem sehnlichen Wunsch nachzugehen und Krankenpflegerin zu werden. Ihre Eltern fürchteten sehr die Nachtwachen; doch wurden diese mit Hülfe einiger bezüglichen Suggestionen ohne Beschwerde ertragen. Begeistert nahm sie ihren Beruf auf, setzte denselben, so schwer er war, durch, und wurde immer thätiger in allen Richtungen. Heute ist sie nun in einem Grossartiges leistenden philanthropischen Damencomité eines der thätigsten Mitglieder.

II. Ein Arzt litt seit längerer Zeit an schweren, angeblich neurasthenischen Störungen und suchte sich vergebens mit allerlei Mitteln zu curiren. Er kam zu mir und klagte mir sein Leid. Ich machte ihm Muth, rieth ihm alle jene Störungen nicht zu beachten, betonte seine höheren Lebenszwecke. Wir einigten uns auf solche. Er ging. Später schrieb er mir, durch jene einzige Unterredung sei er geheilt worden.

III. Ein junger Mann, mässig erblich belastet, aus sehr streng religiöser Familie, sehr begabt, wurde nervenkrank, und zwar an Geistesstörung grenzend. Er machte einen schweren Selbstmordversuch, kam in Nervenheilanstalten nach totaler Unterbrechung seiner Studien. Die Prognose wurde sehr düster gestellt. Er konnte absolut nicht mehr arbeiten, litt an Kopfschmerzen, Schlaflosigkeit, Unfähigkeit irgend eine geistige Arbeit mit Aufmerksamkeit zu verrichten. Was er las, beachtete er nicht. Düster und verzweifelt, zeigte er jedoch keine Symptome melancholischer Hemmung und dergl. Er war sich über seine Psychopathie und „verfehlte Existenz" völlig klar. Er hatte noch an allerlei zwangsartigen Vorstellungen und Handlungen gelitten, die ihm Streiche gespielt hatten. Man brachte ihn mir als verzweifelten Fall. Bald fiel mir die Begabung des jungen Mannes auf. Intimerer Verkehr verrieth mir bei ihm ein total unbefriedigtes inneres Wesen. Streng orthodox erzogen, konnte er an jene religiösen Dogmen nicht glauben, und hielt sich dadurch schon für verworfen und verloren. Auch war ihm das erzwungene formelle Lernen, in dem er erzogen wurde, ein Greuel. Sein Leben schien ihm zwecklos. Zuerst beruhigte ich ihn über die Religion und zeigte ihm, dass man ohne positiven Glauben ein glücklicher und vollwerthiger Mensch sein kann. Ferner zeigte ich ihm, dass das auswendige Lernen der Geist der Geistlosen ist, und dass das einfache mit Interesse Verstehen viel höher steht. Ich hiess ihn nichts mehr zu lernen zu versuchen, sondern nur noch zu forschen und mit Interesse das zu lesen, was ihn interessire, ohne sich darum zu kümmern, ob er es behalte oder nicht. So weckte ich in ihm wieder Vertrauen und etwas Freude am Leben. Er fing an, seine Bücher mit Freude und Interesse

zu lesen, statt darin mit Ekel zu lernen. Als Philosoph und Freidenker
lebte er wieder auf. Nun wurde er begeisterter Abstinenzler, half mir
neue Abstinenzorganisationen gründen. Mein Patient, den ich Anfangs
wegen Suicid bewachen lassen musste, wurde bald mein Freund und
Mitarbeiter. Eine nach der anderen schwanden die Nervenstörungen;
zum Schluss machte er zu seiner definitiven Erholung mit meiner Zu-
stimmung eine längere Reise allein in einem wilden heissen Lande und
kam völlig geheilt und selbstvertrauend zurück. Er nahm nun seine
Studien wieder auf, bestand einige Jahre später sein Schlussexamen,
s u m m a c u m l a u d e , w u r d e v o n a l l e n s e i n e n K a m e r a d e n
w e g e n s e i n e r e n o r m e n A r b e i t s k r a f t b e w u n d e r t , und führt
nun ein durchaus geregeltes normales Leben.

        IV. Eine hysterische Dame, hochbegabt, aber von Kind auf psycho-
pathisch, mit Anfällen grosser Hysterie, durch verschiedene Dinge, specieller durch das Zusammenleben mit einer nahen Verwandten hochgradig
aufgeregt, consultirte mich vor vielen Jahren in Zürich. Sie wollte aus
diversen Vernunftsgründen nicht heirathen, trotz zahlreichen Gelegenheiten hierzu. Ich versuchte die Hypnose. Dieselbe trat mit tiefem
hysterischen Schlaf ein, und K r ä m p f e b e g a n n e n s i c h z u z e i g e n .
Ich weckte sie mit Mühe und Gewalt auf, sagte ihr kühn, der Erfolg
sei über Erwarten stark; nun werde sie baldigst genesen; sie sei nur
etwas zu s t a r k beeinflusst gewesen. Von da an suggerirte ich ihr fast
nur noch im Wachzustande. Nach relativ kurzer Zeit waren fast alle
Störungen weg, auch die vorhanden gewesene Obstipation, u n d n a m e n t -
l i c h d i e K r ä m p f e . Doch erklärte ich ihr, die Hauptsache für sie
sei die A r b e i t , und zwar ein Lebenszweck. Sie wollte keine Familie
gründen, interessirte sich aber schon lange für ein bestimmtes, gemein-
nütziges Werk. Nun ging's darauf los! Statt Badecuren, Electricität
und Massagen gab ich ihr eine Reihe Bücher über den Gegenstand ihres
Lieblingsstudiums zu lesen, sowie Empfehlungen für Koryphäen der bezüglichen und verwandten Werke. Sie ging mit Begeisterung an die
Arbeit, zeigte bei Allem grosses Interesse, ebenso grosses Verständniss
und eine staunenswerthe Arbeitskraft. Dabei wurde sie täglich besser
und reiste nach einigen Wochen ab. Später hat sie in kurzer Zeit in
ihrem gemeinnützigen Werk Bedeutendes erreicht.

        V. Ein begabter Mann, von hysterischer, impulsiver Consti-
tution, erkrankte in Folge von Gemüthsaufregungen, verursacht durch
peinliche Vorkommnisse. Es bildeten sich bei ihm der Reihe nach verschiedene, anscheinend sehr schwere Geistesstörungen, darunter ein Mal
ein vollständiger Verfolgungswahn mit Hallucinationen. Im Ganzen war
er 2 Jahre krank, bevor er zu mir kam. Mitgewirkt hatten die bösen
Prognosen, die ihm gestellt wurden. Ein Mal erklärte man ihn in Folge
einer Lungenblutung für phthisisch, dann für unheilbar paralytisch und
behandelte ihn mit Quecksilber, obwohl offenbar niemals Lues vorhanden

gewesen war. Die Lunge war jedoch niemals infiltrirt gewesen und blieb völlig gesund. Von progressiver Paralyse konnte ich keine Spur entdecken. Eigenthümlich in der Anamnese waren plötzliche Aenderungen im Krankheitsbild in Folge veränderter Prognose oder Therapie, oder in Folge drückender oder umgekehrt tröstender Affecte. Man hatte den Mann zur Unthätigkeit, Aufgeben seiner Carrière etc. verurtheilt. Als ich ihm nach gründlicher Untersuchung bestimmt erklärte, es sei bei ihm keine Spur eines organischen Hirnleidens und auch nicht einer eigentlichen Psychose vorhanden, es seien einfach hysterische Autosuggestionen gewesen, war er schon viel besser. Wenige Hypnosen genügten, um alle störenden Symptome zu beseitigen. Vor allem aber wirkte die Verordnung (nebst Alkoholabstinenz) seine Carrière wieder aufzunehmen. Er trat nach kurzer Zeit geheilt aus der Behandlung aus.

Früher verordnete ich in solchen Fällen schulgerecht geistige Ruhe, Nichtsthun, körperliche Arbeit oder weiss Gott was sonst. Gott sei's geklagt! meine bezüglichen Kranken sind damals dabei nicht besser geworden! In solchen Fällen ist das Gehirn nicht erschöpft und leistungsunfähig, wie man annahm und zuerst meinen möchte, sondern es ist nur missleitet, arbeitet auf falschen Bahnen. Seine natürlichen Anlagen darben, werden gehemmt, und die ihm gebotene Thätigkeit sagt ihm nicht zu. Oder gewisse Scrupel religiöser oder sentimentaler Art lähmen jede Thätigkeit, wodurch freie Bahn für pathologische Hirnthätigkeiten geschaffen wird. Dies muss man eben erkennen und durch eine kühne Diversion ändern. Wie eine durch Gewitter in Verwirrung gerathene telephonische Centralstation, muss das Neurokym des Gehirnes wieder ins Geleise kommen. Solche Fälle brauchen übrigens keine Genies oder auch nur besondere Talente zu sein. Es können einfachste Bürger sein. Doch hüte man sich andererseits, jedem Psychopathen zu glauben, der sich als verkanntes Genie hinstellt und höhere Philosophie studiren will. Solche gibt es fünfzig für einen der eben Erwähnten, und für solche passt die Landwirthschaft so gut wie für Schwachsinnige oder Geisteskranke. Die nur gehemmte Seele pflegt nicht grössenwahnsinnig resp. nicht selbst überschätzend zu prahlen. Man muss in sie dringen, sie suchen und sie erkennen. Dann aber kann man den Hebel an den rechten Ort ansetzen und darf sich nicht mehr mit alltäglichen Suggestionen, Gärtnerei und Tischlerei begnügen, von den Mastbettcuren, Badecuren, elektrischen Curen und Anderem mehr nicht zu sprechen.

Es sind allerdings dazu ein tieferes Eindringen und psychologische Urtheilsfähigkeit nöthig, und man darf nicht, wie das liebe

Publikum leichtfertig jeden verrückten Querulanten oder Schreier als verkanntes Genie oder umgekehrt jedes Genie als verrückt taxiren, indem man alles was nicht Mode und Vorurtheil ängstlich nachmacht, ob Unsinn oder höhere Erkenntniss, in einen Sack wirft.

Endlich muss man begreifen, dass es zwischen diesen Fällen und den gewöhnlichen Fällen suggestiver Therapie alle möglichen Uebergänge gibt. Man muss ja bei jeder suggestiven Cur das Zutrauen und die Zuneigung des Kranken gewinnen; man muss mit unwandelbarer Zuversicht und mit unerschütterlichem Optimismus vorgehen so lange Hoffnung vorhanden ist. Auch in den eben erwähnten Fällen, wie beim gewöhnlichen Hypnotismus, hängt aller Erfolg in erster Linie von den Erfolgen der ersten Sitzungen ab. Man muss die „Festung" von allen Seiten geschickt belagern. Die erste Bresche ist entscheidend, einerlei ob sie in der Hypnose oder im Wachzustand geschlagen wird, denn sie gibt beiden Theilen Muth und verstärkt sofort die Suggestionskraft. Nimmt umgekehrt beim Kranken in Folge initialer Misserfolge eine negativistisch-pessimistische Stimmung die Oberhand, so werden spätere Erfolge immer problematischer. Selbst bei relativ gutem hypnotischem Erfolg, sogar, obwohl viel seltener, bei erzieltem Somnambulismus, kann dann therapeutischer Misserfolg vorkommen und Alles vereiteln, obwohl kein organischer Grund dazu vorliegt.

VIII. Beispiele von Heilungen durch Suggestion. Ein Fall von spontanem Somnambulismus. Heilung der Stuhlverstopfung und ihre Erklärung.

Es würde den Rahmen und den Zweck der vorliegenden Arbeit überschreiten, wollte ich lange Listen aufstellen. Solche sind bereits vielfach publicirt worden und ich verweise in erster Linie auf Bernheim's und Wetterstrand's klassische Werke, sowie auf Ringier's sorgfältige Zusammenstellung, ferner auf die Zeitschrift für Hypnotismus (s. oben). Nur kurz will ich einige Beispiele erwähnen:

1. Eine durchaus brave Dienstmagd erkrankte im Sommer 1888 an profusen Menstruationen, welche aller Medication zum Trotz sich im Herbst derart steigerten, dass sie alle 14 Tage auftraten und 8 Tage dauerten. Das von Hause aus blutarme Mädchen wurde dadurch colossal anämisch, fast leichenblass; sie verlor den Appetit

und den Schlaf, schlummerte Nachts nur mit schweren Träumen.
Der mir bekannte Mann, bei welchem sie diente, klagte mir das
Unglück und dachte nur noch daran, sie müsse zurück auf das Land
zu ihren Eltern und es werde schlimm endigen. Ich ersuchte ihn,
mir das Mädchen zu bringen. Es war Abends; sie war gerade im
4. Tage, wie immer intensiv, menstruirt. Ich liess sie auf den
Lehnstuhl sitzen, mich anschauen, und kaum hatte sie meine Finger
erblickt, fielen die Lider zu. Ich suggerirte nun Katalepsie, Anästhesie etc. mit sofortigem Erfolg, was mir den Muth gab, so-
fortiges Cessiren der Menstruation zu suggeriren. Auch
diese Suggestion gelang in wenigen Minuten unter Berührung des
Unterleibes und der Erklärung, dass das Blut in Beine und Arme
hinein aus dem Unterleib herausfliesse. Am Schluss suggerirte ich
noch guten Schlaf und festen Appetit. Ich befahl, zu Hause die
Menstruation von der Hausfrau genau controliren zu lassen. Sie
blieb vollständig weg, und das Mädchen schlief bereits in der folgenden Nacht ziemlich gut. Ich hypnotisirte sie noch einige Male
und bestellte die nächste Menstruation für 4 Wochen später, schwach
und mit nur 2½ Tage Dauer. Bereits nach 3 oder 4 Tagen
hatte ich einen guten festen Schlaf und nach einer Woche einen
ordentlichen Appetit durch Suggestion erzielt; ebenso einen regelmässigen täglichen Stuhlgang Morgens nach dem Aufstehen (vorher
war die Kranke hartnäckig verstopft). Von da an besserte sich
das Mädchen täglich zusehends. Die nächste Menstruation kam
nach 27 Tagen (1 Tag zu früh) zur suggerirten Stunde, war sehr
schwach und dauerte nur 2 Tage. Seither blieb das Mädchen regelmässig alle 4 Wochen menstruirt, die Menstruation blieb sehr
mässig und dauerte höchstens 3 Tage (auf Suggestion hin). Nach
einigen Wochen hatte sie wieder Gesichtsfarbe und versieht seither
und bis jetzt ihren Dienst regelmässig und ohne Störung, obwohl
sie etwas schwach und anämisch bleibt. Sie wurde seither nicht
mehr hypnotisirt, ausser kürzlich ein Mal, weil sie wieder etwas
erschöpft und appetitlos war (April 1889). Es ging ihr 1895 noch
recht gut. Seither sah ich sie nicht mehr.

2. Ein alter 70jähriger Alkoholiker, der sich vor 10 Jahren
zwei Mal im Delirium in die Kehle geschnitten hatte, war 1879
bis 1887 als unverbesserlicher Trunkenbold und Lump in der Irrenanstalt Burghölzli verpflegt. Alle Gelegenheiten, im Geheimen sich
Räusche anzutrinken, wurden benutzt. Im Rausch hallucinirte er
und wurde sich und Anderen gefährlich. Zudem war er der grösste

Intriguenführer gegen meine Abstinenzbestrebungen bei den Alko-
holikern der Anstalt, und, obwohl sonst gutmüthig, hetzte er die
Anderen gegen den Mässigkeitsverein. In den letzten Jahren litt er
viel an Lendenrheumatismen, die ihn ganz krümmten und ihn in
der Arbeit beeinträchtigten. Man konnte ihm nicht die geringste
Freiheit gewähren, ohne dass er sie sofort zum Trinken missbrauchte.

Ich hatte ihn längst aufgegeben, versuchte jedoch 1887 ihn zu
hypnotisiren. Er erwies sich als sehr suggestibel, und es gelang
in wenig Sitzungen, ihn auffällig ernst zu stimmen. Die Intriguen
hörten wie durch einen Zauber auf und nach einiger Zeit verlangte
er selbst, man möge ihm den Wein abschreiben, den ich ihm noch
in kleiner Quantität gelassen hatte, weil ich ihn für verloren hielt.

Bald darauf war der Rheumatismus durch Suggestion total verschwunden (und kam bis Anfangs März 1889 nie wieder). Es ging
immer besser, und Patient wurde bald einer der eifrigsten Absti-
nenten der Anstalt. Lange Zeit zauderte ich, ihm freien Ausgang
zu geben, that es aber schliesslich im Sommer 1888. Dieser Ausgang, bei welchem er stets etwas Taschengeld erhält, wurde n i e
m i s s b r a u c h t. Er blieb der Abstinenz absolut treu, trat auf
Suggestion hin in den Mässigkeitsverein ein, dessen sehr eifriges
Mitglied er seitdem ist, und trank bei seinen Ausgängen in der
Stadt nie etwas Anderes als Wasser oder Caffee und dergl. Er hätte
auch bei seiner totalen Resistenzunfähigkeit gegen Alkohol nicht
ein einziges Mal trinken können, ohne dass man es bemerkt hätte.
Ein Mal erkältete er sich und bekam ein heftiges Recidiv seines
Rheumatismus. In drei Hypnotisirungen (24 Stunden) war derselbe
vollständig beseitigt, und er arbeitete wieder, obwohl 72 Jahre alt,
fleissiger als je. Im Jahre 1890 wurde er sonst nur einige Male
zu Demonstrationszwecken hypnotisirt. Antialkoholische Suggestionen
brauchte er nicht mehr.

P. S. J a n u a r 1891. Es sind der Rheumatismus und der
Alkoholismus bis jetzt vollständig geheilt geblieben. Dagegen machte
ein schon lang bestehender seniler grauer Staar beider Augen solche
Fortschritte, dass eine Operation nothwendig wurde. Dieselbe wurde
1890 von Collega Prof. H a a b in zwei Abtheilungen: 1. Iridectomie
und Massage der Linse zur Erzeugung einer schnelleren Reifung;
2. später Extraction — an einem Auge vorgenommen. Beide Male
wurde der Kranke vor der Operation hypnotisirt und durch Suggestion anästhetisch gemacht. Er erwachte durchaus nicht und

rauchte selbst während der Durchschneidung der Iris seine suggerirte Pfeife; höchstens verzog sich der Mundwinkel auf der operirten Seite während der Lädirung der Iris. Er erklärte nachher, nichts von der Operation gemerkt, überhaupt nur geschlafen zu haben. Während der Nachbehandlung im Spital, wo ich nicht war, hatte er etwas Schmerzen; doch auch diese wurden dort durch Suggestion gelindert. P. S. 1895. Heilung geblieben. Ein Recidiv des Rheumatismus vor 2 Jahren wurde in zwei Sitzungen geheilt. Die Vorbereitungen zu einer grossen Operation (Rectumkrebs) im Spital ängstigten ihn derart, dass die Hypnose unmöglich wurde und Chloroform nöthig war. Heilung. Später Recidiv. Zweite Operation ohne sichtbare Vorbereitung gelingt völlig in der Hypnose, ohne Chloroform; dann gestorben.

3. Fräulein L., eine sehr tüchtige Arbeiterin, leidet seit circa 1 1/2 Jahren an absoluter Schlaflosigkeit. Alle Mittel waren umsonst versucht worden, und sie ist so vernünftig, um der Versuchung zu widerstehen, sich an Narcotica zu gewöhnen. Sie wird mir zur poliklinischen Behandlung als Demonstrationsobject im Februar 1890 von einem Collegen zugewiesen.

Mehrere hypnotische Sitzungen sind nöthig, um allmälig einen tieferen Grad der Hypnose zu erreichen und verschiedene Suggestionen zu verwirklichen. Auf einen Schluck Wasser spontan einzuschlafen, gelingt zunächst nur in meiner Gegenwart. Ich lasse sie dann längere Zeit (1 Stunde) schlafen, und so gelingt es mir, nach circa 3 Wochen den normalen Nachtschlaf vollständig wieder herzustellen (von 9 Uhr Abends bis 6 Uhr Morgens). Sie wird geheilt aus der Behandlung entlassen.

Anfangs Januar 1891 kommt sie unaufgefordert zu mir, blühend aussehend, um mir nachträglich zu danken und mir zu sagen, wie glücklich sie sei, von ihrer Schlaflosigkeit vollständig geheilt und arbeitsfähig geblieben zu sein. Sie habe zwar im Sommer 1890 einen sehr schweren Typhus mit hohem Fieber und mehreren Recidiven gehabt, so dass man sie für verloren hielt. Während des Fiebers sei sie allerdings wieder schlaflos geworden, doch habe sich bei der Reconvalescenz der normale gute Schlaf von selbst wieder eingestellt. Diesen Fall erwähne ich speciell für diejenigen Aprioristen, welche behaupten, dass wenn man die Morphiumbehandlung durch hypnotische Behandlung verdränge, man nur den Teufel durch Beelzebub ersetze. Man beweist zwar diesen Herren, dass die Analogie doppelt hinkt, da es bei der suggestiven Behandlung

weder eine Intoxication noch eine Angewöhnung gibt und man
einfach den normalen, gesunden Schlaf wieder herstellt. Doch . . .
il n'y a pire sourd que celui qui ne veut pas entendre. Daher sind
Beispiele gut.

4. Frau F., spontane Somnambule, geboren 1833, seit ihrem
15. Lebensjahre Wahrsagerin. Als angebliche Betrügerin in Deutschland gerichtlich bestraft. Verheirathet, hatte viele Kinder. Eine
Geburt verlief im somnambulen Zustande, ohne dass sie irgend
etwas empfand; sie erwachte erst nach der Geburt.

Sie gibt Consultationen und hat Patientenzulauf. Sie schläft
seit ihrer Jugend täglich um 9 und 3 Uhr plötzlich und spontan,
meist mit einem Schrei ein. Der Schlaf dauert $^1/_4$ — $^3/_4$ Stunden, je
nach dem Patientenzulauf. Im Schlaf spricht sie in pathetischem Tone.
Sie ist es nicht, die spricht, sondern der „Geist Ernst", der in ihr
weilt und in Basel begraben liegt. — Sie ist aus diesen Gründen
des Betruges angeklagt und daher mir zur Untersuchung zugewiesen.

Es gelingt mir, sie in ihrem spontanen Somnambulschlaf direct
durch Suggestion unter meinen Befehl, resp. unter meine Suggestions-
wirkung zu bringen. Sie muss bald trotz des Widerstandes des
„Geistes Ernst" den Suggestionen auch posthypnotisch gehorchen.
Sie ist anästhetisch. Die Realität des Somnambulismus ist unzweifel-
haft; ihre Physiognomie ist total entstellt, die Amnesie nach dem
Erwachen vollständig. Es gelingt mir, sie zu hypnotisiren, wenn
ich will, und die spontanen Anfälle zu beseitigen. Vorher wurden
Experimente während eines derselben gemacht. Es wurden ihr
Kranke mit von uns genau gekannten Leiden vorgeführt, und sie
sollte die Diagnose stellen und die Therapie sagen. Sie spricht die
Kranken per Du in Pathos an und betastet sie (bei geschlossenen
Augen) mit der Hand. Ihre Diagnosen sind alle falsch, da wir alle
Worte und Zeichen vermeiden, die sie auf die Spur bringen könnten.
Dann kommt der Secundararzt, Dr. Mercier, Hinken simulirend,
ins Zimmer und lässt sich von ihr untersuchen, wobei sie einen
nicht vorhandenen „Fehler in den Beinen" diagnosticirt. — Es wird
dadurch festgestellt, dass ihre Diagnosen auf Suggestionswirkungen
durch von ihr sinnlich wahrgenommene Erscheinungen von Seiten
der Kranken beruhen, und dass von Hellsehen nicht die Spur zu
entdecken ist. Wie die meisten normalen Menschen, wie viele Aber-
gläubige, sogar wie manche Verrückte, weiss auch sie aus Allem
pecuniären Vortheil zu ziehen. Doch ist es ein schwerer Fehler der
Simulationsapostel à tout prix, daraus zu folgern, dass sie simulire.

Es ist bekannt, dass erwünschte Suggestionen über unerwünschte gerne die Oberhand gewinnen. Sie gab zwar an, gerne von ihrem Schlaf befreit sein zu wollen. Ihr Mann und ihre Kinder waren damit gar nicht zufrieden, und sie selbst offenbar reute der verlorene Verdienst bald mehr, als sie über ihre Heilung erfreut war. Ich hatte ihr zwar versprochen, ihr auf ihren Wunsch den Schlaf wieder zu geben, doch kam derselbe bald nach ihrer Entlassung, wie vorauszusehen war, wieder von selbst, da ich nicht mehr da war und jene stärkeren Factoren, sowie die langjährige Autosuggestion bald wieder die Oberhand gewannen.

Ich gab mein Gutachten dahin ab, dass der somnambulische Schlaf der Frau F. reell und nicht simulirt sei, worauf sie freigesprochen wurde. Sie war nicht wegen Curpfuscherei angeklagt; hierfür hätte sie freilich bestraft werden können. Dieser Fall ist in den Schriften der Gesellschaft für experimentelle Psychologie mit dem Gutachten näher beschrieben.

Hervorzuheben ist, dass diese Person hysterisch ist, was wohl bei der Mehrzahl der ausgesprochenen spontanen Somnambulen der Fall sein dürfte. Dem entsprechend haben auch ihre Schlafzufälle manches vom hysterischen Anfall, vor Allem die krampfhaften Erscheinungen, der Schrei, die Angstgefühle. Die schwere Anästhesie, die totale Amnesie, die krampfhafte Entstellung der Gesichtszüge, der verworrene, dämmernde Blick nach dem Erwachen sind so intensiv ausgesprochen, dass daraus allein jede Möglichkeit einer Simulation absolut sicher auszuschliessen ist. Da der spontane Somnambulismus von fachmännischer Seite nicht oft beobachtet wird und für unsere Frage von grossem Interesse ist, glaubte ich diesen Fall anführen zu sollen. Interessant scheint mir noch bei demselben die durch häufige Wiederholungen während eines langen Lebens allmälig gewohnheitsmässig automatisirte, so zu sagen organisirte zweite Persönlichkeit (zweites Ich mit zweiter Bewusstseinsbeleuchtung) im somnambulistischen Schlaf. Der Ton, die Stimme, die Physiognomie, das ganze naivpathetisch hochmüthige Wesen der zweiten Persönlichkeit ist total verschieden von der schlichten, ruhigen, besonnenen, gutmüthigen, aber schlauen und ängstlichen normalen Frau F. — In den verschiedenen Schlafanfällen und Krankenconsultationen wiederholen sich immer die gleichen Phrasen und Handlungen mit dem gleichen associirten Gesammtwesen der Psyche.

5. Im Jahre 1888 litt eine Wärterin unserer Anstalt schon längere Zeit an profusen, häufigen Menstruationen, die alle 2 bis

2 ½ Wochen wiederkehrten. Durch einige wenige Hypnosen gelang es mir, die Menstruation auf alle Monate und auf eine Dauer von genau 3 Tagen zu reduciren. Theils experimenti causa, theils weil ich glaubte, die Vorstellung eines bestimmten Datums sei leichter als diejenige eines vierwöchentlichen Cyklus im Gehirn zu fixiren, suggerirte ich wiederholt und bestimmt, die Menses würden jedesmal am 1. oder 2. des Monats Morgens 7 Uhr sich einstellen, ganz gleichgültig, ob der Monat 30, 31 oder 28 Tage habe. Nun blieb diese Wärterin (eine unserer tüchtigsten und zuverlässigsten Angestellten, die sämmtliche Näh- und Schneiderarbeiten der Kranken leitete) bis 1894 hier, und seit 1888 (somit seit 6 Jahren) hat sich diese Suggestionswirkung ohne Erneuerung der bezüglichen Suggestion vollständig erhalten und fixirt, nur dass die Menses manchmal auch einen Tag früher (am letzten Tag des Monats) eintreten, dafür aber das nächste Mal einen Tag später. Die Dauer bleibt genau 3 Tage. Die Sache ist objectiv von Seiten der Oberwärterin controlirt. Im Jahre 1894 hat sich die betreffende Wärterin verheirathet und ist daher von Zürich fortgezogen. Doch sah ich sie später als Mutter noch gleich menstruirt. Dieser Fall scheint mir auch wegen der Theorie der Menstruation und der Ovulation besonders interessant, weil das Resultat 6 Jahre lang controlirt werden konnte und weil daraus hervorgeht, dass die Ovulation entweder sich ebenfalls nach Menstruation und Suggestion richten muss, oder dauernd von der Menstruation unabhängig werden kann. Es kann in der That nicht angenommen werden, dass sich zufällig und spontan die Ovulation dauernd nach der künstlichen Zeit der Kalendermonate (sogar nach den Schaltjahren!) richtet.

Ich habe seither bei zwei anderen durch Metrorrhagien sehr geschwächten Wärterinnen (die eine hat eine Mitralisinsufficienz) auf gleiche Weise und mit ebenso pünktlichem Erfolg die Menstruation je auf den 12. und den 1. des Monats und auf dreitägige Dauer regulirt. In beiden Fällen konnte der Erfolg bis zum Austritt festgestellt werden.

6. Aus meinem hypnotischen Curs sei noch unter anderen folgender Fall erwähnt: Herr P., gebildeter Kaufmann, sagt, er habe an Ulcus ventriculi früher gelitten; es sei eine Magenectasie zurückgeblieben. Trotz Heisshunger, könne er nichts ertragen. Alles bleibe im Magen stecken; der Stuhl sei ungemein obstipirt, immer mehrere Tage angehalten. Er könne fast nichts mehr ertragen. Alle gemachten Curen seien umsonst gewesen; es sei nicht

mehr auszuhalten. Die Magenectasie war von verschiedenen Aerzten constatirt. Herr Professor R. in X. hatte ihm nun erklärt, es könne nur noch eine Operation (Magenexcision) helfen, die aber nicht ohne Gefahr sei. Zu diesem Behufe sollte er zu Herrn Professor K. gehen. Doch hatte er Angst davor und bat mich, einen Versuch mit Suggestion zu machen. Ich versprach nichts, sagte aber, probiren schade nicht und die Diagnosen seien nicht immer unfehlbar. Obwohl nur Hypotaxie erzielt wurde, war die Wirkung ganz eclatant. Der Stuhlgang wurde sofort regulirt (anfangs sogar wurde vier Mal Diarrhoe erzielt). Alle Magenbeschwerden hörten auf; alle Speisen wurden ertragen. Nach drei bis vier Sitzungen war der Kranke geheilt und ist es meines Wissens bis heute geblieben. Die Magenoperation unterblieb natürlich. Es folgt daraus, dass höchstens eine functionelle Magenectasie vorhanden gewesen war.

P. S. 1902. Ich erhielt vor nicht sehr langer Zeit Nachricht von geheilt gebliebenen Kranken.

7. Patient E., 38 Jahre. Asthma, mit Emphysem und Bronchitis. Krank seit 1875. 1888 auf der Eichhorst'schen medicinischen Klinik mit Orthopnoë, 44 Respirationen pro Minute etc. Lungengrenzen rechts 7. Rippe, links 7. Intercostalraum. Kleine Herzdämpfung fehlt; Spitzenstoss nicht zu fühlen. Obstipirt bis 5 Tage lang. Im Spital Pneumatotherapie. Erfolg nur ganz vorübergehend. Schliesslich tägliche Anfälle. Kam trotz allen inneren Mitteln ganz herunter (mit Chloral, Jodkali etc. behandelt).

Am 15. December 1889 kommt er zu mir. Status wie früher. Obstipation bis 6—10 Tage lang. Sieht elend, fahl, abgemagert aus. Kann ohne Chloral nicht schlafen.

Er wurde am 15., 16., 19. December von mir hypnotisirt und es wurden zunächst das Chloral abgewöhnt, der normale Schlaf, Appetit und Stuhlgang alle 2 Tage erzielt. Dann wurde einem Studenten die weitere Hypnotisirung poliklinisch überlassen.

Am 15. Februar 1890 war der Kranke völlig geheilt und war nach 5 Monaten geheilt geblieben. Die Lungengrenze ist auf den 6. Intercostalraum zurückgegangen. Der Spitzenstoss des Herzens ist gut fühlbar; Herzdämpfung stärker. Stuhlgang täglich. Aussehen blühend. Keine Asthmaanfälle mehr.

Ende Juli 1890 erkrankte E. an einer Pleuritis mit Fieber. Doch wurde dieselbe geheilt, ohne dass ein Recidiv des Asthma eintrat. Die suggestive Heilung bestand diese Feuerprobe.

8. Erwähnen möchte ich noch kurz 2 Fälle von Hallucina-

tionen, theilweise mit Verfolgungswahn, welche künstlich durch Spiriten, der eine bei einem Herrn, der andere bei einer Dame erzeugt worden waren. Besonders bei dem Herrn hatte der Fall einen paranoiden Charakter angenommen. Er glaubte an seine „Spirits" wie die Jungfrau von Orleans an ihre Geister, und zertrümmerte sogar Lampen und Geschirr auf ihren Befehl hin. Ich hypnotisirte ihn im Beisein vieler Kranken, an welchen ich vorher in seiner Gegenwart experimentirt hatte. Ueberwältigt durch den Eindruck, war er sofort somnambül. So gewann ich die Uebermacht über die „Spirits", die ich sammt Hallucinationen und Pseudoparanoia „verjagte". Aehnlich war früher die Dame geheilt worden. Solche Fälle sind sehr lehrreich und zeigen, wie der Spiritismus eine Pseudoparanoia auf suggestiver Basis wie die Hysterie erzeugen kann.

Stuhlverstopfung und die Erklärung ihrer Heilung durch Suggestion [1]). Ich möchte als therapeutische Objecte der Suggestion in erster Linie solche Functionsstörungen des Körpers hinstellen, welche unbewusst vor sich zu gehen pflegen, deren Effect allein uns bewusst ist, die aber unter dem Einfluss des Centralnervensystems stehen. Diese Functionsstörungen und Functionen überhaupt, seien sie „sensibel", d. h. psychopetal oder psychocentral, seien sie motorisch, vasomotorisch oder secretorisch, d. h. psychofugal bedingt, bilden nach meiner Ansicht das dankbarste Gebiet der suggestiven Therapie. Man mag solche Störungen zu den Neurosen rechnen; es lässt sich nicht viel dagegen einwenden. Um aber die falsche Idee zu beseitigen, dass sie Krankheiten der peripheren Nerven darstellen, sollte man sie vielleicht besser als cerebrale Neurosen oder Encephalosen bezeichnen.

Ich wähle mir als Beispiel die h a b i t u e l l e S t u h l v e r s t o p f u n g. Es gibt zwar gewisse Fälle, wo locale Darmaffectionen Stuhlverstopfung hervorrufen können. Doch sind dieselben wohl recht selten. Die so häufige und gewöhnliche habituelle Obstipation ist nichts als eine chronische „cerebrale Neurose". Seitdem die Heilung derselben durch Suggestion bekannt ist, ist dieses auch wiederholt anerkannt worden (siehe auch Dr. Th. D u n i n : „Ueber habituelle Stuhlverstopfung". Berliner Klinik 1891, Heft 34). Betrachten wir zunächst die Thatsachen:

---

[1]) Aus der Zeitschrift für Hypnotismus 1893.

Sehen wir von Gährungsdiarrhöen, Catarrhen, Darmstricturen, Typhus und dergl. ab, so beobachten wir zunächst, dass beim gesunden Menschen sowohl Häufigkeit als Beschaffenheit des Stuhles ungemein variiren. Bald ist er mehr breiig, bald fester und „normal" geformt, bald mehr hart. Als normal mag wohl ein täglicher geformter Stuhl gelten.

Nehmen wir zunächst den Fall des normalen einmaligen geformten Stuhles vor, so beobachten wir zwar, dass die Willkür diesen Stuhl vermittelst Bauchpresse und Sphincteren beschleunigen oder zurückhalten kann, jedoch nur in gewissen Grenzen, dass er aber im Uebrigen sich gewöhnlich zu einer bestimmten Tageszeit einzustellen pflegt. Diese Tageszeit wechselt je nach den Menschen und zu verschiedenen Epochen beim gleichen Menschen. Aber im Allgemeinen sehen wir, dass wenn ein Mensch sich eine Zeit lang gewohnt hat, zu einer bestimmten Tageszeit seine Nothdurft zu verrichten, das Bedürfniss dazu sich stets zu jener Zeit einzustellen pflegt. Es gehen oft sogar fühlbare peristaltische Bewegungen des Darmes, Blähungen und dergl. voraus und gesellen sich pünktlich zur besagten Zeit dem Stuhldrange hinzu. Man kann aber auch oft eine andere Beobachtung machen. Wenn man absichtlich oder nothgedrungen zur besagten gewohnten Zeit den Stuhlgang zurückhält, so hört sehr gewöhnlich (vorausgesetzt, dass die angesammelten Kothmassen nicht zu gross sind) der Stuhldrang nach relativ ziemlich kurzer Zeit auf. Es kommt sogar nicht selten, vor, dass er bis zum anderen Tag zur gleichen Zeit aufhört. Ist letzteres der Fall, so haben sich unterdessen die Kothmassen eingedickt, sind härter geworden, und der Stuhl erfolgt nur mit starker Anstrengung der Bauchpresse, manchmal unter Schmerzen; kurz es ist Verstopfung vorhanden.

Diese Thatsachen sind wichtiger, als man erst meinen mag. Sie beweisen, dass die normale Defäcation unter dem Einfluss centraler Automatismen steht, welche ihrerseits von gewissen, meist unbewusst bleibenden Zeitvorstellungen stehen. Sie beweisen ferner, dass je mehr gewartet wird, desto schwerer die Arbeit für den Darm und die Bauchpresse wird. Selbstverständlich wirken ausserdem die angesammelten Kothmassen als Reiz, um den Stuhldrang auf dem „Reflexweg" zu erzeugen. Aber es genügt, zunächst darauf hingewiesen zu haben, dass es andere wirkende Factoren gibt.

Gehen wir nun von der stricten Norm ab, so finden wir noch manche wichtige Erscheinungen. Bei gewissen Psychosen, besonders bei Melancholie, ist Stuhlverstopfung ein sehr gewöhnliches Symptom. Ebenso bei der Hysterie, der Hypochondrie und anderen sogen. „Nervenleiden" mehr, die man höflichkeitshalber und aus sonst noch gar manchen Rücksichten nicht zu den Psychosen zu rechnen pflegt, die aber sammt und sonders doch nichts Anderes als functionelle „Encephalosen" sind. Auch hier ist die hemmende Wirkung der Gehirninnervation unverkennbar. Umgekehrt wirken gewisse Affecte, besonders Angst und Erwartung, bekanntlich derart reizend auf die Peristaltik, dass es sprichwörtlich geworden ist. Man weiss auch, dass sich der Stuhldrang nicht selten gerade dann einstellt, wenn man ihn fürchtet (bei gewissen peinlichen Situationen, z. B. früher, als Closets noch fehlten, in der Eisenbahn) und dann sofort aufhört, wenn die „Gefahr" vorbei ist und man ihn in Gemüthsruhe verrichten könnte.

Es haben gewisse Speisen den Ruf zu stopfen und andere den Stuhl zu erleichtern oder zu verflüssigen. Wir müssen zwar zugeben, dass etwas daran ist, dass das Obst z. B. im Allgemeinen einen weicheren Stuhl erzeugt. Doch wenn man sich die Mühe giebt, die Sache näher zu prüfen, so kommt man bekanntlich auf unlösbare Widersprüche. Was den Einen stopft, relaxirt den Anderen. Die gleichen Speisen haben bei verschiedenen Personenkreisen oft den entgegengesetzten Ruf. Ja die gleiche Speise kann auf der gleichen Person zu verschiedenen Zeiten ihres Lebens entgegengesetzte Wirkungen haben, z. B. Milch, Caffee etc. Und wer stark zur Verstopfung neigt, dem hilft in der Regel keine Speise mehr.

Aehnliches gilt von der Lebensweise. Im Allgemeinen sagt man, die sitzende Lebensweise erzeuge Verstopfung. Oft aber wird letztere umgekehrt durch Bewegung und Bergtouren erzeugt.

Sicher ist zunächst eins: Die letzte Ursache der Verstopfung ist die Stagnation und Eindickung von Kothmassen im Dickdarm, möge dieselbe durch dieses oder jenes bedingt sein. Der als Antagonist dieser Stagnation wirkende Stuhldrang besteht nun aus einem Gefühl und einem Trieb. Das Gefühl ruft den Trieb und die Bewegung hervor. Selbst aber wird es durch irgend etwas hervorgerufen. Dieses Etwas kann ein durch Kothmassen auf die Dickdarmschleimhaut hervorgerufener Reiz sein. Es kann aber auch, wie wir sahen, eine Vorstellung, ein unbewusster associativer Vorgang im Gehirn sein! Bei der habituellen Verstopfung fehlt entweder das Gefühl selbst, der Stuhldrang überhaupt, oder es stellt sich zu spät oder mangelhaft ein — oder der Stuhldrang ist vor-

handen, kann sich aber nicht in genügende Bewegung umsetzen, um
die Kothmassen zu entleeren. Es fehlt dann an der Muskelinner-
vation. Beide Störungen sind oft combinirt. Zur Heilung derselben
kommt es eben darauf an, ihre Entstehungsbedingungen zu verstehen, wie wir gleich sehen werden. Und das ist nicht etwa eine
Spielerei. Man weiss, wie viele Menschen an Verstopfung leiden
und wie schwer und quälend dieses Uebel werden kann, das gar
vielen das Leben vergällt. Man nützt der Menschheit mehr durch
Beseitigung solcher Störungen als durch die Diagnose und Behandlung mancher unheilbarer schwerer Krankheiten, wie Apoplexien,
progressive Paralyse und dergl. mehr, denen gegenüber unser
ganzer Weisheitsballast sich bekanntlich verzweifelt ohnmächtig
ausnimmt.

Die gewöhnliche Therapie der Verstopfung besteht in:

1. Abführmittel sind zwar die gewöhnlichste Verordnung,
   sind aber ebenso verfehlt als schädlich. Der eine gewöhnt
   sich an Rheum, der andere an Podophyllin, der dritte an
   Bitterwasser. Die Dose muss immer gesteigert werden, die
   Verdauung wird gestört und die Misere wird immer grösser.
   Der „Darm“, d. h. das Gehirn, gewöhnt sich an diesen
   Schleimhautreiz, an diese künstlich die Darmsecretion und
   die Peristaltik reizende Mittel; die Reaction wird dadurch
   immer träger, und der „Darm“ immer unfähiger,
   seine Function ohne künstliche Hülfe zu verrichten. Man verstärkt immer mehr die pathologische
   Neigung und setzt hinzu eine pathologische Reizung oder
   Vergiftung, deren Tragweite man nicht übersieht. Statt
   zu heilen, verschlimmert man direct das Uebel.

2. Clystiere. Wenigstens alteriren dieselben die Schleim-
   haut nicht und haben sie keine toxische Wirkung. Das
   gleiche gilt von Glycerinzäpfchen. Dagegen gewöhnen sie
   „den Darm“ (das Gehirn) an künstliche Hülfe, wie die
   Abführmittel. Die Innervation der Peristaltik wird dadurch
   immer lahmer und die Neigung zur Verstopfung ebenfalls
   immer grösser. Freilich werden wir niemals diese misslichen Mittel ganz entbehren können. Für vorübergehende
   Fälle ist sogar ihre Anwendung durchaus gerechtfertigt.
   Gegen habituelle Verstopfung sind sie dagegen stets sehr
   fatal.

3. Bleiben Obstgenuss, Massagen, Badecuren, Elektrotherapie,

Bewegung, und . . . . . ja nicht zu vergessen, Lourdes Wasser, Pilgerfahrten, Händeauflegen in Betheilanstalten, Kneippcuren, Homöopathie, Sonnenbäder. Es ist gar keine Frage, dass diese Mittel alle rationeller und erfolgreicher sind als die erstgenannten, denn sie verwöhnen die Darminnervation weniger oder nicht. Doch versagen sie oft genug, und, wenn sie zum Ziel führen, beruht ihre Wirkung auf Suggestion. Gehen wir also lieber gleich direct zu letzterer über.

Suggestive Therapie. Ein Fräulein kommt zu mir, da sie hört, ich hätte Fälle von Verstopfung geheilt. Sie leidet seit vielen Jahren daran. Seit 2 Jahren ist aber die Misere unerträglich. Sie nimmt beständig Rheum, dazu noch Clystiere, und trotz aller steigenden Hülfsmittel erzielt sie höchstens alle 8 Tage mit Mühe und Noth einen Stuhlgang. Alles hat sie umsonst versucht. Ich hypnotisire sie in einem Demonstrationscurs vor Studenten. Sie schläft sofort ein. Ich gebe ihr unter Berührung des von den Kleidern bedeckten Bauches (also durch die Kleider) die Suggestion, dass nun der Darm durch Einwirkung auf das Nervensystem angeregt werde. Es sei nur eine Darmträgheit gewesen, die jetzt durch Regulirung des Nervenapparates definitiv und ein für alle Mal geregelt sei. Nun werde sie zuerst alle 2 Tage, und zwar regelmässig in der Frühe, gleich nach dem Aufstehen, von selbst, ohne jegliches Hülfsmittel Stuhlgang bekommen. Der Stuhldrang werde sich schon während des Anziehens einstellen. Die ganze Hypnose dauerte kaum 5 Minuten und ich weckte sie bald darauf; sie war durch den bei anderen Kranken gesehenen Erfolg schon gleich stark suggerirt gewesen. Nach 8 Tagen kam sie wieder und theilte mir mit grosser Freude mit, dass sie seit der Hypnose bereits ohne jede Hülfe fast jeden Tag in der Frühe Stuhlgang gehabt hatte. Ihre Lebensweise als Schneiderin (die sie vorher beschuldigt hatte) hatte sie nicht geändert. Die Suggestion war schon durch den Erfolg übertroffen worden. Ich hypnotisirte sie noch ein Mal und gab ihr nun die Suggestion täglich, ganz regelmässig, wie eine Uhr, ihren Stuhlgang in der Frühe zu haben, die Heilung sei nun definitiv. Und so war es. Wenigstens ist sie bis jetzt (seit einigen Monaten) geheilt geblieben. Ebenso ein gebildeter Herr, der mich Anfangs der 90er Jahre consultirte, seit 8 Jahren an schwerer Verstopfung litt und den ich doch nur bis zur Hypotaxie brachte. Bis heute (1902) blieb er geheilt.

Aehnliche Fälle habe ich schon in grösserer Anzahl und mit gleichem Erfolg behandelt und mit mir alle meine Collegen der Nancy'schen Schule. Ich will hier keine Casuistik machen und habe diese einfachen Fälle nur als Beispiele angeführt, um zu zeigen, auf welche Weise, wie leicht und wie rasch die habituelle Verstopfung meistens durch Suggestion bei suggestiblen Menschen beseitigt werden kann. Manchmal geht es etwas schwerer und einige Autosuggestionisten, besonders Hypochonder, sogen. Neurastheniker und dergl. trotzen allen Bemühungen.

Worauf es mir ankommt, ist nun mit Hülfe der bisher constatirten Thatsachen dem Wesen der habituellen Verstopfung und dem wirklichen Mechanismus ihrer Heilung näher zu treten.

Zweifellos kommt es bei der Verstopfung auf verschiedene Dinge an. Erstens auf die Trägheit der motorischen Innervation des Rectums, resp. auf das Fehlen derselben. Zweitens auf die Trägheit der Peristaltik des Darmes überhaupt, denn die Fäces können bekanntlich auch schon weiter oben stagniren. Drittens auf mangelhafte secretorische Thätigkeiten der Darmschleimhaut und umgekehrt auf zu starke Flüssigkeitsresorption durch dieselbe. Ferner auf gewisse sensible Reize und deren Umsetzung in Automatismen, welche die obgenannten motorischen Innervationen und Secretionen beeinflussen; als solche kommen in Betracht der directe Reiz der angesammelten Kothmassen auf die Nerven der Darmschleimhaut und unbewusste zeitliche oder sonstige Vorstellungsassociationen. Endlich auf die Beschaffenheit der Ingesta.

Erwägen wir nun die erwähnten Thatsachen ohne Vorurtheil, so erscheint entschieden die Trägheit der Innervation des Sympathicus, resp. das Fehlen der dieselben genügend und rechtzeitig erregenden Reize als weitaus der Hauptfactor. Wir sehen ja, dass diese Trägheit eine grosse Tendenz hat, den Schneeball zu machen, d. h. hat sie sich ein Mal eingestellt, so dickt sich der Koth immer mehr ein und die Defäcation wird immer schwerer.

Der Erfolg der Suggestion zeigt die Richtigkeit unserer Behauptung auf's Klarste. Mittelst derselben werfen wir eine kräftige Innervationswelle, vom Gehirn aus, auf die an automatischer Trägheit gewohnte Bahn und der Erfolg ist da. Um nun denselben definitiv zu gestalten, knüpfen wir daran die Suggestion der täglichen regelmässigen Wiederholung. Damit diese spontane Wiederholung der nöthigen Innervationswelle dem Nervensystem, d. h. dem Gehirn erleichtert wird, knüpfen wir dieselbe auf associativem Wege an

einen täglich regelmässig zu gleicher Stunde wiederkehrenden Vorgang, an das Aufstehen Morgens, nach dem Erwachen, eine zur
Defäcation erfahrungsgemäss günstige Zeit. Diese Vorstellungs-
association dient als zeitliches Merkzeichen, wie solche Merkzeichen
überhaupt bekanntlich im ganzen Mechanismus unseres Gedächtnisses
eine grosse Rolle spielen. Aber es handelt sich hier nicht um eine
bewusste Erinnerung. Die Suggestion wirkt auf die Automatismen
des organischen Gedächtnisses. Gelingt es so die automatische
Association genügend zu knüpfen, zu fixiren, so erfolgt nun die
Innervationswelle täglich zur suggerirten Zeit mit genügender Kraft,
um alle Hindernisse zu überwinden. Die „Krankheit" ist dann geheilt — und wirklich geheilt. Denn das, was nun hergestellt ist,
ist der normale Zustand, durch den normalen lebenden Mechanismus
des Gehirnes selbst. Derselbe hat dann von selbst die natürliche
Tendenz, sich zu erhalten. Wie ganz anders ist dieser Erfolg als
ein durch Clystier oder Rheum erzwungener Stuhlgang, der umgekehrt im Gehirn die fatale Krankheitssuggestion verstärkt, indem
sie die Vorstellung der Unmöglichkeit, ohne Hülfsmittel Stuhlgang
haben zu können, verstärkt, dieselbe immer mehr associirt und fixirt.
Es ist geradezu das Gegentheil!

Wie können wir uns aber die Suggestionswirkung in diesem
concreten Fall etwa vorstellen, wie können wir sie analysiren?

Zuerst wird der Patient vorbereitet. Man gibt ihm die zu-
versichtliche Hoffnung, er werde geheilt. Man bringt ihn dann in
eine Atmosphäre von suggestiven Heilerfolgen, und nun ist sein
Gehirn vorbereitet, ergeben, überzeugt, d. h. von vorne herein veranlasst sich dissociiren zu lassen und keinen Widerstand zu leisten.
Er fühlt sich im voraus beeinflusst und zwar wohlthätig beeinflusst,
wodurch alle die der Einwirkung des Hypnotiseurs entgegenwirkenden
Kräfte gehemmt und alle mitwirkenden verstärkt werden. Es ist
ein eigenthümlicher Zustand, dieser Zustand der Suggestibilität, des
Glaubens, des Enthusiasmus, der Ergebung unter einem psychischen
Einfluss. Man mag darüber theoretisiren wie man will: das steht
fest, dass alle entgegenstehenden psychischen Aggregate, Associationen,
Vorstellungen, Willensregungen, oder wie man die ganze bezügliche
Psychodynamik nennen will, plötzlich weich, plastisch, schwach und
wie Butter durchbrochen werden. Aber besonders wichtig erscheint
die Durchbrechung der Widerstände unbewusster Automatismen,
mögen dieselben ihren unbekannten Sitz im Grosshirn, im Hirn-
stamm, im Rückenmark oder gar im Sympathicus haben. Denn diese

bedeutet stets den sichersten und dauerndsten Erfolg. Haben wir blos eine bewusst associirte Vorstellung momentan modificirt oder gehemmt, so hat später die psychische (Gehirn-) Thätigkeit des Kranken immer tausend Wege, um sie wieder herzustellen, um wieder daran zu knüpfen, darüber nachzudenken und damit den Erfolg der Suggestion zu beeinträchtigen. Bei unbewussten Automatismen wie die Defäcation, wie die Innervation der Darmperistaltik, kann sie dagegen trotz allem Nachgrübeln den Associationsweg der Vorstellung bis zum erzielten Erfolg nicht aufdecken. Derselbe ist und bleibt jedem Menschen unbewusst. Er sieht den für ihn unerklärlichen Erfolg, kann sich darüber nur freuen, und die Suggestionswirkung behauptet leichter das Feld.

Die Letztere denke ich mir etwa so: nach der erwähnten Vorbereitung suggerire ich den Schlaf, um noch mehr zu dissociiren. Dann wecke ich durch Berührung des Bauches mit der flachen Hand (gelingt die Suggestion durch die Kleider nicht oder nur ungenügend, so wird sie durch Berührung der nackten Bauchdecken verstärkt) die Vorstellung, dass ich etwas im Bauch thue. Dadurch werden centripetal die Reflexbahnen zwischen Bauchgegend und Gehirn angeregt. Nun gebe ich die Suggestion des Stuhldranges und der Peristaltik. Ich kann dieselben sofort erfolgen lassen (Suggestion des Stuhlganges sofort nach dem Erwachen, die auch sehr gut gelingt) oder sie auf eine zukünftige zeitliche Association bestellen. Der Mechanismus ist der gleiche. Ich habe die dissociirte Gehirnthätigkeit auf einen automatisch functionirenden Nervenapparat concentrirt. Der Moment ist für den Erfolg am günstigsten. Ich wecke nun die Vorstellung des psychofugalen Geschehens, des Stuhldranges, der Peristaltik und der Defäcation. Die Widerstände werden durchbrochen und die Thätigkeit ist, je nachdem, thatsächlich da oder sie wird erst vorbereitet und ihr Erfolgen wird auf ein späteres Merkzeichen abbestellt. Hierbei denke ich mir als thätig die Vorstellungen der Defäcation und des Stuhldranges, psychopetale (sensible) Erregungen von den Bauchdecken aus, psychofugale Bahnen vom Hirn zum Rückenmark, die Bahnen vom Rückenmark zum Darmsympathicus, und endlich den Letzteren selber durch die directe Innervation der Darmmuskeln, eventuell noch von Blutgefässen und Drüsen (Förderung der Darmsecretion). Sehr oft gelingt es zuerst nur den Stuhldrang zu erzielen. Man wiederholt und variirt dann seine Suggestionen, bis die psychofugale Thätigkeit alle Widerstände bis zur Darmmuskulatur überwunden hat.

Man thut gut, um den Erfolg zu sichern, von vorneherein zu erklären, dass der erste Stuhlgang, der die bereits eingedickten Kothmassen zu beseitigen haben wird, einige Mühe verursachen wird,
dass aber, von da an, die raschere Peristaltik einer solchen Eindickung vorbeugen wird. Mittelst dieser Vorstellungen, die im
plastisch dissociirten Gehirn ihren Weg zur entsprechenden Ver-
richtung durch unterbewusste und uns noch ganz unbekannte automatische Centralapparate finden, wird der definitive normale tägliche Gang der Defäcation erzielt.

Aus diesen Thatsachen geht hervor, dass wir die habituelle
Verstopfung als eine pathologische Gewohnheit des Centralnervensystemes betrachten müssen, eine Gewohnheit, die durch
allerlei Zufälle, Neigungen, erbliche Anlagen, Erschöpfungszustände,
Neurosen, Psychosen etc. begünstigt oder hervorgerufen werden kann,
welche aber in sich selbst den Keim zum Wachsthum dadurch trägt,
dass die Eindickung der Kothmassen, die von ihr erzeugt wird,
wiederum verstärkend auf sie selbst zurückwirkt. Ebenso klar geht
daraus hervor, warum die übliche Therapie mit Clystieren und Ab-
führmitteln nicht nur nichts nützt, sondern die Krankheit direct
verschlimmert.

Unser Centralnervensystem hat aber die Neigung, noch viele
andere, ähnliche pathologische Gewohnheiten anzunehmen, die sich
bald ausschliesslich in den Sphären seiner, unserem Oberbewusstsein
verschlossen bleibenden Thätigkeiten, bald in theilweise oder ganz
uns bewussten Vorgängen sich abspielen. Die Enuresis nocturna et
diurna, viele sogenannte Magencatarrhen (nervöse Dyspepsien), viele
Neurosen verschiedenster Art, hysterische Anfälle, Lähmungen,
Schmerzen und Anästhesien, Menstruationsstörungen, vasomotorische
Neurosen u. A. m. sind zweifellos nichts Anderes. Wie viele Appetit-
losigkeiten und Chlorosen, bei welchen man der „Anämie" eine
primäre Rolle zuschreibt, sind nichts als derartige pathologische
Autosuggestionen oder krankhafte Angewöhnungen des Gehirnes!
Freilich darf man nie dabei vergessen, dass der einmal in seinem
Wesen so erkannte und erklärte pathologische Process allerlei
andere mitwirkende oder sogar veranlassende Ursachen zu haben
pflegt, welche eine kluge und einsichtige suggestive Therapie mit
zu berücksichtigen haben wird. Als solche, wiederhole ich, sind
vor Allem die erbliche Veranlagung, schwächende Momente, psychische Störungen, heftige Affecte, unzweckmässige Lebensweise,
schlechte Ernährung etc. etc. In jedem einzelnen Fall wird der

Hypnotiseur nach solchen Ursachen zu forschen haben, und auch diese durch geschickt eingeflochtene Suggestion, wenn angezeigt, durch andere Mittel wegzubringen suchen.

IX. Ein Fall von hysterischer, theilweise retrograder Amnesie mit protrahirtem Somnambulismus, durch Suggestion analysirt und geheilt.

(Aus der Zeitschrift für Hypnotismus; von meinem früheren Assistenten Herrn Dr. Max Naef mitgetheilt und hier mit seiner Erlaubniss wiedergegeben.)

In meine Klinik kam spontan Herr N., 32 Jahre alt, aus bester Familie, väterlich stark erblich mit psychischen Abnormitäten belastet. — Ein Bruder sehr gedächtnissschwach.

Herr N. selbst, von Jugend auf schwach, anämisch und nervös, litt an Kopfschmerzen und Congestionen je nach dem Abendessen, die bis zu Ohrblutungen führten (jetzt noch waren die Ohren roth, mit vielen entarteten Capillargefässen).

Ich lasse nun Herrn Dr. Naef das Wort:

„Im 7. Lebensjahre wachte Herr N. tief in die Nacht hinein in Folge Schulwechsel. Am Morgen einer solchen bis 2 Uhr durchwachten Nacht kam er ganz gegen seine Gewohnheit ohne Bücher nach Hause, fing an zu weinen, meinte, die Polizei wolle ihn holen, er habe eine grosse Geldsumme gestohlen und werde nun nichts als Schande über seine Familie bringen. Im Anschluss daran verweigerte er 2 Tage lang die Nahrung und wollte Niemanden bei sich sehen. Nach wenigen Tagen war der Sturm vorüber, der Zustand besserte sich rasch und Ruhe und Klimawechsel stellten den Patienten vollständig wieder her. Im Grossen und Ganzen vermag sich der Patient an diese Episode zu erinnern; von den Selbstanschuldigungen dagegen will er niemals etwas gewusst haben.“

„Später absolvirte Patient seinen Militärdienst und befand sich dabei ganz wohl, abgesehen von einer gemüthlichen Depression, die hie und da sich fühlbar machte. Mit 27 Jahren zog er sich in Amerika durch Unvorsichtigkeit eine schwere Schussverletzung zu (penetrirende Thoraxwunde), an deren Folgen und Complicationen er Monate lang darniederlag. Von diesem Ereignisse ab hatte unser Patient einen wahren Horror vor Schusswaffen; so machte es denn nach seiner Rückkehr nach Europa auf ihn einen tiefen Eindruck, als anlässlich eines Besuches bei einem befreundeten Arzte dieser plötzlich durch die Meldung abberufen wurde, es habe sich in der Nähe Jemand erschossen. Noch am selben Abend bekam Patient, wie er im Caféhaus sass und ohne zuvor Alkohol

genossen zu haben, einen Schwindelanfall, so dass er schwankend hinaus-
geführt und heimgefahren werden musste. Zu Hause im Bett folgte
ein zweiter, weit heftigerer Schwindelanfall, wobei Patient das Gefühl
hatte, er gehe auseinander, starkes Herzklopfen bekam und schwer
athmete. Der Anfall endete mit Erbrechen; das Bewusstsein war nie
erloschen. Der Schwindel hielt noch den ganzen nächsten Tag über an;
dann trat Besserung ein."

„Patient liess sich nun in eine Nervenheilanstalt aufnehmen, von
der er als bedeutend gebessert entlassen ward."

„Dennoch machten sich schon bald nachher wieder allerlei Beschwerden geltend, und es litt unser Patient auch in der Folge häufig
an Kopfschmerzen, grosser Lichtempfindlichkeit, an dem Gefühl allgemeiner Abspannung nach den Mahlzeiten und an Congestionen nach
dem Kopf bei gleichzeitiger Kälte der Extremitäten."

„Dies alles verhinderte Herrn N. nicht, in den nächsten Jahren den
Anforderungen gerecht zu werden, die er in verschiedenen Lebensstellungen
zu erfüllen hatte, und weder ihm selber noch seiner Umgebung ist in
dieser Zeit eine Abnormität seiner Psyche aufgefallen. In seinen eigenen
Aufzeichnungen, zu denen er von uns veranlasst wurde, gibt er eine
detaillirte Beschreibung dieses Lebensabschnittes, und er vermag genau
die Orte anzugeben, an denen er sich aufgehalten und was seine Thätigkeit an jedem derselben war. Der Patient weiss noch genau, dass er
sich im Herbst 189* zu A. aufhielt behufs Completirung seiner vorzeitig
abgebrochenen Studien. Dann aber beginnt ein Erinnerungsdefect ein-
zusetzen. Patient vermag sich noch an den Beginn des Winters zu erinnern etwa bis zum Monat November; allein schon diese Zeit erscheint
ihm viel nebelhafter und verschwommener als andere weiter zurück-
liegende Zeitabschnitte. Dann aber beginnt für den Patienten ein völliges
Dunkel, dessen Eintritt er nicht von einem bestimmten Tage an zu
datiren vermag; sein Gedächtniss für den folgenden Zeitabschnitt ist
eine vollständige Tabula rasa. Wo er sich den Winter über aufgehalten,
und was er dabei getrieben, davon hat er nicht die leiseste Ahnung;
und doch sind, wie wir bald sehen werden, seine Erlebnisse in dieser
Zeit derart, dass sie unter normalen Verhältnissen wohl dazu angethan
waren, für sein ganzes Leben im Gedächtniss aufbewahrt zu bleiben."

„Der Wiederbeginn der Erinnerung fällt nach des Patienten eigenen
Aufzeichnungen und Aussagen etwa auf Anfang Juni des folgenden Jahres
und zwar vollzieht sich das Wiedereinsetzen des Gedächtnisses mindestens
ebenso allmälig und verschwommen wie das Aussetzen. Zu der Zeit, an
die er sich zuerst wieder zu erinnern vermag, befindet er sich an Bord
eines englischen Dampfers am Ende einer längeren Seefahrt, die ihn
seinem Reiseziel, Europa, zuführen soll. Am lehrreichsten ist es wohl,
an dieser Stelle seine eigenen sehr interessanten Aufzeichnungen über
diese Zeit folgen zu lassen. Er schreibt: Der Wiederbeginn einer aller-

dings nach meiner Vorstellung sehr unklaren Erinnerung dessen, wo ich
war und was ich that, führt mich an Bord eines englischen Dampfers,
dessen Namen ich nicht angeben kann. Ich erinnere mich unklar, sehr
lange an Bord eines Schiffes gewesen zu sein, was ja auch mit der Ent-
fernung von der australischen Stadt Z. nach Neapel, in welch letzterem
Hafen ich, wie ich bestimmt angeben kann, das Schiff verlassen habe,
stimmt. Ich glaube mit Niemand an Bord näheren Verkehr gepflegt zu
haben; das Essen und die Bildungsstufe meiner damaligen Mitpassagiere
waren offenbar minderer Güte, also würde ich damals zweiter Klasse
gereist sein. Ich meine bestimmt zu wissen, in jener Zeit nie deutsch
angesprochen worden zu sein. Ganz nothdürftige Kenntnisse habe ich
von der englischen Sprache. Ich war jedenfalls zu jener Zeit der Rückreise nach Europa auch nicht annähernd gesund, ich erinnere mich,
wiederholt von Muskelkrämpfen im Hinterhaupt und Genick mit gleichzeitigen unwillkürlichen Muskelzuckungen des Gesichts, besonders des
Unterkiefers befallen gewesen zu sein. Wenn dieselben unüberwindlich
stark auftraten, isolirte ich mich von meiner Umgebung möglichst, jedenfalls um diesen krankhaften Zustand zu verbergen. In der Kabine war
ich damals mit einem alten Irländer zusammen, den ich fast nie verstand, wenn er zu mir sprach. Es war sehr heiss nach meiner Erinnerung während meines Aufenthaltes an Bord. Ich las sehr viel zu jener
Zeit, wie ich zu wissen glaube, jedoch nur englische brochirte Hefte,
vermag auch von einigen derselben den Titel anzugeben. Es waren
darunter Schriften wie John Halifax — Gentleman, dann von Dickens —
The Pickwickian Papers, Hard Times etc. Ob ich diese Bücher selbst
mit an Bord brachte oder dort bekam, vermag ich nicht anzugeben. Ich
vermag mich keines andern angelaufenen Hafens als Neapel mit völliger
Sicherheit zu erinnern, von Port Said glaube ich jetzt auch noch eine
undeutliche Vorstellung zu haben, aber erst seitdem ich auf der Karte
die Route Z.—Neapel nachsah. In Neapel glaube ich nur ganz kurz
gewesen zu sein, vielleicht nur einen Tag, wenigstens vermag ich nicht,
mich des Uebernachtens in einem Hotel zu erinnern, wohl aber, dass
ich in einer Schiffsagentur in der Nähe des Hafens mit Hülfe eines
Fremdenführers, der aber sicherlich nicht deutsch sprach, ein Schiffsbillet nach Genua löste. An das Datum meines Aufenthaltes in Neapel
erinnere ich mich nicht — — — "

„Von da an wird die Erinnerung immer klarer und zusammen-
hängender. Herr N. beschreibt nun seine Reise von Neapel nach Genua
und erwähnt hier als besonders auffällig, dass er mit seinem Gepäck viel
Mühe hatte, weil er nie wusste, wie viel Stück er eigentlich mit sich
führte und weil er wider seine sonstige Gewohnheit unordentlich gepackt
hatte, so dass er nach einem Gegenstand oft lange suchen musste. Es
folgt dann ein Aufenthalt in Mailand, die Fahrt durch den Gotthard
und die Ankunft in Zürich."

„Hier verlebte Herr N. einige Wochen, sorglos in guter Stimmung, kleineren Vergnügungen nachgehend, ohne jeden mündlichen oder brieflichen Verkehr, ohne einen Gedanken an die Bedeutung und den Zweck seines Aufenthaltes und ohne recht zu wissen, woher er eigentlich gekommen. Er führte ein sehr solides, regelmässiges Leben, verkehrte mit Niemandem und bewegte sich auf seinen Spaziergängen täglich durch dieselben Strassen. Seine Logisgeber schildern ihn als einen ruhigen, ordentlichen Menschen, an dem sie ausser einem sehr zurückhaltenden Benehmen nichts Auffälliges wahrnehmen konnten. Nie kam ihm der Gedanke, seinen nächsten Angehörigen, mit welchen er sonst in intimster Familienliebe lebte, irgend ein Lebenszeichen von sich zu geben.“

„So lebte er sorglos dahin, losgelöst von allen in seinem früheren Leben angeknüpften Beziehungen, in der offenbaren mehr oder weniger traumhaften Vorstellung, einen Erholungsaufenthalt zu machen, bis er durch einen eigenthümlichen Zufall sich selbst wieder zurückgegeben wurde. Im Caffeehaus kam ihm eines Tages eine Zeitungsnotiz in die Hände, die seine Aufmerksamkeit im höchsten Grade fesseln musste. Diese Notiz lautete dahin, dass ein Herr N. (der Name war voll ausgeschrieben), der vor wenigen Monaten in amtlicher Mission nach Australien gereist sei und dort sich aufgehalten hätte, seit kurzer Zeit spurlos verschwunden sei; und es wurde dann der Vermuthung Raum gegeben, dass Herr N. entweder das Opfer eines Verbrechens geworden oder dann plötzlich von einer Krankheit befallen worden sei, am ehesten vermuthlich von dem sogen. Denguefieber, das damals gerade in jener Gegend grassirte, wo Herr N. verschwunden war.“

„Kurz darauf erschien in demselben Blatte eine weitere Notiz, wonach Herr N. nach seinem vermeintlichen Verschwinden aus dem Innern von Australien an einem Hafenorte gesehen worden sei; er habe sich höchst wahrscheinlich auf einem Dampfer nach Europa eingeschifft, ohne irgend Jemand von seinem plötzlichen Entschluss in Kenntniss gesetzt zu haben. Als Grund für dieses Verhalten, hiess es in dem Artikel weiter, könne angesehen werden, dass Herr N. offenbar die Annahme des Postens bereut und vielleicht durch eine durchgemachte Krankheit geschwächt und deprimirt, es für das Beste gehalten habe, sich durch heimliche Abreise aus der ganzen Angelegenheit zu ziehen.“

„Das Lesen des ersten dieser beiden Zeitungsartikel übte nun eine gewaltige Einwirkung auf unsern Patienten aus, denn urplötzlich wurde ihm klar, dass von keinem Anderen als von ihm selber die Rede in diesen Zeilen sein könne. So unglaublich und unverständlich ihm auch der Zusammenhang erschien, so konnte und musste sich doch die ganze Sache auf ihn beziehen. Bestärkt in dieser Ueberzeugung bis zur vollen Sicherheit wurde er noch durch einen auf seinen Namen lautenden Reisepass, den er unvermuthet in einer Tasche entdeckte. Lassen wir über diesen so sehr wichtigen Moment, der plötzlich so tief in das bisherige

Leben des Herrn N. einschnitt, seine eigenen Aufzeichnungen folgen. Er schreibt: ‚Wenn ich jetzt versuche, mich des Eindrucks zu erinnern, den die Erwähnung meines Namens in diesem Zusammenhang auf mich machte, so glaube ich, damals die ganze Sache für gänzlich unmöglich gehalten zu haben; ich kaufte übrigens sofort die betreffende Zeitungsnummer und las die unangenehme Notiz von da ab immer und immer wieder. Beim Erwachen am nächsten Morgen wusste ich übrigens von der ganzen Geschichte wieder nichts mehr; da aber die betreffende Zeitung vor mir auf dem Tisch lag, fiel mir das Ereigniss rasch wieder ein. Von der Entdeckung der ersten Zeitungsnotiz ab bemühte ich mich, alle deutschen Zeitungen zu lesen zu bekommen, um entweder eine Widerlegung oder eine Bestätigung der Richtigkeit jener Notiz zu erhalten. Geglaubt habe ich, bis ich eine zweite mich betreffende Notiz am folgenden Dienstag las, an die Richtigkeit der ersten nicht. Jedoch datirt es vom Sonntag, dass ich anfing, an mir selbst und meinem normalen Zustande zu zweifeln, und mich ernstlich bemühte, über meine Verhältnisse nachzudenken, und auch anfing, mich darüber zu wundern, warum ich in Zürich beschäftigungslos mich aufhalte und wie ich hierher kam — — —.‘ "

„Aus dem Wirrwarr von Vermuthungen und Plänen, der im Anschluss an diese Vorkommnisse im Kopfe unseres Patienten herrschte, erwuchs schliesslich der für ihn heilsamste Entschluss, seine eigenthümlichen Schicksale und seinen abnormen Zustand einem Arzte anzuvertrauen, und so wandte er sich denn an meinen Chef, Herrn Professor Dr. Forel, der ihm anrieth, sich sogleich zur genauen Beobachtung und Beurtheilung seines Geisteszustandes für einige Zeit in unsere Anstalt aufnehmen zu lassen. Er wandte sich an Prof. Forel, weil er früher einmal einen Vortrag von ihm gehört hatte und aus der Erinnerung daran die Idee schöpfte, da Hülfe zu finden. Der Eindruck, den Herr N. auf Prof. Forel bei seiner Ankunft machte, war der eines gemüthlich tief bewegten Psychopathen. Der Blick war zerstreut; die Lider zuckten oft eigenthümlich. Herr N. bat um eine Unterredung unter vier Augen und wies dabei die bezügliche Zeitung sowie seinen Pass vor mit den Worten: ‚Das muss ich sein — es kann nicht anders sein — aber ich weiss nichts davon —‘ u. s. f. Dann fuhr er weiter: ‚Man wird und kann mir nicht glauben. Ich bin in einer verzweifelten Lage; man muss mich für einen Schwindler halten.‘ "

„Schon am ersten Tage wurde von Prof. Forel die Diagnose auf totale temporäre Amnesie mit Dämmerzustand, wahrscheinlich in Folge des in der Zeitung erwähnten Denguefieberanfalles und mit einer retrograden Amnesieperiode und Dämmerzustand gestellt. Dem entsprechend wurde auch an den zuständigen Stellen der Fall angemeldet. Immerhin musste eine nähere Beobachtung diese Diagnose bestätigen oder berichtigen. "

„Die erste Aufgabe bestand nun darin, die auf den ersten
Blick auch einem erfahrenen Psychiater wunderbar erscheinenden
Angaben des Patienten auf ihre Thatsächlichkeit zu prüfen und
zu versuchen, die etwa 8 Monate umfassende Lücke in seiner Erinnerung durch die objectiven Angaben dritter Personen auszufüllen. Durch Erkundigungen bei den verschiedensten Persönlichkeiten und Amtsstellen konnte nach und nach Folgendes festgestellt
werden:"

„Herr N. hat in der That im Herbst 189* in A. seinen zuvor aus
verschiedenen Gründen längere Zeit unterbrochenen Studien obgelegen;
er hat sich dann um einen Posten bei einer hohen Amtsstelle in Australien
beworben und denselben auch wirklich erhalten. Nachdem er alle nöthigen
Vorbereitungen getroffen hatte, siedelte er dann zu Beginn des folgenden
Jahres nach Australien über, trat dort seine neue Stellung an und verblieb so mehrere Wochen in der Hafenstadt Z. Aus dieser ganzen Zeit
ist keine Thatsache bekannt geworden, die irgend einen Zweifel daran
aufkommen liesse, dass der Geisteszustand unseres Patienten damals nicht
ein völlig normaler gewesen wäre. Auch Personen, die in Australien
um diese Zeit fast täglich mit ihm verkehrten, wissen keinerlei Angaben
zu machen, die dieser Vermuthung irgend welchen Halt geben würden.
Ebenso wenig findet sich in der Correspondenz des Herrn N. mit seinen
Angehörigen irgend ein auffälliger Punkt, vielmehr schrieb Patient
während der Ueberfahrt nach Australien und in der ersten Zeit seines
dortigen Aufenthaltes ziemlich regelmässig jede Woche einen Brief nach
Hause, der weder nach Form noch Inhalt etwas Auffälliges darbietet.
Wir haben diese Correspondenz selbst durchgelesen; sie ist herzlich, an-
hänglich und sehr nett in allen Beziehungen gehalten. Mit dem 6. Mai
bricht diese Correspondenz plötzlich ab und es blieben von da ab jeg-
liche Nachrichten über das Verbleiben des Herrn N. aus. Im letzten
Brief aus Z. äussert er noch, dass er in den nächsten Tagen eine Dienst-
reise ins Innere antreten werde, und in der That ist Herr N. auch nach
den eingegangenen Berichten am Abend des 6. Mai in völligem Wohl-
befinden dorthin abgereist, nachdem er noch in völlig richtiger Weise
seine Dispositionen, z. B. in Betreff der Geldmittel, gegeben hatte."
„Wie wir aus sicherer Quelle erfuhren, klagte er schon bald nach
seiner Ankunft in der Stadt O. im Innern Australiens über Unwohlsein,
suchte dann die Hülfe zweier Aerzte auf und musste dann auf deren
Anrathen einige Tage das Zimmer hüten. Die Aerzte constatirten einen
leichten Fieberanfall, Schlaflosigkeit und eine grosse Niedergeschlagenheit
in Folge von Ueberanstrengung des Gehirns. In Folge dessen fasste
Herr N. den Entschluss, schon am 16. desselben Monats wieder an die
Küste zurückzukehren, und äusserte im Zusammenhang damit die Absicht, durch ein Telegramm nach Z. die weitere Nachsendung von Briefen

dorther abzustellen. Die Absendung eines solchen Telegrammes unterblieb jedoch, ebenso wenig machte Herr N. nach seiner Ankunft an der
Küste davon Mittheilung nach O., wie er vor der Abreise von dort ebenfalls versprochen hatte. Mit dem Moment der Abreise des Herrn N.
vom Bahnhof in O. nach der Küste verlieren sich seine Spuren fast
völlig bis zu seinem Wiederauftauchen in Zürich und nur eine geringe
Anzahl von Thatsachen aus der dazwischenliegenden Zeit sind zu unserer
Kenntniss gekommen. Dahin gehört, dass der Patient auf dem Bahnhof
der australischen Hafenstadt und Station L. von einer Dame gesehen und
erkannt wurde, mit der er während der Hinreise resp. während des Auf-
enthalts des Dampfers in jenem Hafen etwa 2 Monate früher wiederholt
gesprochen hatte. Die Dame wollte ihn begrüssen, er aber wandte sich
von ihr ab und ging weiter, als ob er sie nicht kennen würde. Endlich
wurde noch ermittelt, dass ein Passagier, auf den die Beschreibung des
Herrn N. genau passte, am 22. Mai auf dem Dampfer Oroya die Rückreise von L. nach Neapel angetreten habe und zwar unter dem in die
Schiffsliste eingetragenen Namen Corona."

„Das ist Alles, was einstweilen über das Thun und Treiben
des Herrn N. in der fraglichen Zeit in Erfahrung gebracht werden
konnte. Nun kommen wir zu den Beobachtungen, die an dem
Patienten in der Anstalt Burghölzli gemacht wurden."

„Anfänglich war die Stimmung des körperlich gesunden, nur etwas
schmächtig gebauten Patienten entschieden deprimirt. Er fühlte sich
unglücklich, verwirrt über seine Lage, für die er noch kein volles Verständniss hatte. Der Blick der tiefliegenden Augen hatte etwas Stechen-
des und verlieh der ganzen Physiognomie einen finsteren Ausdruck.
Daneben fielen im Gesichte äusserst rasch aufeinander folgende Zuckungen
der Lider mit nachfolgender halber Senkung derselben auf, die sich besonders während des Sprechens einstellten. Der Schlaf war gestört; der
Patient vermochte erst sehr spät einzuschlafen, erwachte dennoch Morgens
früh und litt häufig an Alpdrücken. Nach einer so vollbrachten Nacht
fühlte er sich dann am ganzen Körper wie zerschlagen. Mit seiner eigenen
Person und seinem körperlichen Befinden beschäftigt er sich eifrig und
gerne und spricht häufig von allerlei leichten Schmerzen und abnormen
Sensationen, so z. B. von Schmerzen im Nacken, die es ihm unmöglich
machen, einen steifen Kragen zu tragen, und die ihn auch keine längeren
Haare ertragen lassen. Geistige Arbeit kostet den Patienten grosse Anstrengung, so z. B. die Anfertigung seiner Lebensbeschreibung, zu der
er mehrmals ansetzen muss und nach deren Vollendung er sich ganz
erschöpft fühlt. Ebenso verursacht ihm das Briefschreiben grosse Mühe;
er geräth dabei regelmässig, auch bei kühlem Wetter, und obwohl er
sonst nicht besonders zu Schweissen geneigt ist, ins Schwitzen, verschreibt
sich öfters und corrigirt nicht selten das falsch Geschriebene wieder

fehlerhaft. Beim Lesen beklagt er sich, dass er oft dieselben Worte wiederholt lesen müsse, bis er wisse, worum es sich handle, ferner ermüdet ihn die Lectüre bisweilen dadurch, dass er beständig in falsche Zeilen geräth."

„Zunächst wurde nun zur Besserung des allgemeinen psychischen Zustandes bei Herrn N. eine suggestive Therapie eingeleitet. Die erste Hypnose wurde in Gegenwart mehrerer anderer Patienten vorgenommen, die zuerst hypnotisirt wurden. Wie die Reihe auch an unseren Patienten kommen sollte, gerieth er in lebhafte Aufregung, bekam starkes Angstgefühl und hochgradiges Herzklopfen und fing an, zappelige, hysterische Krämpfe zu bekommen. Durch energische Suggestionen und dadurch, dass der Anfall als vorübergehende Bagatelle behandelt wurde, erholte er sich bald wieder und es verliefen dann die weiteren Hypnosen ohne jeden Zwischenfall. Der Patient erwies sich als der Suggestion wohl zugänglich und wurde in den ersten Sitzungen leicht zum hypotactischen Stadium mit beginnender Amnesie gebracht. Die Suggestionen, die zunächst gegeben wurden, bezogen sich darauf, dass der Schlaf sich bessere, alle die kleinen Beschwerden verschwinden würden und die gedrückte Stimmung einer ruhigen, heiteren Platz machen werde. Der Erfolg war denn auch eclatant. Der Schlaf wurde länger und ruhiger, die Stimmung wesentlich zuversichtlicher, wenn auch immer noch recht labil. Der Patient bestätigte selbst den wohlthuenden Einfluss jeder Hypnose. Er betheiligte sich fortan lebhaft an Gesprächen, machte fleissig Ausflüge in die Umgebung zu Fuss oder mit dem Fahrrad, fasste wieder Vertrauen zu sich selbst und blickte zuversichtlicher in die Zukunft."

„Von ganz besonderem Interesse ist natürlich das Verhalten des Gedächtnisses. In Bezug auf die Gegenwart, resp. die jüngste Vergangenheit, kann das Gedächtniss jedenfalls nicht als gut bezeichnet, aber auch kaum als eigentlich krankhaft verändert angesehen werden. Vielmehr bietet Herr N. das Bild eines im gewöhnlichen Leben als ‚vergesslich‘ bezeichneten Menschen, von denen einzelne Exemplare ja fast in jedem Gesellschaftskreise anzutreffen sind. So passirt es ihm, dass er einen brieflich erhaltenen, sofort auszuführenden Auftrag einige Tage lang vergisst zu besorgen, dass er einen Laden nach kurzer Zeit nicht mehr findet, weil die Auslage der Sonne wegen verhängt ist, dass er mitgebrachte Gegenstände im Laden liegen lässt, dass er nicht selten etwas verlegt und dann Mühe hat, es wieder zu finden. Besonders für Eigennamen scheint das Gedächtniss etwas unvollkommen zu sein. Herr N. ist sich dieser Schwäche wohl bewusst, schreibt daher wichtigere Dinge sogleich auf, um sie im Sinne zu behalten, traut aber offenbar seinem Gedächtniss weniger zu, als es zu leisten vermöchte, da er durch den aufgedeckten Erinnerungsdefect viel an Selbstvertrauen verloren hat."

„Mit grossem Interesse wurde dann darnach geforscht, ob aus der Zwischenzeit zwischen der allmälig sich verlierenden und der wieder einsetzenden Erinnerung gar kein Eindruck haften geblieben sei, der spontan reproducirt werden könnte und an den anschliessend sich die Erinnerung ganz oder theilweise wieder hergestellt hätte. Es wurde daher absichtlich die Suggestion nicht gleich von Anfang an auch auf diesen Punkt angewendet. Dabei ergab sich Folgendes: Nach dem Namen des Schiffes befragt, auf dem er die Heimreise nach Europa gemacht, gibt Herr N. und zwar erst, nachdem ihm durch die Nennung des ersten Buchstabens nachgeholfen worden war, den Namen Orotava an. Der nunmehr genannte, in Wirklichkeit zutreffende Name Oroya kommt ihm dagegen nicht bekannt vor. Nun findet sich in den aus der gesunden Zeit stammenden Briefen des Patienten einmal der Name eines Dampfers Orotava erwähnt, mit welchem er einst von Australien aus einen Brief nach Hause gesandt hatte. Es musste also offenbar das Erinnerungsbild des Wortes Orotava sich im Gehirn aufbewahrt finden, wurde aber bei seinem Auftauchen ausser Zusammenhang mit allem anderen falsch associirt und so an die Stelle des schliesslich ähnlich klingenden Wortes Oroya gesetzt."

„Nach einigen Tagen erhielt der Patient Besuch von seinen Eltern, die ihren Sohn seinem Wesen nach durchaus unverändert fanden. Von ihnen an den Abschluss seiner Studien in A., an die Vorgeschichte seiner Anstellung und an die Vorbereitungen zur Seereise erinnert, war er nicht im Stande, darin irgend etwas ihm bekannt Vorkommendes zu erblicken. Die Eltern überbrachten auch die vom Patienten während der Reise und in der ersten Zeit seines Aufenthaltes in Australien an sie geschriebenen Briefe. Herr N. erkennt darin wohl zwar seine Handschrift; im Uebrigen aber sind sie ihm etwas völlig Neues und Unbekanntes. Es wurde ihm einer dieser Briefe vorgelesen, worin er unter anderem eine genaue Beschreibung seiner Wohnung in Z. gibt, ebenfalls mit völlig negativem Erfolg. Die übrigen Briefe wurden vorläufig zurückbehalten, damit nicht die Erinnerung an Gelesenes und allfällige noch zum Vorschein kommende Erinnerungen an wirklich Erlebtes ein unentwirrbares Gemenge mit einander bildeten. Auch bat er selbst darum, weil diese Briefe ihn aufregten und verwirrten."

„Ein glücklicher Zufall wollte es, dass ein Herr D. aus Australien, der mit unserem Patienten in Z. häufig verkehrt hatte, gerade zur Erholung in Zürich weilte. Einem Besuch dieses Herrn, den Patient vor seinem australischen Aufenthalt nicht kannte, sahen Arzt und Patient mit gleichem Interesse entgegen. Kurz zuvor noch machte Herr N. auf Befragen die Bemerkung, er könne sich an den zu Besuchenden durchaus nicht erinnern, noch sich ihn irgendwie vorstellen; das aber glaube er zu wissen, dass irgend ein Herr, der dieser Herr sein könnte, zwei Kinder habe und dass das eine davon einen auffallenden Namen, wahrscheinlich Achilleus, trage. Herr D. begrüsste nun den Patienten als alten Bekannten, erinnerte ihn an diesen und jenen Vorfall in Z.,

an manche zusammen verlebte Stunden, während für den Patienten sowohl die Persönlichkeit des Herrn D. als auch alles von ihm Erzählte
völlig fremd und neu war, so dass er in seiner Gegenwart sehr genirt
war und wie auf Kohlen sass. Dagegen stellte es sich heraus, dass Herr
D. wirklich zwei Kinder besitze und dass das eine davon zwar nicht
Achilleus, wohl aber Alarich genannt wurde. Zwischen der Vorstellung,
die sich Patient über das Alter, die Grösse und das Aussehen der Kinder
zu bilden versucht hatte, und den thatsächlichen Angaben des Herrn D.
herrschte hinwiederum nicht die geringste Uebereinstimmung. Im Uebrigen versicherte Herr D., dass ihm der Patient, solange er ihn in Z. zu
beobachten Gelegenheit hatte, d. h. bis zu seiner Abreise nach dem
Inneren, stets sowohl in seinem Reden wie in seinem Handeln einen
durchaus normalen Eindruck gemacht habe."

„Kurz vor einem zweiten Besuche fiel dem Patienten plötzlich der
Name eines Herrn R. ein, und da er sich nicht zu erinnern vermochte,
jemals mit einer Persönlichkeit dieses Namens in Beziehung gewesen zu
sein, so verlegte er von sich aus vermuthlich seine Kenntniss dieses
Namens in die seinem Gedächtniss entfallene australische Zeit zurück,
ohne dass sich daran irgend welche Vorstellungen über das Aussehen
oder die Stellung dieses Herrn anknüpften. Erkundigungen bei Herrn
D. ergaben, dass R. der Name einer Persönlichkeit war, mit der unser
Patient in Australien in geschäftlichen Beziehungen gestanden haben
musste."

„Der grösste Theil seiner Effecten, offenbar alle diejenigen Stücke,
die er sich unmittelbar vor der Reise oder erst in Australien angeschafft
hatte, sind dem Patienten neue, unbekannte Dinge; wie er dazu gekommen, weiss er nicht, vielmehr wundert er sich über das Aussehen
und die Qualität einzelner Garderobestücke. Auch das Auffinden einer
fremden englischen Visitenkarte, offenbar von einer auf dem Schiff angeknüpften Bekanntschaft herrührend, eines Briefbogens mit dem auf-
gedruckten Namen des Dampfers, auf dem er die Reise nach Australien
gemacht, verhilft ihm nicht dazu, einen weiteren Kreis von Erinnerungsbildern wachzurufen. Ganz gleich ergeht es ihm mit seinen eigenen
Visitenkarten, auf denen seinem Namen der in Australien innegehabte
Posten beigefügt ist; mit sichtlichem Erstaunen betrachtet er alle diese
Zeugen einer aus seinem Bewusstsein ausgelöschten Epoche."

„Eigenthümlich und sehr interessant ist die folgende Episode, durch
welche es Herrn N. gelang, einen allerdings nur winzig kleinen Theil
der verlorenen Erinnerungen wieder wachzurufen. Es fiel ihm nämlich
auf, dass ihn, wenn er auf der hiesigen, sehr rasch, aber auch sehr ge-
räuschvoll fahrenden electrischen Strassenbahn fuhr, ein eigenthümliches
Gefühl überkam, er müsse schon einmal in seinem Leben auf einer ähnlichen Bahn, die ebenso rasch fahre und namentlich auch ein ganz
gleiches Sausen verursache, öfters verkehrt haben. Dabei sei er jedoch

sicher, dass die ihm vorschwebende Bahn nicht wie die hiesige mit ober-
irdischer, sondern mit unterirdischer Stromzuleitung versehen sei. In
den Städten, an die er sich zu erinnern vermöge, bestehe nirgends eine
solche Art electrischer Bahnen; also müsse er wohl schliessen, dass es
sich in diesem Falle um eine Erinnerung an seinen Aufenthalt in Z.
handle."

„Da nun auf eine weitere, spontan erfolgende Ausfüllung der Ge-
dächtnisslücke nicht zu hoffen war, so wurde in den folgenden Hypnosen
der Versuch gemacht, der Amnesie auf suggestivem Wege beizukommen
und zur Anknüpfung die eben erwähnte Strassenbahnepisode verwendet.
Herr N. bekam die Suggestion, dass er in einem Wagen der betreffenden
Bahn sitze, sich wieder alle Details vergegenwärtige und auch die darin
befindlichen Leute sich vorzustellen vermöge. Wirklich war dann auch
ein Erfolg insofern zu constatiren, als der Patient in der Hypnose im
Stande war, die von der hiesigen durchaus abweichende Construction der
Wagen und Anordnung der Sitzplätze zu beschreiben. Ueber den Weg
befragt, den die Linie nehme, rief er mehrmals ‚hinauf, hinauf'. Von
den Insassen vermochte er nur anzugeben, dass sie schmälere Gesichter
hätten als die Leute hier zu Lande. Im Anschluss an die Hypnose ver-
fertigte der Patient sogleich eine kleine Skizze über die Construction der
Tramwagen. Nachfragen bei dem mehrfach erwähnten Herrn D. ergaben,
dass Herr N. in der That von seiner Wohnung aus täglich die Trambahn zu benützen pflegte, dass die Linie wirklich bergan führte und
dass ihre Einrichtung in der That derart sei, wie seine Angaben
lauteten."

„Endlich sei noch erwähnt, dass der Patient einige Male am Morgen
bestimmt versicherte, im Traum in Australien gewesen zu sein und dabei
mit verschiedenen Persönlichkeiten sich unterhalten zu haben. Alle Details jedoch waren jeweilen spurlos verschwunden, so dass sich daraus
keine weiteren Anhaltspunkte gewinnen liessen."

„Nachdem der Versuch, auf suggestivem Wege mitten aus der vergessenen Epoche heraus die Erinnerungen wieder wachzurufen, nur von
einem sehr geringen Erfolg begleitet gewesen war, hatte es eine Zeit
lang den Anschein, als ob der Fall einer weiteren hypnotischen Behandlung unzugänglich wäre, und Prof. F o r e l fing an, die Hoffnung auf
Wiederherstellung des Gedächtnisses für die amnestische Periode aufzugeben, da einige Wochen ohne Fortschritt vergingen. Bevor aber die
Beobachtung abgebrochen wurde, kam er auf den Gedanken, nicht mehr
den Aufenthalt in Australien, sondern vielmehr die letzte noch erinner-
liche Zeit des Aufenthaltes in A. zum Ausgangspunkt der Suggestionen
zu wählen. Diese Aenderung der Methode brachte denn auch einen un-
erwarteten Erfolg mit sich. Es wurde dem Patienten in zahlreichen
Hypnosen, die allmälig immer tiefer wurden und rascher gelangen, in
grossen Umrissen und successive fortschreitend die Zeit skizzirt, in die

er sich nun zu versetzen habe und ihm dabei suggerirt, dass er sogleich
und auch nach dem Erwachen sich an alle Details dieses Zeitraumes
genau erinnern werde. Häufig wurde dann, nachdem der Patient erzählt hatte, was er nun neu wusste, sogleich eine zweite Hypnose angeschlossen und dabei mit der Suggestion an dem Punkte wieder eingesetzt, bis zu dem er in der vorangehenden Hypnose gebracht worden
war."

„Der erste Erfolg bestand darin, dass Herr N. sich daran erinnerte,
in der letzten Zeit seines Aufenthaltes in A. nicht mehr regelmässig ins
Colleg gegangen zu sein und statt dessen häufig dem Velosport gehuldigt
zu haben. Auf die Suggestion hin, er werde sich nun wieder an die
Verhandlungen erinnern, die seiner Anstellung vorausgegangen seien,
tauchte plötzlich der Name eines Regierungsrathes (nennen wir ihn
Bernhard) auf, dem sich bald auch eine exacte Vorstellung über dessen
Aussehen und Kleidung zugesellte. Im Anschluss daran wusste nun Herr
N. wieder, dass er diesem Herrn mehrfache Besuche abgestattet habe
und dass durch ihn die Verhandlungen eingeleitet worden seien. Nach
der folgenden Hypnose fällt es dem Patienten plötzlich ein, dass er kurz
vor Weihnachten eine Reise nach der Landeshauptstadt unternommen
habe, vermag aber über seinen dortigen Aufenthalt noch keine Angaben
zu machen. Erst nach der nächsten Sitzung auf entsprechende Suggestion
hin fällt ihm der Name des Hotels, wo er gewohnt, die Strasse, an der
es liegt, die Dauer seines dortigen Aufenthaltes und die mit den Behörden gepflogenen Unterhandlungen ein, nach und nach gewinnt er ein
klares Bild von der Stadt, die er zuvor noch nie besucht hatte. Niemals
gehen die so wiedergewonnenen Erinnerungen zeitlich über den Spiel-
raum hinaus, der durch die gegebenen Suggestionen begrenzt wird.
Gleich zu Anfang sind die Erinnerungsbilder nie sehr scharf und Herr
N. beginnt seine Erzählungen gewöhnlich mit einem ‚ich glaube' oder
‚es kommt mir so vor'. Erst im Laufe der folgenden Sitzungen gewinnen
die Bilder an Schärfe und schliessen sich zu einem Ganzen zusammen.
Weiter gelang es, dem Patienten seine Rückreise aus der Hauptstadt
nach A. und die nun beginnenden Reisevorbereitungen ins Gedächtniss
zurückzurufen, wobei ihm zuallererst die Thatsache einfällt, dass er
dazu 24 Hemden und 18 Paar Unterhosen bestellt habe; dann folgt die
rasch zurückgelegte Reise nach dem Einschiffungsort, wobei ihm auch
ein unterwegs abgestatteter Besuch wieder erinnerlich wird. Ueber die
Deutung der Erinnerung an den Hafenort ist er etwas schwankend, da
er sich schon früher einige Male dort aufgehalten hatte. Nunmehr bekam der Patient die Suggestion, dass sich sein Gedächtniss auch für die
Zeit der ganzen Seereise wieder herstellen werde und immer in der be-
schriebenen Weise vorgehend, gelang im Verlaufe einiger weiterer Hypnosen auch das. Zunächst wusste er plötzlich und mit Bestimmtheit
den Namen des Capitäns und des Schiffsarztes anzugeben, dann erinnerte

er sich auch an einzelne Mitreisende und die Einrichtungen und das
Leben auf dem Schiffe. Von der Durchfahrt durch den Suezkanal weiss
er, dass sie bei Nacht stattgefunden und unerwartet lange gedauert habe;
mit grosser Schärfe tritt die Erinnerung an die Landung in Aden auf,
wo ihm besonders die mit weissen Turbanen bekleideten Menschen und
die am Boden liegenden Kameele auffallen. Es schliesst sich dann die
Erinnerung an eine grosse Hitzeperiode an und hierauf an die Landung
in Colombo (Ceylon). Von hier berichtet er zuerst über die üppige
Vegetation und über einen kleinen ins Innere von Ceylon unternommenen
Ausflug, dessen Endziel er noch ungenau zu nennen vermag. Etwas
grössere Schwierigkeiten machte die Auferweckung der Erinnerungen an
die Landung in Australien und die erste Zeit des Aufenthaltes in Z.
Doch gelang es nach wiederholten Hypnosen, die Vorstellung von den
verschiedenen angelaufenen Hafenorten, unter anderem der Hafenstadt L.
wieder zum Vorschein zu bringen. Von Z. wusste der Patient anfänglich nur anzugeben, dass es dort sehr trocken sein müsse und dass in
der Vegetation die Eucalyptusbäume und Coniferen eine grosse Rolle
spielten. In der Stadt selber, meinte er anfänglich, wüsste er sich jetzt
doch noch nicht zurechtzufinden. Dann kam plötzlich die Erinnerung
an den dortigen botanischen Garten und an verschiedene in der Umgebung unternommene Ausflüge. Einen Namen, der ihm schon lange
eingefallen war, von dem er aber nie wusste, zu was für einer Persönlichkeit er gehöre, bezog er nunmehr auf die Person seiner Hauswirthin.
Dann vermochte er sich auch wieder an seine Wohnung und an den
Club zu erinnern, in dem er häufig verkehrte, so dass er schliesslich
angab, sich auch in Z. wieder ganz heimisch zu fühlen. Auch an Herrn
D. und seine Familie erinnerte er sich wieder."

„An diesem Punkte angelangt, musste die hypnotische Behandlung
für einige Zeit abgebrochen werden, da der Patient plötzlich an einer
Pneumonie erkrankte. Die Affection nahm ihren normalen Verlauf,
brachte aber den Patienten sehr herunter. Sobald die Reconvalescenz
so weit fortgeschritten war, dass er der Suggestion wieder zugänglich
erschien, wurde mit den Hypnosen von Neuem begonnen. Dabei wurden
zunächst verschiedene Residuen der überstandenen Pneumonie, für die
eine somatische Grundlage nicht mehr anzunehmen war, in Angriff genommen. Es gelang so rasch, die trotz totaler Resolution und Resorption
der Pneumonie noch auffällig frequente und dyspnoische Athmung normal
zu gestalten, die noch in der Brust gefühlten Schmerzen zu beseitigen
(wobei einmal die Schmerzen nun plötzlich auf die andere Seite der
Brust in die Gegend der alten Schusswunde übersprangen) und Schlaf-
und Appetitlosigkeit zu heben. Daneben wurde an der Auferweckung
der Erinnerungen genau wie früher weiter gearbeitet."

„Die zunächst gegebenen Suggestionen bezogen sich darauf, dass der
Patient sich immer genauer an seinen ganzen Aufenthalt in Z., nun aber

auch an seine Reise ins Innere nach O. wieder erinnere. Der Erfolg
war der, dass ihm nachher verschiedene Festlichkeiten erinnerlich wurden,
die er mitzumachen hatte und wobei es ihm Mühe machte, mit den Anderen im Champagnertrinken und dergl. mitzuthun. Ausserdem fiel ihm
aber noch ohne jeden weiteren Zusammenhang der genaue Name des
Hotels in O. ein, wo er abgestiegen war und sich einige Zeit aufhielt.
Erst nach der folgenden Hypnose kehrte auch die Erinnerung an die
Reise nach O. zurück. Herr N. weiss nun, dass er die 36 stündige
Fahrt dorthin in einer Tour zurückgelegt, beschreibt die theils öde,
theils gebirgige Gegend und die eintönige Vegetation, wie die Baum-
farren und dergl. Ueber die Stadt Z. ist er jetzt genau orientirt und
entwirft eine anschauliche Schilderung von deren Lage und Verkehrs-
verhältnissen. Als neue Erscheinung ist nach dieser Hypnose zu beobachten, dass der Patient im Stande ist, auch das Facit seiner in Australien
gemachten Beobachtungen zu reproduciren. So erzählt er denn mancherlei
über die politischen und wirthschaftlichen Institutionen des Landes, über
das Proletariat der Städte und den Mangel an Arbeitskräften auf dem
Lande, über die Massregeln zur Erschwerung der Einwanderung der
Chinesen, wobei es ihm plötzlich einfällt, dass auf dem Dampfer, der
ihn nach Australien führte, sich auch etliche solche zu importirende
Menschen befanden, und dass die Chinesen in Z. mit kurzgeschnittenem
Haar umhergehen und deshalb wenig auffallen. Auch über seinen Aufenthalt in O. weiss Herr N. nach derselben Hypnose mancherlei zu berichten. Bei seiner Ankunft habe eine grosse Dürre geherrscht, so dass
der Staub fusshoch in den Strassen lag und viel Vieh zu Grunde ging.
Er erinnert sich ferner an verschiedene Persönlichkeiten in O., mit denen
er zu verkehren hatte. Darunter befindet sich auch jener Herr R.,
dessen Name ihm schon lange eingefallen war und mit dem er, wie er
jetzt wieder genau weiss, einen unangenehmen Strauss auszufechten hatte,
da er seiner Mission Schwierigkeiten in den Weg zu legen suchte. Noch
jetzt geräth der Patient bei der Erzählung dieser Episode in lebhaften
Affect. Des weiteren vermag er sich zu erinnern, dass er sich schon
bald nach seiner Ankunft in O. unwohl fühlte und deshalb sein Hotel-
zimmer wechselte. Wegen Fieber, Schwindel und Herzklopfen sei er zu
einem englischen Arzte gegangen, dessen Name mit B. anfange und der
ihn dann auch im Hotel besucht habe. Da mit der letzten Angabe die
Erinnerung versiegte, wurde alsbald eine weitere Hypnose angeschlossen
und dem Patienten suggerirt, er werde sich nun genauer an die näheren
Umstände seiner Erkrankung in O. erinnern. Daraufhin fällt ihm ein,
dass noch ein zweiter deutscher Arzt zugezogen worden sei, und dass
er ein Schlafmittel bekommen habe. Die Temperatur sei nie gemessen
worden. Ausser den Aerzten sei nur hie und da ein Kellner ins Zimmer
gekommen. Die beiden Aerzte haben ihm verschiedene Rathschläge gegeben; der eine, er solle alsbald an die Küste zurückkehren und sich

dort zuerst erholen; der andere, er solle in O. seine Genesung abwarten und dann seine Reise fortsetzen. Welchem Rathe er gefolgt und was er nun gethan, darüber weiss er nichts anzugeben."

„Die am nächsten Tag gegebene Suggestion, Herr N. werde sich nun auch an die näheren Umstände seiner Abfahrt von O. und Rückreise nach Z. erinnern, blieb zunächst erfolglos. Erst die Wiederholung am folgenden Tag brachte wieder einen Fortschritt, insofern als er nun berichtete, wie ihm am Abend vor der Abreise auf seinen Wunsch sein Geld wieder zugestellt worden sei, und wie derselbe Herr, der dies besorgt, am andern Tag ihn zum Bahnhof geleitete. Zu dieser Zeit (Abfahrt von O.) war sich Herr N. seiner ganzen Hinreise und des Ziels seiner Thätigkeit in Australien trotz des Fiebers völlig erinnerlich bewusst. Dies gibt er bestimmt an, und es ist dies sehr wichtig. Er erinnert sich, dann mit der Eisenbahn die Rückreise nach Z. angetreten und dabei im Wagen offenbar halb geschlafen zu haben. Von seiner Ankunft in Z. dagegen weiss er noch rein nichts."

„Ich bin in der Besprechung der Art, wie die letzten Erinnerungen wieder zum Bewusstsein kamen, recht ausführlich gewesen und zwar mit gutem Grund; denn wie wir später sehen werden, bietet die genaue Kenntniss der Ereignisse um diesen Zeitpunkt herum einen wichtigen Anhaltspunkt für das richtige Verständniss des ganzen Falles."

„In wiederholten Hypnosen wurde nun versucht, das Ende dieser Fahrt nach Z., die Ankunft daselbst und die Umstände, unter denen die Einschiffung nach Europa erfolgte, dem Patienten ins Gedächtniss zurückzurufen. Diese Bemühungen blieben jedoch ohne Erfolg und über den Beginn der Reise von O. nach Z. hinaus vermochte er sich keiner einzigen Thatsache mehr zu erinnern."

„Dagegen war wiederum ein Erfolg zu constatiren, als Prof. Forel, dem schon einmal erprobten Verfahren entsprechend, die Suggestionen an denjenigen Zeitpunkt anknüpfte, der dem Patienten noch spontan in Erinnerung geblieben war, wie er nämlich sich am Ende seiner Seereise an Bord der Oroya befand. Die Suggestionen lauteten dahin, Herr N. werde sich nun auch an den ersten Theil seiner Heimreise zur See, schliesslich an seine Einschiffung und an die Gründe, die ihn dazu bewogen, erinnern. Daraufhin war der Patient nun im Stande, eine ganze Reihe von Details, die er auf seiner Rückreise erlebt hatte, zu erzählen. So berichtet er, er sei in Colombo im Gegensatz zu den meisten übrigen Passagieren nicht am Land gewesen, es hätte sich dort ein englischer Sergeant mit Frau und Kindern eingeschifft. Von dem Leben an Bord der Oroya kommt ihm wieder eine ganze Reihe von Einzelheiten ins Bewusstsein: ein kleines Mädchen habe ihm besonders gut gefallen, er habe öfters mit ihm gespielt und es auch auf dem Arm

getragen. Sonst habe ihm das Leben auf dem Dampfer nicht sonderlich
behagt und er habe desshalb der Aufforderung, an verschiedenen Vergnügungen theilzunehmen, keine Folge geleistet. Mit grosser Lebhaftig-
keit erinnert er sich an zwei auf hoher See vorgekommene Todesfälle
und die Versenkung der Leichen ins Meer. Seine Thätigkeit auf dem
Schiff habe in Essen, Schlafen, Lesen und Umhergehen bestanden. So
habe er in den Tag hineingelebt, mit dem Bewusstsein, wie er jetzt
glaubt, dass das Reiseziel Europa sei, aber ohne jeden Gedanken an das,
was vorging, und das, was noch kommen würde. Die Erinnerung an
seine Abreise von Z., an die Einschiffung in L. und an den ersten Theil
der Seereise war auch jetzt wieder nicht wachzurufen."

„Eine Reihe von Hypnosen, in denen der Versuch gemacht wurde,
die noch bestehende, aber stark zusammengeschrumpfte Erinnerungslücke
auszufüllen, schlug zunächst fehl. Der Kranke producirte wohl eine
ganze Anzahl neuer Erinnerungen, die er aber alle in die Zeit der Hinreise nach Australien verlegen musste. Da tauchte plötzlich ganz verschwommen die Erinnerung an eine lange, bei Nacht zurückgelegte Eisenbahnfahrt auf, die ihn von Z. nach dem Einschiffungshafen L. bringen
soll, und die sich der Patient in ununterbrochenem Zusammenhang mit
der jetzt wieder bewussten Fahrt von O. nach Z. vorstellt. Daran
schliesst sich die unklare Vorstellung, dass er in L. in einem kleinen
minderwerthigen Gasthause abgestiegen sein müsse. Sogleich wurde er
von neuem hypnotisirt und ihm suggerirt, er werde sich an diesen
Gasthof wieder genau erinnern, wie überhaupt an seinen ganzen Aufenthalt in L. bis zur Einschiffung. Daraufhin ist er im Stande, das
erwähnte Gasthaus näher zu beschreiben; er bezeichnet es als eine
„Spelunke dritter Güte" und ist ganz empört darüber, dass er ein so
schlechtes Absteigequartier wählen konnte, da er doch offenbar noch
genug Geld bei sich gehabt habe. Der Name des Gasthauses müsse
dreisilbig sein; dasselbe liege in unmittelbarer Nähe des Bahnhofes und
sein Zimmer sei so klein gewesen, dass er nicht einmal sein ganzes
Gepäck darin placiren konnte. In nochmaliger Hypnose erhält der
Patient die Suggestion, dass ihm im Laufe des Tages von selbst noch
weitere Details über seinen Aufenthalt in L. einfallen und ihm nun
auch die Einschiffung klar sein werde. Am folgenden Morgen berichtet
Herr N., es sei ihm nun die Strasse eingefallen, an der das erwähnte
Hotel liege; dessen Name fange mit einem M an, dann folge ein O
oder A, das Wort bedeute den Namen des Besitzers, doch sei es ihm
nicht möglich, sich auf den Namen vollständig zu besinnen. Nach der
nächsten Hypnose bei gleich bleibenden Suggestionen erzählt Herr N.,
dass er in L. tagsüber gewöhnlich das Zimmer gehütet und erst gegen
Abend ausgegangen sei; gedacht habe er sich bei diesem ganzen Leben
nichts Besonderes und nur auf die Abfahrt des nächsten Schiffes gewartet. Es sei damals empfindlich kühl gewesen. Er habe jetzt das

Gefühl, dass er damals nicht wusste, dass er L. schon einmal (nämlich auf der Hinreise) kennen gelernt hatte. Auf die Suggestion hin, er werde sich nun auch an die Verhältnisse am Hafen und die Einschiffung wieder erinnern, kommen ihm plötzlich auch diese Erinnerungen mit ziemlicher Schärfe. Herr N. beschreibt nun den Landungssteg, erinnert sich, dass der Bahnzug ihn unmittelbar bis an das zur Abfahrt bereite Schiff heranbrachte, dass noch ein anderes Schiff dort lag, dem er dann später wieder in Colombo begegnete, und dass eine grosse Menschenmenge am Hafen zugegen war. Es fällt ihm jetzt auf, dass ihm damals die Abfahrt nach einem anderen Continent nicht den geringsten Eindruck machte, wie es doch sonst bei seinen früheren Reisen stets der Fall gewesen war. Er selbst machte denn darauf aufmerksam, dass ihm nun hauptsächlich noch die Erinnerung an den Moment fehle, wo er das Billet zur Abfahrt gelöst hatte. Auf bezügliche Suggestion hin gelingt auch die Aufweckung dieser Erinnerung, und Herr N. nennt nun die Strasse, wo sich die Agentur befindet, und den Preis des Billets genau. Dass er einen falschen Namen angegeben, vermag er sich nicht zu erinnern, glaubt aber eher, die Sache müsse auf einem Missverständniss der englischen Schiffsleute beruhen, die seine Sprache nicht verstanden."

„Am folgenden Tage gelang es endlich in einer Anzahl sich folgender Hypnosen auch die letzten Lücken, die in der Erinnerung an die zuletzt in Rede stehende Zeit noch bestanden hatten, immer auf die entsprechenden Suggestionen hin, auszufüllen. Der Patient machte nun im Zusammenhang folgende Angaben: In O. habe er um die Zeit seiner körperlichen Erkrankung sozusagen nie geschlafen. Er habe dann mit vollem Bewusstsein ein Billet erster Klasse nach Z. gelöst, wo er seine Wohnung hatte, in der bestimmten Absicht, dort seine völlige Genesung abzuwarten und dann zur Fortführung seiner Mission nach O. zurückzukehren. Die Eisenbahnfahrt habe sehr lange gedauert und auch die ganze Nacht in Anspruch genommen, der Wagen sei bald recht voll von Leuten, bald wieder leerer gewesen, so dass er es sich bequem machen konnte und öfters einschlief. In Z. am Vormittag angekommen, habe er gleich nach der Ankunft ein Billet zur Weiterfahrt nach L. gelöst, dann den Bahnhof, in welchem sich weder Wartesäle noch ein Restaurant, um sich darin aufhalten zu können, befänden, alsbald verlassen und in einem kleinen Gasthofe in unmittelbarer Nähe des Bahnhofes ein Zimmer bezogen, dort etwas zu sich genommen und dann einige Stunden geschlafen. In seine Wohnung zu gehen oder dass er überhaupt in Z. eine Wohnung besass, daran sei ihm kein Gedanke gekommen, ebenso wenig, dass er überhaupt schon jemals in Z. gewesen sei und dort eine Menge von Bekannten hatte. Er habe dann noch einige kleine Einkäufe gemacht, z. B. sich einen Kamm angeschafft, und sei noch am selben Abend mit dem am Morgen gelösten Billet nach L. weiter gereist. An irgend ein Motiv zur Abreise von Z. kann er sich durchaus nicht erinnern, er glaubt nur das Gefühl gehabt zu haben, er sei fremd hier, gehöre nicht dahin und habe desshalb die erste Gelegenheit zur Weiterreise ergriffen. In L. angekommen, sei er wie zuvor in Z. im nächst gelegenen, sehr primitiven Gasthaus abgestiegen, wie er uns schon zuvor erzählt hatte. Er erinnert sich nun ganz genau an die Stadt L., er habe sich einige Tage dort aufgehalten, sei immer durch dieselben Strassen gegangen, habe sich dann ein Billet zur Ueberfahrt nach Europa gekauft, wie er oben berichtete, und nun die Abfahrt des Dampfers abgewartet. Die Stadt L. sei ihm völlig fremd vorgekommen und er habe nach Allem fragen müssen, obwohl er ja thatsächlich, wie er jetzt wisse, bei der Hinreise einige Tage dort zugebracht hatte. Auch hier war er sich nicht bewusst, schon einmal vor einigen Wochen sich aufgehalten zu haben, und auch hier kam ihm kein Gedanke daran, irgend einen bekannten Menschen aufzusuchen. An die von dritter Seite festgestellte Begegnung mit einer Dame am Bahnhof kann er sich nicht erinnern, glaubt aber, wenn dem wirklich so sei, so habe er eben die Dame einfach nicht mehr erkannt. An die Umstände, unter denen seine Einschiffung zu Stande gekommen, vermag er sich wieder genau zu erinnern, er sei mit einem Wagen vom Hotel nach dem ca. zehn Minuten entfernten Bahnhof gefahren und habe dort den Bahnzug bestiegen, der ihn direct bis zum Schiff geführt. Auch für seine Einschiffung ist er nicht im Stande, ein Motiv anzugeben, er habe offenbar das Bestreben gehabt, von Australien, wo er sich ‚deplacirt‘ fühlte, möglichst rasch wegzukommen. Dass er in Australien sei, dessen sei er sich damals bewusst gewesen, nicht aber, wie er dort hingekommen, und dass und was er dort zu thun hatte.“

Dieser höchst lehrreiche und seltsame Fall bedarf keines langen Commentars. Herr N. ist durchaus glaubwürdig; überdies konnten ja viele seiner Angaben durch dritte Personen bestätigt werden.

Aus der ganzen Art der Erinnerungen des nicht retrograden Theiles seiner Amnesie, d. h. der Rückreise von O. durch Z. und L. nach Neapel und Zürich, geht klar hervor, dass er sich in dieser ganzen Zeit in einem dissociirten, somnambulen Dämmerzustand befand, in welchem er in den Tag hinein lebte und täglich wieder das Vorhergehende vergass. Die bezüglichen Erinnerungen tauchen ohne rechten Zusammenhang unter einander auf; sie sind traumhaft dämmernd und von starken Affectwellen begleitet. Es wurde ihm selbst die Sache so klar, dass er mir sagte, er sehe nun ein, dass wenn er kein Geld bei sich gehabt hätte, er in L. elend zu Grunde gegangen wäre; sein Glück sei es gewesen, das Schiffsbillet nach Europa gelöst zu haben. Umgekehrt sind die Erinnerungen über den retrograden Theil der Amnesie (Hinreise) normal associirt.

Dieser Fall ist eine Fundgrube für den Mechanismus des Gedächtnisses und für seine Analyse. Die Amnesie blieb dann geheilt. Ich bitte speciell noch den Fall im Licht unserer Anschauung über das Bewusstsein zu prüfen.

X. Die Suggestion in ihrem Verhältniss zur Medicin und zur Curpfuscherei.

Trotz allen Satiren drastischester Art, welche die Priester des Aesculap zu allen Zeiten erleiden mussten, und welchen wohl Molière (M. de Pourceaugnac, le Malade imaginaire etc.) die Krone aufgesetzt hat, verfallen sie doch immer wieder nach Kräften in ihre alten Fehler, wie wenn sie darin unbelehrbar wären, wie wenn ein Naturgesetz sie dazu treiben würde: Zunftwesen, Autoritätsglaube, Unfehlbarkeitsdogma, aprioristisches Urtheilen und vor Allem Ergänzung des wirklichen Wissens durch Autosuggestionen, die den Charakter von Aphorismen, von Axiomen gewinnen, Leichtgläubigkeit gegenüber den einfältigsten Deductionen bezüglich therapeutischer Erfolge, und nicht zu vergessen leider oft Charlatanerie. Jeder Beruf hat seine Schwächen, sowie seine räudigen Schafe, und Gott behüte uns vor der verworrenen Metaphysik vieler Theologen und vor der starren, oft rabulistischen Dogmatik vieler Juristen mit ihrer Ausserachtlassung der psychologischen Beobachtung des Menschen. Doch ist es sicher vortheilhafter, die eigenen Schwächen und Krankheiten zu studiren und zu bekämpfen, als zu warten, bis fremde Pfuscher kommen, uns zu belehren und auszulachen. Die Juristen fangen bereits an, in's eigene Fleisch zu schneiden und sich den Ergebnissen der Naturforschung anzupassen. Da dürfen doch nicht die naturwissenschaftlich gebildeten Aerzte zurückbleiben und für sich das Privilegium des Dogmatismus und der oberflächlichen Gläubigkeit in Anspruch nehmen.

Immerwährend wird vergessen, dass, wenn wir von einem grossen Theil der äusseren Therapie absehen, vielleicht $^2/_3$ der Kranken von selbst genesen und dass die Hälfte des übrigen Drittels, ohne sich um unsere Therapie zu kümmern, dem Tod oder der Unheilbarkeit verfällt. Wenn wir im letzten Sechstel wirklich bessern oder heilen, ist es sehr viel, und wir müssen bekanntlich bei der Bilanz unseres therapeutischen Gewissens uns stets und immer wieder die Frage stellen: Hast du nicht mehr geschadet als genützt? Was ist es, das wirklich geheilt hat (siehe übrigens Sonderegger, Vorposten der Gesundheitspflege)? Natürlich ist die Prophylaxe damit nicht gemeint.

Je exacter eine Wissenschaft ist, desto höhere Anforderungen stellt sie an ihre Vertreter bezüglich Genauigkeit ihrer Ergebnisse (man vergl. z. B. die Mathematik und die Zoologie). Desshalb darf aber die weniger exacte Wissenschaft nicht auf diese ihre Eigenschaft wie auf eine Licenz hin sündigen und auf die Logik der denkenden Vernunft verzichten, sondern muss, ihre Unsicherheiten und Schwächen vollauf würdigend, nach grösserer Exactheit und neuen Gesichtspunkten zur Beleuchtung unklarer Fragen trachten. Wunderbar sieht es in dieser Hinsicht mit der therapeutischen „Wissenschaft" aus. In denjenigen Abtheilungen derselben, wo eine exactere, klarere Erkenntniss bereits vorliegt, finden wir einen kritischeren Geist, strengere Anforderungen und eine viel grössere Reserve in den Behauptungen. Die mächtigen Fortschritte der Chirurgie haben sie bescheidener und vorsichtiger gemacht. Je weniger jedoch die Medicin in einem Gebiet weiss, desto dogmatischer werden die therapeutischen Behauptungen, und der Sumpf der heutigen Arzneitherapie ist kaum geringer, als der ehemalige Sumpf der Kräutermixturen und der ellenlangen Recepte aus zwanzigerlei Mitteln. Zwar muss die Chemie an Stelle der früheren Botanik bei den neuesten Heilmitteln für den Schein der Wissenschaftlichkeit herhalten; doch bedeutet dies oft nur eine Aenderung der Etiquette. Die bodenlose Leichtfertigkeit, mit welcher therapeutische Erfolge, vielfach in reclamenhafter Weise, sehr oft mit Verschmähung der elementarsten Logik und der bescheidensten Ansprüche der wissenschaftlichen Methode in medicinischen Blättern, Gesellschaften etc. breitgetreten und ausposaunt werden, hat durch die immer mehr wachsende Masse der Pressorgane eine wirklich erschreckende Ausbreitung gewonnen. Sie ist zu einer förmlichen medicinischen Kachexie geworden. Fügen wir hinzu die schwunghafte Reclame, die mit der Hydrotherapie, Balneotherapie, Elektrotherapie, Metallotherapie, Massagen, Cursystemen nach Dr. X., Pfarrer Y. etc. rücksichtslos und der Wissenschaft zum Trotz getrieben wird, so haben wir ein ebenso trauriges als bekanntes Zeitbild, in welchem der Laie bald kaum mehr im Stande sein wird, den gewöhnlichsten Schwindler vom ernsten Arzt zu unterscheiden.

Es sind Gemeinplätze, die ich hier niedergeschrieben habe; es war aber nöthig. Ich will nicht fragen: à qui la faute? Denn

das wäre müssig — sondern: Gibt es Heilmittel gegen diese therapeutische Krankheit? Ich glaube zum Theil ja und meine, dass
eines derselben in einem genauen Studium der Schwächen der
therapeutischen Logik in ihrem Verhältniss zur Suggestion liegt.

Wenn eine geheimnissvolle Thätigkeit in dieser Welt scheinbar
in Folge von vollständig verschiedenen, einander widersprechenden,
gesetzlos wirkenden Ursachen in gleicher, gesetzmässiger Weise bei
der gleichen Substanz oder dem gleichen Organismus immer wieder
stattfindet, vermuthet mit Recht die menschliche Logik, dass ein
Theil der scheinbaren Ursachen entweder nicht wirkliche oder nur
indirecte Ursachen sind, welche auf verborgene Weise die eigentliche Ursache, d. h. den wirklichen Mechanismus des constanten
Ereignisses in Bewegung setzen. Es handelt sich dann darum, den
letzteren zu entdecken. — Ein Mensch, der von Elektricität nichts
weiss, wird nicht begreifen, warum dieselbe elektrische Glocke gleich
schellt, wenn man auf einen Knopf drückt, wenn man durch Zusatz
von Elementen den Strom verstärkt und wenn eine Maus die iso-
lirende Umhüllung von zwei sich berührenden Drähten abnagt. Er
wird, wenn er gedankenlos ist, empirisch an die drei verschiedenen
Ursachen glauben, die er wahrnimmt; überlegt er aber sorgfältig
die Sache, so wird er vermuthen, dass etwas Einheitliches dahinter steckt.

Ich bitte nun meine verehrten Leser, an den Vorgang der
Heilung einer idiopathischen Neuralgie oder einer functionellen
Lähmung zu denken. Gleichwohl ob diese Heilung durch elektrische
Behandlung (und zwar je nach der Theorie eines jeden Elektro-
therapeuten durch die einander widersprechendsten Arten der Ströme
und der Application derselben [1]), Hydrotherapie, Massage, Metallotherapie, Antipyrin, Chinin, Baldriantinctur und dergl. inwendig genommen, Moxen, Nervendehnung, Vesicatoren, Blutentziehungen,
Einathmung von Amylnitrit, Schrecken, Händeauflegen, Homöopathie, Geheimmittel aller Arten, Vegetarismus, sogen. Naturheil-
methode, Gebet, Kräuter, die eine Somnambule oder sonstige Wahrsagerin verschreibt, Weihwasser aus Lourdes . . . . . . oder Suggestion
erfolgt, so sieht man dieselbe wunderartig sofort der Anwendung des
Mittels folgen, oder dann ruckweise, von Sitzung zu Sitzung, fort-

---

[1] Ueberraschend grosse Heilresultate erzielen z. B. Sperling in Berlin
allein mit den allerschwächsten Strömen und Dr. Julius Heller in Luzern
umgekehrt allein mit den stärksten Strömen und ausgedehnter Berührungs-
fläche der Elektroden!

schreiten. Kein Mittel wirkt bei allen Menschen, aber jedes der
angeführten Mittel wirkt thatsächlich bei Vielen. Das Mittel, das
bei Einem ein Mal gewirkt hat, pflegt auch bei Recidiven zu wirken,
vor Allem so lange der Kranke Vertrauen dazu hat. Ich bitte aber
noch besonders auf Folgendes zu achten: es wirkt vor Allem jedes
dieser Mittel bei denjenigen Aerzten, Curpfuschern, Pfarrern, Heb-
ammen oder alten Weibern, welche selbst an seine Wirksamkeit
glauben; und bei jedem derselben verfehlen die anderen Mittel
meistens ihre Wirkung, wesshalb es so viele widersprechende Ansichten gibt. Man lache nicht und entgegne mir nicht, dass dieses
auf Schwindel oder schlechter Beobachtung beruhe. Beides mag ja
oft mitunterlaufen, aber das Gesetz ist viel zu constant, um so erklärt zu werden. Es ist in der That so, und der Arzt, der glaubt,
dass Baldrian das einzige wirksame Heilmittel der Neuralgie ist,
wird mit diesem Mittel die besten Erfolge erzielen, genau so wie
derjenige, der das Gleiche von einer bestimmten Anwendung des
constanten Stromes glaubt, damit seine Siege feiern wird. Natürlich alles cum grano salis, denn es hängt nicht nur vom Glauben
des Arztes, sondern auch vom Glauben des Kranken, der nicht
immer von demjenigen des Arztes ohne weiteres nur beeinflusst
wird, und von anderen Umständen, speziell auch von narcotischen
und ähnlichen Wirkungen ab, die Arzneimittel vorübergehend erzeugen. Was soll man nun aus diesen Thatsachen folgerichtig
schliessen? Doch zweifellos, dass diese Heilungen irgend eine ge-
meinschaftliche Ursache haben, von einem einheitlichen Mechanismus
herbeigeführt werden, der zwar auf ganz verschiedene Weise angeregt werden kann, aber dennoch auf gleiche, gesetzmässige Weise
arbeitet, um die Heilung herbeizuführen. Noch auffälliger wird die
Sache, wenn man daran denkt, wie umgekehrt das gleiche Mittel
oft ganz entgegengesetzte Krankheitssymptome heilt, wie Krampf
und Lähmung, Anästhesie und Hyperästhesie etc. Es wirken sehr
oft die gleichen Ströme, Kaltwasserdouchen, Gebete, Badecuren
(gleichwohl ob $^1/_{100}$ % Lithium mehr oder weniger in der Heil-
quelle enthalten ist) in beiden Fällen gleich gut oder gleich schlecht,
oft eben auch verschlimmernd, wenn der Kranke sich dieses autosuggerirt, wie es nicht selten der Fall ist.

Erhellt denn nicht aus diesen Thatsachen klar genug, dass
der gemeinsame Heilmechanismus, den man vermuthen und suchen
muss, im Körper des Kranken liegt, und dass er nur in seinem
Nervensystem liegen kann? Keine anderen Körpergewebe können

von so verschiedenen Punkten aus eine so gleichmässige Maschinerie in's Werk setzen. Wenn wir aber hierbei die Rolle des auf den Kranken übergehenden Glaubens des Heilkünstlers berücksichtigen, so liegt es klar auf der Hand, dass alle diese Heilungen unbewusst durch die dynamische Wirkung von Vorstellungen, d. h. durch Suggestion bewirkt werden. Eine ruhige Ueberlegung lässt die Möglichkeit directer specifischer Wirkungen dieser Mittel in den meisten Fällen nicht zu, denn durch solche liessen sich die damit total incongruenten Widersprüche einerseits und Uebereinstimmungen andererseits absolut nicht in Einklang bringen. Durch Suggestion, wie wir sie verstehen, erklärt sich alles auf die ungezwungenste, einfachste Weise.

Bernheim hat wiederholt seine Ansicht über die suggestive Wirkung einer bedeutenden Zahl von Heilmitteln und anderen therapeutischen Proceduren unumwunden ausgesprochen, so auch im Congrès de l'Hypnotisme 1889 zu Paris. Den obigen Gedankengang habe ich gegenüber Herrn Dr. Klenke in der deutschen Naturforscherversammlung zu Bremen 1890 entwickelt, als derselbe, seine eigenen widersprechenden und überraschenden Resultate elektrotherapeutischer Behandlung offen erzählend, die specifische Wirkung des Stromes selbst in Zweifel zog, aber dafür vasomotorische Kräfte verantwortlich machen wollte. Gewiss wirken die Vasomotoren als Theil der unter Grosshirnbefehl stehenden Mechanismen auch mit. Doch beweist die Wirkung suggerirter Ströme bei Unterbrechung des wirklichen Stromes, dass die Regulirung von der Vorstellung ausgeht, die mit der localen Einwirkung associirt wird.

Herr Dr. Nägeli in Ermatingen, Kanton Thurgau, Schweiz, hat eine neue Heilmethode erfunden: „Therapie der Neuralgien und Neurosen durch Handgriffe", die zuerst allgemein belächelt wurde, dann aber Anerkennung bei der wissenschaftlichen ärztlichen Welt fand, besonders seit sie mit Illustrationen in einem medicinischen Verlag zur Veröffentlichung kam. Als jedoch College Nägeli die Ankündigung seiner Methode im Schweiz. Centralverein mit dem kurzen Wort: „Suggestion ist ausgeschlossen", schloss, überflog ein allgemeines Lächeln sämmtliche Gesichter. In der That sind die Nägeli'schen Kopfgriffe, Handgriffe etc. Suggestion optima forma. Statt dies einzusehen, hat man gesuchte, unhaltbare Versuche gemacht, die Sache mechanisch-vasomotorisch zu erklären. Auch der Empirismus der Brown-Séquard'schen Spermato-

therapie hat sich in der wissenschaftlichen Medicin Eingang verschafft, vielleicht weil sie von einem Gelehrten ausging. Sie hat
natürlich ihre Heilerfolge nicht verfehlt, denn auch da wirkt ein
mächtiger suggestiver Factor mit. Man hat zwar von Resultaten
ohne Wissen des Kranken gesprochen; wie kann aber ein Kranker
eine Injection nicht merken? Aus Vergleichungen mit Injectionen
anderer Substanzen ist dann die Organotherapie entstanden, nach
welcher durch das Essen eines Organes seine physiologischen
Wirkungen dem Körper mehr oder weniger übertragen werden
sollen! Zum Glück wird es jetzt mit dieser neuen Panacee wieder
stiller.

Auch die Homöopathie, die neumodische „Naturheilkunde",
die Kneippmedicin und dergl. mehr verdanken ihre Erfolge der
mit einer gesunden Diätetik verbundenen Suggestion. Neben
Letzterer verdanken sie ihre Macht der Vermeidung der kritiklosen
Anwendung differenter Mittel. So gelingt es der krassesten Unwissenheit, dem blödesten Aberglauben verbunden oft mit dem
schnödesten Reclameschwindel den schönsten Erfolgen einer ver-
tieften medicinischen Wissenschaft eine sehr ernste Concurrenz zu
machen. Man schüttet das Kind mit dem Bade kurzweg aus, weil
leider das suggestive Badewasser unserer Arzneiwirkungen und
anderer Heilapparate gar so trübe ist und hoch geht. Die wirkliche Begründung der homöopathischen Heilmethode z. B. fehlt
natürlich, so lange nicht der Beweis geliefert ist, dass die homöo-
pathisch verdünnten Heilmittel an und für sich, ohne Zuhülfe-
nahme der gläubigen Vorstellung des Kranken, ihre Wirkungen
erzielen.

Sollen wir desshalb in ein anderes Extrem verfallen und
kritiklos überall nur Suggestionswirkung sehen? Wer uns so versteht oder zu verstehen affectirt, versteht uns nicht oder will uns
nicht verstehen. Man muss in der Medicin die ernsten Forschungen,
die klar und unwiderleglich feststehenden und die in ihrem ursächlichen Zusammenhange erklärten Thatsachen von dem oben erwähnten therapeutischen Gefasel unterscheiden. Die Laien sind
so wie so stets bereit zu verwechseln und die ärztliche Wissenschaft mit den ärztlichen Schwächen zu verwerfen.

Es gibt Fälle und Behandlungsmethoden genug, bei welchen
eine sorgfältige, vorurtheilslose vergleichende Nachprüfung unter
abwechselnder Anwendnng der betreffenden Methode und der reinen
Suggestion (ohne dass der Kranke die Absicht merkt, vor Allem

aber bei verschiedenen Kranken) bald klar genug zeigt und bei
fortgesetzten Beobachtungen immer mehr zeigen wird, dass die bisherigen Erfolge sammt und sonders auf Suggestion zurückzuführen
sind. Man kann die Theorien specifischer Wirkungen gewisser
Mittel am besten dadurch widerlegen, dass man vom Kranken unbemerkt die Bedingungen der specifischen Wirkung beseitigt und
dennoch den gleichen oder einen noch besseren Erfolg erzielt, dadurch, dass man geschickt und intensiv suggerirt. Dafür darf man
aber nicht selbst für das Mittel voreingenommen sein. Bernheim
hat zweifellos recht, wenn er die Wirkung der Suspension bei
Tabes, die Erfolge der Metallotherapie und den grössten Theil
wenigstens der Erfolge der Elektrotherapie auf reine Suggestion
zurückführt. Fügen wir aber diejenigen eines grossen Theiles der
Balneotherapie (der angeblichen specifischen Wirkung bestimmter
Thermen) der Hydrotherapie und vieler anderer neu- und alt-
modischer Curmethoden unbedenklich hinzu, bei welchen die ganze
Art der Erfolge zu klar dafür spricht.

Es darf dabei nicht vergessen werden, dass die Suggestions-
wirkung vieler Curmittel, durch das Geheimnissvolle ihres Wesens
(Elektricität, Metallotherapie), durch eigenthümliche locale Gefühle
(Elektricität), oder Schmerzen (Moxen), durch erotische Vorstellungen
(Brown-Sequard'sche Spermatotherapie), durch den gewaltigen
Shock, den sie hervorrufen (Suspension, kalte Douche), durch den
religiösen Glauben (Händeauflegen), durch die hohen Kosten oder
durch die veränderte Umgebung und die gesunde Lebensweise
(Badecuren) eine ganz besonders gewaltige ist, und vielfach dadurch
die Erfolge der einfachen Verbalsuggestion übertreffen kann.
Wenn ein solches Mittel öfters da hilft, wo einfache Hypnotisirung
im Stich gelassen hatte, beweist es somit keineswegs, dass die
Wirkung nicht auf Suggestion beruht. Desshalb wird man nach
wie vor solche Mittel zu gebrauchen und sie mit Verbalsuggestionen
passend zu verbinden haben.

Am lehrreichsten jedoch sind die Fälle, wo die Suggestionswirkung sich mit einer nachgewiesenen specifischen Arzneiwirkung
combinirt. Zwingend hat Bernheim festgestellt, dass das Chloroform oft suggestiv wirkt, in denjenigen Fällen nämlich, wo Kranke
nach kaum zwei bis drei Athemzügen fest einschlafen. In solchen
Fällen kann man ruhig bei der nächsten Sitzung die Chloroform-
maske mit irgend etwas anderem als Chloroform benetzen; die
Narcose wird dennoch erfolgen. Einen solchen Fall hat auch Roth

(Correspondenzbl. f. Schweizer Aerzte Bd. XIX, 1, S. 29, 1889)
beschrieben. Deutlicher ist noch die Mischung der Suggestion mit
der Arzneiwirkung bei der Entwöhnung der Morphinisten zu beobachten. Sie schlafen oft am Schluss der Cur auf blosse Wasser-
einspritzungen hin, und schlafen nicht ohne dieselben. Es wird
uns desshalb nicht einfallen, die narcotische Wirkung des Mor-
phiums und des Chloroformes zu bezweifeln, denn dieselbe ist ja
klar, sicher und gewaltig genug. Die wissenschaftliche Moral der
Geschichte ist aber die folgende:

Die Suggestion infiltrirt sich in raffinirtester Weise in allen
Handlungen unseres Lebens und combinirt sich in höchst complicirter Art mit den therapeutischen Eingriffen aller Sorten, bald im
fördernden, bald im hemmenden Sinn; sie summirt sich zu oder sub-
trahirt sich von der Arzneiwirkung. In vielen Fällen aber bildet
sie thatsächlich das einzige therapeutische Agens. Auf solche Weise
hat sie seit Jahrtausenden die Aerzte wie die Kranken über die
specifische Wirkung vieler Heilmittel getäuscht und der wissenschaftlichen Entwicklung der Therapie den grössten Eintrag gethan.
Zwar haben schon früher die „Gescheidteren" die Sache mehr oder
weniger durchschaut und der „Phantasie" eine grosse Rolle bei den
Heilwirkungen zuerkannt. Doch hatten selbst die Allergescheidtesten
noch keine Ahnung von der Tragweite der Suggestion, von der
reellen, objectiven Intensität ihrer Wirkungen und von ihrer Identität mit den von ihnen selbst in den Bereich der Mystik verlegten
Erscheinungen des animalen Magnetismus (frühere Wunder- und
Zauberheilungen) gehabt.

Es ist nun ein Problem der Forschungen der zukünftigen
Therapie, durch exacte, sehr vorsichtige Versuche bei j e d e m H e i l-
v e r f a h r e n (sei es arzneilich, sei es äusserlich oder sonstwie angewandt) das suggestive Element sorgfältig und mit wissenschaftlicher Genauigkeit auszuscheiden. Diese Aufgabe wird in vielen
Fällen eine äusserst schwierige und delicate werden. — Jedenfalls
warne ich bereits vor der leeren und kecken aphoristischen Behauptung der Reclame, die man seit dem Bekanntwerden der
Suggestionslehre am Schluss einer grösseren Anzahl angegebener
neuer Heilmethoden lesen kann: „Suggestion ist ausgeschlossen."

Gerade in solchen Fällen ist meistens die reine suggestive
Wirkung erst recht wahrscheinlich!

Es muss eine ernste und sorgfältige Würdigung der Suggestion dazu beitragen, den in so hohem Masse aufgewucherten

und corrumpirenden heutigen therapeutischen Schwindel niederzukämpfen.

Mit was für einem Recht streiten wir den Homöopathen, den Naturheilkünstlern, Magnetiseurs, Wunder- und Gebetheilkünstlern ihre Praxis und ihre Heilerfolge ab, die ja nur auf Suggestion und auf der Medicin entnommenen Mitteln beruhen, so lange wir uns selbst so gigantisch durch Suggestion irre führen lassen? Reissen wir zunächst im eigenen Gebäude dem Schwindel und der Täuschung durch wahre Forschung die Maske herunter; dann werden wir mit obgenannten Herren leichtes Spiel haben, denn sie nagen nur an der Brust der Wissenschaft, aus deren Milch sie die kümmerlichen Fetzen ihres Wissens schöpfen.

Als schlimmste sind aber noch zwei Punkte hervorzuheben. Erstens die Thatsache, dass durch den falschen Glauben an eine Unzahl specifischer Wirkungen von Arzneien und kostspieligen oder angreifenden Curmethoden, die in That und Wahrheit ganz oder grösstentheils nur suggestiv wirken, und sehr oft mehr schaden als nützen, wir denjenigen Menschen theilweise recht geben, welche von der ganzen Medicin (Chirurgie etwa ausgenommen) nichts mehr wissen wollen und einfach „Rückkehr zu einer naturgemässen Lebensweise verlangen", mit Bewegung im Freien, Abhärtung, Vermeidung aller künstlichen toxischen Genussmittel, aller alkoholischen Getränke etc. Es wäre wahrhaftig entmuthigend, wenn die Medicin sich das Vorrecht der Vertretung dieses ersten Principes jeder wahren und gesunden Hygiene von Pfarrern und ungebildeten Naturheilkünstlern streitig machen liesse, indem sie durch Propaganda für Alkohol, Morphium, Bordelle und tausendfache unnütze, theure Medicinirerei der Hypochondrie, der Nervosität und der Entartung unseres Geschlechtes mehr Vorschub leisten als Einhalt thun würde.

Zweitens haben sich die Aerzte vor Suggestion bei sich selber, d. h. vor Autosuggestion zu schützen. Es wird darin, wie Bernheim schon angedeutet hat, in der Medicin Unglaubliches geleistet. Diese Thatsache lässt sich von den vorhergehenden nicht scharf trennen, da der Arzt oft durch die Suggestionswirkungen bei den Kranken selbst suggerirt wird. Doch meine ich hier die Aerzte, die von ihren unklaren, unverdauten phantastischen Heilcombinationen derart intuitiv beeinflusst werden, dass sie Panaceen daraus machen, die ab und zu kaum viel logischer sind als die Riechseele oder die Haarpillen von Gustav Jäger. Wenn nur der

Name des Verfassers wohl klingt und die Form der wissenschaftlichen Sprache eingehalten wird, oder wenigstens eins von Beiden
zutrifft!

Dafür aber fürchten sich die gleichen Leute, sich mit dem
Hypnotismus zu befassen, und affectiren von oben herab einen höh-
nischen Ton, weil das Ding ihnen ungewohnt vorkommt, ihnen dem
„Ruf“ nach mystisch oder schwindelhaft klingt. Sie fürchten sich
damit zu compromittiren. Modejargon, resp. wortwissenschaftliche
Appretur des heutigen Tages ist ihnen ohne Weiteres massgebend;
wissenschaftlich prüfen wäre ja „sich vergeben“. „Die deutsche
Wissenschaft verhält sich ablehnend gegen den Hypnotismus“ ist
eine jener stereotypen Phrasen, durch welche man sich für berechtigt hält, sich der wirklichen wissenschaftlichen Prüfung der
Frage zu entziehen. Als ob die Wissenschaft überhaupt d e u t s c h
oder f r a n z ö s i s c h oder e n g l i s c h wäre und über irgend etwas
a priori ablehnend oder wohlwollend zu urtheilen hätte! Das ist
die gleiche Geschichte wie der „Petit hypnotisme de Province“ der
Pariser Schule.

Doch genug davon. Die Suggestionslehre L i é b e a u l t's und
B e r n h e i m's bedeutet eine tief greifende allmälige Reform der
inneren Therapie, eine moralische Hebung der Medicin und ihres
Ansehens, sowie einen eclatanten Sieg über die Mystik aller Wunder-
curen und Geheimmittel. Selbst die äussere Therapie wird ihre
Lehren daraus zu ziehen haben und sich in Zukunft hüten, die
Eierstöcke zu exstirpiren da, wo eine Suggestion das Uebel beseitigt, das Caput gallinaginis zu misshandeln bei psychisch bedingten,
aber in die Sexualorgane subjectiv projicirten Leiden, Mädchen zu
defloriren und am Muttermund zu behandeln, deren Leiden nur im
Kopf liegt, die Magen- und Darmschleimhaut mit allen möglichen
Mitteln erfolglos zu gerben, um einen nicht vorhandenen Catarrh
oder eine Obstipation zu curiren, da wo wenige Suggestionen die
allein vorhandene Innervationsdyspepsie oft mit Leichtigkeit beseitigen und dergl. mehr.

XI. Strafrechtliche Bedeutung der Suggestion.

In der Zeitschrift für die gesammte Strafrechtswissenschaft
hat v. L i l i e n t h a l (Der Hypnotismus und das Strafrecht) zuerst
eine vorzügliche Zusammenstellung der für das Strafrecht belang-

reichen Ergebnisse des Hypnotismus gegeben. Dieser Aufsatz ist vom Standpunkt des Juristen aus verfasst und beleuchtet die Frage in klarster Weise. v. Lilienthal kommt zu dem Resultat, dass gegenüber den Gefahren des Hypnotismus für das Recht der Gesellschaft unser gegenwärtiges Strafrecht genügende Anhaltspunkte gibt. Rieger und andere Autoren, welche a priori und ohne Sachkenntniss den Hypnotismus verwerfen oder ignoriren, verdienen keine Berücksichtigung mehr, da ihr von vorne herein unwissenschaftlicher Standpunkt nunmehr in allen Theilen überwunden ist.

Höfelt (Het Hypnotisme in Verband met het Strafrecht, Leiden, S. C. van Doesburgh 1889) hat eine gute und interessante Studie über den Gegenstand veröffentlicht.

Im Folgenden will ich das Uebergreifen in das juristische Gebiet möglichst vermeiden und nur die Thatsachen hervorheben, die mir nach meiner Erfahrung, wie nach der Erfahrung Anderer von strafrechtlichem Belang zu sein scheinen.

Hiebei verweise ich noch auf das umfangreiche Werk Liégeois' „De la suggestion et du somnambulisme, dans leurs rapports avec la jurisprudence et la médecine légale 1888". Allerdings bin ich mit v. Lilienthal der Ansicht, dass die Sache in Wirklichkeit durchaus nicht so gefährlich ist, wie sie Liégeois ansieht. Dagegen muss ich Liégeois zum Theil in seinen Ausführungen gegenüber Delboeuf beistimmen, der den Ernst und die strafrechtliche Bedeutung der Suggestion doch zu sehr verkennt.

Zunächst wäre die interessante Thatsache voranzustellen, dass die ohne hypnotische Procedur von jeher beobachtete und bekannte Eigenschaft gewisser Menschen, sehr leicht, wie instinctiv und unbewusst, sich von Anderen beeinflussen zu lassen, auf Suggestion beruht. Bei gewissen Menschen ist diese Eigenschaft hochgradig entwickelt, und zwar bei Männern wie bei Frauen. Sie können den Einreden, dem Einfluss derjenigen, die sich mit ihnen abgeben, einfach nicht widerstehen, sind daher der Spielball anderer Menschen und werden meistens missbraucht. Man nennt sie oft willensschwach. Sie sind dennoch oft recht intelligent, arbeitsam und durchaus nicht immer schwach ihren eigenen Leidenschaften gegenüber. Sie können sogar grosse Hingebung, Energie und Ausdauer zeigen, sind aber unfähig, den Suggestionen gewisser anderer Menschen zu widerstehen; die grellsten Thatsachen bringen sie nicht zur Vernunft, resp. vermögen sie nicht dem Einfluss desjenigen Menschen zu entziehen, der sich einmal ihrer bemeistert hat, ihnen übrigens geistig durchaus nicht immer überlegen zu sein braucht. Ein Buch, ein Gedanke kann sie auch ähnlich beeinflussen. Anderseits finden wir Menschen, welche es verstehen, andere Menschen unwiderstehlich unter ihren Einfluss zu bringen. Es sind dies grosse Hypnotiseurs von Natur aus, welche oft ihre Gabe arg missbrauchen, wenn sie gewissenlos sind. Ein historischer Typus dieser Art war Napoleon I. Man glaubt oft, der Erfolg mache dies allein. Es ist sicher unrichtig. Im Kleinen kann man solche Menschen beobachten, welche viele Misserfolge haben, weil ihnen ein klares Urtheil abgeht, und die dennoch wie „magnetisch" auf viele andere Menschen, besonders auf Frauen, wirken und eine ganze Reihe derselben nach einander ins Verderben ziehen. Die Opfer derselben erklären nicht selten später, sie hätten dem Einfluss des Betreffenden einfach nicht widerstehen können, hätten einen sinn-bethörenden geistigen Zwang empfunden. Nicht nur bei der „Liebe", sondern auch ohne jede sexuelle Beimischuug kommen solche Fälle bekanntlich vor.

Jene Thatsachen sehen der Suggestion im Wachzustand so ähnlich wie ein Ei dem anderen. Inwiefern diese ihre psychologische Verwandtschaft mit einem geistig ganz unfreien, willenlosen Zu-stand sie zukünftig in der strafrechtlichen Praxis verwerthbar machen sollen oder nicht, dies zu beurtheilen, dürfte Sache der Juristen sein [1]).

Gehen wir zum Hypnotismus im engeren Sinne über, so ist zunächst, wie es v. Lilienthal gethan hat, hervorzuheben, dass Hypnotisirte Gegenstand von Verbrechen sein oder Verbrechen be-gehen können. Absichtlich unterlasse ich es, Literaturauszüge zu machen, um Wiederholungen des Aufsatzes v. Lilienthal's zu vermeiden. Die Tragweite der Suggestion soll uns hier vornehmlich beschäftigen.

Es ist für mich klar, dass alle erdenklichen Verbrechen bei Hypnotisirten auszuführen sind, sobald ein etwas höherer Grad von Hypnose erzielt wird. Und wir haben gesehen, dass man auf das Nichtwollen von Seiten des Hypnotisirten nicht zu viel Gewicht legen darf, indem es da alle möglichen Nuancen gibt. Immerhin wird eine allgemeine Kenntniss des Hypnotismus das Publikum mit seinen Gefahren vertrauter und damit wehrfähiger machen. Ferner sind

---

[1]) Beim berühmten Process Czynski scheint man die vorstehenden Ab-sätze der 2. Auflage meines Buches wenig berücksichtigt zu haben.

die von Bernheim und Beaunis empfohlenen Vorsichtsmass-
regeln der Zuziehung eines autorisirten Zeugen bei der Hypnotisirung und der Einholung einer vorgängigen Erlaubniss für die zu
gebenden Suggestionen von v. Lilienthal bereits erwähnt worden.
In praxi wird jedoch dieser zweite Punkt schwer durchzuführen
sein, und gerade die französischen Autoren sind es, welche gegen
denselben am meisten gesündigt haben.

Einen anderen und zwar den grössten Schutz trägt aber der
Hypnotisirte in sich selbt. So verlockend und leicht die Ausführung eines Verbrechens an einem Hypnotisirten ist, so gefährlich
sind andererseits die Folgen desselben für den Verbrecher, denn
das ganze Gebäude, auf welches er seine Sicherheit baut, ist ein
gar flüchtiges Ding, das leicht zerstört werden kann. Der Hypnotisirte erwacht manchmal im Moment, wo man am wenigsten
daran denkt. Man glaubt ihn manchmal amnestisch, und plötzlich
wird ihm die Erinnerung an Alles, was geschehen ist, durch irgend
eine Autosuggestion wieder bewusst. Der Hypnotisirte kann meistens durch einen anderen hypnotisirt werden, und dadurch kann
ihm die vollste klarste Erinnerung an alle Vorgänge während eines
späteren hypnotischen Schlafes wiedergegeben werden. Alle Eindrücke, die sein Gehirn während der Hypnose erhielt, sind darin
geblieben. Nur ein hemmender Bann verhindert, dass sie bewusst
werden; und dieser Bann kann leicht gehoben werden. Ich glaube,
dass das instinctive Gefühl dieser Thatsache von Seiten der Hyp-
notiseure hauptsächlich daran Schuld ist, dass bisher so wenig Verbrechen an Hypnotisirten begangen worden sind.

Allerdings verlieren sich alle diese Schutzeigenschaften des
Hypnotismus fast ganz für gewisse „bessere Somnambulen“, besonders für gewisse hysterische Personen, welche so vollständig
und tief der Suggestion anheimfallen, dass man sie mit relativ
grosser Sicherheit zu Allem missbrauchen kann. Es ist sehr schwer
zu sagen, welche Procentzahl der Menschen zu dieser letzteren
Categorie gehört, denn bei vielen Menschen, die man nur ein oder
zwei Mal hypnotisirt hat, kann man es noch nicht beurtheilen.
Wie wir sahen, kann ein Mensch, der eine Zeit lang nicht oder
kaum hypnotisirbar erschien, plötzlich, wenn man den richtigen
Angriffspunkt für seine individuelle Suggestibilität auffindet, zu
einem perfecten Somnambulen werden. Die bisher von der Nancy-
schen Schule angenommene Zahl von 15—20 Somnambulen unter
100 Menschen, und von ungefähr 50 unter 100 Kindern dürfte

daher bei genügender Uebung und tieferem Eindringen in das Verständniss der Suggestion bedeutend erhöht werden (siehe O. Vogt's
Resultate). Immerhin gibt es viele Grade im Somnambulismus, und
auf der anderen Seite muss man durchaus nicht glauben, dass es
leicht wäre, bei jedem Somnambulen unbemerkt Verbrechen zu verüben. Liégeois verkennt die Suggestion, wenn er die Somnambulen ohne Weiteres für Automaten erklärt, und wir müssen hier
constatiren, dass Bernheim ihm in diesen Uebertreibungen nie
gefolgt ist.

v. Lilienthal glaubte einen Unterschied zwischen dem lethargischen und dem somnambülen Zustand strafrechtlich dadurch
machen zu können, dass er den Lethargischen allein als bewusstlos
im juristischen Sinne, wohl in Folge der Angaben Charcot's, be-
trachtete. Der sprechende Somnambule mit seinen offenen Augen
ist aber oft de facto ebenso widerstandslos als der nur scheinbar
bewusstlose Lethargische. Ich verweise dafür auf das oben Gesagte. Natürlich nehme ich die tiefe pathologische Lethargie aus
(siehe oben), die aber nicht mehr zum Hypnotismus, sondern in
die Categorie der hysteroepileptischen und epileptischen Anfälle gehört, sich aber auch nicht wie diejenige von Charcot nach Belieben in Somnambulismus umwandeln lässt.

Obenan stehen sexuelle Verbrechen, welche auch bisher fast
allein in der Literatur vorkommen. Es handelt sich da einfach um
den Missbrauch einer tiefen Hypnose zum Beischlaf von Seiten eines
Hypnotiseurs, der sicher ist, dass sein Opfer nicht erwachen und
amnestisch bleiben wird. Dieses ist zweifellos bei gewissen recht
guten Somnambulen möglich, d. h. bei solchen tief schlafenden
Hypnotisirten, welche anästhetisch gemacht werden können und
amnestisch bleiben. Bedenkt man, das von 23 Wärterinnen 19 von
mir in tiefen Schlaf mit Amnesie und Anästhesie versetzt werden
konnten, so wird man die Gefahr leicht ersehen, von der Gefahr,
nachher entdeckt zu werden, abgesehen. Aber die Gefahr
ist so gross, wenn man bedenkt, dass sich die beiden Ketten (die
oberbewusste und die unterbewusste) im gleichen Gehirn abspielen,
dass der Verführer sicherer und klüger sein Ziel mit der Wachsuggestion erreichen wird, die vom Strafgesetz nicht leicht verfolgt
werden kann (siehe Process Czynski). Dass Mord, Diebstahl an
solchen wehrlosen Personen leicht verübt werden könnten, ist selbstverständlich; es kommt im Augenblick aufs Gleiche heraus, wie
wenn sie scheintodt, betäubt oder tief blödsinnig wären. Allerdings

setzt es voraus, dass der Verbrecher im Voraus keinen Augenblick das Misstrauen seines Opfers geweckt hat, sonst kann er ihn damit allein desuggeriren. Aber schliesslich ist der Gewinn für den Verbrecher gegenüber dem üblichen Ueberfall ahnungs- und wehrloser Menschen nicht so bedeutend.

Complicirter erscheint der Missbrauch posthypnotischer Wirkungen der Suggestion. Man mag abwarten, bis solche Fälle zur strafgerichtlichen Beurtheilung kommen. Ich glaube aber, dass es gut ist, sich jetzt schon über die Sache klar zu werden.

Wir haben gesehen, wie verschiedenartig diese Erscheinungen je nach den Persönlichkeiten sind. Sehr interessant ist nun die verschiedenartige individuelle ethische oder ästhetische Reaction der normalen Persönlichkeit gegenüber einer unethischen oder unästhetischen posthypnotischen Suggestion.

Sage ich einem Hypnotisirten: „Sie werden nach dem Erwachen einen Schluck Wasser aus diesem Glase trinken," so erfolgt die Suggestion ohne Weiteres. Füge ich hinzu: „Sie werden zudem diesen Stuhl auf den Tisch setzen" — so werden schon manche stutzen, den Stuhl betrachten, sich geniren, lachen, und schliesslich werden einige darunter diese zweite Suggestion nicht ausführen, weil sie die Sache zu dumm, zu einfältig finden. Fragt man sie, was sie gedacht haben, so antworten sie: „Ich hatte den dummen Gedanken, diesen Stuhl auf den Tisch zu setzen." — Nach Art einer Zwangsvorstellung kann dieser Gedanke nun den Hypnotisirten längere Zeit verfolgen, wenn er die Suggestion nicht ausgeführt hat. Aber durchaus nicht immer. Oft vergeht er, und alles ist vorbei. Sage ich einer noch suggestibleren Hypnotisirten, die den Stuhl auf den Tisch gestellt hat: „Nach dem Erwachen werden Sie dem hier anwesenden Herrn X. einen Kuss geben," oder „Sie werden das Tintenfass auf ihre Hand giessen", oder „Sie werden das Messer, das da auf dem Tisch liegt und mir gehört, einstecken; ich werde es nicht sehen; es ist zwar ein kleiner Diebstahl, aber es macht nichts," so wird die Sache anders verlaufen. Ein heftiger Kampf wird zwischen dem Drang der Suggestion einerseits und den associirten ästhetischen oder ethischen Gegenvorstellungen der normalen Individualität, d. h. der ererbten und der erworbenen (anerzogenen) Hirndynamismen andererseits stattfinden. Dieser Kampf wird um so heftiger werden, je stärker jene Gegenvorstellungen und die Suggestibilität entwickelt sind. — Je stärker die antagonistischen Kräfte entwickelt sind, desto heftiger wird bekanntlich der Kampf. — Sein

Ausgang wird sowohl von der augenblicklichen Intensität als von der Dauerhaftigkeit einer jeden jener Kräfte abhängen. Hierbei muss man nun die einzelnen Componenten berücksichtigen, aus welchen jede der antagonistischen Kräfte besteht; es sind diese:

1. Die Höhe der individuellen Suggestibilität.

2. Die Dauerkraft der Wirkung einer Suggestion im Gehirn des Hypnotisirten.

3. Die Stärke der hypnotischen Erziehung oder Dressur.

4. Die Tiefe des Schlafes (welcher durch Dissociation die Resistenzkraft der normalen Seele abschwächt und besonders bei der Thätigkeit in der Hypnose selbst in Betracht kommt).

5. Die adäquate, d. h. der gewünschten Wirkung möglichst geschickt und kräftig angepasste Suggestion, d. h. psychische Wirkung des Hypnotiseurs.

6. Die normale Individualität des Hypnotisirten, d. h. die Höhe und die besondere Art seiner ethischen und ästhetischen Anlagen, seine Willenskraft, seine Erziehung u. s. w.

7. Der momentane psychische Zustand des Hypnotisirten u. s. w.

Der Punkt 6 ist sehr wichtig. Wer wenig Gewissen besitzt, wird ceteris paribus einer Criminalsuggestion viel leichter Folge leisten, als wer ein stark entwickeltes Gewissen besitzt. Aber auch wer schlau ist, wird ohne Vortheil für sich nicht sobald einer Criminalsuggestion gehorchen, sobald er Lunte riecht.

Der Punkt 4 trifft, nach früheren Auseinandersetzungen, insofern auch für posthypnotische Zustände zu, als solche mehr oder weniger den Charakter einer erneuerten Hypnose an sich tragen. Je vollständiger der Hypnotisirte wach ist, desto eher kann er sich gegen eine Suggestion wehren. Man kann ihm aber suggeriren, dass er posthypnotisch wieder einschlafen wird.

Man sieht, wie complicirt das Problem ist, und es handelt sich vor Allem um die Frage: „Wie weit kann es gehen?“

Wir haben gesehen, dass selbst während des tiefen hypnotischen Schlafes ein Kampf zwischen der Suggestion und der Individualität des Hypnotisirten stattfinden kann. Nicht jede Suggestion wird acceptirt; das hat Bernheim klar gezeigt. — Aber auch wenn eine Criminalsuggestion acceptirt wird, hinterlässt sie meist Spuren eines tiefen associirten Affectes.

Einem siebzigjährigen Manne, den ich in tiefen Schlaf versetzt hatte, und der in einem leeren Raum in Gegenwart des Züricher Juristenvereins sass, sagte ich: „Sie, B.! Gerade vor uns steht da ein böser Kerl, ein schlechter Hallunke; den wollen wir umbringen; da haben Sie ein Messer (ich gebe ihm ein Stückchen Kreide in die Hand); er steht gerade vor Ihnen, stechen Sie ihn in den Bauch!" — Grosse innere Aufregung verrathend, zitternd, mit verzerrten Zügen, fasst er krampfhaft die Kreide mit der rechten Hand, steht plötzlich auf und sticht mit grosser Wucht zweimal nach einander vor sich in die Luft. Er bleibt nachher in der Hypnose sehr erregt, gibt mir die Kreide nicht wieder, sondern steckt sie in die Tasche. Ich brauche mehrere Minuten, um ihn durch Suggestion zu beruhigen. Als ich ihn dann wecke, ist er noch schweisstriefend und erregt. Er kann sich nicht mehr erinnern, was es gegeben hat, aber sagt, „es müsse etwas Gefehltes passirt sein".

Bernheim, Liégeois und andere französische Autoren erwähnen höchst interessante Fälle von zum Theil ruhig, affectlos ausgeführten Criminalsuggestionen, von (zum Schein) begangenen Mordthaten, von suggerirten wirklichen Diebstählen etc.

Um einem jungen Juristen, Herrn Höfelt, der darüber seine Dissertation machen wollte, zu helfen, machte ich zwei solche Experimente. Einem älteren, gut suggestiblen Mann, den ich eben hypnotisirt hatte, gab ich einen Revolver, den Herr Höfelt vorher selbst mit Zündhütchen allein geladen hatte. Ich erklärte ihm, auf Herrn H. deutend, das sei ein ganz schlechter Mensch, den er todtschiessen solle. Mit grosser Entschiedenheit nahm er den Revolver und schoss direct auf Herrn H. einen Schuss. Herr H. fiel, den Blessirten simulirend, um. Ich erklärte nun dem Hypnotisirten, der Kerl sei noch nicht ganz todt; er solle ihm noch einen Schuss geben, was er auch ohne Weiteres that. Prof. Delboeuf wird mir entgegnen, dass der Hypnotisirte von vorne herein gewusst habe, dass ich ihm kein wirkliches Verbrechen befehlen würde. Ich gebe dieses zu. Doch muss er mir zugeben, dass der Mann eine ganz wunderbare, kaum glaubliche Geistesgegenwart und ein unbegrenztes Vertrauen gehabt haben müsste, denn 1. solche Experimente waren bei mir nie gemacht worden, 2. die Ladung des Revolvers mit Zündhütchen, von welcher er nichts wusste, und die im geschlossenen Zimmer einen sehr starken Knall verursachte, sowie das sehr gut gespielte Fallen des Herrn H. sollten doch die Contenance des besten Simulanten, für den Augenblick wenigstens, gestört und ihn geweckt haben, was aber absolut nicht der Fall war; der zweite Schuss erfolgte so sicher wie der erste.

Ein braves (älteres und hässliches) Mädchen, das ich seit Jahren als ungeheuer schamhaft kannte, indem es bei den harmlosesten ärztlichen Untersuchungen (Brust z. B.) sich verzweifelt wehrte und aufregte, war zugleich eine äusserst suggestible Somnambule. Sie hatte zur Zeit jedoch nicht die geringste Verbindlichkeit mir gegenüber und auch keine Anstellung oder dergl. von mir zu erhoffen. Ich riet Herrn Höfelt, sie aufzusuchen und sie dazu zu bestimmen, sich von mir in seiner Gegenwart hypnotisiren zu lassen. Sie willigte darin ein. In der Hypnose gab ich ihr nun die Suggestion, sich vollständig bis über den Nabel vor diesem fremden Herrn und in meiner Gegenwart zu entblössen, was sie auch sofort, ohne Zögern, ohne die Spur eines Affectes zu zeigen, that. Ich war selbst darüber verblüfft. Wäre ich nicht absolut sicher ihrer completen Amnesie gewesen, so hätte ich bei ihr dieses Experiment nie gewagt, denn sie wäre in Verzweiflung gerathen. Ich habe überhaupt dieses Experiment nur mit grossem Widerwillen und der Sache zu lieb gethan, denn derartige Experimente grenzen an das Unerlaubte. Andererseits muss doch Licht in die Frage kommen. Herr Prof. Delboeuf wird mir sagen, dass hundert Mädchen dieses auch beim Bewusstsein thäten. Doch eben nur eine gewisse Categorie Mädchen. In diesem Fall kannte ich das Mädchen und dessen soliden, schamhaften Charakter seit Jahren sehr genau, sonst hätte auch ich dem Experiment keinen Werth beigelegt. Dass ich eine andere Hypnotisirte sofort bestimmte, Herrn Höfelt eine kräftige Ohrfeige zu appliciren, beweist viel weniger (siehe J. A. Höfelt l. c.).

Mit Delboeuf muss man allerdings anerkennen, dass Liégeois die strafrechtlichen Gefahren der Suggestion sehr übertrieben hat, und die Thatsachen, d. h. die sehr geringe Zahl wirklich nachgewiesener, durch den Hypnotismus (die Suggestion) veranlasster Verbrechen, scheinen ihm ganz Recht zu geben. Delboeuf verallgemeinert jedoch viel zu sehr seine Negation. Er hat ja selbst gesagt, dass er seine Somnambulen nicht amnestisch machte und ihnen keinen tiefen Schlaf suggerirte. Das ist nun Geschmackssache, aber dadurch gibt er denselben allen die Suggestion des leichten Schlafes und vernachlässigt die Experimente des tiefen Schlafes mit Amnesie und Anästhesie. Es gibt zweifellos eine Anzahl Somnambulen, die so colossal beeinflussbar sind, dass sie fast absolut widerstandslos den Suggestionen des Hypnotiseurs geliefert sind. Diese sind es eben, die gefährliche Instrumente von Verbrechen, wie auch die besten Objecte solcher werden können. Deshalb brauchen sie nicht nothwendig schlechte oder sehr willensschwache Menschen zu sein; sie sind oft nur in jener Hinsicht schwach. Ich kenne darunter sogar recht ordentliche Charaktere. Die Thatsache, dass solche Menschen schon früher von schlauen Verbrechern stets zu ihren Zwecken, auch ohne Hypnose, missbraucht wurden, wird von Delboeuf etwas einseitig ausgebeutet. Denn Delboeuf anerkennt, dass eine förmliche Hypnose zur suggestiven Beeinflussung nicht nothwendig ist. Folglich darf er nicht der Nancy'schen Schule vorwerfen, diese Fälle irr-thümlich der Suggestion zuzuschreiben, sondern muss im Gegentheil die früheren Rechtsprechungen beschuldigen, die Suggestion verkannt zu haben. Liégeois hat dagegen nach der Ansicht aller ruhig denkenden Specialisten Unrecht, in dem berühmten Fall des Mordes durch Gabriele Bompard sich einzubilden, dass diese moralisch defecte Person in der Hypnose die Wahrheit über den Sachverhalt des Mordes gesagt hätte. Darin hat Delboeuf vollständig Recht, ihm Opposition zu machen. Bei der grossen Beeinflussbarkeit der Bompard ist es dagegen, obwohl sie selbst es nicht behauptet, recht gut möglich und nicht unwahrscheinlich, dass sie als Instrument in den Händen Eyraud's gehandelt hat.

Die Frage gewinnt aber ein ganz anderes Aussehen, wenn man sich zunächst auf den Standpunkt des Gerichtes stellt und die Bompard als zweifellos ethisch defectes, hysterisches Subject be-trachtet. Dieses dürfte wohl sicher zutreffen. Die Absurdität der gerichtlichen Logik liegt jedoch in der Verurtheilung solcher Men-schen, wie auch ich mich wiederholt bemüht habe, es auszusprechen (Zeitschrift für Schweizer Strafrecht, II. Jahrgang, 1. Heft, 1889, Correspondenzblatt für Schweizer Aerzte, 1890, etc.). Auch Del-boeuf stimmt für Verurtheilung (Revue de l'Hypnotisme, Januar 1891), „weil die Gesellschaft nicht das Verbrechen zu bestrafen oder den Verbrecher zu verbessern, sondern nur sich zu vertheidigen zur Aufgabe habe, und weil Leute wie die Bompard gefährlich seien, und es besonders gefährlich sei, durch Milde oder Straflosig-keit deren Rasse zu fördern". Hier hat nun der vortreffliche alte Logiker und Forscher einen Lapsus begangen, den ich ihm nicht schenken kann. Denn nach seinem Raisonnement müsste man alle gefährlichen Geisteskranken aus genau den gleichen Gründen „be-strafen". Abgesehen von der Strafe stimme ich ihm bei, aber in umgekehrtem Sinn. Man sollte alle Verbrecher unschädlich machen,

genau wie die Geisteskranken; — dazu ist die Gesellschaft freilich
verpflichtet — aber nicht das Odium von gerichtlichen Verur-
theilungen auf unverantwortliche Gehirne mit grossem Pomp ver-
hängen (siehe übrigens Delbrück: „Die pathologische Lüge" und
Lehrbuch der gerichtlichen Psychopathologie).

Sicher bleibt für mich die Thatsache, dass ein sehr guter
Somnambule im hypnotischen Schlaf durch Suggestion schwere Verbrechen begehen und unter Umständen nachher nichts mehr davon
wissen könnte.

Der beste Beweis, dass die guten Somnambulen die Handlungen, die sie posthypnotisch begehen, für frei von ihnen gewollt
halten, liegt in der Art, wie sie sich darüber schämen, geniren und
dieselben oft zu vertuschen suchen. Eine ethisch ziemlich schwach
entwickelte Hypnotisirte liess ich posthypnotisch ein auf dem Tisch
liegendes Messer stehlen. Als sie aus dem Zimmer war, ging sie
recht verlegen zu meiner Köchin und sagte ihr, sie habe aus Versehen dieses Messer, sie wisse nicht wie, mitgenommen, und bat sie,
dasselbe, ohne mir etwas zu sagen, „weil sie sich genire", wieder
an seinen Platz zu legen.

Eine der raffinirtesten Tücken der Suggestion würde jedenfalls
in der immerhin möglichen Benutzung der Termineingebung mit
Eingebung der Amnesie und des freien Willensentschlusses liegen,
um einen Menschen eine Handlung zu eigennützigem Zwecke oder
eine verbrecherische Handlung begehen zu lassen.

Vielfach ist früher beobachtet worden, dass die Hypnotisirten
sich vor ihrem Hypnotiseur fürchteten, sich vor ihm verbargen,
etwa wie vor einem „bösen Geist". Es kam dies daher, dass die
damaligen „Magnetiseurs" den psychologischen Sinn ihrer eigenen
Kunst nicht verstanden und die Hypnose mittels allerlei mystisch
aussehendem Hocuspocus erwirkten. Bei Liébeault's Methode
wird die Hypnose mit Hülfe tröstender, beruhigender, natürlicher,
freundlicher Worte erzielt. Der Hypnotiseur erscheint nicht mehr
als ein Mephistopheles mit seinem Spuk, sondern als der heil-
bringende Arzt oder wenigstens als der vertrauenerweckende Mann
der Wissenschaft, der nur natürliche, keine übernatürliche Mittel
anwendet. Zudem hat er es in seiner Macht, durch Suggestion die
Hypnose dem Hypnotisirten beliebt und erwünscht zu machen. Er
kann ihm Wohlgefühl, Heiterkeit, Schlaf, Appetit suggeriren. Daher
erklärt es sich, dass die so hypnotisirten Personen grösstentheils
sehr gerne wiederkommen und den Hypnotiseur als einen Freund

betrachten. Gerade darin liegt aber eine der grössten strafrechtlichen Gefahren der Suggestion. Mit Honig, nicht mit Essig fängt
man die Fliegen. Es ist zwar nicht erst von gestern her, wie wir
schon sahen, dass gewisse sirenenartige Menschen die Gabe hatten,
andere Menschen zum blinden Werkzeug ihrer egoistischen Zwecke
zu machen. Aber mittels einer zielbewussten regelrechten Suggestion
kann in dieser Hinsicht wohl zweifellos zukünftig noch mehr erreicht
werden.

Trotz alledem ist aber die Gefahr, dass der Hypnotisirte, der
so fein auf den Hypnotiseur achtet, unlautere Absichten desselben
sehr bald wittert und dadurch seine Suggestibilität verliert, für den
Hypnotiseur eine so grosse, dass sie offenbar alles Andere auf-
wiegt und dadurch die strafrechtliche Gefahr des Hypnotismus thatsächlich ungeheuer reducirt.

Und andererseits bringt die neue Erkenntniss das Gegenmittel
auch mit sich: die Menschen werden durch sie vor der Gefahr der
Suggestion durch schlechte Menschen gewarnt. Der Strafrichter
wird die psychologische Bedeutung der ganzen Thatsachenreihe
würdigen und berücksichtigen lernen. — Endlich kann eine sehr
suggestible Person dadurch, dass sie sich von einem ehrenwerthen
Arzt vor Zeugen in günstiger Weise suggeriren lässt, einen bedeutenden, wenn auch nicht absoluten Schutz gegen schlechte Suggestionen erwerben. Dieser Schutz wird durch Suggestionen der
Willenskraft, das Sichwehren gegen böse Einflüsse u. s. w. gewonnen
werden. Vor Allem aber wird man dem Hypnotisirten sagen: „Ich
allein kann Sie hypnotisiren, sonst Niemand auf der Welt."

Leider kann auch ein Verbrecher ähnliche Mittel anwenden
und dem Hypnotisirten suggeriren: „Ich allein kann Sie einschläfern
und Sie wissen dann nicht mehr, dass Sie hypnotisirt waren." An
der Hand von Experimenten, die er in Gemeinschaft mit Bernheim und Liébeault ausgeführt hat, zeigt zwar Liégeois l. c.,
dass man einen Hypnotisirten, dem ein Bösewicht in schlauer Weise
zur Begehung des suggerirten Verbrechens Amnesie, eigenen Entschluss u. s. w. suggerirt hat, dennoch zum Verrathen des Thäters
auf indirectem Wege, durch Suggestion von scheinbaren Schutz-
massregeln für den Thäter u. s. w. bringen kann. — Immerhin
scheint er anzunehmen, dass man den Somnambulen wieder hypnotisiren kann, dass der Thäter ihm nicht mit Erfolg suggeriren
könne: Niemand mehr auf der Welt könne ihn wieder hypnotisiren.

Ich glaube übrigens auch, mit Liégeois, dass eine Entlarvung

des wahren Verbrechers durch hypnotische Bearbeitung des Somnambulen durch einen geübten Hypnotiseur stets leicht gelingen wird,
wenn es nicht im Interesse des Hypnotisirten liegt, zu schweigen.
Aber damit ist die Möglichkeit des Verbrechens nicht ausgeschlossen. Die Verbrecher begehen oft genug ihre Thaten ohne
die genügenden Vorsichten, und der Hypnotismus kann dennoch
seinen Anziehungsreiz für die Verbrecher ausüben, weil er für den
nächsten Augenblick bis zu einem gewissen Grad Sicherheit
und Schutz dem Verbrecher gewährt. Auch wird man nicht immer
an Hypnotismus denken bei einer suggerirten, aber scheinbar spontanen That.

Der Fall Czynski, wo ein hypnotisirender pathologischer
Schwindler (Czynski) eine adelige anständige Dame sexuell ver-
führte und heirathen wollte, indem er sie zuerst zu Heilzwecken
hypnotisirte, dann aber ihr Mitleid zu erregen suchte und ihr heisse
Liebe vorschwindelte (wahrscheinlich zugleich auch empfand, wie
es bei der Phantasie solcher pathologischen Schwindler vor sich zu
gehen pflegt), zeigt deutlich, wie schwer es ist, die Grenze zu
ziehen. Prof. Hirt will die Suggestion ausschliessen und nimmt
natürliche Liebe an; Prof. Grashey nimmt Hypnose an und spricht
von pathologischer Liebe. Etwas pathologisch ist freilich die Liebe
der meisten Psychopathen wie diese Baronin. Dr. von Schrenck
nimmt eine suggestive Einwirkung an, und zwar gewiss mit Recht.
Zweifellos hat ein gewaltiger suggestiver Einfluss stattgefunden.
Aber ein solcher findet bei jeder intensiven Verliebtheit statt, worin
auch Hirt Recht hat. Wie ich eben wiederholt betont habe,
handelt es sich um Summirungen von Wirkungen. Mit Hülfe
einer geschickten hypnotischen Suggestion kann ein Plus erzielt
werden und kann die sexuelle Neigung zu unwiderstehlicher Hingebung werden. Wer kann alle diese Imponderabilien genau ab-
wägen!?

Eine weitere Gefahr der Hypnose dürfte in der Erzeugung
von Krankheiten bestehen. Aus naheliegenden Gründen sind keine
experimentellen Beweise dieser Vermuthung geleistet worden. Dennoch ist die Sache zweifellos möglich, sogar leicht. Zufällig, durch
schlechte Hypnotisationsmethoden, sind hysterische Anfälle erzeugt
worden. Selbst die Nancy'sche Methode kann, sahen wir, in den
ungeschickten Händen eines Neulings unangenehme Zufälle hervorrufen, wenn der Hypnotiseur es nicht versteht, die Autosuggestion
eines krankhaften Symptoms, die sich etwa bei der ersten Hypnose

bildet (z. B. Zittern, Kopfweh und dergl.), sofort durch energische
Gegensuggestion im Keim zu ersticken, was nach meiner Erfahrung
stets möglich ist. Solche Unfälle werden wohl meist, wenn nicht
immer, durch einen Sachkundigen wieder gut gemacht werden
können. — Aber schon Liébeault und später Bernheim haben
darauf hingewiesen, dass manche eigenthümliche Erscheinungen, gewisse Krankheiten und sogar Todesfälle, die der Betreffende auf
bestimmtes Datum selbst prophezeit hatte oder die ihm durch Weis-
sagung prophezeit worden waren — und dann auch genau ein-
trafen — auf Autosuggestion oder Suggestion beruhen dürften.
Durch Autosuggestion kann besonders ein zu Hypochondrie neigen-
der Mensch sich furchtbare Appetitlosigkeit, Dyspepsie und dadurch
bedeutende Abmagerung u. s. w. zuziehen. Bedenken wir noch,
dass man durch Suggestion einen Vorgang, wie die Menstruation
der Frauen, nach Belieben hervorrufen und verhindern kann
(ich habe experimentell durch Suggestion die Menstruation einer
Frauensperson um zwei volle Wochen verspätet), so dürfte es
keinem Zweifel unterliegen, dass man in verbrecherischer Weise
durch Suggestion Krankheiten, eventuell indirect (vielleicht sogar
direct) den Tod hervorrufen kann. Wenn es möglich wäre, Herz-
lähmung z. B. oder Glottisödem zu suggeriren, so wäre die Möglichkeit einer directen Todessuggestion gegeben. Wie wir gesehen
haben, zieht die Suggestion an und für sich, wenn sie umsichtig
in richtiger Weise nach der Nancy'schen Methode angewendet
wird, keine Nachtheile, weder Hysterie noch Nervosität nach sich.
Und wenn sie irgend ein unangenehmes Symptom, wie z. B. spontanes Verfallen in Somnambulismus, hervorruft, so genügt eine
Gegensuggestion, um dasselbe zu beseitigen. Bei den 375 gezählten
ebenso wie bei den nicht gezählten Personen, die ich der Hypnose
unterstellt habe, habe ich nie eine nachtheilige Folge beobachtet
(wenn ich die gewöhnlich nur nach der ersten Hypnose sich ab
und zu einstellenden vorübergehenden Autosuggestionen von Kopfweh u. s. w. abrechne, die sofort wegsuggerirt werden). Aber
wenn die Suggestion leichtfertig und übertrieben angewendet wird,
wenn man aus Leichtsinn oder Unkenntniss es versäumt, die erwähnten Autosuggestionen nervöser Symptome sofort zu beseitigen,
können sich, wenigstens bei Hysterischen, leichte Neurosen ent-
wickeln, auch ohne böse Absicht von Seiten des Hypnotiseurs.
Darin liegt eine Hauptgefahr der Hypnotisirung durch Nichtärzte
und durch Aerzte, die die Suggestion nicht begriffen haben.

Ein trauriger Fall, der sich in Ungarn 1894 ereignete, scheint auch hieher zu gehören. Ein nicht ärztlich gebildeter, an Telepathie glaubender Magnetiseur hatte ein an grosser Hysterie leidendes Mädchen, das von schwacher Gesundheit war und schwere nervöse Störungen gezeigt hatte, wiederholt hypnotisirt (resp. angeblich magnetisirt) und bedeutende Besserung bei ihr erzielt. Nun wurde das äusserst suggestible Mädchen, das angeblich Hellseherin war, hypnotisirt. Sie sollte die Krankheit eines entfernten Mannes diagnosticiren und den Befund seiner Lunge angeben. Als sie nun (offenbar geistig eine kranke Lunge erblickend) hypnotisirt war und anfing, davon zu sprechen, fiel sie plötzlich todt zusammen. Der Sectionsbefund (Hirnanämie und beginnendes Hirnödem) liess nichts erklären. Kann die schreckhafte Vorstellung der kranken Lunge, die vielleicht die Somnambule plötzlich auf sich bezog, den Tod bewirkt haben? War's Zufall? Ich glaube mit Liébeault und Bernheim, dass ersteres möglich ist. Der Fall wurde nur durch Zeitungen, wenn auch mit vielen Details, bekannt. Immerhin gibt er zu denken.

Eine der eigenthümlichsten und zugleich wichtigsten, wenn nicht die thatsächlich bereits wichtigste strafrechtliche Bedeutung der Suggestion liegt in der von Seiten eines Untersuchungsrichters bei einem Angeschuldigten unbewusst hervorgerufenen, d. h. suggerirten Erinnerungsfälschung (Hallucination rétroactive von Bernheim). Wir haben diese Erscheinung schon besprochen. Dadurch, dass man mit gewandter Persuasivkraft von einem Kinde, einem Weibe, einem schwachen Manne das Geständniss einer That, welcher er verdächtig ist, abzuringen sich bemüht, kann man in einem Unschuldigen plötzlich die Suggestion hervorrufen, er sei der Thäter. Ist dieses der Fall, so erfolgt nicht nur ein vollständiges Geständniss der nicht vollbrachten That, sondern es werden noch, wie wir gesehen haben, alle möglichen Details concretester Art retroactiv hinzuhallucinirt. Gerade solche Details können am besten zur Erkenntniss bringen, dass man es mit einer suggerirten Erinnerungsfälschung zu thun hat, nämlich wenn sie mit den sicheren Ermittelungen über die That nicht übereinstimmen. Ein leichtes und sehr empfehlenswerthes Controlexperiment, wenn man diesen Verdacht hat, besteht darin, dem Angeschuldigten Details hinzuzusuggeriren, von welchen man sicher ist, dass sie unmöglich vorgekommen sein können. Gibt er auch diese alle zu, so kann man ziemlich sicher sein, dass das ganze Geständniss werthlos war, resp. auf Suggestion durch den

Richter beruhte. Auf solche Weise kann man abscheuliche Justiz-morde vermeiden. Ich habe einige Fälle derart kennen gelernt, und bin überzeugt, dass solche manchmal von Irrenärzten irrthümlich für Melancholie gehalten werden, weil bei Melancholie ähnliche falsche Selbstanklagen vorkommen. Wir haben auch gesehen, wie gewisse von jeher bekannte Instinktlügner nichts Weiteres als Menschen so suggestibler Art sind, dass sie beständig ihre eigenen und die von Anderen ihnen beigebrachten Vorstellungen mit der Wirklichkeit verwechseln.

Aber nicht nur falsche Geständnisse, sondern falsche Zeugen können auf diese Weise präparirt werden. Bei den beängstigenden Proceduren, die die Zeugen oft zu erleiden haben, bei der Art, wie sie von den Anwälten bearbeitet werden, werden sie gewiss — und darin kann ich auch nur Bernheim beipflichten — oft zu An-gaben veranlasst, die auf Suggestion beruhen. Widersprüche, die man ihnen vorwirft, sind nicht immer bewusste Lügen, sondern nicht selten Suggestionswirkungen. Besonders die Kinder, und zwar je jünger, desto mehr, sind in dieser Hinsicht gefährlich.

Man muss hier wohl zwei Fälle unterscheiden: 1. den Fall, wo die Suggestion durch besondere Wirkung von Seiten der in-quirirenden Person bei einem sonst ziemlich die Wahrheit sprechen-den Menschen ihre Wirkung zu Stande bringt; 2. den Fall, wo der Explorand überhaupt Wahrheit und Phantasieproducte stets ver-mengt hat, weil er nie anders konnte.

Der zweite Fall ist eigentlich schon lange, nur unter anderem Namen bekannt und überhaupt weniger wichtig. Man merkt bald das Wesen solcher Exploranden oder Zeugen an ihrem Benehmen auch bei anderen Aussagen, oder man erfährt es durch ihren Leu-mund. Man betrachtet sie als Gewohnheitslügner und misst ihren Angaben keine Bedeutung bei. Der erste Fall dagegen muss dem Criminalisten sehr viel zu denken geben, denn er kann bei wahren guten Menschen eintreten, die in allen anderen Punkten der Wirk-lichkeit gemäss deponiren und nur durch Suggestion zu einer falschen Erinnerung gekommen sind. Natürlich kommen auch hier Ueber-gangsformen vielfach vor.

Ist ein hypnotisirter Mensch unbedingt als unzurechnungsfähig zu betrachten? Diese Frage muss nach unseren Auseinandersetzungen als eine in concreto äusserst schwierige, ja unlösbare betrachtet werden. Gewiss muss principiell, wie fast alle Autoren und auch v. Lilienthal es thun, jeder Mensch, der vollständig unter der

wirklichen Einwirkung einer Suggestion handelt, als unzurechnungsfähig betrachtet werden. Verantwortlich für seine Handlung ist
der Hypnotiseur, der sich seiner bedient hat. Aber wie wollen wir
dieses in praxi durchführen, wenn wir an die Häufigkeit der unbewussten, als solche nicht erkannten Suggestionen denken, die
überall in der Welt ohne greifbare Hypnose vorkommen? Wo wollen
wir in concreto, bei den feinen Nuancen der Wachsuggestion, die
wir oben besprachen, die Grenze der Zurechnung stellen? Natura
non facit saltum. Auch hier trifft diese alte Wahrheit zu und straft
unsere künstlichen Categorien, wie bei den Geisteskrankheiten, Lüge.

Wie bereits die Autoren und auch v. Lilienthal hervorheben, liegt noch eine grosse Gefahr der Suggestion in der Benutzung derselben von Seiten des Hypnotisirten zu Erpressungen
aller Arten. Diese Gefahr ist so gross, dass die Gegenwart von
Zeugen als Schutz für den Hypnotiseur noch mehr als für den
Hypnotisirten nöthig ist. Ich verweise dafür auf v. Lilienthal's
Aufsatz und ebenso für den Fall, wo ein Mensch sich etwa absichtlich hypnotisiren liesse, um sich den Muth oder die Straflosigkeit
zu einem Verbrechen damit eingeben zu lassen (wie mancher sich
heute solchen Muth antrinkt).

Es ist kaum nöthig, hinzuzufügen, dass ich mit v. Lilienthal vollständig damit übereinstimme, dass öffentliche Schaustellungen von hypnotisirten Somnambulen strengstens untersagt
werden sollten und zwar als grober, die öffentliche Moral und Gesundheit schädigender Unfug. Solche Schaustellungen dürften denjenigen von Geisteskranken oder von physiologischen Experimenten
verglichen werden. Es scheint mir, dass überhaupt die gewerbsmässige Ausbeutung der Hypnose verboten werden sollte.

Endlich scheint es mir, dass die Folgen eines leichtfertigen
oder fahrlässigen Gebrauches der Suggestion, besonders aber eines
Missbrauches derselben zu egoistischen, wenn auch nicht verbrecherischen Zwecken nicht von der Jurisprudenz ausser Acht gelassen
werden dürfen.

Zur Casuistik. In einem Fall gelang es einer alten, hässlichen
Spiritistin, einen jungen, reichen Mann derart zu hypnotisiren, dass
er völlig unter ihren Einfluss gerieth, sich von seiner ihn innig
liebenden Familie lossagte und die alte Hexe heirathete, die gescheidt und raffinirt genug war, ihn unter ihrem Bann durch ihre
geistige Begabung und anderweitige sexuelle Reizung zu halten.

Solche und ähnliche Fälle, wo bald das eine, bald das andere Geschlecht der active oder der passive Theil ist, sind zweifellos von jeher vorgekommen. Hier wären vielleicht bestimmtere gesetzliche Vorkehrungen am Platz.

Ein anderer Mann erklärte mir selbst, in ähnlicher Weise von einer Frau eine Zeit lang beeinflusst worden zu sein, die ihn geradezu magnetisirte. Sie war zugleich im Hypnotisiren bewandert und nymphomanisch — polyandrisch. Nur mit Mühe gelang es dem Manne, zu entfliehen, als sie sich noch an anderen Gliedern seiner Familie vergriff.

Im Fall Czynski war umgekehrt der Mann der active Theil. In diesen Fällen klagt, wie wir sahen, der passive Theil, dass er einen zwingenden Bann fühlt; er wird zwar sexuell gereizt; es ist aber keine normale Liebe und nicht einmal eine normale sexuelle Anziehung, sondern das Gefühl des Zwanges und der Unfreiheit herrschen vor. Die Beeinflussten möchten fliehen und können nicht, ohne dass der Zwang den brutalen Charakter des bekannten von Bernheim und Anderen citirten Falles erreicht, wo ein verbrecherischer Bettler (Castellan) ein armes Mädchen hypnotisirte, missbrauchte und so ihm zu folgen zwang.

v. Schrenck-Notzing's Ansicht und Fälle. In den letzten Jahren hat sich besonders v. Schrenck der vorliegenden Frage angenommen (siehe v. Schrenck: Die gerichtlich-medicinische Bedeutung der Suggestion im Archiv für Criminal-Anthropologie und Criminalistik. August 1900).

v. Schrenck theilt wie ich die forensischen Fälle in:

1. Verbrechen an Hypnotisirten.

2. Verbrechen, welche mit Hülfe von Hypnotisirten begangen werden.

3. Er fügt noch eine dritte Categorie hinzu: Criminelle Handlungen, herbeigeführt durch Suggestion im Wachzustande. Diese Categorie kann ich nur als Varietät der zweiten betrachten, was aus meiner und Vogt's Auffassung der Suggestion als selbstverständlich hervorgeht.

Die suggerirten Zeugenaussagen und Selbstanklagen sollten übrigens statt dessen als dritte Categorie figuriren.

Zur ersten Categorie gehört eine Reihe Fälle, in welchen eine mehr lethargische, tiefe hysterische Hypnose zu sexuellen Attentaten missbraucht wurde. Zumeist wurde der Thäter entlarvt und bestraft.

Im Folgenden will ich das kurze Resumé citiren, das v. Schrenck
von den wichtigsten Fällen gibt:

„Aus der Autobiographie eines seiner Patienten entnimmt von
Schrenck folgenden Fall: ‚Genannter Patient versetzte eine junge
Frau, die an der Seite eines welken Greises das Leben vertrauerte, in
tiefen Somnambulismus und befahl ihr, in diesem Zustande an seinem
Gliede onanistische Manipulationen vorzunehmen, was sie auch that,
ohne sich nach dem Erwachen daran zu erinnern. Der sexuelle Verkehr wurde 3 Monate in dieser Weise fortgesetzt und ist niemals entdeckt worden. Die Dame hatte übrigens ein leidenschaftliches Naturell
und liebte ihren Verführer. Wahrscheinlich hätte er sie auch im wachen
Zustande besitzen können. Aus Furcht vor Complicationen wählte jener
den eigenartigen hypnotischen Weg.'“

„Fräulein eines höheren Offiziers, wurde von einem
Geistlichen hypnotisirt, im Zustande des Somnambulismus deflorirt und
wiederholt auf diese Weise geschlechtlich missbraucht. Nach 9 Monaten
Geburt eines Kindes. Aus Furcht vor Scandal unterblieb die gericht-
liche Verfolgung des Thäters. Als sich Fräulein von B. später verlobt
hatte, benutzte ihr Geliebter die aus den früheren Versuchen zurück-
gebliebene Empfänglichkeit seiner Braut zu hypnotischen Experimenten,
entlockte ihr Geständnisse über alle möglichen Details ihres inneren
Lebens und dictirte ihr bei Meinungsdifferenzen per Suggestion seinen
Willen im Zustande tiefer Hypnose. Erst durch mein ärztliches Ein-
greifen und energische hypnotherapeutische Behandlung gelang es, diesem
Unfug zu steuern.“

„Czynski (s. oben) hatte die Baronin zu Heilzwecken hypnotisirt
und ihr in einem hypnotischen Zustande, der so tief war, dass sie ihren
Willen nicht mehr zur Geltung bringen konnte, — seine Liebe unter
Küssen und Zärtlichkeiten suggerirt. Schliesslich erreichte er nach
6—8 Hypnosen dieser Art, dass die Patientin sich ihm hingab, obwohl
sie keine Gegenliebe für ihn empfand. Ihr Widerstand war durch hypnotische Massnahmen, Liebessuggestionen in Verbindung mit körperlichen
Berührungen, sowie durch Einwirkungen auf ihr Phantasieleben im wachen
Zustande künstlich gebrochen worden. Czynski hat also mit Hülfe
lege artis angewendeter Suggestion die Annahme seiner Liebeswerbung
erzielt. Wenn die Geschworenen den Angeklagten auch von diesem
Theil der Anklage (Verbrechen wider die Sittlichkeit) freisprachen, wahrscheinlich aus Gründen juristischer Interpretation des Gesetzes, oder
aber, weil die Baronesse sich später auch freiwillig ihrem Verführer
hingab, — so kann doch über den Dolus des Angeklagten, also über
die verbrecherische Ausbeutung des hypnotischen Zustandes durch zielbewusste Suggerirung kein Zweifel bestehen. In diesem lehrreichen

Fall wird also das Urtheil des hypnotischen Fachmannes anders lauten müssen, als das des Juristen."

„Laurent berichtet einen Fall dieser Art, in welchem ein Student der Medicin seine durch ihn in die Hoffnung gekommene Cousine hypnotisirte und ihr die Symptome des Abortus für eine bestimmte Stunde (à échéance) suggerirte. Der Abort trat pünktlich ein."

„Johann Berchthold; dreifacher Raubmord. Da nach Entdeckung des Mordes das geheimnissvolle Dunkel, welches über der That schwebte, sich nicht lichten wollte, so begann ein Theil der Münchener Tagespresse sich an der Voruntersuchung zu betheiligen; fast einen Monat hindurch erschienen täglich in den gelesensten Blättern Notizen über den Mord, sowie kritische Bemerkungen zu den ungenügenden Sicherheitsverhältnissen und Polizeieinrichtungen der Isarstadt. Ausserdem setzte die Regierung eine Belohnung von 1000 Mark auf die Entdeckung des Mörders. Schliesslich forderten die Münchener Neuesten Nachrichten Jedermann, der etwas zur Sache vorzubringen habe, auf, sich auf ihrer Redaction zu melden, unter Zusicherung strengster Discretion. Das in solcher Weise gewonnene Material gab Stoff zur Veröffentlichung in den Spalten und zur Befriedigung des Sensationsbedürfnisses. Schliesslich, nachdem zahlreiche Personen Zweckdienliches vorgebracht hatten, erklärte dieses Blatt zu einer Zeit, wo die Voruntersuchung gegen Berchthold noch nicht einmal durch die Staatsanwaltschaft abgeschlossen war: Es dürfte jeder Zweifel ausgeschlossen sein, dass Berchthold der Mörder ist. Die Folge dieses Verhaltens der Presse war, dass sich zahlreiche Personen zur Zeugenschaft meldeten und schliesslich unter dem Eide Aussagen machten, deren Inhalt die handgreiflichsten Widersprüche darbot. Ausserdem veranlasste die in den Tagesblättern abgedruckte Photographie Berchthold's verschiedene Personen zu zweifelloser rückwirkender Erinnerungsfälschung. Mehrere weibliche Personen gaben eidlich an, dieser Mann — oder eine ihm völlig gleichsehende Persönlichkeit — habe sich auf dieselbe Weise bei ihnen Eingang zu verschaffen gesucht, wie bei den Ermordeten. Dazu traten Depositionen zweifellos hysterischer Personen, abenteuerliche Erzählungen zweifelhafter und mehrfach vorbestrafter Individuen, für deren Richtigkeit sich keine anderen Argumente aufbringen liessen, als ihre eidliche Versicherung. Die von der Presse ausgeübte Suggestion im Sinne der Schuld des Angeklagten hat also ihre Wirkung nicht verfehlt. Und diesen Standpunkt suchte die Vertheidigung durchzuführen, so dass selbst von der Staatsanwaltschaft auf eine Anzahl von Belastungszeugen verzichtet werden musste. Aber das von den Zeugenaussagen unabhängige Beweismaterial, das Vorleben Berchthold's, sein mangelnder Alibibeweis, sein ganzes Verhalten belasteten ihn hinreichend, so dass die Geschworenen, auch wohl ohne Rücksichtnahme auf die durch die Presse erzeugte psychische Epidemie, zur Bejahung der Schuldfrage gelangen konnten. Die schwierige

Aufgabe der Sachverständigen (Grashey und von Schrenck-Notzing) bestand nur darin, die Fehlerquellen für das Gedächtniss aufzudecken und über den Geisteszustand einer Anzahl von Zeugen mit Hinblick auf die Glaubwürdigkeit ihrer Aussagen Gutachten abzugeben."

„Man mag nun den Berchthold für schuldig halten oder nicht, die Thatsache hat der Process denn doch unwiderleglich festgestellt, dass die Zeugenaussagen zum Theil durch die Zeitung inspirirt waren! Wie sollte man sich auch sonst z. B. den merkwürdigen Umstand erklären, dass sich während der 14tägigen Verhandlungen nicht weniger als sieben Personen meldeten, die behaupteten, den Mord an der Familie Roos begangen zu haben! Unter 210 geladenen Zeugen befanden sich 18, deren Aussagen sich auf eine Beeinflussung durch Zeitungsnotizen zurückführen liessen. Einer unter diesen behauptete z. B.: er habe an einem Freitagvormittag den Angeklagten zu einer bestimmten Zeit 3 Mal in der Nähe des Thatortes (eines Hauses in der Karlstrasse) erblickt und nach Veröffentlichung der Photographie die Persönlichkeit sofort wieder erkannt. Mit dieser unter Eid abgegebenen Zeugenaussage stand aber die Thatsache in Widerspruch, dass besagter Zeuge den gleichen Freitagvormittag zu derselben Stunde bei einer Gerichtsverhandlung anwesend war. Da er nicht an 2 Orten zugleich sein konnte, so mag man den Werth seiner Aussage hiernach bemessen. 6 weitere Zeuginnen — sämmtlich Wohnungsinhaberinnen in München — behaupteten unter ihrem Eid ganz gleichmässig, dass sie den Besuch eines verdächtig aussehenden Mannes erhalten hätten, der unter dem Vorwande von Closetarbeiten sich bei ihnen Eingang verschaffen wollte. In dem Verdächtigen erkannten sie erst den Angeklagten Berchthold, als dessen Photographie veröffentlicht wurde. Ja mehr noch, eine der Zeitungen stellte den Berchthold in einer Kleidung dar, die er niemals getragen hatte. Und eben diese nur in der Phantasie des Zeichners vorhandene, nicht aber in Wirklichkeit im Besitz des Berchthold befindliche Kleidung will eine der Zeuginnen an jenem Verdächtigen bemerkt haben."

„Kurzum, das Ergebniss dieser für die Suggestionslehre so interessanten Verhandlung lehrte, dass den Behörden noch die richtige Erkenntniss des suggestiven Factors bei richterlichen Vernehmungen fehlt; dass ferner die Zahl der Personen, die bona fide unter dem Eide Unwahres und Ungenaues aussagen, viel grösser ist, als man im Allgemeinen annimmt. Vor Allem aber hat sie neue Beweise für die suggestive Gewalt der Presse dargeboten."

„Am 2. October 1899 hatte sich die Frau des Metzgermeisters Sauter vor dem oberbayrischen Schwurgericht in München zu verantworten wegen Mordversuches und Anstiftung zu 9fachem Morde."

„Das deutsche Gesetz bestraft auch Versuche und Anstiftungen zu Verbrechen, wenn sie mit untauglichen Mitteln unternommen werden. Die Angeklagte war beschuldigt, den Versuch zur Tödtung ihres Ehe-

mannes, mit dem sie in unglücklicher Ehe lebte, dadurch gemacht zu
haben, dass sie ihm ein ihrer Meinung nach hierzu geeignetes, von einer
Kartenschlägerin empfohlenes Mittel, nämlich Enzianwurzel, in die Socken
streute. Ausserdem soll sie die Kartenschlägerin angestiftet haben, 9 ihr
unbequeme Personen, darunter 3 ihrer Kinder, 2 frühere Dienstboten u. s. w.,
durch magische Mittel zu tödten.“

„Die Angeklagte stand in den Wechseljahren, war schwer unter-
leibsleidend und zeigte Züge von Hysterie. Dem Aberglauben ganz und
gar verfallen, sah sie in der Kartenschlägerin, die sie für alle Lebens-
fragen zu Rathe zog, eine Persönlichkeit mit übernatürlichen Fähigkeiten
und der Macht, über das Schicksal des Menschen, über Leben und Tod
zu entscheiden. Die Wahrsagerin dagegen erhitzte die Einbildungskraft
der Sauter durch allen möglichen Hocuspocus und verstand es, aus
ihrem Vermögen materiellen Nutzen zu ziehen und ihr Opfer systematisch auszubeuten. Wie die Acten ergaben, war die Seherin bereits
21 Mal wegen schwerer Gesetzesverletzungen vorbestraft. Die Haupt-
versammlung liess keinen Zweifel darüber, dass die Wahrsagerin der
eigentlich schuldige Theil sei. Durch ihre Schwindeleien hatte sie die
leichtgläubige, ihrem Einfluss ganz verfallene Angeklagte zu überzeugen
vermocht, dass es ihr ein Leichtes sei, alle ihr unbequemen Personen
eines natürlichen Todes sterben zu lassen und ihr erst auf diese Weise
den ganzen Mordplan — wenn auch unabsichtlich — suggerirt. Als
diese Ideen in der Angeklagten Wurzel fassten, denunzirte die Prophetin
ihr Opfer bei der Polizei und veranlasste Frau Sauter, den ganzen Mordplan noch einmal zu besprechen, sowie eine Liste der dem Tode ge-
weihten Personen aufzusetzen, so dass im Nebenzimmer versteckte Detectivs Alles hören konnten und schliesslich als Hauptbelastungszeugen in
der Hauptverhandlung functionirten.“

„Während die Gutachten von Messerer und Focke zu dem
Schluss kamen, dass Frau Sauter im Besitze ihrer freien Willensbestim-
mung gewesen sei im Augenblick der ihr zur Last gelegten Handlungen,
führte das von mir abgegebene Gutachten den Nachweis, dass die An-
geschuldigte, fascinirt durch die Kartenschlägerin, im Zustande suggestiver Abhängigkeit deren Ideen zur Ausführung gebracht hatte, dass
also ihre Zurechnungsfähigkeit in Folge von Hysterie, in Folge ihres
Klimakteriums, sowie in Folge abergläubiger Vorstellungen erheblich
herabgemindert sei.“

„Die Geschworenen sprachen die Angeklagte von beiden Schuld-
fragen frei.“

„Der Fall Sauter zeigt die erste Freisprechung einer Angeklagten, die unter suggestivem Einfluss einer anderen Person
das Strafgesetz verletzt hat, und ist desswegen für die Lehre von
den Beziehungen der Suggestion zum Strafrecht von principieller und
bleibender Tragweite.“

„Vor ca. 7 Jahren wurde mir ein 5jähriges Mädchen zur ärztlichen
Behandlung überwiesen, das an Zerstörungstrieb litt, der sich in raffi-
nirter Weise gerade auf die werthvollsten Besitzstücke der Familie
richtete. Niemals gelang es den Eltern, das Kind in flagranti zu er-
tappen, sondern die Handlungen erfolgten stets hinter ihrem Rücken
oder in ihrer Abwesenheit. Einmal stand das Kind in seinem Bett in
Flammen. Die zahlreichen, sich immer wiederholenden, auf ganz raffi-
nirte Weise ausgeführten Diebstähle und Zerstörungen verursachten den
Eltern einen erheblichen materiellen Schaden. Erziehungsmassregeln und
Strafen blieben ohne jeden Erfolg. Das Kind weinte und gestand immer
wieder neue Reate. Schliesslich wurde es an die Kette gelegt und hypnotisch behandelt, und dennoch nahmen die verbrecherischen Handlungen
ihren Fortgang. Endlich, nach 9 Monaten, enthüllte ein Zufall die Wahrheit. Das Kind ging nämlich mit den Eltern aufs Land, während das
Kindermädchen in der Stadt zurückblieb. Von diesem Augenblicke an
hörten die Zerstörungen auf. Es stellte sich nun heraus, dass das Kind
völlig unschuldig, dass hingegen die hysterische Kindermagd die Handlungen veranlasst bezw. selbst ausgeführt hatte. Dem ihrer Obhut an-
vertrauten Kinde verstand sie das Schuldbewusstsein fortdauernd zu
suggeriren, bis zu einem solchen Grade, dass es 9 Monate lang alle
Strafen willig erduldete, ausführliche, ihm suggestiv beigebrachte Geständnisse ablegte, ohne jemals seine Tyrannin zu verrathen."

„Ungleich häufiger, als wirklich erwiesene Sittlichkeitsdelicte an
Hypnotisirten sind fälschliche Anschuldigungen von Aerzten
und Hypnotiseuren wegen geschlechtlichen Missbrauchs.
Auch bei wirklichen Verführungen ist der Einwand, das Opfer eines
suggestiven Zwanges geworden zu sein, nicht selten. Ueberhaupt sind
fälschliche Anschuldigungen wegen Sittlichkeitsvergehen sehr häufig."

„Der Assistenzarzt eines grösseren Krankenhauses in München hatte
in seinem Zimmer ohne Zeugen die 13jährige Magdalena S. . . . zu Heilzwecken hypnotisirt und die Unvorsichtigkeit begangen, während der
Dauer des Schlafzustandes in Gegenwart der Hypnotisirten seinen Urin
zu entleeren. Kurz nach diesem Vorfall wurde von Seiten der königl.
Staatsanwaltschaft die Anklage gegen ihn erhoben, er habe dem hypnotisirten Kinde sein Glied in den Mund gesteckt und ihr in den Mund
urinirt. Diese Anklage stützte sich auf die Aussage des 13jährigen
Kindes. Aufgefordert, mich gutachtlich über diesen Fall zu äussern,
erkannte ich bald nach genauer Prüfung des Thatbestandes, nach Untersuchung des Kindes, dass es sich um eine traumhafte, illusionirende
Verarbeitung von Wahrnehmungen im hypnotischen Zustande handle,
und zwar im Anschluss an den Vorgang des Urinlassens. Die retro-
ativen Pseudoreminiscenzen im wachen Zustande waren durch Phantasie-
thätigkeit und Besprechung mit den Angehörigen übertrieben worden.
Und so wurde das einfache Product falscher, autosuggestiver Deutung

von Wahrnehmungen in der Hypnose und von rückwirkender Erinnerungsverfälschung zur Unterlage einer so schweren Anklage, welche die
ganze Zukunft des Collegen zu vernichten drohte. In Folge des Gutachtens wurde, wie erwähnt, das Verfahren eingestellt."

Im Weiteren führt von Schrenck aus: „Unwillkürlich infiltriren sich überhaupt gelesene Meinungen und Urtheile unserem Denken,
bestimmen unsere Ideenrichtung und haben einen mächtigen Einfluss
auf die Gestaltung unserer Erinnerung. Eine Verwechslung zwischen
selbst Erlebtem und Gehörtem oder Gelesenem tritt um so leichter ein,
wenn der Inhalt des fraglichen Gegenstandes schon früher einmal unser
Interesse in Anspruch nahm. Die Treue der Reproduction leidet
bei Mangel an kritischer Ueberlegung, bei lebhafter Phantasie, sowie
in Momenten psychischer Erregung (bei Affecten) oder der Ermüdung.
Wenn Elemente einer augenblicklichen Situation auf das Erinnerungsbild übertragen werden, so wird dasselbe leicht im Sinne der neuen
Wahrnehmung verfälscht (Einfluss des Anblicks von Berchthold's Photographie auf die Erinnerung an den verdächtigen Besucher). Diese äusseren Anregungen können dann einen suggestiven Einfluss üben, für
den die Fehlerquellen unseres Gedächtnisses einen günstigen Boden darbieten. Auf diese Weise kann, wie bei manchen Zeugen im Berchtholdprocess, ein Gesammtbild aus Dichtung und Wahrheit entstehen, ohne
dass es nachträglich auch dem psychologischen Sachverständigen immer
gelingt, für einzelne Bruchtheile des Erinnerungsbildes die richtigen
Ursachen nachzuweisen."

„Es muss daher als ein Fehler im richterlichen Examen
bezeichnet werden, wenn Einzelheiten der Rückerinnerung in der Zeugenaussage zu sehr überschätzt werden. Ueberhaupt werden die Fehlerquellen des Gedächtnisses in foro viel zu wenig berücksichtigt; eine eingehende Erkenntniss derselben würde den Richter vor dem gefährlichen
Irrthum bewahren, Meineid und Erinnerungsfälschung zu verwechseln;
er würde den Thatsachenkern von dem Product der Suggestion leichter
zu unterscheiden im Stande sein. Ausserdem würde er sich in dem
Verhör von Zeugen grössere Zurückhaltung auferlegen, um keine Details
in die Aussagen hinein zu suggeriren. Eine sorgfältige Würdigung der
Suggestionslehre müsste auch die Sicherheitsorgane veranlassen, den noch
immer weit unterschätzten Einfluss der Presse auf die Criminalität einzuschränken."

„Schwierig gestaltet sich die Beurtheilung der Sachlage in foro,
wenn, wie im Process Sauter, dem intellectuellen Urheber (also in unserem Fall der Wahrsagerin Frau Gänzbauer), das Bewusstsein der Rechtswidrigkeit des Handelns, das Bewusstsein, ein Verbrechen anzustiften, vollkommen fehlt! Es handelt sich dann also um unbeabsichtigte, unbemerkte
Beeinflussung! Denn Frau Gänzbauer war sich offenbar keineswegs dar-

über klar, dass sie selbst durch ihren abergläubischen Hocuspocus jene
auf Beseitigung des Mannes und anderer Personen hinzielende Ideenrichtung in Frau Sauter erregt hatte; ebenso entging es ihr vollkommen,
dass sie selbst bei der Demonstration vor den versteckten Detectivs ihrem
Opfer den Mordplan so zu sagen in die Feder dictirte und die ganze
Unterhaltung in diesem Sinne nach mit den Polizeiorganen vereinbarten
Gesichtspunkten leitete. Bei der Unmöglichkeit des Nachweises der verbrecherischen Absicht kann der Gerichtshof durch Verhältnisse dieser
Art in die Lage kommen, weder den Urheber noch den Thäter bestrafen
zu können."

„Kaum irgend ein Gebiet menschlicher Verirrungen zeigt einen so
günstigen Boden zur Entfaltung von Suggestivwirkungen als der Aberglaube. Derselbe stellt sich stets, wie von Löwenstimm treffend ausgeführt wurde, als ein Product der Unwissenheit und Unentwickeltheit
ganzer Volksklassen dar und führt gar nicht selten zur Verübung ausser-
ordentlich grausamer Verbrechen."

„Das Ergebniss von Schrenck's Ausführungen ist in folgenden
Sätzen zusammengefasst:

I. Das Verbrechen an hypnotisirten Personen und dasjenige mit
Hülfe hypnotisirter Personen (Posthypnose) ist fast ausschliesslich beschränkt:

a) auf sexuelle Delicte (z. B. Fall Czynski 1894);

b) auf den fahrlässigen Missbrauch hypnotisirter Personen (öffentliche Schaustellungen, Wundercultus).

II. Die Suggestion im wachen Zustande hat eine bisher nicht in
dem nöthigen Umfange zugestandene gerichtlich-medicinische Bedeutung. Denn:

a) Sie ist im Stande, auch geistig vollkommen normale Personen zu falschen, bona fide beschworenen Zeugenaussagen
zu veranlassen (z. B. 18 falsche Zeugen im Process Berchthold 1896,
Einfluss der Presse, psychische Epidemien).

b) Sie kann dem suggestiven Einfluss besonders zugängliche Personen zur Begehung verbrecherischer Handlungen hinreissen. (Fall Sauter 1899.)

III. Im Allgemeinen sind criminelle Eingebungen für normale
Individualitäten mit wohl entwickelter moralischer Widerstands-
fähigkeit ungefährlich, dagegen verfallen ihr leicht: kind-
liche, psychopathisch minderwerthige, hysterische, psychisch
schwache, ethisch defecte Individualitäten, bei denen die
Möglichkeit des Widerstandes durch eine schwache Ausbildung der
moralischen Gegenvorstellungen herabgemindert ist."

Mit v. Schrenck-Notzing bin ich durchaus der Ansicht,
dass gesetzliche Massregeln gegen unbefugtes Hypnotisiren von

Seiten von Nichtärzten am Platze sind. Unter Aufsicht und Mit-
verantwortung eines Arztes mag es gestattet sein, dass eine besonders dazu begabte Person zu wissenschaftlichem oder therapeutischem Zweck hypnotisirt.

Aber der Unfug, der unter dem Titel Spiritismus, Telepathie,
Hellseherei, Wahrsagerei und dergl., sowie der strafwürdige Sport
und die Schaustellungen, die mit Hypnotismus von leichtsinnigen
oder geldgierigen Personen getrieben werden, nimmt oft bedenkliche Dimensionen an. Man sollte so wenig mit dem Gehirn seines
Nächsten wie mit seinem übrigen Körper oder mit seinem Gelde
beliebigen Unfug treiben dürfen. Leider lässt man die Laien meistens
völlig frei gewähren und ist dafür stets bereit, die Aerzte zu beschuldigen.

Thatsächlich sind die Schädigungen und die Verbrechen, die
der Suggestion zuzuschreiben sind, meistens das Werk von Laien,
besonders von Spiriten. Diese Leute begreifen gar nicht, dass sie
mit dem Gehirn ihrer meistens hysterischen „Medien" arbeiten, und
muthen demselben Dinge zu, die schliesslich die Gesundheit schwer
schädigen, wenn nicht noch Betrug oder Attentate hinzukommen.
Förmliche Epidemien von hysterischen Anfällen, Autohypnosen
und dergl. mehr sind schon dadurch entstanden. Der Laie versteht es eben nicht, Autosuggestionen vorzubeugen und solche zu
beseitigen.

Es ist nicht unsere Sache, Gesetzesvorschläge zu machen.
Aber wir müssen fordern, dass über dieses Gebiet mehr wie bisher gewacht wird, dass wenigstens eine ärztliche Aufsicht vor-
gesehen wird.

XII. Der Hypnotismus und die Hochschule.

Das im vorigen Capitel zuletzt erwähnte Postulat beweist auf's
Klarste, dass es eine Pflicht des Arztes ist, die Suggestion zu kennen
und zu verstehen, selbst wenn die vorhergehenden Capitel den Leser
noch nicht davon überzeugt hätten. Leider ist es damit noch böse
bestellt. Die meisten Aerzte sind in der Frage der Suggestion
noch Laien und Ignoranten.

Hierbei zeigt sich eine tiefe Lücke unserer Medicinstudien.
Nicht nur in der Suggestionsfrage, sondern in der Psychologie und
Psychophysiologie sind die Aerzte meistens hochgradig unwissend,

und aus diesem Grunde sind sie unfähig, die Suggestionslehre zu begreifen. Sie fassen dieselbe fast wie die Laien auf und sind oft genug geneigt, kritiklos vom „Materialismus" zum „Spiritismus" oder wenigstens zur „Telepathie" hinüber zu springen, weil ihnen das Verhältniss der Psychologie zur Hirnphysiologie „ein dunkles, unheimliches Gebiet geblieben ist". Sie haben ihre Studien von Anfang bis zum Ende ohne Kenntnissnahme des Grosshirnlebens und seines Einflusses auf den Körper durchgemacht. Wenige nur suchen sich nachträglich darüber gründlich zu belehren. Wie kann man aber den normalen und pathologischen Menschen ohne sein Gehirn und dessen Function jemals verstehen?!

Daraus entspringt eine Unzahl der gröbsten Fehler unserer zahlreichen Specialisten, welche die Ursachen centraler Leiden in der Körperperipherie suchen, weil ihnen der psychophysiologische Mechanismus unverständlich ist.

Es genügt, auf diese Lücke hingewiesen zu haben, um zu zeigen, dass ihre Ausfüllung ein dringendes Bedürfniss geworden ist. Das Studium der modernen Psychologie, der Psychophysiologie und der Suggestionslehre, letztere mit einer kleinen Klinik oder Poliklinik verbunden, sollte in jeder medicinischen Facultät ermöglicht werden.

Erst dann wird auch eine erfolgreiche Bekämpfung des Aberglaubens und der Curpfuscherei möglich sein, und werden die Aerzte vielen für ihren Stand unangenehmen Blamagen entgehen, die ihnen heute von Laien vorbereitet werden. Ich spreche dabei nur von den Erfolgen der Empiriker, und nicht einmal von den weiteren Blamagen, die sich Aerzte täglich bei psychologisch geschulten Nichtärzten holen. — Es ist doch klar, dass wenn ein Arzt auf Grund seiner Unkenntniss der Suggestion und der Erscheinungen pathologischer Autosuggestionen ein nicht vorhandenes Localleiden diagnosticirt und behandelt, oder dann in das andere Extrem verfällt und den Kranken der „Simulation" verdächtigt, er von dem ersten besten Curpfuscher oder von frommen Wunderanstalten mit Leichtigkeit blamirt wird. Diese Blamagen wirken wie viele schädliche Nadelstiche, die der Wissenschaft, ihrem Ernste und ihrer Würde versetzt werden.

Bernheim hat bereits gezeigt, wie die Wunder der „stigmatisirten" Luise Lateau zweifellos auf Suggestion beruhen, indem er dasselbe auf dem suggestiven Wege erreichen konnte. Das Gleiche

gilt nach meiner Ansicht von den „Wundercuren", welche in prote-
stantischen sogen. Gebetheilanstalten erzielt werden.

In der Zeller'schen Anstalt in Männedorf, Kanton Zürich,
z. B. legt Herr Zeller seine Hand (die rechte oder die linke) auf
den nackten kranken Körpertheil während einiger Zeit (Händeauflegen, nach der Bibel), wiederholt diese Procedur nach Bedürfniss und erzielt auf solchem Weg Heilung von Schmerzen, Lähmungen etc. Eine zweite, dort gebräuchliche Art des Händeauflegens
ist die „Salbung mit Oel" (ebenfalls nach der Bibel). Die Hand
wird mit kaltem Olivenöl benetzt und, wie eben erwähnt, aufgelegt.
Herr Zeller, der mir dieses selbst mittheilte und dem damit verbundenen Gebet den Hauptwerth beilegt, glaubt dem Vorwurf:
„es sei Magnetismus", dadurch zu begegnen, dass er keine Passes
(Streichungen) anwende. Solche wendet aber die Nancy'sche Schule
auch nicht an.

Dass jedoch Herr Zeller seine Patienten, wenn auch ohne
sich darüber Rechenschaft zu geben, intensiv suggerirt, sowohl
verbal als durch die Berührung des kranken Theiles, geht aus
allen obigen Auseinandersetzungen unzweideutig hervor. Abgesehen
von der grundverschiedenen Erklärung, ist seine Heilmethode der
Liébeault'schen Methode der Suggestivtherapie äusserst ähnlich;
nur handelt es sich wohl meist um Wachsuggestion.

Es war von jeher ein hohes, zugleich ethisches und culturelles
Vorrecht der Bildungscentren und der Wissenschaft, mit der Fackel
der Erkenntniss in die Finsterniss des Aberglaubens und der Unwissenheit hineinzuleuchten. Es ist daher betrübend, zu sehen,
wie gerade jene Centren sich immer noch zögernd, zaghaft, ja sogar
vielfach ablehnend der Suggestionslehre und der neueren psychologischen Forschung gegenüber verhalten, obwohl keine andere
Disciplin im Stande ist, ein solches Licht in den modernen Formen
des Aberglaubens zu werfen.

XIII. Die Suggestion bei Thieren.   Die Winter- und Sommerschläfer.

Liébeault (Du sommeil et des états analogues, Paris, Masson
1866) hat bereits den Winterschlaf der Siebenschläfer auf der Suggestion analoge psychische Ursachen zurückgeführt und damals schon
bewiesen, dass nicht die Kälte Ursache dieses Schlafes sein kann,

indem die gleichen Thiere nicht selten im Sommer und in warmen
Zimmern schlafen, und da eine madagassische Maus sogar regelmässig zur wärmsten Jahreszeit in Lethargie verfällt.

Ich selbst habe (siehe: Revue de l'Hypnotisme, 1. April 1887,
S. 318) folgende eigene Beobachtung darüber gemacht:

Im Jahre 1877 war ich in München. Man bot mir zwei Siebenschläfer (Myoxys glis) an, weil ihr Besitzer von denselben gebissen
worden war. Er gab sie mir im Winter und ich war erstaunt, sie
durchaus nicht schlafend, sondern sehr lebhaft zu erhalten, was ich
der Zimmerwärme zuschrieb. Ich stellte sie in einen 5—6 Fuss
hohen Drahtkäfig, in dessen Mitte eine kleine ebenso hohe Tanne
stand. Ich liess auch die Thierchen in meinem Zimmer herum-
laufen. Den ganzen Winter blieben sie munter und verzehrten eine
grosse Quantität Nüsse und Haselnüsse. Als eines derselben die
Schale einer Nuss mühsam durchgenagt hatte, kam das andere hinter-
listig geschlichen und versuchte sie ihm wegzuschnappen. Sie blieben
böse und beisslustig.

Nachdem sie den ganzen Frühling hindurch viel gefressen
hatten, wurden sie sehr fett, und ich war nicht wenig erstaunt, sie
im Monat Mai einen nach dem andern in lethargischen Schlaf verfallen zu sehen, im Gegensatz zu der Angabe der Bücher, dass
dieser Schlaf eine Folge der Winterkälte sei. Sie waren dick geworden wie kleine Bären; ihre Bewegungen wurden langsamer;
endlich kauerten sie sich in einen Winkel zusammen und wurden
ganz lethargisch. In diesem Zustand sank ihre Körpertemperatur;
ihre Athembewegungen wurden langsamer und ihre Lippen cyanotisch. An die freie Luft gesetzt, streckten sich die zuerst mehr
oder weniger zusammengerollten Thiere zur Hälfte auf den Rücken
liegend. Als ich sie jedoch mit einer Nadel stach, machten sie
einige Reflexbewegungen und stiessen ein leichtes Grunzen oder
Zischen aus. Wenn ich sie stark reizte, konnte ich sie einen Augenblick etwas beleben; doch verfielen sie in ihre Lethargie zurück,
sobald ich sie wieder in Ruhe liess.

Nun machte ich folgendes Experiment: Ich nahm einen der
Siebenschläfer und setzte ihn auf den Gipfel des Tannenbaumes.
Obwohl er schlief, genügte es, die Fusssohle des Thieres mit einem
dünnen Ast des Baumes in Berührung zu bringen, um eine Reflex-
beugung hervorzurufen, durch welche es den Ast mit den Krallen
fest umklammerte, wie bei der entsprechenden Instinctbewegung im
wachen Zustande. Nun liess ich den also mit einem Fusse an einem

Aste hängenden Siebenschläfer los. Bald verfiel er allmälig wieder in tieferen Schlaf. Die Muskeln des angeklammerten Fusses erschlafften langsam; die Volar- oder Plantarfläche des Fusses streckte sich langsam und hing bald nur noch durch ihre Extremität nahe an den Krallen am Aste fest. Ich glaubte schon, mein Siebenschläfer würde nun fallen. Doch im Augenblick, wo er begann, das Gleichgewicht zu verlieren, wurde sein Nervensystem wie von einem Instinctblitz durchzuckt und eine andere Pfote ergriff denjenigen der untenstehenden Aeste, der ihm am nächsten lag, so dass das Thier sich nur um eine Treppenstufe hinunterbewegte. Nun ging die gleiche Scene von Neuem an; der Siebenschläfer schlief wieder tief ein; die Pfote erschlaffte wieder langsam bis fast zum Loslassen; dann aber ergriff wieder eine andere Pfote einen tiefer liegenden Ast. So stieg das Thier schlafend und ohne zu fallen die ganze Tanne vom Gipfel bis zum Fuss hinunter, bis es den Boden des Käfigs erreicht hatte, auf welchem es schlafend verblieb. Ich wiederholte das Experiment verschiedene Male mit meinen beiden Siebenschläfern stets mit dem gleichen Erfolg. Kein einziges Mal fiel einer herunter.

Der lethargische Schlaf meiner Siebenschläfer, obwohl von Zeit zu Zeit durch einige Stunden oder einen Tag eines mehr oder weniger vollständigen Erwachens unterbrochen, während welchem sie etwas Nahrung zu sich nahmen, dauerte einen grossen Theil des Sommers an und hörte erst im Monat August nach und nach auf. Die Thierchen hatten während der grössten Hitze im Juni und Juli geschlafen. Gegen den Schluss ihres lethargischen Schlafes waren sie bedeutend abgemagert, weniger jedoch, als ich erwartet hatte. Während der Lethargie betrug die Körpertemperatur dieser Thiere circa 20—22 ⁰ Celsius, soweit ich mit mangelhaftem Thermometer messen konnte.

Aus diesen Thatsachen geht klar hervor, dass der sogen. Winterschlaf der Siebenschläfer nicht von der niederen Temperatur abhängt. Vielleicht spielt ihr Ernährungszustand, besonders die Anhäufung des Fettes in ihren Körpergeweben eine Hauptrolle dabei. Aber es scheint mir wahrscheinlich auf Grund obiger Beobachtungen, dass dieser Zustand, gleichgültig welche Ursache ihn hervorbringe, mit der Hypnose einerseits und mit der Katalepsie andererseits nahe verwandt ist [1]).

---

[1]) Erst nach meiner Veröffentlichung erhielt ich Kenntniss einer früheren Arbeit Quincke's (Ueber die Wärmeregulation beim Murmelthier, Archiv für

Thatsache ist es (Liébeault, Bernheim, Wetterstrand), dass man beim Menschen durch Suggestion eine tiefere, langdauernde Katalepsie mit Verlangsamung und Abschwächung aller Lebensfunctionen unter Umständen hervorrufen kann. Thatsache ist es ebenfalls, dass der Siebenschläfer in der Freiheit nie ausserhalb seines Nestes einschläft, und seine Vorbereitungen zum Schlaf trifft, dass folglich der Eintritt des Schlafes bis zu einem gewissen Grad von Vorstellungsassociationen abhängt. Meine Beobachtung beweist, dass selbst im lethargischen Schlaf gewisse zweckmässige Bewegungen durch Sinnesreize ausgelöst werden können. Was besonders für die Rolle der Suggestion beim Winterschlaf des Siebenschläfers spricht, ist der relativ plötzliche Uebergang vom Wachzustand zum Schlafzustand und umgekehrt, sowie das obenerwähnte zeitweilige Erwachen und Wiedereinschlafen. Diese Thatsache scheint mir zu beweisen, dass es zum Zustandekommen der Lethargie zweier Componenten bedarf: 1. die zur Somnolenz prädisponirende Fettansammlung, 2. die auf dem associativen Weg der Nervencentren wirkende Suggestion.

Nun komme ich zum berühmten Experimentum mirabile von Athanasius Kircher, das der scharfblickende Pater bereits „Ueber die Einbildungskraft des Huhnes" betitelt hatte. Zwar war das Experiment, durch welches ein gefesseltes Huhn mittels eines Kreidestriches starr gemacht wird, vor Kircher bereits, wie Preyer (Hypnotismus 1890) berichtet, von Daniel Schwenter (Nürnberg 1636) gemacht worden, der aber die Starre des Huhnes der Furcht zuschreibt.

Der Physiologe Prof. Preyer hat nun 1872—73 diese Ex-

experimentelle Pathologie und Pharmakologie XV. Bd.), bei welcher der Verfasser, auf Grund von Experimenten, bereits eine andere (innere) Ursache als die Kälte für den Eintritt und dem Aufhören des Winterschlafes vermuthet. Er schreibt: „Es schien mir, als ob beim Erwachen (und Warmwerden) Bewegung und Reaction schon bei niedrigerer Körpertemperatur auftreten, dass sie beim Einschlafen (und Kaltwerden) schon bei höherer Temperatur träge werden, so dass also die Aenderung der Körpertemperatur dem Kommen und Gehen der übrigen Schlafsymptome erst nachfolgt und nicht etwa dieselben bedingt. Das Wiedereinschlafen geschieht nach spontanem Erwachen (im Winter) etc. bei verschiedenen Individuen sehr verschieden schnell. Auch dies zeigt, dass die äusseren Umstände, Ruhe und geeignete Temperatur zwar nothwendige Bedingungen für das Zustandekommen des Winterschlafes sind (das ist, wie wir zeigten, ein Irrthum, Forel), aber die eigentlichen Ursachen für den Eintritt aber andere (innere) sein müssen." Quincke sah beim Murmelthier die Temperatur bis auf 7°, sogar bis auf 6° Celsius im Winterschlaf sinken.

perimente nach Czermak bei einigen Thieren wieder aufgenommen und, sich der Ansicht Schwenter anschliessend, die Starre auf Angst zurückgeführt, weil die Thiere dabei stets Zittern, Peristaltik, keuchendes Athmen und Anämie des Kopfes zeigen sollen. Er nannte daher diesen Zustand Kataplexie oder Schreckstarre. Diese Schwenter-Preyer'sche Theorie der Kataplexie hat mir nie einleuchten wollen, schon weil zahme Thiere, wie Meerschweinchen und Hühner, am leichtesten „kataplektisch" werden, ohne dass man sie zu erschrecken braucht, während erschreckte, wilde Thiere viel weniger leicht in diesen Zustand verfallen; ferner aber vor Allem wegen der unverkennbaren Analogie dieser Zustände mit der Hypnose.

Preyer behauptet, um die Kataplexie und auch um seine Milchsäuretheorie des Schlafes zu begründen, dass es keinen Fall gibt, wo der gewöhnliche Schlaf plötzlich eintritt; er trete immer allmälig ein. Dies ist bereits unrichtig; bei gewissen Leuten tritt der Schlaf urplötzlich ein. Aber ich kann ferner jedem beweisen, der mich besuchen will, dass ich, ohne Spur von Schrecken zu bewirken, Jemanden blitzschnell hypnotisiren kann, was Charcot, Liébeault, Bernheim etc. alle schon gethan haben.

Ferner sagt Prof. Preyer, dass er besonders desshalb die Thiere untersucht habe, weil sie nicht simuliren. Es thut mir leid, ihm hier wiederum widersprechen zu müssen. Die Simulation haben wir nicht mit so manchen anderen Unarten von unseren geschwänzten Vorfahren geerbt, um ihnen dieselbe jetzt wegzudisputiren. Die Thiere simuliren recht schön; sogar die Insecten wissen sich todt zu stellen und brauchen deshalb keineswegs vor Schrecken starr — nach Preyer kataplektisch — zu sein. Ich habe die Lebensweise der Insecten sehr viel beobachtet und glaube mit voller Bestimmtheit, auf Grund zahlloser kleiner Indicien, deren Werth nur bei fortgesetzten, genauen biologischen Beobachtungen erkannt wird, dass die Starre der sich todtstellenden Insecten niemals auf einer Schreckwirkung, die sie unfähig machen würde, sich zu bewegen, sondern auf List beruht — allerdings auf einer instinctiv automatisirten (organisirten) List, die, mit dem Selbsterhaltungstrieb associirt, bei eintretender Gefahr ins Werk gesetzt wird. An die Listen der Säugethiere sei hier noch erinnert. Ich möchte sogar behaupten, dass es leichter ist, für den Psychologen wenigstens, die Simulation der meisten Menschen als diejenige der Thiere zu entlarven, weil man mittels der Sprache beim Menschen nachher bei einiger Uebung leicht dahinter kommt, was bei den Thieren nicht

sein kann. Zudem haben wir gesehen, mit welcher Vorsicht man
den Begriff der Simulation behandeln muss, und wie thöricht es
ist, überall nur bewusste Simulanten um sich zu wittern, die Einen
nur foppen wollen. Man wird hundert Mal durch nicht erkannte
Suggestion irre geführt, für ein Mal, wo man durch bewusste Simulation düpirt wird.

Es hat nun Prof. Danilewsky in Charkow (Compte rendu
du congrès international de psychologie physiologique de Paris,
séance du 9 aôut 1889, page 79, Paris 1890) ausgedehnte Experimente über die Hypnose vieler Thiere, vom Flusskrebs bis hinauf
zum Kaninchen, gemacht. Besonders die abnorme Stellung, die
man dem Thier gibt, und dann die fortgesetzte sanfte, aber consequente Ueberwältigung von Seiten des Hypnotiseurs bringen den
Zustand am leichtesten hervor. Danilewsky beweist, dass die
Angst sehr oft fehlt, und führt die Hypnose der Thiere unbedingt
auf Suggestion zurück. Natürlich, sagt er, kann es sich nicht um
Verbalsuggestion handeln; aber die Einwirkung auf die einfachere
Vorstellung des Thieres ist eine der Suggestion ganz homologe.
Das Thier versteht intuitiv den suggestiven Befehl, unterliegt und
wird hypnotisirt. Dabei hat Danilewsky eine Reihe Symptome
der menschlichen Hypnose bei Thieren festgestellt; nicht nur die
Muskelstarre, sondern auch z. B. hochgradige Anästhesie u. a. m.
Die Hypnose des Menschen, sagt Danilewsky, ist von der Hyp-
nose der Thiere phylogenetisch abzuleiten; es handelt sich um den
gleichen, nur beim Menschen viel complicirteren psycho-physiologischen Mechanismus. Die Wirkung des Blickes eines still bleibenden
Menschen, z. B. auf einen Löwen, ist entschieden suggestiver Natur.
Experimente Danilewsky's sollen in extenso separat erscheinen.
Ich muss noch hinzufügen, dass bei den Thieren alle Suggestivwirkungen einen viel instinctiveren, mehr reflectorischen Charakter
haben als beim Menschen, weil bei ihnen die Thätigkeit der niederen Nervencentren viel weniger von der Grosshirnthätigkeit be-
herrscht sind. Sie stehen daher viel unmittelbarer unter der Einwirkung peripherer Sinnesreize. Das ist aber kein principieller,
sondern nur ein Gradunterschied, denn es ist nicht einmal die Grosshirnthätigkeit principiell verschieden von derjenigen anderer Nervencentren (vergl. oben das Experiment Isidor Steiner's bei den
Fischen).

Wir müssen somit die Theorie der Kataplexie ablehnen und
mit Danilewsky die Hypnose der Thiere auf einen vereinfachten,

automatischeren Suggestionsmechanismus zurückführen (in letzter
Instanz sind ja wir Menschen ebenfalls mehr oder weniger Automaten), der gelegentlich auch durch Blickfixation und dergl. herbeigeführt werden kann. Die lethargischen Schlafzustände der Siebenschläfer und mancher anderen Säugethiere sind einfach physiologische kataleptische Zustände, welche durch eine phylogenetisch
zu einem bestimmten Zweck adaptirte, in die Instinctivverkettung
eingereihte Suggestionswirkung herbeigeführt, resp. eingeleitet
werden (s. oben O. Vogt's Theorie des Schlafes).

XIV. Anhang. Ein hypnotisirter Hypnotiseur.

Prof. Dr. E. Bleuler[1]) schrieb zur Psychologie der Hypnose
in der Münchener medicin. Wochenschrift 1889, Nr. 5 folgendes:
„Selbstbeobachtungen von Hypnotisirten sind noch wenige
publicirt. Die folgenden Notizen sind desshalb wohl nicht ohne
Interesse.“

„Nachdem ich früher schon oft vergeblich versucht hatte, mich
nach anderen Methoden hypnotisiren zu lassen (auch von Hansen),
gelang es meinem Freunde, Herrn Prof. Dr. v. Speyr, mich nach
der Liébeault'schen Methode (verbale Suggestion und Fixation) in
hypnotischen Schlaf zu versetzen. Um der Vorstellung des Schlafes
zu Hülfe zu kommen, hatte ich mich — es war schon ziemlich
spät am Abend — zu Bett gelegt. Ich selber hatte den guten
Willen, hypnotisirt zu werden, suchte mich aber in der Hypnose
selbst den meisten Suggestionen zu entziehen, um die Gewalt dieser
letzteren und ihre Einwirkung kennen zu lernen. Da die ange-
strengte Fixation auf mich keinen einschläfernden Einfluss ausübt,
und die rein verbale Suggestion auf Personen, die selber hypnotisiren, geringe Wirkung zu haben scheint, benutzte ich noch folgenden Kniff: Ich hatte schon vor Jahren an mir Experimente über die
Bedeutung der peripheren Netzhautbilder, der Accommodation u. s. w.
für die Apperception der Gesichtsbilder gemacht und dabei gefunden, dass bei gewissem, ungenauem Fixiren ein definirbarer,
aber wechselnder Theil des Gesichtsfeldes vollständig ausfiel, z. B.
wenn ich ein eingerahmtes Bild ansah, die eine Seite des Rahmens.

---

[1]) Herr College Dr. Bleuler, jetzt Professor der Psychiatrie in Zürich,
hatte damals schon selbst viel hypnotisirt und beherrschte vollständig die
Methode. Siehe auch seine Publicationen über Hypnotismus (Forel).

Dieser Ausfall bewirkt genau die gleichen subjectiven Erscheinungen
wie der zum Bewusstsein gebrachte blinde Fleck. Ich fixirte nun
die Augen des Hypnotiseurs in dieser mir geläufigen Weise; die
eintretenden Gesichtsfelddefecte erhielten nun wohl in Folge der
gleichzeitigen verbalen Suggestion viel rascher eine grosse Aus-
dehnung, als ich es je beobachtet hatte; bald verschleierten sich
auch die noch appercipirten Gegenstände, dann fühlte ich leichtes
Brennen und darauf etwas stärkeres Feuchtwerden der Augen;
schliesslich sah ich nur noch etwas Licht und Schatten, aber keine
Grenzen der Gegenstände mehr. Zu meiner Verwunderung er-
müdete mich dieser Zustand nicht, meine Augen blieben ohne Anstrengung und ohne mehr zu blinzeln, ruhig und weit offen, ein
behagliches Wärmegefühl zog vom Kopfe über den Körper bis in
die Beine hinunter. Erst nach einigen dahin zielenden Suggestionen
(„die Augen werden von selbst zufallen") bekam ich das Bedürfniss,
die Augen zu schliessen (während ich bis dahin das Gefühl hatte,
ich könnte sie bloss mit Anstrengung zumachen) und schloss
sie anscheinend activ wie beim raschen Einschlafen bei gewöhn-
licher Ermüdung. Die Hypnotisirung hatte etwa eine Minute gedauert."

„Mein Zustand war nun der einer angenehmen behaglichen
Ruhe; es fiel mir auf, dass ich gar kein Bedürfniss hatte, meine
Lage zu ändern, die mir unter andern Umständen auf die Dauer
nicht ganz bequem gewesen wäre. Psychisch war ich vollständig
klar, mich beobachtend; mein Hypnotiseur konnte alles Objective,
das ich nachher erzählte, bestätigen. Durch die folgenden
Suggestionen wurde mein bewusster Gedankeninhalt
nicht anders als im Wachen beeinflusst; dennoch reali-
sirten sich dieselben zum grössten Theil. Ich richtete
meine besondere Aufmerksamkeit gar nicht auf den Hypnotiseur,
sondern allein auf mich."

„Mein Freund stellte mir den einen Vorderarm senkrecht in
die Höhe und sagte mir, ich könne diesen nicht ablegen. Ich versuchte es unmittelbar nachher mit Erfolg, wurde aber an der completen Ausführung durch leichtes Halten an der Hand und erneuerte
Suggestion verhindert. Nun fühlte ich meinen Biceps ganz gegen
meinen Willen sich contrahiren, wenn ich den Arm vermittelst der
Strecker nach unten bewegen wollte; einmal, als ich stärkere Anstrengung machte, meinen Willen durchzusetzen, wurde diese Contraction der Beuger so energisch, dass der Unterarm, statt, wie von

mir beabsichtigt war, nach aussen zu fallen, sich auf den Oberarm zurückbewegte."

„Nun sagte mir mein Freund, die rechte Hand sei anästhetisch. Ich dachte mir, da mache er einen Fehler, denn es sei noch zu früh zu einer solchen Suggestion, und als er behauptete, mich auf den Handrücken zu stechen, glaubte ich, er täusche mich, um mich sicher zu machen; denn ich fühlte bloss die Berührung eines stumpfen Gegenstandes (ich vermuthete, es sei die Kante meiner Taschenuhr). Nach dem Erwachen war ich nicht wenig erstaunt, doch gestochen worden zu sein. Wirkliche Anästhesie hervorzurufen, gelang nicht; nur als einmal bemerkt wurde, „die Hand sei wie eingeschlafen", fühlte ich für kurze Zeit ein Prickeln und fühlte die Berührung bloss noch wie durch einen dicken Verband hindurch."

„Es wurde mir dann die Suggestion gemacht, am Morgen 6 Uhr 15 Minuten aufzuwachen — (ich habe es noch nie fertig gebracht, zu einer gewollten Zeit zu erwachen). Hierauf musste ich die Augen öffnen und die Lampe auslöschen. Letzteres that ich in so ungeschickter Weise, dass ich mich vor meinem Freunde etwas genirte; es war, wie wenn das stereoskopische Sehen gehindert gewesen wäre; zur Ablenkung des durch Blasen erzeugten Luftstromes wollte ich eine Hand schief über den Cylinder halten, kam aber mehrmals daneben, ohne es selber zu bemerken. Dann hielt ich die Hand ohne jede Schmerzempfindung so lange über die Flamme, wie ich es ausserhalb der Hypnose ohne starken Brandschmerz nicht hätte thun können. — Die oft und energisch wiederholte Suggestion des Erwachens um 6 Uhr 15 Minuten hatte einen unangenehmen Erfolg. Ich erwachte die ganze Nacht nie; glaube aber in einem fort nur daran gedacht zu haben, ob es nicht bald 6 Uhr 15 Minuten sei. Da ich zeitweise ziemlich genaues Bewusstsein von meiner Lage hatte, wollte ich auf die Thurmuhr achten, um mich beruhigen zu können; ich hörte sie aber nicht ein einziges Mal schlagen, trotzdem meine Wohnung an den Kirchthurm angebaut ist. Erst als es 6 Uhr schlug, zählte ich schon die vier Viertel, dann die sechs Stundenschläge, aber ohne zu erwachen. Zugleich mit dem Schlag 6 Uhr 15 Minuten wurde an meine Thür geklopft, worauf ich erwachte. Ein folgendes Mal gelang die Suggestion des Erwachens auf bestimmte Zeit ohne alle Störung nach angenehmem Schlafe, da die Suggestion anders gegeben worden war."

Am nächsten Abend wurde ich zwei Mal auf dem Canapee
liegend von Herrn Dr. v. Speyr, am darauffolgenden Tage auch
einmal von Herrn Prof. Forel hypnotisirt. Die erwähnten Versuche wurden mit grösster Leichtigkeit wiederholt, ferner wurde
mir ein Arm steif gemacht und es wurden mir bestimmte Handlungen aufgetragen. Die suggerirte Analgesie hielt oft, wenn gleich
nachher wieder andere Suggestionen gemacht wurden, so kurze Zeit
an, dass mich die Stiche, die ich, während sie gemacht wurden,
nur als Berührungen empfunden hatte, noch in der nämlichen
Hypnose zu schmerzen anfingen. Schmerzhafte Steifigkeit der Beine
nach einem längeren Spaziergang schwand dagegen nach einigen
Suggestionen dauernd. Wenn mir die Unmöglichkeit einer bestimmten Bewegung suggerirt worden war, so beobachtete ich die
Contraction der Antagonisten nicht mehr häufig. Oefters schien
einfach meine Willensbahn unterbrochen, die Muskeln contrahirten
sich nicht trotz meiner grössten Anstrengung. Bei den späteren
Suggestionen war übrigens mein Wille auch so geschwächt, dass
ich manchmal entgegen meinem Vorsatze nicht mehr innervirte, weil
mir der erfolglose Versuch zu anstrengend war, oder weil ich
momentan gar nicht mehr an Widerstand gegen die Suggestion
dachte. Wurde mir eine Handlung aufgegeben, so konnte ich
lange widerstreben; schliesslich wurde sie aber doch vollführt und
zwar zum Theil aus Mangel an Willenskraft, ungefähr wie man
einem Reflex nachgibt, den zu verhindern es grosse Anstrengung
kostet, oder — namentlich bei kleineren Aufträgen z. B. ein Bein
zu heben — fühlte ich, dass die Bewegung gemacht wurde ohne
irgend welche active Betheiligung meines Ich. Mehrmals hatte ich
auch das Gefühl, aus Gefälligkeit gegenüber dem Hypnotiseur dessen
Anforderungen nachzugeben. Da ich aber meistens besonnen genug
war, in solchen Fällen während der Ausführung den Widerstand
doch noch zu versuchen, überzeugte mich dessen Nutzlosigkeit von
der Unrichtigkeit meiner Auffassung. Jede neue Suggestion, auch
den Befehl, in einer begonnenen Handlung aufzuhören, empfand ich
im ersten Moment unangenehm, wodurch mir der Widerstand leichter
wurde. Dem Befehl, ausserhalb des Zimmers etwas zu holen, konnte
ich ziemlich leicht widerstreben, nicht mehr aber, als die Handlung zerlegt wurde, d. h. als ich die Suggestion erhielt, das eine
Bein zu bewegen, dann das andere u. s. w., bis die Handlung ausgeführt war."

„Der Ausführung einer posthypnotischen Suggestion konnte ich mich widersetzen. Doch kostete es mich ziemliche Mühe, und wenn ich nur einen Augenblick im Gespräche meinen Vorsatz vergass, den Teller, den ich an einen anderen Ort stellen sollte, nicht zu beachten, so entdeckte ich plötzlich, dass ich ihn fixirte. Der Gedanke an das Befohlene quälte mich bis zum Einschlafen, und noch im Bette war ich nahe daran, wieder aufzustehen und den Befehl auszuführen, bloss um Ruhe zu bekommen. Doch schlief ich bald ein, wodurch die Wirkung der Suggestion sich verlor."

„Eine Hallucination hervorzurufen gelang nur einmal. Herr Prof. F o r e l befahl mir, einen Finger in den Mund zu stecken, ich werde ihn bitter finden. Ich stellte mir nun sofort eine Bitterkeit in der Art von Aloe vor und war dann so überrascht, einen süsslich bitteren, salzigen Geschmack zu empfinden, dass ich glaubte, wirklich verunreinigte Hände zu haben. Die Controle nach dem Erwachen ergab, dass meine Finger von jeder schmeckenden Substanz frei waren. A u c h h i e r h a t t e a l s o d i e S u g g e s t i o n a u f m e i n e n b e w u s s t e n G e d a n k e n i n h a l t a n d e r s g e w i r k t a l s a u f m e i n U n b e w u s s t e s ; d a s l e t z t e r e w a r m a s s g e b e n d b e i d e r R e a l i s i r u n g d e r S u g g e s t i o n."

„Mein Bewusstsein blieb kaum verändert. Doch hatte ich nach dem Erwachen in den beiden letzten Hypnosen, in denen mir Amnesie, wenn auch wenig intensiv, suggerirt worden war, Mühe, alles zu reproduciren. Die zeitliche Aufeinanderfolge der Experimente blieb vergessen, während ich mir den logischen Zusammenhang wieder ins Gedächtniss rufen konnte. Von einem kurzen Moment der dritten Hypnose fehlt mir jede Erinnerung. Einmal, als mich der Hypnotiseur ruhig liegen liess, zeigten sich leichte Andeutungen von hypnagogischen Hallucinationen (ich hatte letztere schon seit vielen Jahren zu studiren versucht)."

„Das Erwachen geschah in etwa 10 Secunden auf Suggestion hin, auch gegen meinen Willen und ohne besondere Begleitsymptome, ähnlich dem Erwachen aus leichtem Schlaf."

„Der Zustand, in dem ich mich befunden, muss als ein leichter Grad der Hypnose bezeichnet werden, weil keine Amnesie vorhanden war. Er rubricirt sich, wie dies so häufig der Fall ist, nicht genau unter einen der von verschiedenen Forschern aufgestellten Grade des hypnotischen Schlafes. Ich habe aber anscheinend identische Zustände schon mehrfach beobachtet."

„Die Publication weiterer Selbstbeobachtungen von gebildeten Personen wäre erwünscht und würde jedenfalls zum Verständniss der hypnotischen Erscheinungen nicht unwesentlich beitragen. Vorläufig wäre es schon wichtig zu wissen, ob die subjectiven Symptome der Hypnose auch so unendlich mannigfaltig und wechselnd sind wie die objectiven, oder ob vielleicht hier eine gewisse Gesetzmässigkeit sich finden lässt."

Ich selbst habe früher (1878) in München beim Einschlafen auf einem Canapee oder einem Lehnstuhl am Nachmittag einige Male eine Art Autohypnose durchgemacht, aus welcher ich nur mit grosser Mühe und zunächst nur partiell erwachen konnte, so dass gewisse Muskelgruppen zuerst allein erwachten, d. h. willkürlich bewegt werden konnten, während der Rest des Körpers kataleptisch blieb. Dazwischen kamen partielle Träume (Halluciniren von Schritten und dergl. oder von gemachten Bewegungen, die ich thatsächlich nicht gemacht hatte und dergl. mehr) vor.

Bleuler's Beobachtung ist recht lehrreich, weil sie auf's Klarste die wichtige Rolle zeigt, die die unterbewusste Grosshirnthätigkeit bei der Suggestion spielt.

In missbräuchlicher Weise hat ein Dr. W. Gebhardt unter der Ueberschrift „Aerztliche Zeugnisse" in einem von ihm überall versandten Reclameprospect Citate aus der dritten Auflage dieses Buches (Heilungsfälle) abgedruckt, die er, ohne Angabe der Quelle, mit meinem Namen unterzeichnet. Dadurch soll der Glaube verbreitet werden, ich (sowie auch die Herren Collegen Bernheim, Wetterstrand, Ringier und Burckhardt, mit welchen er ähnlich verfahren ist) hätte die von ihm (Dr. Gebhardt) sogen. Heilmethode Liébeault-Lévy erprobt und empfohlen, sowie, dass wir ihm diese Fälle zur Veröffentlichung mitgetheilt hätten. Sowohl ich, wie die genannten Collegen, wir haben uns bereits öffentlich gegen diesen Missbrauch unserer Namen verwahrt; ebenso die Herren Dr. Liébeault und Lévy. Wir haben alle sieben erklärt, der Veröffentlichung des Herrn Gebhardt völlig fern zu stehen. Keiner von uns kennt ihn.

Ich füge nun hinzu, dass ich selbstverständlich Niemanden ärztliche Zeugnisse über Heilmethoden ausstelle und warne die Leser dieses Buches gegen etwaige spätere derartige Missbräuche; endlich, dass Dr. C. Bertschinger (U. S.), der sich als mein früherer Assistent öffentlich ausschreibt, niemals Assistent bei mir war.   Dr. A. Forel.

www.ingramcontent.com/pod-product-compliance
Lightning Source LLC
Chambersburg PA
CBHW032123020426

42334CB00016B/1053